"十三五"江苏省高等学校重点教材(2019-1-052)
江苏高校哲学社会科学研究重大项目(2020SJZDA120)

教师专业发展

(第二版)

张典兵　主编

中国矿业大学出版社
·徐州·

内容简介

本书基于教师是自身专业发展主体的立场，从教师专业发展的内容与路径两个维度，以教师专业发展规律和学科学的视角，遵循“教师专业角色—教师专业发展内容—教师专业发展规律—教师专业发展路径——教师文化与教师幸福”的逻辑顺序，对教师专业发展问题进行了多视角、全景式的探索和研究。本书不仅吸收和借鉴了国内外教师专业发展研究的最新成果，拓展了教师专业发展的研究视域，丰富了教师专业发展的研究内容，充分彰显了教师专业发展学科的时代性和创新性，而且突出强调教师专业发展研究的实践取向，大大增强了针对性、操作性和实用性。

图书在版编目(CIP)数据

教师专业发展 / 张典兵主编. —2版. ——徐州：中国矿业大学出版社，2022.12

ISBN 978-7-5646-5095-7

Ⅰ.教… Ⅱ.①张… Ⅲ.①师资培养—研究 Ⅳ.①G451.2

中国版本图书馆CIP数据核字(2021)第163561号

书　　名 教师专业发展(第二版)
主　　编 张典兵
责任编辑 史凤萍
出版发行 中国矿业大学出版社有限责任公司
(江苏省徐州市解放南路　邮编 221008)
营销热线 (0516)83885105　83884103
出版服务 (0516)83884895　83884920
网　　址 http://www.cumtp.com　**E-mail**:cumtpvip@cumtp.com
印　　刷 徐州中矿大印发科技有限公司
开　　本 787 mm×1092 mm　1/16　**印张** 20　**字数** 512 千字
版次印次 2022年12月第2版　2022年12月第1次印刷
定　　价 65.00元

前　言

百年大计，教育为本；教育大计，教师为本。习近平总书记指出，教师在教育发展中具有决定性作用，是“立教之本、兴教之源”，“一个人遇到好老师是人生的幸运，一个学校拥有好老师是学校的光荣，一个民族源源不断涌现出一批又一批好老师则是民族的希望”①。作为教育发展的第一资源和基础支撑，教师承担着传播知识、传播思想、传播真理、传播文明的重要职责，肩负着开启智慧、塑造灵魂、塑造生命、塑造新人的时代重任，承载着新时代加快实现教育现代化，建设社会主义教育强国，全面提升国民素质和人力资源质量，实现中华民族伟大复兴中国梦的历史使命。关注教师素质提升，促进教师专业发展，已经成为新时代教育改革与发展的优先任务和战略主题。

2011 年 10 月，教育部为了落实教育规划纲要，深化教师教育改革，规范和引导教师教育课程与教学，培养造就高素质专业化教师队伍，颁布了《教师教育课程标准（试行）》，明确指出要把“教师专业发展”列为教师教育的一门主干课程。2012 年 9 月，教育部制定并颁发《幼儿园教师专业标准（试行）》、《小学教师专业标准（试行）》和《中学教师专业标准（试行）》，为更好地实现教师专业化、促进教师专业发展，提供了方向、要求、规范和准则。2013 年 8 月，教育部颁布《中小学教师资格考试暂行办法》和《中小学教师资格定期注册暂行办法》，把促进教师专业发展纳入制度化和规范化轨道。2018 年 1 月，中共中央、国务院《关于全面深化新时代教师队伍建设改革的意见》明确提出：“到 2035 年，教师综合素质、专业化水平和创新能力大幅提升，培养造就数以百万计的骨干教师、数以十万计的卓越教师、数以万计的教育家型教师。”2020 年 9 月，教育部等六部门发布《关于加强新时代乡村教师队伍建设的意见》，特别强调：“加强新时代乡村教师队伍建设，努力造就一支热爱乡村、数量充足、素质优良、充满活力的乡村教师队伍。”这些政策和文件的颁布与实施，一方面对教师队伍建设提出了更新、更高的要求，另一方面也必然为教师素质提升与教师专业发展提供了根本保障和动力之源。

本书基于教师是自身专业发展主体的立场，从教师专业发展的内容与路径两个维度，以教师专业发展规律和学科学的视角，对教师专业发展的理论体系进行整体架构。本教材突出体现了以下几个特点：第一，结构严谨，内容充实，遵循“教师专业角色—教师专业发展内容—教师专业发展规律—教师专业发展路径—教师文化与教师幸福”的逻辑顺序，对教师专业发展问题进行了多视角、全景式的探索和研究。第二，吸收和借鉴了国内外教师专业发展研究的最新成果，拓展了教师专业发展的研究视域，丰富了教师专业发展的研究内容，充分彰显了教师专业发展学科的时代性和创新性。第三，教师专业发展不仅是一门理论学科，而且是一门蕴涵于教育教学情境和教师日常生活的应用学科，教师专业发展研究的最大价值，

① 习近平. 做党和人民满意的好老师：同北京师范大学师生代表座谈时的讲话[N]. 人民日报，2014-9-10.

就在于其对教师专业发展实践的启迪和引领,因此本教材特别强调教师专业发展研究的实践取向,增强了教师专业发展学科的针对性、操作性和实用性。

本教材是"十三五"江苏省高等学校重点教材(编号:2019-1-052),也是江苏高校哲学社会科学研究重大项目"新时代乡村教师发展支持体系构建与运行机制研究"(编号:2020SJZDA120)的阶段性成果。作者既有高校从事教师教育和教师专业发展研究与教学工作的专家学者,也有中小学和幼儿园从事教师管理与学科教学工作的一线教师,所呈现出的内容都是他们多年认识、体验、思考和智慧的结晶。具体分工如下:绪论、第一章、第二章、第七章,徐州工程学院张典兵教授;第三章,江苏大学张忠华教授;第四章、第五章,菏泽第一中学高级教师、菏泽国花学校高中部执行校长朱惠玲;第六章,南京市马府街小学黄琪;第八章,徐州市花语路幼儿园园长张清华;第九章,徐州市东苑中学校长谭良军;第十章,徐州市房村镇小学中心校校长刘军。徐州工程学院的王作亮教授和陈晓副教授为本书出版做了大量工作。全书由张典兵教授负责统稿和定稿。

在本教材编写过程中,作者参阅了国内外有关教师专业发展研究的著述,吸收了专家学者与一线教师的研究成果和真知灼见,有的以注释的方式在文中标明,有的以参考文献的形式呈现,文献资料的注释和引用可能会出现挂一漏万的现象,敬请谅解并致以衷心感谢。

华东师范大学叶澜教授指出:"没有教师生命质量的提升,就很难有高的教育质量;没有教师精神的解放,就很难有学生精神的解放;没有教师的主动发展,就很难有学生的主动发展;没有教师的教育创造,就很难有学生的创造精神。"南京师范大学鲁洁教授认为:"教师这一工作的可贵,就在于时时都在与你的教育对象之间进行着一种生命的对流,你以你的生命去教育、引导、照亮他们的时候,他们同样也以他们的生命在滋润你、提升你,使你不断获取和拥有新的更高的生命意义和价值。"教师责任巨大,使命光荣。无论我们如何评价教师和教师专业发展的重要性,其实都不为过。促进教师专业发展不仅是经济社会发展和教育变革的客观要求,而且是教师追求专业理想、实现自身价值的基础和条件。本教材的根本旨归就在于,面向未来教师和在职教师,引领他们了解教师职业的专业属性,明晰教师专业发展的过程和规律,掌握教师专业发展的路径、策略和方法。倘若本教材能够对教师专业发展有所启迪和助益,我们的目的也就达到了。

编　者

2022 年 8 月

目 录

绪 论

【问题与思考】

1. 习近平总书记指出，教师在教育发展中具有决定性作用，是“立教之本、兴教之源”，“一个人遇到好老师是人生的幸运，一个学校拥有好老师是学校的光荣，一个民族源源不断涌现出一批又一批好老师则是民族的希望”①。请谈谈你对此的认识和理解。

2. 习近平总书记指出：“好老师应该做中国特色社会主义共同理想和中华民族伟大复兴中国梦的积极传播者，帮助学生筑梦、追梦、圆梦，让一代又一代年轻人都成为实现我们民族梦想的正能量。”②你认为这对教师专业发展有何现实启迪？

3. 荀子曰：“国将兴，必贵师而重傅；贵师而重傅，则法度存。国将衰，必贱师而轻傅；贱师而轻傅则人有快，人有快则法度坏。”宋代胡瑗说：“致天下之治者在人材，成天下之材者在教化，职教化者在师儒”。你能体会其中所蕴含的核心思想吗？

4. 国际劳工组织和联合国教科文组织发布的《关于教师地位的建议》指出：“教育工作应被视为专门职业。”《中华人民共和国教师法》规定：“教师是履行教育教学职责的专业人员”。你是如何理解教师职业的专业性的？

5. 日本管理学家大前研一在其著作《专业主义》中提出一个大胆而明确的口号：“专业，21世纪你唯一的生存之道。”由职业到专业，由“教书匠”到“教育家”，由“教师专业化”到“教师专业发展”，你能据此谈谈对教师专业发展这门学科的看法吗？

6. 自有人类，便有教育；自有教育，教师职业便客观存在了。在人类社会早期，教师职业只是一种非专门化和经验化的职业。从非专门化、经验化到专门化、专业化，教师职业经历了一个十分漫长的分化和发展过程。在当代，教师专业发展已经成为世界各国师资队伍建设的共同目标。你对教师专业发展的历程是如何认识的？

7. 教师专业发展存在着理智取向、反思取向、生态取向、生命取向和自主更新取向等不同观点，每一种取向都能为今天的教师规划和设计自己的专业发展提供一些框架性、有意义的思考。谈谈你对此的认识和理解。

8. 对于任何一个有志于教育事业的青年人而言，都有着做一名专业的人民教师、成为一名有着专业理性和追求、拥有专业知识和技能、提供高质量的专业服务并在专业实践中不断提升自身专业素养的教师的美好期盼。你认为教师专业发展这门课程在其中能够发挥什么样的作用？

自古及今，从中到外，教育的发展变革和质量提升，无不有赖于教师的担承和作用发挥。

---

① 习近平. 做党和人民满意的好老师：同北京师范大学师生代表座谈时的讲话[N]. 人民日报，2014-9-10.

② 习近平. 做党和人民满意的好老师：同北京师范大学师生代表座谈时的讲话[N]. 人民日报，2014-9-10.

特别是自20世纪80年代以来,随着世界范围基础教育改革的不断推进,教师专业素质及教师教育问题备受关注,从最初的“师资队伍建设”到“教师专业化”再到今天的“教师专业发展”,其关注点更加突出教师个体的、内在的体验,体现了从“关注群体”到“关注个体”、从强调“外部推动”到“专业自主”的时代转变。教师专业发展既是教师在教育教学实践中丰富专业知识、增强专业技能、提升专业能力的过程,也是教师不断坚定专业理想、涵养专业道德、升华专业情操、品味专业幸福的过程。新时代需要新教育,新教育需要新教师。当代教师只有加强理论学习和实践研究,实现自身的专业发展和专业成长,才能不辜负国家和人民的殷切希望,才能更好地助力中华民族伟大复兴的中国梦早日实现。

第一节　教师专业发展的研究对象

任何一门科学都有自己的研究对象,都有自己特定的研究领域和范围。倘若一门科学尚未明确自己的研究对象,那它就无从进行深入研究,也不能成为一门真正意义上的科学。对此,毛泽东同志就曾明确指出:“科学研究的区分,就是根据科学对象所具有的特殊的矛盾性。因此,对于某一现象的领域所特有的某种矛盾的研究,就构成某一门科学的对象。”①那么,教师专业发展的研究对象是什么?它独特的研究领域和研究范围是什么?这是进行教师专业发展研究必须首先弄清的根本性问题,也是教师专业发展研究的基本逻辑起点。

一、职业的内涵与特点

何谓职业?中国职业规划师协会的定义是“职业=职能+行业”,认为这样才能算是一个完整的职业。2015年7月,国家职业分类大典修订工作委员会审议并颁布的《中华人民共和国职业分类大典》,则把职业具体定义为:“从业人员为获取主要生活来源所从事的社会工作类别”。由此,我国职业分类结构明确包括8个大类、75个中类、434个小类、1 481个职业。从社会学的角度来看,职业是指个体赖以谋生的社会劳动岗位以及必须承担的社会角色和社会责任。首先,职业应当是一种谋生手段,是一种能够为个体提供主要生活来源的社会活动;其次,职业也意味着个体在社会生活过程中对社会所承担的一定的职责,以及所从事的专门业务;最后,职业能够提供给个体自我实现的机会,能够使个体通过工作发展自身的才能和个性,从而顺利达到自我实现的目的。

职业表现为以下几个突出特点:第一,经济性。经济性是指职业作为人们赖以谋生的劳动过程中所具有的逐利性一面。职业活动中既要满足职业者自己的需要,同时也要满足社会的需要,只有把职业的个人功利性与社会功利性相结合,职业活动及其职业生涯才具有生命力和意义。第二,社会性。职业是人类在劳动过程中的分工现象,既体现出劳动力与劳动资料之间的结合关系,也体现出劳动者之间的关系,劳动产品的交换体现的是不同职业之间的劳动交换关系。这种劳动过程中结成的人与人的关系无疑是社会性的,人们之间的劳动交换反映的是不同职业之间的等价关系,这充分体现了职业活动以及职业劳动成果的社会属性。第三,规范性。不同的职业在其劳动过程中都有一定的操作规范性,这是保证职业活

① 毛泽东选集(第1卷)[M].北京:人民出版社,1991:309.

动的专业性要求；当不同职业在对外展现其服务时，还存在一个伦理范畴的规范性，即职业道德，这两种规范性构成了职业规范的内涵与外延。第四，技术性。从业者一般要经过专门机构的职业培训，具有专门的基础知识和基本技能，并且能够为社会提供某种专门的技术。第五，服务性。从业者能够为他人和社会提供最基本的服务，并且在工作中能够不断提高自己的能力以便为社会提供更好的服务，促进社会的进步和发展。第六，时代性。职业并不是一成不变的，而是随着时代和社会的发展不断变化的。随着某些旧的职业的消亡，代之而起的必然是一些新兴职业，从而使职业深深地打上了时代的“烙印”。

二、专业的概念与特征

从词源学上看，“专业”一词最早来源于拉丁语，原意是指“公开地表达自己的观点或信仰”，与之相对的是“行业”，包含着欧洲中世纪手工行会所保留的、对其行业专门知识和技能控制只能传授于本门派人的神秘色彩。我国《现代汉语词典》(第7版)中“专业”一词的解释包括以下4点：一是指高等学校的一个系里或中等专业学校里，根据科学分工或生产部门的分工把学业分成的门类；二是指产业部门中根据产品生产的不同过程而分成的各业务部门；三是指专门从事某种工作或职业；四是指具有专业水平和知识。日本学者石村善助认为，专业是指通过特殊的教育或训练，掌握了业经证实的知识(科学或高深的知识)，具有一定的基础理论和特殊技能，从而按照来自非特定的大多数公民自发表达出来的每个委托者的具体要求，从事具体的服务工作，借以为全社会利益效力的职业。英国社会学家桑德斯和威尔逊认为，所谓专业，是指一群人在从事一种需要专门技术的职业，是一种需要特殊智力来培养和完成的职业，其目的在于提供专门性服务。从社会学视角看，所谓专业，是指一群人经过专门教育或训练，具有较高和独特的专门知识与技术，按照一定专业标准进行专门化的处理活动，从而解决人生和社会问题，促进社会进步并获得相应报酬待遇以及社会地位的专门职业。

关于专业所具有的基本特征，美国学者利伯曼认为包括以下方面：第一，范围明确，垄断地从事社会不可或缺的工作；第二，运用高度的理智技术；第三，需要长期的专业教育；第四，从事者无论个人还是集体，均具有广泛的自律性；第五，在专业自律性范围内，直接负有作出判断、采取行为的责任；第六，非营利，以服务为动机；第七，形成了综合性的自治组织；第八，拥有应用方式具体化了的伦理纲领。美国学者帕森斯则主张从两个方面明确专业的特点：一方面，一个专业好比一个行会，意味着一个自愿的协会，其成员受到协会的限定，表明自我规范和自律的成员关系；另一方面，专业建立在科学的基础上，此职业控制着一套专门的知识理论体系，它的获得除了要经过学徒式的训练外，还要在大学里经过多年的研修，科学性为行会的存在提供了合理性，行会通过对从业权力的控制保证科学知识社会功能的权威性。

我国学者曾荣光认为，专业的特征可以从以下方面进行解读：第一，为社会提供不可或缺的服务；第二，享有专业服务的专业权；第三，接受长时间训练和入职辅导；第四，具有一套“圈内知识”；第五，有专业自主权；第六，组成对成员有制约力的专业团体；第七，确立一套专业守则；第八，获得社会当事人的信任；第九，享有相当的社会地位和职业报酬；第十，不断接受在职培训和从事科研活动。我国学者刘捷指出了专业蕴含的六大特征：第一，运用专门的知识和技能；第二，强调服务的理念和职业伦理；第三，经过长期的培养和训练；第四，需要不断学习和进修；第五，享有有效的专业自治；第六，形成坚强的专业团体。

综上所述,对专业的认识和理解应包括如下方面:第一,专业知识。专业活动应该基于某种特别的专业知识基础,这种专业知识基础通常是经过验证的、可靠的。基于特定专业知识的专业活动,能够满足社会某一方面的需要。第二,专业准备。专业知识基础通常需要个体花费较长的学习时间,因此特定专业的从业人员需要进行较长时间的、正规的专业准备。第三,专业责任。专业人员不仅视自己的专业活动为谋生的手段,而且视之为实现某种社会责任的过程。例如,专业的医生应以治病救人为己任,专业的律师应以匡扶社会正义为己任,这种专业责任也就是人们常说的"专业精神"。第四,专业自主。专业人员通常组成特定的专业团体,享有相当程度的专业自主,能够自主地决定专业内部的标准、规范以及问题解决方式。第五,专业更新。以提供专业服务为宗旨的专业人员,即使在入职后,也需要不断地通过各种途径实现自我更新,谋求职业生涯的持续进步。一个专业通常鼓励它的从业人员通过研究专业问题丰富专业知识基础,并通过专业内部同行之间的交流,实现彼此专业知识的更新和丰富,进而不断提升专业服务效率和质量。

三、教师专业发展的意涵与特征

为了适应社会进步的需求和教育教学变革的需要,我国对教师专业发展的研究经历了注重工具性的"由外而内"的研究取向到注重主体性的"由内而外"的研究取向,再到注重生态性的"人境互动"的研究取向。① 学者们基于不同的研究价值取向、逻辑结构与研究方法,对教师专业发展进行了多视角审视和解读。

吴康宁从教育社会学的角度解读教师专业发展,认为教师专业发展从本质上就是一个个体社会化的过程,是带有自身经历的个人通过一定年限的师范教育训练,以及长期在职进修而不断地获得教师角色的过程,是其与教师角色有关的一系列认知、情景及其行为发生变化的过程,也是其与各种社会化动因不断互动的过程。②

唐玉光认为,教师的专业发展是以教师专业自觉意识为动力,以教师教育为主要辅助途径,促使素质和信念系统不断完善、提升的动态发展过程。③

叶澜等人认为,教师专业发展就是教师的专业成长或教师内在专业结构不断更新、演进和丰富的过程。④

朱宁波则指出,教师专业发展是指教师个人在历经职前师资培育阶段、任教阶段和在职进修的整个过程中都必须持续地学习与研究,不断发展其专业内涵,逐渐达到专业圆熟的境界。⑤

唐松林和徐厚道认为,教师专业发展是指教师在整个专业生涯中,通过终身专业训练,习得教育专业知识技能,实施专业自主,体现专业道德,并逐步提高自身从教素质,成为一个良好的教育专业工作者的专业成长过程。⑥

赵明仁认为,教师专业发展作为学习的历程、探究的过程,应该由外在控制型向内在生

① 穆洪华.教师专业发展研究的现状及趋势[J].北京教育学院学报,2016(6):17-24.
② 吴康宁.教育社会学[M].北京:人民教育出版社,1998:215.
③ 唐玉光.教师专业发展的研究[J].外国教育资料,1999(6):39-43.
④ 叶澜,白益民,王枬,等.教师角色与教师发展新探[M].北京:教育科学出版社,2001:226.
⑤ 朱宁波.中小学教师专业发展的理论与实践[M].长春:吉林人民出版社,2002:72.
⑥ 唐松林,徐厚道.教师素质的实然分析与应然探讨[J].高等师范教育研究,2000(6):34-39.

成型转变,教师专业发展的结果应该是作为人的发展,既包含教师本人的发展,也包含学生的发展和社会等多方面的发展。①

唐松林和李吟霁认为,教师专业发展是教师生命主体的自由创造过程,是教师生命主体与生存环境的互动过程,是教师生命主体的实践审美过程。②

我国正面临着社会体制转型、多元文化与思想观念的冲突与整合、知识信息总量及人才素质结构的不断变化、教育规模与效益日益彰显等新的时代背景,教师在教育系统中的位置、角色与职责正在受到空前的冲击和挑战,传统的师德权威也正不断遭受质疑。为顺应时代发展要求,教师必须积极转变教育理念和自身角色,树立开放教育、民主教育、生态教育等大教育观,不断增强、拓宽自身的文化修养与专业视野,尤其要提高教育教学实践中的反思意识和行动研究。这些包含了教育信念、内在动机、专业知识、专业能力、专业态度与规范等要素在内的调整与提高,正是教师专业发展的核心内容。而这种专业发展,虽然以外部的教师教育为主渠道,但其根本动力却来自教师的职业自觉意识和主动精神。正是基于以上分析,我们认为,所谓教师专业发展,是指教师作为专业人员,在专业道德、专业理念、专业知识、专业能力、专业心理等方面由不成熟到成熟的发展过程,即由一名专业新手发展成为专家型教师或教育家型教师的过程。

教师专业发展不同于教师专业化。教师专业化是指教师职业争取成为专业而持续不断努力的过程,它包括教师个体专业化和教师群体专业化两个方面。教师个体专业化是指教师在整个职业生涯中,通过终身专业训练,习得教育专业知识技能,实施专业自主,表现专业道德,并逐步提高自身从教素质,成为一个良好教育专业工作者的专业成长过程,亦即一个人从"普通人"转变成"教育者"的专业发展过程;教师群体专业化则是指教师群体不断成熟,逐渐达到专业标准,并获得相应的专业地位的过程。教师个体专业化是教师群体专业化的基础和决定性因素,如果没有教师个体专业水平的提高,也就根本谈不上整个教师职业群体的专业化;教师群体专业化则是教师个体专业化的条件和保障,是教师个体专业化的社会承认形式,并最终代表着教师职业的专业化,同时它反过来还会影响教师个体专业化的进程和水平。教师专业发展更多的是从教育学的维度进行界定的,它所强调的是教师个体的、内在的专业性水平的提升。从本质上来说,教师专业发展是教师个体专业不断发展变化的历程,是教师不断提升专业素养的过程,呈现出以下几个突出特征。

(一)自主性

教师的专业自主性是教师专业发展的前提和基础。教师在设计课程、规划教育教学活动以及选择教材时,应有充分的自主性,教师本人必须把外在的影响转化为自身专业成长过程中的动力,必须具有自主专业成长的意识。教师自主专业成长的意识可增强教师对自身专业成长的责任感,使教师不断寻求自我成长的机会,逐渐获得自我成长的能力。教师专业发展要通过各种相关的制度激发教师的自我控制、自我引导和自我成长。

(二)情境性

教师角色的最终塑造,离不开丰富多彩、生动鲜活的教育教学实践。教师的知识和能力

---

① 赵明仁.论教师专业发展的再概念化[J].教师教育研究,2006(4):1-5,29.

② 唐松林,李吟霁.走进人文精神的教师专业发展[J].教师教育研究,2016(2):20-26.

很多是依靠个人经验和对教育教学的感悟而获得的,教师应该不断反思自己的教育教学理念与行为,不断进行自我调整和自我建构,从而获得持续不断的专业发展。不仅如此,由于教育教学情境具有不确定性和挑战性,教师的专业发展必须与教育教学实践、教育教学情境紧密联系,并与同事、专家乃至家长建立良好的合作关系,在学校中形成一种互助合作的文化氛围,从而更好地促进教师的专业发展。

(三)多样性

教育教学工作的复杂性决定了教师专业结构的复杂性,从而决定了教师专业发展的多样性。教师工作包括观察学生、创设学习情境、组织教育教学活动、训练学生、评价学生学业成绩等多种活动,教师专业发展体现在这些不同的活动之中。教育教学不仅是对知识和技能的传授,而且更是师生之间的情感交流、心灵沟通和智慧碰撞的过程,教师专业发展既要注重教育教学知识与技能层面的发展,也要适当兼顾认知、情意、人格等各方面的成长。

(四)阶段性

教师的专业发展过程呈现出明显的阶段性,在这一过程中不仅有发展、有进步,而且有停滞、有低潮。研究教师专业发展阶段性将有助于教师选择、确定个人的专业成长计划和成长目标,对此,国内外学者们提出了各种不同的教师专业发展阶段理论。教师专业发展又具有连续性,教师只有不断地进修和研究,以终身学习为基本理念,才能不断促进自身的专业发展,从而确保教育教学知识以及专业能力符合时代的需求和教育教学的需要。

四、教师专业发展的研究对象

教师专业发展作为一门学科,其研究对象是教师专业发展现象和问题,并在此基础上揭示教师专业发展规律。教师专业发展现象、教师专业发展问题以及教师专业发展规律是我们理解教师专业发展研究对象的3个重要概念。

(一)教师专业发展现象

所谓现象,是指事物的外在形态和表面特征,是事物内在本质与规律性的外部表现形式。所谓教师专业发展现象,是指教师专业发展过程或领域所表现出来的外在形态和表面特征。当人们还没有意识到它的存在时,很难说是一种教师专业发展现象。同一种教师的教育教学行为,只有当它与教师专业发展紧密联系在一起时,它才有可能成为教师专业发展现象。但这时它也只是潜在的研究对象,还不是现实的研究对象。只有当人们从教师专业发展的角度去审视和看待它时,才能分辨出教师专业发展的现象或事实,它才成为主体的直接、现实的认识对象,亦即成为教师专业发展现象。由此可见,教师专业发展现象是纳入主体认识范围的有关教育现象,但教师专业发展研究的对象不是整个教育现象而是教师专业发展领域的特殊现象。教师专业发展现象之所以能够成为教师专业发展的研究对象,主要是因为现象是本质的反映,教师专业发展现象是教师专业发展本质研究的向导,是教师专业发展研究的基础。本质决定现象并通过现象得以表现出来,因此教师专业发展现象是教师专业发展本质的外在表现形式,两者是辩证统一的,而这种统一性也就决定了教师专业发展认识和研究的可能性。

（二）教师专业发展问题

所谓问题，是指人们在社会实践活动中所遇到的一些理论疑难和实践困惑。教师专业发展问题是在主体和客体对立统一的矛盾运动中产生的。这里的主体是指进行着认识和实践活动的有意识的教师，客体是指主体认识和活动的对象，两者之间是一个认识与被认识、改造与被改造的关系。但是，教师专业发展实践活动中的主体，同时也是被改造的对象，主体在改造客观世界的同时，也改造着自己的主观世界。这样实践的结果就造成了双重的变化，即客观存在的变化和主观存在的变化。客观存在的变化表现为客观世界在一定程度上的改变，这对作为实践主体的教师来说是外部世界在形式、结构、内容和关系上的变化；主观存在的变化表现为教师主观世界的一定程度的改变，是主观对客观的认识水平和作用能力的变化。人的实践活动，可以认为是主体对客体新关系的形成，同时又是主体新经验的积累和产生的一种活动。在教师专业发展的认识和实践活动中，主体与客体相互作用、相互转化是一个辩证发展的过程。当人们不仅意识到教师专业发展现象或事实，关注如何实现教师专业发展的问题，而且关注教师专业发展"是什么"、"为什么"和"如何做"的问题，提出教师专业发展的"应然"和"实然"等问题时，才能形成教师专业发展的相关问题。教师专业发展研究起源于问题，教师专业发展问题的提出意味着教师专业发展研究的萌芽，教师专业发展问题的发展成为推动教师专业发展研究的内在动力，对同一问题的不同回答则形成了不同的教师专业发展的思想和观念。教师专业发展研究一定要树立问题意识，要善于寻找和研究教师专业发展的真实问题和有价值的问题，防止被一些虚假的或毫无价值的问题遮蔽了眼睛。

（三）教师专业发展规律

所谓规律，是指事物发展本身所固有的、内在的、本质的必然联系。规律深深地隐藏在事物现象的背后，它不能被我们的感官直接感知，而必须要借助感性认识，通过科学研究等抽象思维形式才能真正看清它的本来面目。科学研究的任务就是要透过现象认识本质，进而揭示事物的规律。规律不可能直接成为人们研究的对象，它只有被人们所认识，成为认识过程中的客体，才能成为研究对象。当教师专业发展规律只是存在着，而未被人们所认识和感知时，它不能成为教师专业发展的研究对象。只有当人们意识到规律的存在，同时又作为问题被提出并对之进行研究时，它才成为教师专业发展的研究对象。如果从共性与个性的关系上看，教师专业发展规律可分为一般规律和特殊规律两个方面。前者是贯穿整个教师专业发展过程始终，决定整个教师专业发展趋势的规律；而后者则是贯穿具体教师专业发展过程始终，决定具体教师专业发展趋势的规律，它相对于前者来说属于一种特殊规律。教师专业发展一般规律寓于特殊规律之中，而特殊规律则包含着一般规律。教师专业发展过程中蕴涵着不同的要素，这些要素在教师专业发展实践中的不同排列组合，构成了它们之间的内在本质联系，并进而形成了对教师专业发展规律的不同理解。

总之，教师专业发展研究在本质上体现的是人们对教师专业发展的科学认识，也就是人们运用一定的科学方法，对教师专业发展中的各种具体现象、问题以及本质规律所进行的专门的分析研究，并通过规范化的语言文字清晰地表达对教师专业发展的认识。因此，应当充分认识教师专业发展研究对象的相对稳定性，以及教师专业发展研究者对于研究对象的实际选择性。唯其如此，才能更准确、更科学和更辩证地加以分析和把握它。

第二节　教师专业发展的历史演进

自有人类,也便有教育;自有教育,教师职业也便客观存在了,只不过那时的教师还不具有独立的身份,而是与其他职业混杂在一起。到了奴隶社会和封建社会,教师职业逐渐从社会其他职业中分化出来,成为一种独立的职业,但它仍然是非专门化和经验化的职业。从非专门化、经验化到专门化、专业化,教师职业经历了一个十分漫长的分化和发展过程。在这个过程中,教师职业的专业性日益凸显,逐渐得到了社会的普遍认同,并成为世界各国师资队伍建设的共同目标。

一、教师专业发展的初始阶段

原始社会是人类经历的第一个发展阶段,原始社会虽然出现了教育,但它是与生产劳动和社会生活融为一体的,从内容到形式都十分简单。为了生存和发展,家庭中的父母兄长、氏族部落的首领和长老,都承担起了向年轻一代传授生产经验和社会生活经验的职责。中国古典文献记载的“燧人氏钻燧取火,以化腥臊”“后稷教民稼穑,树艺五谷,五谷熟而民人育”“有巢氏构木为巢,以避群害”“神农氏制作耒耜,教民耕种”等,表明原始社会具有“以首领为师”“以长者为师”的鲜明特点,专门从事教育工作的教师尚未出现。到了原始社会末期和奴隶社会初期,随着生产工具的进步和生产力的发展,剩余产品逐步增多,体力劳动和脑力劳动逐渐分工,专门的教育机构——学校开始出现,从这时起也就有了从事这一工作的人员——教师。然而,由于文字尚未产生,文化科学艺术尚未得到发展,因而在学校产生之后的相当长的一段时间内,学校的教师依然是由其他职业者兼任。

在古代社会,教师是一个相当自由的职业,没有培训和考核的要求,只要有知识和兴趣,任何人都可以开馆办学,教学是一种纯粹的个人行为。那些由政府所设立的官学,教师主要是“以吏为师”或“以僧为师”。教师承担的主要是道德教化的职能,社会给予的价值评价也主要集中在教师对于社会政治伦理和道德教化的贡献上。那些隐于山野的书院或其他形式的私学,教师则主要“以智者为师”或“以学者为师”。无论是对像孔子这样的生活于公元前5、6世纪的教师来说,还是对生活于16、17世纪甚至20世纪初期的中国私塾教师来说,虽然从事教育工作已经是他们生活中的重要内容,但是终身做教师通常并不是他们的追求。孔子更感兴趣的是找一个合适的机会施展自己的政治抱负,私塾老师更感兴趣的可能是在科举考试中获取功名。在真正意义上的现代学校出现以前,这种现象无论是在东方还是在西方,都是相当普遍的。

近代以来,这种局面在教师教育机构成立以后逐步得到改变,尤其是在第一次工业革命以后,西方发达国家纷纷实行义务教育,以此应对工业革命对劳动者素质方面提出的新要求。实施义务教育需要有两个最基本的条件:一是要有充足的经费作为保障;二是要有受过专门职业训练的教师作为前提。因为到了这个时候,人们已经认识到,仅有知识虽然可以做教师,但如果没有或缺乏职业训练,就会直接影响教育的质量和效果,就难以成为好的教师。在普及教育的过程中产生和发展起来的初等学校,不但需要大批教师,而且要求他们具备一定的学科文化知识、教育教学的技能和管理的才干。由此,教育第一次成为公共事务,政府对教师教育的干预也提到了议事日程上。于是,一些国家通过立法或行政手段,创立培养教师的正规机构，规定教师任职资格，规范教育使之走向正规化、制度化，教师仅凭个体经验的随意教育行为开始“解冻”，教师职业由无须专业训练的“自由职业”转变为必须经过一定培训的特殊职业。

1681 年，法国人拉萨尔创立了世界上第一所“师资培训学校”，标志着西方国家教师职业迈向了规模化和专门化的发展道路，对提高教学质量、完善教师素质起到了积极作用。到了 19 世纪，在西欧和北美一些先进的资本主义国家，师范教育得到了长足的发展。在这些师范学校中，除了开设普通文化课外，还开设了许多教育专业的理论课程和技能课程，并且设有实习学校，要求学生必须进行教育实习。在对教师进行专门的师范教育训练的同时，一些西方国家开始探索实施教师资格证书制度，以维护教师行业的质量和社会地位。法国是最早实施教师资格制度的国家，早在 19 世纪初期，法国就实施了初等教育教师考核和证书制度。之后，其他欧美国家纷纷效仿，并且实施对象从初等教育的教师逐渐扩展到其他教育层次的教师，获得教师资格的标准也越来越严格。当然，这一时期的教师资格标准往往更多体现在对学历的要求上，特别是对高中及以上学历层次的教师而言，与今天的教师资格标准有着根本的不同。

综上所述，由于受历史条件的限制和教育理论发展水平的制约，这一时期人们对教师职业内在价值和劳动本质还缺乏深入的思考，教师的职业自我意识尚未觉醒，师范教育和教师培训远未达到系统化和专业化，更多的是一种职业训练，因而只能说是处于教师专业发展的初始阶段。

二、教师专业发展的制度化阶段

进入 20 世纪特别是第二次世界大战后，伴随着科技和经济的快速发展，世界各国的教育也步入了快速发展的时期。而教育规模扩张和教育质量提升的诉求，不仅要求增加教师的数量，而且对教师质量的要求也越来越高。世界各国学者和政府都普遍认识到，教师的质量决定着教育改革的成败和教育质量的高低。于是，“提高教师专业地位”“教师成为一个专门职业”“实现教师职业专业化”“推动教师专业发展”的呼声越来越成为时代强音，建立一支高质量专业化的教师队伍逐渐成为各国教育界的共识，教师专业发展进入制度化时期。

1955 年世界教师专业组织会议专门研讨了“教师专业”问题，推动了教师专业组织的形成和发展。《世界教育年鉴》于 1963 年和 1980 年分别以“教育与教师培养”和“教师专业发展”为主题进行了世界范围的讨论。1966 年，联合国教科文组织在巴黎召开“关于教师地位的政府间特别会议”，会议通过了《关于教师地位的建议》，其中明确指出：“教育工作应被视为专门职业。这种职业是一种要求教员具备经过严格而持续不断的研究才能获得并维持专业知识及专门技能的公共业务；它要求对所辖学生的教育和福利具有个人的及共同的责任感。”这是第一次经由国家间的教育学者和政府人士共同讨论，给予世界各国教师以专业的确认和鼓励。1996 年，联合国教科文组织在日内瓦召开的第 45 届国际教育大会，以“加强变化世界中教师的作用”为主题，通过的第 7 项建议是“专业化——作为一种改善教师地位和工作条件的策略”。

20 世纪 80 年代，美国拉开了基础教育改革的大幕。1980 年 6 月 16 日，美国《时代周刊》发表了一篇题为《危急！教师不会教！》的文章，拉开了以提高教师素质、促进教师专业化为核心的教师教育改革的序幕，并使人们对教师从“关注数量”转向“强调质量”。1986 年，美国卡耐基教育促进会和霍姆斯小组先后提出了《国家为21世纪准备教师》和《明天的教师》的报告,明确阐明了"教师专业化"的概念,主张确立教师的专业地位,建立与教师专业化相应的衡量标准,以教师的专业化来实现教学的专业化,并将注意力转向了对教师专业发展过程规律性的探究。随后,霍姆斯小组在1990年发表的《明日之学校》中提出了"教师专业发展学校"的设想;在1995年发表的《明日之教育学院》中则明确提出要重新设计教师教育课程和创设专业发展学校,由大学和中小学合作共同提高教师专业学习的质量。此后的许多研究和改革都是围绕如何促进教师获得最大程度的专业发展而展开的。美国教师专业发展运动对国际社会特别是对西方社会的教育产生了很大的影响。

20世纪80年代,英国经济社会和科技的发展以及教育本身的改革,对于学校特别是教师提出了一系列挑战。英国政府把提升全球化背景下国家的竞争力作为国家发展的当务之急,并意识到在变革社会中教师具有举足轻重的地位和作用。从20世纪90年代中期开始,英国开展了"重构有效学校运动"。英国教师培训署主张,为适应全球化经济发展,国家教育体制必须重构,通过构建"有效教师"来构建"有效学校",并致力于教师专业效能的提升。这种以学校为中心来培训初任教师的计划,允许学校自己为师范生颁发教师合格证书,鼓励学校教师在指导学生实习的过程中来反思自身教学。英国教育标准局与英国教师培训署专门颁发了入职教师标准与在职教师训练标准,以提升教师专业标准,保证教师质量,并注重大学与中小学建立联系,从而把教师的专业发展提升到一定的战略高度。

20世纪80年代,日本临时教育审议会相继发表了4次咨询报告,在第4次报告中明确提出了要培养新任教师的实际教学能力和责任感,延长试用期,实行任用后为期1年的新任教师进修制度。1987年12月,日本颁布了《关于提高教员资质能力的方策》。1988年12月,为进一步提高教师素质,日本通过了修订的《教师资格法》,修改的要点就是要提高大学的教师培训课程的专业性。至此,日本教师教育已经由教师的培养、任用、研修3个阶段构成了一个连续的、完整的过程。进入20世纪90年代,日本又形成了以"全面素质提高"为中心的"反思型"教师培养模式,并为适应和满足教师专业发展的需要,不断地进行着教师教育中心的转型。时至今日,日本不仅重视教师职后培训,真正将教师视为在教育实践中持续不断发展的专业人员,而且特别强调未来教师和在职教师专业能力的自我提升。

20世纪90年代,我国日益关注教师专业发展问题。1993年颁布的《中华人民共和国教师法》(简称《教师法》)第三条明确规定"教师是履行教育教学职责的专业人员,承担教书育人,培养社会主义事业建设者和接班人、提高民族素质的使命",这是我国第一次在法律上确认教师专业地位的法律文件。1995年颁布实施的《中华人民共和国教育法》对此作进一步明确,同时决定在我国建立"教师资格证书制度";同年12月,国务院颁布了《中华人民共和国教师资格条例》,提出"中国公民在各级各类学校和其他教育机构中专门从事教育教学工作,应当依法取得教师资格"。教育部在1999年颁布的《面向21世纪教育振兴行动计划》中,明确提出要实施"跨世纪园丁工程",通过理论学习、课题研究、实践学习与总结、国外考察和著书立说等途径和方法,大力提高教师队伍的整体素质。2000年9月,教育部颁发了《〈教师资格条例〉实施办法》,教师资格证书制度实施工作在全国正式启动。这一系列政策措施的相继出台,充分表明我国政府已经把教师职业专业化摆上了议事日程,为教师专业发展创造了有利条件。

虽然与美国、英国、日本相比,我国教师专业发展起步较晚,但我国非常重视教师专业发展的政策保障，重视政府在教师专业发展进程中承担的主要责任。教师专业发展不仅要依靠教师自身的努力和教育研究者的探索，而且要依靠政府采取相应的推进措施，如教师资格证书制度、教师专业发展立法、教师教育课程标准、教师专业标准等。正是注意了教师内在积极性的调动和外部政策力量的推动，我国教师专业发展在理论上和实践上都取得了长足的进步。

三、教师专业发展的日益深化阶段

进入21世纪，科学技术飞速发展，国际经济竞争日趋激烈，各国普遍重视人才培养。特别是互联网＋、大数据、云计算、人工智能技术的运用，在世界范围内掀起了新一轮的教育改革浪潮。在教育改革浪潮的推动下，教师专业发展取得了实质性的进展，教师个体专业化水平成了教师专业发展运动的重心，教师专业发展不断深化。

（一）教师队伍高学历化，教师资格制度化

目前世界上许多发达国家的中小学和幼儿园教师的学历都有提高的趋势，大都提高到大学毕业及以上程度，具有本科及以上学历，一部分研究生也补充到师资队伍中。同时，教师培养机构分别培养各级教师，学历程度无差异，只是所学课程不同，以提高教师的专业化水平。教师资格标准是对教师专业素质的全面要求，当前许多国家实施教师资格证书制度，教师资格证书与学历证书并行，互不代替。通过制定教师职业要求的高标准，加快教师专业发展进程。

（二）教师职前培养与职后培训的一体化

一方面，世界各国普遍延长中小学和幼儿园教师职前教育专业学习年限；另一方面，大力推广教师在职进修工作，通过立法保障教师继续教育，完善培训体制，并采用多样化的培训方式，实施灵活而系统的课程安排，从而保证教师的专业水平持续有效提高。教师专业向培养培训一体化方向发展，但不是任何机构都有条件和资格培养教师，为此，美国、日本、英国和波兰等国专门制定了教师教育的机构认定制度。

（三）教师培养逐渐走向终身化

随着终身教育理念的提出和实施，人们普遍认为教师教育应通盘考虑教师的专业发展，打破职前和职后相互独立的局面，实施一体化教育，使教师终身都能受到连贯的、一致的教育，强调教师应树立终身学习的意识，主动吸取新知识，不断提高自身专业素养。尽管各国对教师素质要求各不相同，但普遍重视知识更新和开拓创新能力。例如，日本着重强调教师要由“单一型”向“复合型”发展，俄罗斯也要求教师的劳动要有创造性，成为适应时代要求的多面手。

（四）教师专业发展走向专门化

很多国家纷纷效仿美国，通过建立“教师专业发展学校”(PDS)，切实提升教师品质。所谓教师专业发展学校，是指由大学的教育学院与地方的公立中小学或学区合作成立的一种师资培训学校，其目的在于改善教师教育的职前培训计划，给在职教师提供专业训练和职业发展的机会，提高教师素质，创新教师专业发展机制，进而改善整个教育质量。教师专业发展学校由美国霍姆斯小组提出，它在美国出现以后，因其鲜明特色和显著成效而备受世人瞩目。

第三节　教师专业发展的研究取向

当我们明确了教师专业发展的研究对象,了解了教师专业发展的历史沿革,接下来到底教师专业发展“发展”教师的什么,就成为一个迫切需要回答的问题。为此,就十分有必要理解和把握教师专业发展研究的基本价值取向,唯其如此,才能为教师更好地规划和设计自己的专业发展提供一些框架性思考。

一、理智取向

理智取向是产生较早且普遍得到大家认可的一种观点。理智取向认为,教师职业之所以能成为专业,就在于它建立在坚实的知识技能基础之上。它主要是基于这样一个基本假设:知识技能的获得是行为变化和完善的基础条件,理论能够指导专业实践,教师借助于教育理论的掌握与应用,就能把学到的知识技能转化为良好的专业实践。在教育教学实践活动中,关于教育教学是科学还是艺术的争论,一直以来都是一个争论的热点话题。这种争论反映出教育教学专业对于“确定性”的需求,这种需求无论是过去、现在还是将来依然会存在。因而为教育教学专业确定一个科学与坚实的知识技能基础,就成为教师专业发展理智取向的核心关注点。

目前,教育教学之所以还不能成为一个公认的专业,其根本原因就在于它缺乏一套如果不经过专门训练一般人就很难掌握的知识技能系统。美国著名的霍尔姆斯小组对教师专业发展所做的调查报告《明日之教师》,就曾明确指出:提高教师专业水准的重点,就是要明确教师专业的知识技能基础,这样才能使教师专业发展拥有更为坚实的理智基础条件。从教师专业发展的理智取向来看,教师专业发展的重点其实就是知识技能的获得和行为的变化,因此只有从掌握必备的知识技能入手,才能最终达成教师行为的积极变化并不断完善。

二、反思取向

教师专业发展的反思取向最早是由美国心理学家和教育家波斯纳提出的。他在进行教师专业发展研究时,总结并提出了一个教师专业发展的公式:教师成长=经验+反思。他认为没有经过反思的经验只是一种狭隘的经验,至多也只能形成相对肤浅的知识,如果一名教师仅仅满足于获得经验而不对经验进行深入的思考,那么他的教学水平的发展必然会受到很大的限制,甚至会有所滑坡。教师专业发展的实践反思取向假定:新知识的创造和传递不是大学或研究中心的专利,教师不是储存他人观念的简单容器,教师的工作绝不是仅仅将所学到的知识用于实践;决定教师工作的不是外在的理论知识,而是内隐于教师教育教学实践之中的、比较难以表达的缄默知识。教师专业发展的反思取向认为教师专业发展的根本目的并不在于外在的技术性知识的获取,而在于通过一定形式使教师对自身及其专业活动直接相关的事物有更深入的理解,发现其中蕴涵的重要意义,从而促成教师的反思性实践。

教师专业发展的反思取向强调教师专业水平的提高不是通过外在培训、从专家那里获得理论知识来实现的,而主要依赖于教师个人或合作的探究与发现;它特别重视实践,强调实践本身所包含的丰富内涵,关心教师实际上知道些什么,并在这个基础上提出教师专业发展的设想。基于这种教师专业发展的价值取向,教师专业发展的方式主要可以通过撰写日记、传记、构想、文献分析等方式单独进行反思，也可通过讲故事、信件交流、会议交流、参与调研等方式与人合作进行反思。通过这些反思方式，可以不断加强教师对自身教育教学实践的深入认识，并在此基础上改善教育教学实践。

三、生态取向

教师专业发展的生态取向最初是由我国学者刘莹和罗生全提出的。他们认为生态取向下教师专业发展应从整体的、情境的和联结的视角出发，提倡在群体合作、和谐共生的基础上，关注教师发展所处的文化氛围、专业背景和社群关系，认为教师专业发展是个体、群体和环境之间互动发展的产物，强调通过环境、社群关系来促进教师的专业发展。① 生态取向将教师专业发展置于生态系统之中，在生态视角下看待教师的专业发展，尊重和关爱教师的自然生命，注重教师的生命价值和意义实现，凸显教师生命的创造性、独特性和互动性。生态取向致力于把教师从教育教学的现实境域的禁锢中解放出来，实现教师在开放环境中的互利共生，从而达成教师自我价值与社会价值的和谐统一。

生态取向下教师专业发展主要表现出以下几个特征：第一，自主性。从生态学的观点出发，生态系统是一个典型的自组织系统。自组织与他组织相对，它更强调系统自身的主动性与能动性，认为系统是通过自我生长、自我发展、自我循环更新而自主建构的。生态取向下教师专业发展秉承了自组织的理念，强调教师专业发展的动力并非来自外部的规约或赋权，而是来自内部的自主和超越。教师自觉主动地追求自身内在专业品格、专业素养的不断完善，自主地选择发展方式和学习内容，自主地对自身发展过程给予充分的关注和反思，并自主地对自身专业发展作出中肯的评价。第二，开放性。生态系统始终与外界环境进行着物质、能量以及信息的交换，并伴随外界的发展变化而不断进行更新和调整，以此来维持系统的生命与活力。因此，生态系统不是静止封闭的，而是动态开放的。学校生态作为一个开放的有机统一体，总是与外界进行着互动交流。对于生态取向的教师专业发展而言，教师无时无刻不在受到外部环境的影响和制约。教师必须以开放的心态与系统外的环境保持密切的联系，并及时获取有价值的信息和资源，不断地修正自我和超越自我，从而促进自身专业发展。第三，共生性。生态系统中的各个因素之间是相互作用、相互影响的，其中一个因素的变化往往会影响另一些因素发生相应的变化。也就是说一些要素的存在状态以另一些要素的存在状态为条件，一方存在状况的变化直接或间接地影响另一方的存在状况。生态取向下教师专业发展的共生性主要涉及教师主体之间的相互关系。教师之间要打破传统的业务封锁、各自为战的观念，由封闭孤立走向合作共享。在共生理念引导下，教师之间沟通协作，共享知识经验，激发合作动机，孕育共同的发展愿景，优势互补，取长补短，不断完善自身的专业知识、技能和经验，从而更好地实现自身的专业发展。

四、生命取向

教师专业发展的生命取向最初是由华东师范大学叶澜首先提出并加以论证的。他认为从生命的高度用动态生成的观点看课堂教学，包含着多重丰富的含义，而其中最重要的就是

① 刘莹，罗生全. 论教师专业发展的生态取向[J]. 教育导刊，2012(8)：73-75.

课堂教学应被看作师生人生中一段重要的生命经历,是他们生命的有意义的构成部分。[①]对于学生而言,课堂教学是其学校生活的最基本构成部分,它的质量直接影响学生当前及今后的多方面发展和成长;对于教师而言,课堂教学是其职业生活的最基本的构成部分,它的质量直接影响教师对职业的感受、态度和专业水平的发展以及生命价值的体现。教育在本质上是唤醒人的生命意识、启迪人的精神世界、建构人的生活方式、实现人的生命价值活动。[②] 这种对教师生命的关注,打破了一直以来只从社会发展需要角度对教师提出种种要求,对教师职业角色进行片面、静止的研究的弊端,更加注重教师在职业生涯中个体生命的意义,重视教师在教育教学过程中生命本质和高级需要的满足,从而把教师真正看作情感丰富、蕴含着巨大生命活力和个性魅力的人。

生命取向的教师专业发展是以尊重和关爱教师的自然生命为基础,以实现教师的生命价值和意义,彰显教师生命的创造性、独特性和自由性为最终目的。它致力于将教师从现实中的各种桎梏中解放出来,培养热爱教育事业,关爱学生,把自己的整个生命都融入教育教学之中,把教育教学活动当作实现自己生命意义的历程,在教育教学中付出着、体验着、收获着、快乐着的教师。这样的教师能够真正用自己的生命来诠释教育教学活动,用自己整个的心灵经营教育教学活动,用独特而有品质的个性魅力来实践教育教学活动,在所钟爱的教育教学事业中实现自身的生命价值,并最终获得幸福感和成就感。

五、自主更新取向

教师专业发展的自主更新取向最早是由我国学者叶澜和白益民提出的。所谓教师专业发展的自主更新,是指教师具有较强的自我专业发展意识和动力,自觉承担专业发展的主要责任,激励自我更新,通过自我反思、自我专业结构剖析、自我专业发展计划与设计的拟定、自我专业发展计划实施和自我专业发展方向调控等实现自我专业发展和自我更新的目的[③]。

自主更新取向教师专业发展至少可以从 3 种意义上来理解:第一,它是以自主专业发展意识为标准考察教师专业发展过程的一种分析和研究框架。它以自主专业发展意识的发展为基本线索,把教师内在专业结构更新与改进的规律性作为考察的核心。第二,自主更新取向教师专业发展可以看作教师自我专业成长意识的逐渐现实化过程。自主更新取向的教师具有较强的自我专业成长意识,他会随时保持对自己教师专业发展的关注,在将教师专业发展理论与自身成长现状相结合之后,依照自己过去的专业成长轨迹和目前实际提出今后的发展规划,随后将其投入实施。第三,自主更新取向教师专业发展还可作为一种教师专业发展新的取向和理念。自主更新取向教师专业发展主要是从自我专业成长意识所关注的重点与所达到的水平两方面展开研究的,它把教师专业发展阶段划分为非关注阶段、虚拟关注、生存关注、任务关注和自主更新关注等 5 个阶段。教师专业发展的基本循环是其发展的一般过程,通过外在各种影响因素与教师内在结构从矛盾走向调整和更新、不断发现和解决问题,从而形成教师专业发展的一种内在动力机制。

---

① 叶澜.让课堂焕发出生命活力:论中小学教学改革的深化[J].教育研究,1997(9):3-8.

② 张培.让教师诗意地栖居在教育中[J].教育理论与实践,2006(13):34-38.

③ 叶澜,白益民,王枬,等.教师角色与教师发展新探[M].北京:教育科学出版社,2001:267.

第四节　教师专业发展的研究意义

荀子说："国将兴，必贵师而重傅；贵师重傅则法度存。国将衰，必贱师而轻傅；贱师轻傅则人有快，人有快则法度坏。"宋代思想家胡瑗说："致天下之治者在人材，成天下之材者在教化，职教化者在师儒，弘教化而致之民者在郡邑之任，而教化之所本者在学校。"教师承担着传播知识、传播思想、传播真理的历史使命，肩负着塑造灵魂、塑造生命、塑造人的时代重任，是教育发展的第一资源，是国家富强、民族振兴、人民幸福的重要基石。这充分表明，最终决定学生发展水平和教育教学质量的关键要素在于教师，在于教师自身的专业发展和专业成长，这也正说明了教师专业发展研究所具有的意义和价值。

一、理论意义

教师专业发展研究的理论价值主要体现在通过研究阐明教师专业发展的诸多问题，形成教师专业发展的一系列概念，揭示教师专业发展的基本规律，建立科学的教师专业发展的理论体系。

（一）阐明教师专业发展的诸多问题

问题不仅是教师专业发展研究的基本逻辑起点，而且是教师专业发展研究的最终旨归。教师专业发展研究的理论价值之一，就是阐明教师专业发展领域的诸多问题，如教师专业发展是什么、教师专业发展的内部结构、教师专业发展的根本动力、教师专业发展的主要路径等。换句话来理解，教师专业发展研究就是要探寻和发现教师专业发展的这些核心问题，分析和解释教师专业发展的这些核心问题，并最终应答和解决教师专业发展的这些核心问题。

（二）形成教师专业发展的系列概念

概念是一门学科的基本元素，教师专业发展研究的重要任务之一，就是要从纷繁复杂的教师专业发展事实中抽象、提取和加工出教师专业发展过程中那些质的规定性，从而形成教师专业发展学科的若干基本概念。教师专业发展是伴随社会发展和教育改革的深化而不断发展变化的。当人们在长期教师专业发展实践活动中积累了相当丰富的行之有效的经验之后，许多学者对这些经验进行总结、概括和理论升华，形成各种教师专业发展的思想和理论，这时教师专业发展学科便应运而生了。由此可见，教师专业发展研究的重要价值首先是对教师专业发展的一系列概念进行科学解释和细致描述。

（三）揭示教师专业发展的基本规律

规律是事物内在的、本质的和必然的联系。教师专业发展研究的理论价值之一，是通过研究教师专业发展的问题、现象和事实，揭示教师专业发展存在的客观规律。通过把握规律，对怎样有效促进教师专业发展提出建议和规定，也就是试图在总结经验的基础上提升到较高的理论层次，以便为更普遍的教师专业发展活动提供有效的借鉴、指导和帮助。

（四）建构教师专业发展的理论体系

理论体系是事物发展过程的本质在人们头脑中的反映，是客观事物在理论思维中的再现形式。教师专业发展研究的理论价值之一，是完成教师专业发展理论体系的建构，追求教师专业发展研究的科学化。教师专业发展理论是通过一系列教师专业发展概念、教师专业发展判断和命题,借助一定的推理形式构成的关于教师专业发展问题的系统性陈述。它有3个基本的规定:教师专业发展概念、教师专业发展命题和一定的推理方式,是对教师专业发展现象和事实的抽象概括,具有较强的系统性。为此,首先要找出教师专业发展学科体系的逻辑起点,也就是起始概念;然后沿着逻辑的进程,将各种复杂的联系形成逻辑体系;最后达到逻辑终点,也就是建构出科学的教师专业发展学科体系,从而实现教师专业发展理论对教师专业发展实践的指导价值。

二、实践意义

教师专业发展研究的根本目的在于促进个体的自我实现,改进学校专业文化,达成学校教育目标以及增进教育品质。教师专业发展的实践意义主要表现在以下几个方面。

(一) 提高专业知能

由于课程和教育教学知识的扩充,教师在面对教育教学改革的同时,也要面临因社会和时代的变迁以及知识迅速增长所出现的情境,因此教师不断充实自己就显得格外迫切。教师必须对这些日益增长的专业知识加以了解和应用,通过继续不断的进修与成长确保教育教学的成功。教师专业发展研究正好可以使教师提高专业知能,扩充知识领域,提升学术及专业上的成就,并尽可能发展新的专长领域,从而适应课程和教育教学知识不断增长的需要。

(二) 提升教育品质

教师专业发展是一条迈向优质教育的重要途径,也是确保教师专业权力得以充分发挥的必然路径。唯有获得持续的发展成长,专业能力不断提升,才能使教师专业理想以及教师专业自主的理念落到实处。教师专业发展研究的主要目的之一,就在于强化教师的教育、发展及更新,借助教师教育品质的提升,促进学生的知识与能力的形成,最终实现学生学业的良好发展。

(三) 体验专业幸福

教师专业发展研究能够使教师更好地体验专业生活的乐趣,获得专业成就感、满足感、自豪感和幸福感,发挥自身教育教学创造性的才能,分享成功的喜悦,同时也使其不仅把教师职业看作生存的一种手段,更重要的是从职业活动中体现人生的价值。正如有学者所说的那样:教育不是牺牲,而是享受;不是重复,而是创造;不是谋生的手段,而是生活的本身。①

(四) 实现生命价值

人的价值既包含人生价值,也包含人格价值,前者是指个人对他人、社会的价值,后者则是指人自身的价值。教师的人生价值是指教师对他人、社会的价值,强调的是教师如何使自己的一生有益于他人和社会;教师的人格价值是指教师行为对维持其需要、尊严、自我价值的实现等的价值。教师的人生价值和人格价值是辩证统一的,价值客体和活动主体是教师在价值关系和活动关系两个参照系中的两种身份,而不是两个人或两个群体。从教师存在

① 刘次林.教师的幸福[J].教育研究,2000(5):21-25.

是人生价值和人格价值的统一角度来理解教师的专业发展，它应该具有双重性：教师专业发展既要实现教师的人生价值，又要实现教师的人格价值。教师专业发展实现教师的人生价值，是教师专业发展的事实特性或工具价值，主要指教师寻求知识更新、提高教育技能，把自己培养成喜欢教师职业又有教育技能的教师，这是教师专业发展的事实要求，也是最基本的要求。教师专业发展实现教师的人格价值，是教师专业发展的价值特性或本体价值，是指教师把教育活动作为一种境界加以追求。在这样的价值观引导下，教师能够更加关注生命、关注现实社会，从而使教师的专业发展能够超越世俗功利，成为个体生命完善的中介。

（五）促进教育变革

教师的专业发展水平直接影响其对教育诸因素的看法，决定教师的教育价值观、学生观、教学观和课程观等，决定着教师在教育教学活动中的行为表现。对教育的不同理解，直接影响教师处理问题的方式，反过来又影响教师的教育教学水平。教师怎样看待学生，直接影响学生个性的形成和人格的完善。教师对学生的态度、对同事以及教育工作的态度影响着教育的成效。有学者根据对专家型教师和新手型教师的比较研究，认为专家型教师的知识具有如下特征：第一，专家的知识是专门化的，而且限于特定的领域；第二，专家的知识是有组织的；第三，专家所知道的大部分是缄默的知识。① 这种缄默的知识是难以形式化和通过他人的直接传授来获得的，只能由当事者本人在特定领域内活动的经验中去构成或创造。这就说明，教师的专业发展水平对学生的成长和发展具有直接的影响，决定着教育教学的质量和效率。教师对课程的认识水平也影响课程最终目标的实现，影响教育社会功能的发挥。因此，教师专业发展研究是教师教育的重要课题，我们不仅要关注学生的成长，而且要特别关注教师的专业成长。

（六）服务社会发展

教师承担着为社会培养高素质、高水平人才的重任，因而能更有效地发挥教育在社会政治、经济以及文化等领域的作用，促进人类社会的文明与进步。教育作用发挥得如何，起决定作用的就在于教师的素质与水平的高低。可以毫不夸张地说，社会的文明与进步有赖于具有良好素质的人才，高素质人才的培养有赖于优质的教育，而教育作用的发挥和水平的高低则直接取决于教师的素质与能力。衡量教师水平高低的主要标准是教师专业发展的水平和层次。教师的专业发展间接地影响着社会。教师是为社会培养人才的人，所培养的人才的素质和质量，影响着社会发展的速度和质量。特别是在当今知识经济和学习化时代，人才的质量决定着经济增长的质量和水平。没有高素质的人才保证，就没有社会的良性发展，就难以实现全面现代化。当今世界国力的竞争，更主要地表现在人才的竞争，没有一大批高素质的人才，就难以在日趋激烈的竞争中占据有利地位。

第五节　教师专业发展的理论基础

作为一门新兴学科，教师专业发展建立在深厚的理论基础上，哲学、社会学、心理学、教育学为教师专业发展研究提供了方法论基础和丰富的营养，在推动教师专业发展学科形成

① 叶澜，白益民，王枬，等．教师角色与教师发展新探[M]．北京：教育科学出版社，2001：200．

和不断走向成熟的过程中,发挥着独特而重要的价值作用。

一、哲学基础

哲学是一切学科研究的基础。进行教师专业发展研究,必须注意从哲学的视角加以展开,才能更好地促进教师的专业发展。马克思科学地揭示了人的本质是一切社会关系的总和,这为理解人的发展动力提供了科学的理论依据。在马克思看来,人的发展动力不仅有来自客观条件和环境的外在制约,也有来自人的意识思想等的内在决定,是内在动力与外在动力有机作用的结果。因此,教师专业发展的动力不仅应包括外部条件和环境提供的动力,而且应包括教师的主观能动性在内的内在因素,是受动性与能动性的有机统一。教师专业发展的受动性是指来自外部环境并在外在力量的作用和推动下产生的动力,而教师专业发展的能动性是指来自教师的内心活动作用下产生的心理和精神动力。教师专业发展必须从理性精神出发,因为教育作为一种理性的事业,其日常活动也应该洋溢着理性精神,并由理性来引导和规范。

教师作为一个理性主体,其专业发展的自我诉求由信仰理性出发,经过认知理性再到反思理性。只有经历这样不断积累的过程,才能增强教师的职业使命感,形成日益成熟的教育教学理论和实践能力,从而实现教育教学中真善美的有机统一。依据教育教学这种特殊实践活动的特点,教师专业发展中的信仰理性是教师专业发展的不竭动力。如果具有一定的信仰,并在此基础上具备了坚定的信念、博大的胸怀、高尚的人格、良好的道德品质并热衷于教育事业,教师的专业发展就首先具备了良好的精神支撑和信念支持,为其认知理性的产生奠定了基础。教师专业发展中的认知理性就是通过专业的理论知识学习和相应的实践技能训练,使教师在理论上具有改善教育教学行为、提升教育教学质量的能力。因为专业教育理论知识的系统学习是教师专业发展的基础保障,教师只有不断增加自己知识的深度和广度,才能为自己的专业发展提供有力的专业保障。

二、社会学基础

在现代社会对教师专业要求越来越高的情况下,教师专业社会化的过程不再是一个简单的变化过程,而是一个复杂多样的社会和教育现象。从社会学的视角来看,教师专业发展实质上就是一个个体社会化的过程,是教师与各种社会化动因交互作用的过程,由此赋予教师专业发展以多种不同内涵。

(一)结构功能学派

结构功能学派以美国学者帕森斯的思想为主。他认为教师的专业发展是教师为了达到教师专业组织的整体目标,通过学校组织和法令规定的奖惩制约以及与同辈之间的角色期望了解自己在该体系中的身份地位,习得教育的专业知识,内化教师团体的规范,表现适当的教师角色行为的历程。在这个历程中,培训职前教师的院校和教师任职的学校是社会主体,是促成教师的角色期望或规范的直接因素,教师的个性和社会文化因素等都会使其受到影响,并影响到教师专业角色表现。

(二)冲突论学派

冲突论学派的主要代表人物有美国的科瑟尔和德国的达伦多夫。他们认为,教师的专业发展就是教师在冲突的社会中不断通过主动调适冲突，并接受利益集团不断变化的价值规范的过程。教师在专业发展过程中习得的专业规范有可能不是真正的专业规范，而只是代表教师利益的规范。此时，必须要求教师在任何社会情境中都具有反省、批判的能力。只有这样，才能使原来被忽略的价值或合法化利益歪曲的思想意识重新得到公正评价。

（三）符号互动学派

符号互动学派的代表人物是美国学者米德。他认为，教师专业发展是指师范生或在职教师在师范学院或任职学校中，与"重要他人"彼此互动以习得专业角色的自我观念过程。在互动过程中，他们逐渐意识到自己的角色期望，并通过个人的自我判断来调整这些角色知觉，据以表现专业角色。其实，教师角色社会化的过程就是教师受社会中人际关系影响的过程。在这一过程中，教师有主动解释或选择他人影响及环境结构因素的功能，因而又称之为主动的社会化模式。

三、心理学基础

从心理学角度来说，教师的专业发展是指教师个体内在的专业性的不断提高。教师不仅是专业发展的对象，也是自身专业发展的主导者，因此在教师专业发展中，教师自身的主观努力往往起着更为关键的作用。教师的专业发展过程是教师由自我认识的形成和发展到自我专业发展意识的产生，再到自我效能感产生和不断发展的过程，也是由专业理想到专业自我再到专业体验的不断实践过程。

（一）教师专业自我认识

从心理学角度来看，教育教学活动是师生之间理性与情感两方面的动态互动过程。在这一过程中，教师必须首先认识自我，并依据社会对教师职业的要求及与其他教师的比较，形成较为完整系统的关于自身的教育价值观、教育思想态度、教育能力发展等的认识，不断缩小专业理想与专业现实之间的差距。教师的专业自我认识是教师专业生涯的开始，也是教师专业发展的基础。教师能够正确地了解自我、认识自我、评价自我，辩证地看待自身的优缺点，这对于教师的专业发展是至关重要的。教师只有对自己所处的发展现状有深刻认识，才能有效调节工作压力、生活挫折及内心冲突所带来的困扰。教师只有在真正认识自我的基础上，不断缩小社会对教师个体成长的要求之间的差距，并根据自身的实际情况合理制订适合自己的专业成长目标与计划，选择自己需要的学习内容，并将所制订的目标和计划付诸实施，展示自我的主体力量，才能逐渐走向自我超越和自我实现。

（二）教师专业自主意识

专业自主发展意识是教师为达到社会发展的需求并依据自身专业发展要求，自觉形成的系统化和理论化的成长目标意识和规划意识。专业自主发展意识是社会发展的客观要求在教师专业发展心理中的直接反映，也是教师针对社会赋予教师的角色期望和能力要求的追求意识。在产生专业自主发展意识之后，教师往往能将自身过去经历的发展过程与当前正在经历的发展状态，以及未来可能达到的发展水平有机结合起来。因此，教师专业自主发展意识的形成是产生教师理想信念并为之奋斗的前提，它不仅有利于教师自我潜能的挖掘，而且更有利于教师的专业发展。

在专业自主发展意识的产生过程中，教师必然要经历角色定位的模糊、多重角色的冲突以及理想与现实的差距等阶段,它并不是一帆风顺的。角色定位模糊往往出现在教师职业生涯的开始,是指教师所体验到的角色环境的不确定性。它主要是由于多元文化的碰撞与融合所引发的价值取向的多元化,导致社会各界对教师角色的认知产生较大分歧,尤其是专业评价偏低及专业认同感下降,由此引发新任教师的角色感不清晰、期待不明确,甚至产生一定的角色模糊。多重角色冲突是指教师在其专业生涯中往往扮演多个角色,扮演的角色既有知识的传授者、心理的疏导者,也有家长的代理人、班集体的管理者,更有学生的知心朋友等。教师在面对不同群体的不同期望甚至在不同群体的利益产生冲突时,不能顺利进行角色转换将会出现角色冲突,教师的专业发展将由此受阻。在教育教学实践活动中,教师的成功具有较大的不确定性,专业成就感往往不十分明显。这些情况一旦出现,教师极有可能会因职业倦怠的出现而导致其专业生涯的终止。

(三)教师自我效能感

所谓教师自我效能感,是指教师相信自己有能力对学生的学习产生积极影响的一种知觉和信念,它影响着教师对所从事职业的主动性和积极性、对教学工作的关注和投入程度,以及在遇到困难时克服困难的坚持程度,是教师关于自身能力的预期、感知、信心或信念,是对自身能力的判断和评估。教师在产生自我认识、形成专业自主意识的基础上,逐渐产生了自我效能感。教师的自我效能感主要包括一般教育效能感和个人教学效能感两个方面。所谓一般教育效能感,是指教师对教与学的关系、对教育在学生发展中的作用等问题的一种信念。所谓个人教学效能感,则是指教师对自己教学能力的一种信念。教师的教学效能感其实就是教师的一种自信心,即能否教好学生的自信心。[①] 教师自我效能感直接影响着教育教学效果及教师的专业发展。建立在教师自我认识基础上的合理的自我效能感,能使教师积极应对外在环境的变化,不断克服职业生涯中的各种挫折,积极调整自己的心态,以期获得更大的专业发展。

四、教育学基础

教师是教育活动中最积极、最活跃的因素之一。促进教师的专业发展、实现教师作用的充分发挥,是教育学研究的重要领域和核心内容。近年来,随着批判教育学、关系教育学、存在论教育学、女性主义教育学、复杂性思想等理论的兴起,教育学理论正经历着重要的转向,即从抽象、秩序与控制的现代性逐渐走向多元、丰富、创生的后现代性。这些教育学理论所带来的诸多变化和转向,无疑为我们重新解读教师的专业发展提供了崭新视角和创新性思考。

(一)批判教育学

由巴西教育学者弗莱雷倡议创立的批判教育学,自 20 世纪 90 年代以来已经成为用以批判新保守主义、新自由主义和教育功利化的主要理论,同时也为具有批判、民主、解放色彩的教育实践开启了希望之窗。传统教师发展观以工具理性主义为取向,更多的是把教师看作技术者或工匠,无论是在谈论教师的专业发展、师资培养,还是教育教学改革问题时,总是把焦点放在教育教学技术的改进上。批判教育学认识到这种偏向对教师专业发展造成的限

---

① 施学莲.关于教师专业成长的多维度反思[J].教学与管理,2012(27):38-39.

制，从而特别强调教师的自主意识在其专业发展中所具有的重要价值，教师只有具备充分的自主意识，才能获得自身专业发展的持续不断的内在动力。在教育教学改革和实践活动中，自主意识的激发和唤醒，必将增强教师的批判反思精神和主动参与性。只有当教师产生了积极参与教育教学发展的意识之后，他们的批判反思能力与精神也才能逐步得以形成。

（二）关系教育学

由美国教育学者霍克斯提出的关系教育学，也称交融教育学或投入教育学，它特别提出教师在教育教学过程中的“投入”，与学生的情感交融，师生之间的理解与对话。霍克斯认为，传统课堂教学最大的弊端是对师生之间情感沟通、互动交往的忽视，教师更多地侧重于知识的传递与接受，缺乏与学生的情感互动与交流，因而无论教师还是学生，都把教育学作为一种乏味、缺乏兴趣、毫无激情的活动过程。基于此，霍克斯非常强调经验分享，师生共同参与、投入到学习发展中。霍克斯提出了比批判教育学更为激进、更高要求的教师的积极参与和投入，亦即“全身心的参与和投入”。在参与和投入教育教学的过程中，教师必须更积极地投入自我实践、追求自身的幸福与快乐。她特别相信，唯有有能力自我实践、提升自身价值和幸福的教师，才有能力提升学生的“权能”。这也正是她提出并信奉的：关系教育学不仅仅提升了学生的权能，而且促进了教师权能的增长。

（三）存在论教育学

存在论教育学以海德格尔、伽达默尔、德里达等人为代表的“存在论哲学”为根基，它并不是从知识与技能的角度来思考教师的专业发展，相反，却非常关注教师专业发展的“大者”，即专业热忱和伦理精神。专业热忱和伦理精神这一“精神层面”品质提出的核心问题是：到底是什么促使教师从事眼前的教育事业？教师愿意在多大程度上为教育事业付出自己的精神和力量？无论环境发生何种改变，教师是否都能坚守自己所从事的教育事业？传统观念往往对教师的专业热忱和伦理精神这一“大者”重视不够，相比而言，人们更重视教师的教育教学知识与技能技巧。如果教师只是精熟于各种知识技能，缺少专业热忱与伦理精神，那么他是很难将其身心完全投入到教育事业之中，他在教育教学过程中就会缺乏生命活力与教学激情，缺乏人文关怀、伦理关照与价值追问，就很难形成高度的责任心、敬业精神、浪漫理想和坚定信念。

第一章　教师专业角色

【问题与思考】

1. 习近平总书记2016年9月9日在北京市八一学校看望师生时指出:"广大教师要做学生锤炼品格的引路人,做学生学习知识的引路人,做学生创新思维的引路人,做学生奉献祖国的引路人。"[①]请结合教师角色的学习,谈谈自己的认识和体会。

2. 中共中央、国务院2018年1月20日颁布的《关于全面深化新时代教师队伍建设改革的意见》指出:"教师承担着传播知识、传播思想、传播真理的历史使命,肩负着塑造灵魂、塑造生命、塑造人的时代重任,是教育发展的第一资源,是国家富强、民族振兴、人民幸福的重要基石。"对此,你有何认识和评论?

3. 叶澜认为:"教师在学生面前呈现的是其全部的人格,而不只是'专业'。你的一言一行都在呈现你是谁,学生也在判断你是谁。学生对你有敬意或瞧不起,反抗或喜欢,都不是仅仅因为你的专业,而是因为你的全部人格。"这对我们理解当代教师角色有何启示和价值?

4. 人们常说,父母是孩子人生的第一任老师。回想我们的父母对我们的教育,对比学校里的教师对我们的教育,二者之间的差异,对于我们理解教师的专业角色有没有帮助?有何帮助?

5. 有学者认为,教师的职责现在已经越来越少地传递知识,而越来越多地激励思考;除了他的正式职能外,他越来越成为一位顾问,一位交换意见的参加者,一位帮助发现矛盾论点而不是拿出现成真理的人。他必须集中更多的实践和精力去从事那些有效果的和有创造性的活动:互相影响、讨论、激励、了解、鼓舞。对此,你是如何理解的?

6. 从小学到大学,我们每个人都曾经受到几十位教师的教导,但当我们回忆自己的学生生涯时,并不是所有教师都能给我们留下印象:有些教师我们甚至都已经忘记他们的姓名,而有些教师虽然已经过去了许多年,我们仍能感受到他们的影响和存在。请回忆自己受教育的历史:哪些教师让我们至今记忆犹新?哪些教师让我们感到对自己影响深远?为什么?

7. 在我国,"蜡烛""春蚕""教书匠""园丁""教书匠""人类灵魂工程师""太阳底下最光辉的职业"等,常常被人们用来指称教师专业形象,但它们就是理想的教师专业形象吗?时代发展、科技进步和教育变革对教师专业形象提出了哪些新的要求?如何描述你心中理想的教师专业形象?

8. 美国教育家威尔逊说过:"所有对他人高度负责的角色,都要经受相当多的内在冲突和不安全感。"这表明教师专业角色由"理想"到"现实"可能会受多种因素的影响和制约。你认为教师如何才能更好地担承和实现自己的专业角色?为什么?

① 中共中央文献研究室:《关于社会主义社会建设论述摘编》,中央文献出版社2017年版,第57页。

教师是向学生传递人类积累的文化科学知识和进行思想品德教育，把学生培养成社会需要的人才的专业人员。从广义上讲，凡是把知识、技能和技巧传递给他人的人都可称之为教师；从狭义上来说，教师则是经过专门训练，在学校从事教育教学工作的专门人员。作为一个专门性职业，教师在教育教学活动中承担着多种不同的角色，它既代表教师个体在社会群体中的地位与身份，也包含着社会期望教师个体表现出来的行为模式。角色本身对于教师个人生命发展的意义是重要因素，它直接影响着教师角色践行的水平、角色兴趣、角色动机以及角色创新。① 提升教师专业素养，促进教师专业发展，首先必须认识和把握教师的专业角色，这也可以说是建构教师专业发展理论的逻辑起点。

第一节　教师专业角色概述

教师不仅是一种社会职业角色，也是这一角色的担承者。作为社会职业角色，它是教师终身或者较长时间所从事的，并以此为主要生活资料来源的教育教学活动，是一种客观的社会规定；作为角色担承者，教师则是具有个性的具体的人，他们总是同时承担着众多的社会角色。教师专业角色不仅包括社会和他人对教师的行为期望，而且包括教师对自己应有行为的认知。作为整个当代教育改革的核心问题，教师角色的话语反思和内涵开掘既是教育改革的内在要求，又是教师发展的专业追求。②

一、教师专业角色的概念

（一）角色的含义

角色又称“脚色”，最初是由拉丁语 rotula 派生出来的，原指古代戏剧舞台上演员所扮演的人物，如生、旦、净、末、丑，主要角色、次要角色、群众角色，正面角色、反面角色等。后来由戏剧借用引申而来，是指处于一定地位中并按相应的行为规范来约束自己行为的人，而不是指行为规范或行为模式，更不是指行为本身。一个人获得了某种社会地位，他就扮演着某种角色，而这个人的角色行为便应符合社会或团体的期待。

在社会学领域，美国芝加哥学派最早系统地运用了“角色”这一概念，其中以乔治·米德的符号互动理论最为著名。社会学认为，角色主要是指社会角色，即与人们的某种社会地位、身份相一致的一整套权利和义务的规范与行为模式，它是人们对具有特定身份的人的行为期望，它构成社会群体或组织的基础。③《中国大百科全书·教育》解释为：角色是个体因占据一定的社会位置而产生的行为模式，如教师角色、学生角色等。顾明远主编的《教育大辞典》则认为：角色是处于一定社会地位的个体，根据社会的客观期望，借助自己的主观能力适应社会环境所表现出来的行为模式。由此可见，科学的角色定义包含 3 种社会心理学要素：角色是一套社会行为模式；角色是由人的社会地位和身份所决定的，而非自定的；角色是符合社会期望（社会规范、责任、义务等）的。

依据不同的标准，角色可以划分为不同的种类。如果根据角色存在的形态不同，角色一

① 张爱琴，谢利民. 教师角色定位的本质透视[J]. 教育评论，2002(5)：41-44.

② 张华. 教师角色的迷失与澄明[J]. 西南大学学报（社会科学版），2010(2)：129-134.

③ 郑杭生. 社会学概论新修[M]. 北京：人民大学出版社，2002：99-130.

般可以可分为以下3类:第一,期望角色,也叫理想角色,是指社会或团体对某一特定社会角色所设定的理想的规范和公认的行为模式。期望角色总是尽善尽美的,它是一种"应该如何"的观点。例如,做教师就应该为人师表,身教重于言教;做医生就应该救死扶伤,具有人道主义精神;等等。期望角色可以是明文规定的,许多规章制度都体现了期望角色的本质及其要求;期望角色也可以是不成文或约定俗成的,表现为社会公德、社会习俗和社会传统等对人的各种要求和期待。期望角色属于社会观念的形态。第二,领悟角色,是指个体对所扮演的社会角色的行为模式的理解。期望角色是领悟角色的基础,但由于个体所处的环境、认识水平、价值观念、思想方法等的差异,不同的人对同一角色的规范和行为模式的理解并不是完全相同的。例如,对于领导角色的理解,有些人认为领导应该是民主型的,应该以高度关心人为工作重点;而有些人则认为领导应该是专制型的,应该是高度关心工作的。领悟角色属于个人的观念形态。第三,实践角色,是指个体根据自己对角色的理解,在执行角色规范的过程中所表现出来的实际行为。领悟角色是实践角色的前提和基础,但由于每个人的自身条件和环境条件不尽相同,因而即使对角色有相同的理解,落实到行为时也未必相同。实践角色属于客观现实形态。

(二)教师专业角色的内涵

对于教师专业角色的含义,国内外研究者存在着不同的认识与理解。

瑞典现代教育学家胡森在其主编的《简明国际教育百科全书》一书中,对教师专业角色所代表的含义作了以下3个方面的解释:第一,教师专业角色就是教师的专业行为;第二,教师专业角色就是教师的社会地位;第三,教师专业角色就是对教师专业的期望。

顾明远主编的《教育大辞典》这样界定教师专业角色:教师与其社会地位、身份相联系的被期望行为,主要包括两个方面:一是教师的实际角色行为;二是教师角色的期望,包括"他人对自己的期望"、"自己对自己的期望"以及"自己对他人的期望"。①

有学者认为,所谓教师角色是指处在教育系统中的教师所表现出来的由其特殊地位决定的符合社会对教师期望的行为模式。②

有学者认为,教师角色是指教师在学校教育中,为实现与其身份地位相对应的权利和义务时,所表现出来的符合社会期望的态度与行为模式的总和。③

有学者指出,教师角色即代表教师个体在社会群体中的地位与身份,包含着社会期望教师个人表现的行为模式,它既包括社会、他人对教师的行为期待,也包括教师对自己应有行为的认识。④

由此可见,人们对教师专业角色的理解,大多都是以社会学意义上的角色概念为基础的,突出强调的是教师的地位、行为以及期望等。据此,我们认为,所谓教师专业角色,是指教师在学校教育中,为实现与自身身份、地位相对应的权利和义务时,所表现出来的符合社会期望的态度和行为模式的总和。

要想深刻理解和把握教师专业角色,必须首先明确"教师是谁"。"教师是谁"要解决的

---

① 顾明远.教育大辞典·增订合编本(上)[Z].上海:上海教育出版社,1998:702.

② 冉祥华.试析教师角色及其角色丛[J].黄淮学刊(社会科学版),1995(4):100-101,113.

③ 张爱琴,谢利民.教师角色定位的本质透视[J].教育评论,2002(5):41-44.

④ 冷宇.新课程改革视野下教师角色的转型与构建[D].天津:天津师范大学,2005:5.

两个核心问题，即教师要做什么和教师做什么才有意义。① 基于此，可以从以下两个方面来认识教师的专业角色。

首先，教师专业角色的作用是寻求教育社会功能的最大化。从历史来看，随着生产力的发展、教育与政治的分离、教育规模的扩大以及科学技术的发展，教师作为一种专门职业逐步确立起来。教师的职责就是教书育人，通过教育培养社会需要的人，通过人才培养使自己所具有的社会功能得以最大化。教师是人类灵魂的工程师，可以塑造一个个未来的灵魂，但这个灵魂是以什么为目的，以什么为标准来塑造，这就不得不涉及教师角色的终极目的。任何一种教师角色都具有这样的终极目的，对这种终极目的的追问实际上是在追问教师之所以存在的社会价值。任何一种理想的社会都有一种理想的教育，都存在教育理想未来的动人图景。教师不只代表自己，还主要代表了社会，代表一种社会的理想与希望，教师专业角色的作用越来越具有了社会功能的价值。教师代言社会，就代表社会的形象出现在学生面前，为学生做社会理想人格的表率，因而理想的教师形象是理想性的。教师专业角色是一种具有理想人格的角色，这就要求教师可以不完美，但要不断追求完美，要使这种不断追求完美的表率对学生起到引领的作用。

其次，教师专业角色的意义体现了个人价值与社会价值的完美统一。教师专业角色的作用是教师能为社会做些什么，教师专业角色的价值则指教师能为自己做些什么。作为学生成长的重要他人，教师是教育者、组织者和引领者；作为有血有肉的生命个体，教师也是自身价值的追求者，他不仅追求社会功能的最大化，也是个人功能最大化的追求者。研究表明，教师是有着清醒自我意识和角色意识的存在。教师应该思考自己对于学生意味着什么，对于自己意味着什么。教师对自己的思考来自良心的呼唤，也来自理智的好奇。教师是探索有意义存在的存在，是追求超越自身的存在，是实现存在并获得意义的存在。教师要获得生命的最大意义，就要取得最大的社会工作效果，简单地说是对学生有用、对社会有价值。对教师自身而言，如果他不为身外的目的服务，就失去了存在的价值。教师的专业角色呈现一个与其他职业不同的特点：教师是“被需要”的“需要”，因而教师在追求自身意义的时候便成为一名学习者和研究者。教师努力实现自身价值也恰是教师工作的内在动因，这种内在动因支配下教师个人价值的实现，同时又外在地表现为教师社会价值的实现，从而教师的社会价值通过教师自身意义的追求而得以实现。

二、教师专业角色的特点

教师专业对象的属人性和特殊性、专业任务的多维性和复杂性等，决定了教师专业角色的独特性。具体而言，主要表现为以下几个方面。

（一）主导性

教育价值的实现不是一个人力量作用的结果，而是要综合多种力量来实现教育的合力。放任与放弃任何一种力量都是不对的，过于强调学生自主学习的价值而忽视教师作用，或者强调教师权力而忽视学生自觉性，都是不可取的。一般而言，教育是需要教师、学生、集体、学校、家庭与社区等共同努力来实现的，而这些力量的相互配合与协调的关键就在于教师。教师是

① 叶澜，白益民，王枬，等.教师角色与教师发展新探[M].北京：教育科学出版社，2001:38-39.

各种教育力量的协调者,他主导着诸多的教育关系。不仅如此,教师还要按照社会的要求培养符合社会规范的人,教师是社会的代言人,代表社会并按社会的教育目的、教育内容和教育方法主导学生的发展,表现出较强的主导性特征。教师专业角色的这一特点为教师发挥个人的主动性和创造性提供了较大的空间,同时也要求教师具有较强的自觉性和主动性。

(二)示范性

教师劳动与其他劳动的差异在于:一般劳动借助于特定的工具,并且工具与劳动者是分开的;教师的劳动虽然也需要借助于一些与自身分离的工具,但教师自身就是一种十分重要的劳动工具,即教师自己的思想、学识、能力、人格、言行等,都是重要的教育影响手段。教师劳动工具的主体性决定了教师劳动具有示范性的特点,而这一特点也决定了教师专业角色的示范性。在社会生活中,人们赋予教师的"楷模""榜样""引路人"等角色,其实都体现了教师专业角色的示范性。教师专业角色的示范性,要求教师注意自己的风度仪表、言谈举止、道德修养、人格品质,并在实际的教育教学活动中注意发挥这些因素对学生的积极影响作用。

(三)复合性

教师的教育任务是全面的、复杂的,教师不仅要教书,还要育人;不仅要传授知识,发展学生的思维能力和创造性,还要培养学生的道德观念,形成学生良好的行为品质和高尚情操,这些任务决定了教师工作过程的综合性,由此决定了教师角色的复合性。教师不仅要有渊博的学识,而且要具备多方面的能力;不仅要有教书的技能,而且要有育人的本领。这些仅凭校内的教育工作是不可能达成的,还需教师通过校外的榜样示范来达成。教师角色的复合性一方面说明教师角色内涵的广泛性,另一方面说明影响教师角色因素的多样性,这恰恰体现了教师角色的多维性,既要从内在的构成要素上去全面系统设计,又要从外在的影响因素上去整体构想;既要设计好教师的教育角色,又要设计好教师的社会角色,从而构成教育角色与社会角色的统一体。

(四)发展性

社会不断发展,时代不断进步,教育变革不断深入,这就决定了教师专业角色并非一成不变。在不同的历史时期和时代背景下,社会发展和教育实践对教师提出不一样的要求,需要教师承担起多种不同的角色,这就必然使得教师专业角色呈现出变化性和发展性的特点。教师专业角色的发展性既是动态的社会需求的外在表现,这种表现实际上是教育培养的社会人的重新定义,是对教师培养人的角色的再认识;也是变化的教师成长发展过程的内在诉求,这种诉求实际上是教师职业的生命体现。在当前社会条件下,社会对人才规格的定位和教师专业发展的诉求,直接影响着教师专业角色的定位。变化的社会需要变化社会人的规格,生命成长中的教师需要不断调整自己的职责和使命,由此必然要求有动态发展的教师专业角色。

第二节 教师专业角色定位

从本质上来说,定位不是一个静态的结果,而是一个动态的过程。教师专业角色的定位同样也是一个动态的过程,是一个对教师专业发展取向和目标不断进行调整与修正的过程,是教师专业角色不断整合和完善的过程，是教师在教育教学活动中通过与学生以及同事的交往对话逐步体悟、认同、内化和创新的过程。这一过程不但要考虑社会及学生发展对教师的要求，而且要考虑教师的专业特性及教师自身的发展需求。这就决定了教师所承担的专业角色既是多元的，也是发展变化的。

一、传统教师专业角色的隐喻

在人类社会发展和进步过程中，教师职业的价值与作用神圣而伟大，教师专业角色也因之复杂多样。唐代文学家韩愈在《师说》中指出的“师者，所以传道授业解惑也”，可以说是我国对教师专业角色较早也是流传影响至今的观点。当然，由于受历史局限性以及人们对教师职业理解的片面性，出现了教师专业角色的多种隐喻。“蜡烛”“春蚕”“教书匠”“园丁”“人类灵魂工程师”“太阳底下最光辉的职业”等，常常被人们用来指称教师专业角色。仔细分析和深入理解这些观点，其中不乏积极意义，当然也存在不合理之处，只有对之加以审视和反思，才能更好地实现教师专业角色的重新定位。正如学者陈桂生所指出的那样：“简单地说，这类比喻如果只是说说而已，不发生影响，那它就是废话。如果发生什么影响，那它既可能增加教师已经相当沉重的负担，又可能成为对教师的苛求。”①

（一）春蚕蜡炬角色

对教师职业的认识和评价，人们最经常引用的是唐代诗人李商隐的“春蚕到死丝方尽，蜡炬成灰泪始干”，以此来歌颂教师燃烧自己、照亮他人、无私奉献、甘于牺牲的精神。“教师塑造了自身的完美形象，融渊博的文化学识、正统的道德观念、完善的行为规范及清贫的物质生活于一身，将‘为人师表’的道德价值观念推向极致……以传统道德价值观为核心，体现了社会对教师的极高期望和要求”②，这对于塑造教师形象、提升教师地位有着非常重要的积极意义。然而，这种隐喻也存在一定的消极作用，因为它描绘了一个“悲壮牺牲者”的教师形象，似乎教师只有放弃一切、牺牲一切才能换得崇高的美名。所以，许多怀着崇高理想和美好愿望的教师为学生倾尽了自己的全部精力和心血，甚至不惜牺牲自己的健康和生命。③在素质教育关照下，教师不光是燃烧自己的蜡炬和吐丝成茧的春蚕，还要源源不断地给自己补充原料和能量，使自己永葆生命活力和主动精神；教师不仅要照亮别人、幸福他人，也要照亮自己、快乐自己。教师有着自己的生命诉求，需要与学生智慧碰撞、情感交融、心灵沟通、教学相长；教师在燃尽自己、照亮别人的同时，自己也要熠熠生辉、光彩照人。

（二）教书匠角色

在教育实践中，人们常说：“教师要给学生一碗水，自己要有一桶水”；苏联教育家苏霍姆林斯基则说：“教师要教给学生小小的知识火花，自己首先要拥有整个知识光海。”教师是知识的先知，是学者，要“传道、授业、解惑”，教书匠角色由此而生。强调教师知识储备“量”以及知识传授职责的重要价值，这是该角色隐喻的积极意义。然而，“首先，一桶水的教师显然是以一个‘知识占有者’、‘知识灌输者’的优越身份踏上讲台、高高在上地俯视学生的。……

① 陈桂生. 也谈“教师角色”[J]. 江西教育科研，2005(6)：63.

② 丁炜. 教师形象之变迁：从教师的隐喻性陈述谈起[J]. 教书育人，2001(23)：32-34.

③ 钟启泉，刘徽. 我国教师形象重建的课题[J]. 国家教育行政学院学报，2006(8)：40-47.

倾倒给学生的水多半是会溢出来的,填鸭和灌输大都会造成学生的厌食和消化不良。”①在当今信息化时代,如果再将教师仅仅看作知识拥有者和简单的“倒水者”,仅仅把学生看作被动接受知识的“容器”或简单的“接水者”,显然是不恰当的。特别是在终身学习的背景下,把教师的知识储备看成静态的“一桶水”的观点更是值得商榷的,教师应当是“自来水”,什么时候需要,都可以拧开水龙头;不管需要多少水,都可以自由欢快、源源不断地潺潺流淌。

(三)辛勤园丁角色

“教师是辛勤的园丁”,这是斯大林在对教师评价时提出来的,是关于教师最朴实、最形象、最富有田园诗意的角色隐喻。这一角色的核心喻义是教师像园丁一样,对自己的培植对象细心爱护、辛勤耕耘、精心护理,使其茁壮成长。② “教师是辛勤园丁”的隐喻之所以能够成立,主要基于以下判断:第一,学生是种子,有自己发展的胚胎和自然生长的可能性;第二,教师是辛勤的园丁,能为学生的成长创设一种环境,通过浇水、培土,辅助学生成长;第三,教育存在过程性、阶段性,教育学生就像是培育花朵,需要经常、定时地浇水、施肥、松土。③ 这一教师角色隐喻的积极意义在于:把学生看成一个个具有鲜活生命力的个体,有其不以人的意志为转移的自然成长的规律,因而必须尊重学生的个性差异,为学生准备田园式的自由宽松的学习与成长环境,提高学生在学习活动中的积极性、主动性和创造性。该隐喻的消极方面则在于:一方面,过于强调了学生的自然性和主体性,必然会弱化甚至忽视教师的主导作用;另一方面,园丁对花木的修剪有时可能存在着等待性、强制性和片面性,反而会损害学生的全面健康成长。

(四)灵魂工程师角色

“教师是人类灵魂的工程师”,这是由苏联共产主义教育家加里宁提出来的,是关于教师最独特、最生动的伦理道德维度的角色隐喻。把教师看成“人类灵魂的工程师”,这种隐喻关涉的不是教师与学生在课程中“如何求知”的技术层面,而是“如何做人”的精神层面。它不仅暗示着教师必须具有崇高的灵魂,而且学生也必须像教师一样变得崇高,反映了现代性对人的精神期待,企图通过教师的影响来渗透到课程的每一个领域。④ 具体来说,作为工业模式的工程师角色,包含着非常丰富的内涵:其一,学校是个大工厂,以大规模的生产和复制产品为主要任务,以高效率的班级授课制为运作形式,以整齐划一为主要特征。其二,教师是工程师,从事的是一个非常崇高的事业,他们以育人为职责,不仅重视传授知识、培养能力,还注重学生的心灵发展,实现对学生灵魂的塑造。为了适应整齐划一的教育,教师十分强调统一性,试图按照一个固定的模子去塑造各不相同的学生,以致把各具风格的学生塑造成千人一面。其三,学生在受教育前,是一块块没有生命、任人摆布的钢铁;在受教育后,成为批量生产的、规格整齐划一的标准件。⑤ 由此可见,“灵魂工程师”隐喻的积极意义在于:肯定了教师所从事的工作是高尚的,教师的工作不仅是向学生灌输知识和能力,更为重要的是塑造学生心灵,促进学生人格健全发展。其消极意义则在于:把教师比喻为工程师,在一定程

① 钟启泉,刘徽.我国教师形象重建的课题[J].国家教育行政学院学报,2006(8):40-47.

② 徐吉洪.教师是什么:源自教师隐喻的理解[J].中国教师,2006(10):25-26.

③ 丁炜.教师形象之变迁:从教师的隐喻性陈述谈起[J].教书育人,2001(23):32-34.

④ 熊和平.教师与灵魂:兼对“教师是人类灵魂的工程师”的质疑[J].教育理论与实践,2006(15):37-40.

⑤ 丁炜.教师形象之变迁:从教师的隐喻性陈述谈起[J].教书育人,2001(23):32-34.

度上曲解了师生关系,片面夸大了教师的作用,不恰当地把教师提升到一个神圣的境地,似乎教师是一个万能的上帝,可以按照自己的要求和意愿塑造学生的精神世界。

(五)太阳角色

"教师是太阳底下最光辉的职业",这是由17世纪捷克教育家夸美纽斯提出来的,是关于教师最理想、最崇高的角色隐喻。人们常说:"雨露滋润禾苗壮,万物生长靠太阳。"教师以育人为本,其工作对象的特殊性、工作任务的艰巨性和工作手段的创造性,对教师提出了特别崇高的要求。教师只有怀着一颗智慧的爱心,以生命唤醒生命,以智慧启迪智慧,引导学生求真向善,探知趋美,才真正无愧于这一神圣称号。教育既是一门科学,又是一门艺术;教育既要遵循学生的成长规律和教育规律,也要充分体现自身创造性。教师要有一双慧眼,不为名利所惑,不为浮云遮目,以渊博的学识和精湛的专业能力教书育人,无愧于心。学生处于成长期,正如生长中的幼苗,为人师者,要尊重学生,允许学生犯错误,切勿采取简单粗暴的方式,以免激化矛盾。这正是该角色隐喻的积极意义。当然,该隐喻也存在消极方面,特别是片面夸大了教师所承担的任务职责与所发挥的作用,必然会导致教师角色的"神圣化"和"理想化",淡化甚至漠视教师的物质需要和生命体验。

二、教师专业角色的当代转变

新时代和新课改呼唤新的教育理念,这势必会冲击和改变对教师专业角色的传统认知。在充盈着新奇与变化的教育世界中,需要教师主体能够不断更新内在构成要素及其性质和层次,教师角色概念中必须富有一股内在的推动力量和创新取向,以推动教师在扮演浸染着生命气息和精神底蕴的角色中提升内在价值和外在形象的和谐统一。① 教师作为人类文化知识传承的执行者,以各种方式调动和引导学生参与教学过程和学习活动,引导学生在自己精心设计的教学情境中探究和发展。教师已经不再仅仅是知识的传授者、教学过程的管理者和领导者,而应成为师生关系的"首席",成为学生学习的引领者和帮助者,成为教学研究者和反思者。在当代,教师专业角色正经历根本性转变,越来越走向开放和多元。

(一)从教师与学生的关系看,教师是学生学习的促进者和引导者

在素质教育理念和当代教育语境下,教师不能再把单纯的知识传递作为教学的主要任务,而应当承担起学生学习的促进者和引导者角色,时刻关注和助推学生的学习和成长。教师是学生学习的促进者和引导者,这是当代教师最富有时代性和最具核心意义的角色特征。特别是在我国日益深入推进的新课程改革进程中,教师作为促进者和引导者的角色显得尤为重要。新课程改革所倡导的教学是一个对学生不断提出新要求,并能引导、帮助、调动学生积极性和主动性,促进学生不断全面健康成长的过程。

教师要想扮演好学习促进者和引导者的角色,首先要进行积极的"旁观"。学生在进行自主讨论、观察,或者自己阅读思考时,教师要积极地观看和倾听,真实地感受和体察学生的所作所为和所思所想,随时掌握教学中出现的各种情况,及时考虑接下来如何对学生进行学习指导。其次,要给学生提供心理上的支持。创造良好的学习环境和学习氛围,给学生心理上的安全感和精神上的鼓舞,使学生的思维更加活跃,探索热情更加高涨。再次,要促进学

① 李中国.教师角色转换中内涵性特征的缺失与补救[J].教育研究,2008(6):91-94.

生养成良好的自律习惯。教育学生从小遵守纪律,与他人友好相处,培养合作精神,做一个对自己和他人都负责的人。唯其如此,学生才能始终保持高涨的兴趣和热情,全身心投入到学习活动之中,实现从"学会"到"会学"再到"乐学"的一步步跃升。最后,要努力成为学生人生的引路人。教师不仅能向学生传授知识,更要引导他们沿着正确的道路前进,不断迈向更高的目标;教师要彻底转变道德说教的角色,成为学生积极态度、良好品德、健康心理的促进者,引领学生学会自我调适和自我教育。

（二）从教学与课程的关系看,教师是课程的建设者和开发者

在传统忠实取向的课程实施观照下,教师其实就是"消费者",他们按照专家对课程编写的"使用说明",循规蹈矩地实施教学活动。当人们反思20世纪世界范围课程改革的历史进程时,发现许多国家的课程变革并未真正得到实施,原因是教师对课程变革的态度并不像人们想象的那样积极。任何教育改革,如果得不到教师的支持和配合,是很难获得成功的,教师的参与和参与程度正是课程改革的关键所在。因此,当代教师不应再被视为课程变革的忠实执行者,而要转变为课程的建设者、开发者和创造性实施者。教师参与课程开发和建设,十分有利于教师自身的专业发展,因为介入课程发展以后,教师就会面临新的教学理念、方法和策略的挑战,他们提供参与课程编制、改编和评价,提高对教育教学和自身专业的认识和理解。

教师要想扮演好课程建设者和开发者的角色,第一,要形成强烈的课程意识和参与意识,改变过去学科本位论的观念和消极被动执行的做法。第二,要了解和掌握各个层次的课程知识,包括国家层次、地方层次、校本层次、课堂层次和学生层次,准确把握这些层次之间的关系。第三,要提高和增强课程建设能力,使国家课程和地方课程在学校和课堂实施中得以不断增值、丰富和完善。第四,要锻炼和形成课程开发能力,新课程改革越来越需要接受具有开发本土化、校本化课程的能力。第五,教师要增强课程评价能力,学会对各种教材进行评价,对课程实施的状况进行分析,对学生学习的过程和结果进行科学的评定。

（三）从教学与研究的关系看,教师是教育教学活动的研究者

苏联教育家苏霍姆林斯基认为,如果想让教师的劳动能够给教师带来一些乐趣,使天天上课不至于变成一种单调乏味的义务,就应当引导每一位教师走上从事研究这条幸福的道路。作为"教师即研究者"的提出者,英国课程与教学专家斯腾豪斯指出,如果没有得到教师这一方面对研究的检验,那么就很难看到如何改进教学,或如何能满足课程规划。如果教学要得到巨大的改进,就必须形成一种可以使教师接受的,并有助于教学的研究传统。"教师即研究者"意味着教师专业形象的改变,它使教师不仅具有崇高的社会地位,而且具有良好的学术地位。因此,"教师即研究者"这一观念的大力倡导,也是提升教师专业地位、确立教师工作特性的最佳途径。在这种情况下,教师要想做好自己的工作,就不得不从"教书匠""知识传授者"的角色中摆脱出来,努力成为具有研究意识和研究能力的"学者型""研究型""创新型"教师。由此,教师就能深刻理解教育教学情境的复杂性和不确定性,寻找和创造出新的教育教学策略、模式和方法,进而推动整个教育教学改革走向成功。

从实际情况来看,教师也有能力对自己的教育教学实践展开反思、探究和改进。一方面,教师是与学生交往的主体,他往往最先感受到学生状况以及教育教学过程;另一方面,鲜活的课堂教学又成为教师检验教育教学理论的理想试验场,能够系统地解决课堂教学中遇

到的问题和困惑。而如果再像传统那样，仅仅依赖专门教育研究者或课程教学专家的研究成果，由于他们对教育教学实践的了解较为肤浅，提出来的对策建议就有可能难以切入到问题的关键。不仅如此，任何外来的研究者都会改变课堂教学的自然状态，而教师是最理想的观察者和参与者，因为他们本来就置身于丰富多彩、生动活泼的教育教学情境之中。

（四）从师生交往与互动的关系看，教师是学生的平等对话者

教师作为平等对话者，不只需要掌握必要而精湛的对话艺术，更为重要的是教师应该具有一种对话意识。正如滕守尧所说，对话主要是一种“对话意识”，如果没有一种“对话意识”，即使使用了纯熟而优美的语言，即使在谈话中有问有答，即使这种问答花样百出，那也只是机械的问答，绝非真正的对话。这种对话意识是一种民主的意识，是一种致力于相互理解、相互合作、相互共生和共存，致力于和睦相处和共同创造的精神的意识。① 有了对话的意识和态度，对话就能互相投入，而投入的标志有时表现为激烈的争论，有时表现为内心深处的默默交流。

当然，要注意区分课堂问答与师生对话的差异。在课堂问答教学中，教师和学生并不处于同一对话平台，二者的地位是不平等的，教师具有绝对的权威并扮演着领导角色，一切问题都是由教师设计和提出的，其内容局限于认识性的问题，仅仅是教材知识的简单复制。诸如“是不是”“对不对”“为什么”“怎么样”“怎么办”等，实际上是教师让学生跟着自己的思路，这既没有多大的价值，也难以放飞学生的思想精灵，表面上似乎热热闹闹，但事实上并不能增加任何教学效益，这正是教师缺乏真正的对话意识的体现。真正的对话，是那种建立在平等关系基础上的自由交流，是扫除了一切正规性和严肃性之后的随意性和不拘一格的交谈。在对话中，教师“走下神坛”，作为伙伴与学生相遇，在平等民主的氛围中体验感悟着真理的力量、对话的乐趣、人格的尊严和生活的美好，教师与学生围绕既符合任务又同为师生感兴趣的话题展开畅所欲言的平等对话，进行认识、思想和成果的交流分享。

（五）从专业与知识的关系看，教师是终身学习者

美国学者费曼·内姆斯认为，“教师作为学习者”就要“学习像教师一样思维”“学习像教师一样认知”“学习像教师一样感受”“学习像教师一样行动”。“教师即学习者”蕴涵三层含义：首先，教师是学习者，而不仅仅是教育他人学习的人；其次，教师又不是一般的学习者（如青少年学生），而是成人学习者；最后，教师不是一般的成人学习者，而是有着独特之处的成人学习者。② 在未来教育中，教师角色最重要的变化之一，就是教师将成为学习者。随着信息时代的到来，知识爆炸，知识更新的速度日益加快，教师作为知识承担者，如果自身不能进行知识的及时更新和丰富，也就根本无法完成自己的职责和使命。教师的学习不仅仅是知识技能的增加或学历层次的提升，还意味着个人的身心、智力、敏感性、审美意识、责任感、精神价值等方面的全面发展。

与其他人的学习不同，教师学习有着自身的独特性，它是由经验性学习、基于问题的学习、自我导向的学习、同伴互助式学习、职场学习等组成的综合体。“教师成为学习者”，最主要的学习表现为以下三种：首先，自我反思，实现教师与自我的对话。自我反思是教师以自

① 滕守尧．文化的边缘[M]．北京：作家出版社，1997：177．

② 陈振华．教师即特殊的成人学习者[J]．集美大学学报(教育科学版)，2004(3)：57-59．

己的专业活动为思考对象,对自己在专业活动中所作出的行为以及由此产生的结果,进行审视和分析。其次,同伴互助,实现教师与同行的对话。同伴互助的实质是教师与其他教师之间的交往、互动与合作,包括信息交换、经验分享、深度会谈、专题研讨等。教师的学习在强调教师自我反思的同时,应该开放自己,加强教师之间以及在课程实施等教学活动方面的专业切磋、协调与合作,共同分享经验,相互学习,彼此支持,共同成长。最后,专业引领,实现实践与理论的对话。教师的学习主战场在学校,同时必须接受专业研究人员的引领,包括学术专题报告、理论学习辅导讲座、教育教学现场指导以及教育教学专业咨询等。通过学习,教师由单纯的"教育者"转变为与学生及其他教师个体参与学习的"终身学习者"。

三、我国教师的权利与义务

教师专业角色总是与教师的权利与义务相连,通过权利与义务的规定,可以从一定程度上透视教师所承担的专业角色。所谓教师的权利,是指教师依法应当享有的各种权益,它是保障教师顺利工作、正常生活和维护教师利益所不可缺少的手段。教师除了享有国家宪法规定的公民的一般权利外,还应享有教育教学工作有关法律所赋予的各种特殊权利。所谓教师的义务,是指教师依法应当承担的各种职责,它是规范教师行为的必要手段。1993年,我国颁布实施了《中华人民共和国教师法》,对我国教师的权利与义务做了如下具体规定。

(一)我国教师的权利

1. 教育教学权

《教师法》第七条第一款规定教师有权"进行教育教学活动,开展教育改革和实验"。这是教师最基本的权利,任何组织和个人都不得非法剥夺在聘教师从事教育教学活动、开展教育改革和实验这一基本权利。教师的教育教学权利主要包括依据其所在学校计划、教学工作量等具体要求,结合自身的教学特点,自主地组织课堂教学的权利;按照教学大纲的要求确定其教学内容和进度,并不断完善教学内容的权利;针对不同的教育对象,在教育教学的形式方法具体内容等方面进行改革、实验的权利等。

2. 科研学术活动权

《教师法》第七条第二款规定教师享有"从事科学研究、学术交流、参加专业的学术团体,在学术活动中发表意见"的权利。这是教师作为专业技术人员的一项基本权利。教师的科研学术活动权包括确定科研课题和科研方法的权利;决定是否参加学术团体的权利;在学术活动中发表自己的观点,并决定是否出版论文著作的权利等。

3. 管理学生权

《教师法》第七条第三款规定教师有权"指导学生的学习和发展,评定学生的品行和学生成绩"。这是与教师在教育教学过程中的主导地位相适应的基本权利。教师有权根据学生的身心发展状况和特点,有针对性地指导学生的学习,并在学生的特长、就业、升学方面给予指导。教师有权对学生的品德学习、社会活动、劳动文体活动、师生及同学关系等方面的表现作出公正的评价。教师有权严格要求学生,对好的行为进行表扬,对不良行为提出批评。并根据学生的个性指导学生的发展方向。教师要指导好学生的学习和发展,首先要转变传统的教育观念,树立现代教育观、正确的学生观和质量观,由应试教育转到素质教育的轨道上来,正确指导学生发展方向,因材施教促进学生健康发展,培养学生德智体美劳各方面的素质和才能。

4. 获取报酬待遇权

《教师法》第七条第四款规定教师享有"按时获取工资报酬，享受国家规定的福利待遇以及寒暑假的带薪休假"的权利。根据法律的规定，教师有权要求所在学校及其主管部门根据教育法律和教师聘用合同的规定，按时足额支付工资报酬；有权享受国家规定的福利待遇，包括基础工资、职务工资、课时报酬、奖金及津贴、班主任津贴及其他各种津贴在内的工资收入等。

5. 参与民主管理权

《教师法》第七条第五款规定教师享有"对学校教育教学、管理工作和教育行政部门的工作提出意见和建议，通过教职工代表大会或者其他形式，参与学校的民主管理"的权利。根据法律规定，教师有权听取校长工作报告，讨论学校年度工作计划、发展规划、学校改革方案、教职员工队伍建设等重大问题，并提出意见和建议；有权讨论通过岗位责任制方案、教职工奖惩管理办法以及其他与教职工有关的基本规章制度，由校长颁布施行；有权讨论并决定教职工的住房分配、教职工福利费管理使用原则和办法以及其他有关与教职工的集体福利事项；有权对学校各级干部实行民主监督，对干部进行评议、表扬和批评，必要时向上级教育行政部门建议予以嘉奖、晋升或处分、免职。

6. 进修培训权

《教师法》第七条第六款规定教师享有"参加进修或者其他方式的培训"的权利。教师的这一权利同时也是政府和学校的义务，政府和学校应采取措施落实教师这一权利。各级教育行政部门和学校校长要做好教师的进修培训工作，积极承担对教师的培训任务。

（二）我国教师的义务

1. 遵纪守法义务

《教师法》第八条第一款规定教师应"遵守宪法、法律和职业道德，为人师表"，这可称"遵纪守法义务"。此项义务也是针对教师所担负的"育人"职责和教师的劳动"示范性"特点所提出的基本要求。它要求教师时时、处处、事事严格要求自己、言行一致、表里如一，堪为学生和社会一切人的表率和楷模。

2. 教育教学义务

教育教学工作是教师的本职工作，也是教师的基本义务。教师在教育教学活动中应全面贯彻国家教育方针，遵守学校的各项规章制度以及履行聘任合同中约定的教育教学职责。

3. 教书育人义务

《教师法》第八条第三款规定教师要"对学生进行宪法所确定的基本原则的教育和爱国主义、民族团结的教育，法制教育以及思想品德、文化、科学技术教育，组织、带领学生开展有益的社会活动"。教师应当结合自己的教学教育业务特点，把政治思想品德教育贯穿于教学工作之中。

4. 尊重学生人格义务

《教师法》第八条第四款规定教师应"关心、爱护全体学生，尊重学生人格，促进学生在品德、智力、体质等方面全面发展"。这可称为关心和尊重学生人格的义务。爱护学生是教师的职业道德,是对教师的基本要求。它要求教师一方面热爱学生,另一方面保护好学生。

5. 保护学生权益义务

《教师法》第八条第五款规定教师有"制止有害于学生的行为或者其他侵犯学生合法权益的行为,批评和抵制有害于学生健康成长的现象"的义务。教师履行本项义务是有特定范围的。教师应当制止有害于学生的行为或者其他侵犯学生合法权益的行为。至于批评抵制有害学生健康成长的现象,主要是指社会上出现的有害于学生身心健康的不良现象。

6. 提高思想觉悟和教学水平的义务

《教师法》第八条第六款规定教师有"不断提高思想觉悟和教育教学业务水平"的义务。这项义务可称为"提高水平"的义务。教师的首要职责是搞好教学、教好功课,要完成知识教学任务,教师就必须锐意进取,刻苦学习。要使学生学好知识,教师首先必须学好知识。

教师的权利和义务是由法律规定的,是受法律保障的,二者相互依存、不可或缺。按照马克思主义的法学观点,权利和义务是相互联系、不可分割的。任何教师都不能只行使权利而不履行义务,当然也不能只承担义务而不享受权利。教师所享有的权利越多,所承担的责任就越重,意味着社会对教师的要求也越高。同时,教师的权利和义务的界限也不是绝对的,在不同的场合下,权利和义务相互交叉并且可以相互转化。

第三节　教师专业形象分析

美国社会学家欧文·戈夫曼认为,个体在社会生活中要扮演多种不同角色,他把这些角色称为"角色丛"。教师专业角色也是如此,它是多种角色的集中和综合的体现,并由此构成了教师的专业形象。教师专业形象的确立,既是教师专业化的目标,又是教师专业化健康发展的必要条件。就理论层面而言,教师的理论研究、政策制度和教师教育的目标、内容、方法及评价标准,其背后都隐含着对教师专业形象的一种假设、期待和取向;就现实层面而言,教师专业形象无论是对学生、学校还是教师自身而言,都具有非常重要的意义。

一、教师专业形象的内涵

何谓形象?我国《辞海》对形象的解释:一是指形状相貌;二是指文学艺术,区别于科学的一种反映现实的特殊手段,即根据现实生活各种现象加以选择、综合所创造出来的具有一定思想内容和审美意义的具体生动的图画。心理学往往用"自我形象"来讨论形象问题,认为是能够引起人的思想或情感活动的具体印象,它是一种综合的感觉,是一种动态感觉。它不仅包括知识、修养、风度、心灵品质等,也包括个体的言谈举止、待人接物、外貌形态、美容化妆、衣着服饰等,都有自己不同于别人的风格,给人留下深刻印象。社会学则习惯把形象与社会角色联系起来,认为形象的实质是个体给他人的看法、印象,以及他人和社会根据对个体所承担的社会角色期待的标准对个体作出的评价。综合而言,形象即个体表现,是个体的道德、修养、知识、行为、外表以及个性品质等内外特征显示于外的综合表现,是个体展现给社会大众的整体印象。

何谓教师专业形象?我国学者对之进行了多视角解读,代表性的观点有以下几种。

杨明全认为,教师形象是指人们对教师教学行为表现的一种宽泛的界定,是教师特定姿态和风貌的一种表征。它折射出时代和社会对教师的期望,也反映了特定的教育理念与价值追求。①

阮成武认为，教师形象作为教师角色的社会期待和自身角色行为的外化与表征，是一定历史条件和文化背景下，人们对于教师职业社会职能、职业特点和角色行为所形成的一种较为稳固而概括的总体评价与整体印象，它既反映教师职业的固有特征和本性，也具有一定的民族性、时代性。②

程瑞和田万惠认为，教师形象是指教师在从事教育职业活动时，由职业活动的特殊性要求而应该形成和具有的行为举止上的风貌、特征，包括教师的教学形象（知识状态、教学能力、教学风格、服务态度）和生活形象（价值追求、生活方式）。③

程宏认为，教师形象是人们对于教师职业的社会职能、职业特点和角色行为所形成的一种较为稳固而概括的总体评价与整体印象。教师形象是作为教师的群体或个体在其职业生活中的形象，是其精神风貌和生存状态的表征。④

袁丽则认为，教师形象是教师角色的社会期待以及自身角色行为的外化与表征，是一定历史条件和文化背景下，人们对于教师这一职业的职能、特点、行为所形成的一种较为稳固而概括的总体评价与整体印象，既反映出教师职业的固有特征和本性，也具有一定的文化性和时代性，是一种“继承”与“演变”的呈现。⑤

上述关于教师形象的内涵解读虽然各有不同，但也反映了一些共同特点：首先，教师形象是公众对教师的一种印象和评价，既包括教师个体印象，也包括教师群体印象；其次，教师形象是人们对教师综合认识的结果，是一种整体印象和评价；最后，教师形象具有鲜明的时代和文化特征，特定的教师形象形成于特定的时代和文化背景之下。据此，我们认为，教师专业形象是指教师在专业活动中其道德、知识、能力、心理、人格等内在因素和仪表、气质、行为等外在因素的综合展现，是教师表现出的稳定的、具有感染力和教育价值的综合素养。教师专业形象一般包括视觉、理念、行为三大识别要素：一是视觉识别要素，即教师这一特定群体的衣着、相貌、姿态、妆容等，是教师专业形象的外部特征；二是理念识别要素，即教师这一特定群体的道德、理想、信念、世界观、文化、修养以及人格等内在综合素质，是教师专业形象的核心；三是行为识别要素，即教师这一特定群体的语言和行为表现，是教师群体将内在形象展现于外的中介或桥梁。

二、教师专业形象的种类

教师专业角色的多样性以及影响教师专业形象因素的复杂性，决定了教师专业形象类型的多维性，既表现为个体形象和群体形象，也表现为外在形象和内在形象；既表现为教学形象和生活形象，也表现为师表形象、师道形象和师职形象。

（一）个体形象与群体形象

教师既是社会大系统之下的个体，也是教育系统之中的个体。就前者而言，教师专业形

① 杨明全．反思型教师：教师形象演变的新取向[J]．外国教育研究，2002(9)：50-53．

② 阮成武．论传统教师形象的现代重塑[J]．教育科学研究，2003(1)：47-50．

③ 程瑞，田万惠．教师形象构成及其教育价值积极实现途径[J]．淮北煤炭师范学院学报（哲学社会科学版），2010(4)：157-160．

④ 程宏．教师形象的历史嬗变与现代重构[J]．中国教师，2011(9)：51-53．

⑤ 袁丽．中国教师形象及其内涵的历史文化建构[J]．教师教育研究，2016(1)：103-109．

象必须依从于一定的社会伦理道德规范，在社会上树立一个良好的个体形象，它有别于社会系统中其他个体形象的塑造；就后者而言，教师专业形象必须遵从于教师的职业规范和行为准则，在教育活动中树立好一个崇高的师表形象。教师在社会活动中既充当个体角色，也充当群体角色，教师的言行举止都无一例外地代表了教师这一神圣的职业，它必须既彰显其个体形象，又显现其集体形象，是教师个体形象与集体形象的相互渗透、有机统一。

教师专业形象依存于教师在教育和社会活动中所扮演和承担的角色，它不仅显现出一种教师的才能，直接影响教师教育教学活动成效，而且成为一种巨大的教育力量，影响学生的个性发展。国内外研究表明，学生所喜爱的教师形象的基本特征因素排列顺序虽然不尽相同，但总体上仍具有相当高的一致性：文雅端庄、朴实大方是教师个体形象和集体形象统一下表现出的良好职业形象的首要特征；知识渊博、兴趣广泛、勤奋进取、教育有方、自制稳重、亲切热心、以身作则、平易近人、温和开朗、公平公正、虚心坦荡、风趣活跃、能言善辩、灵活机智、诚恳守信等，也是良好教师职业形象所应表现的鲜明特征。在这些特征规范下，教师必须自主扮演好自身角色，适应社会对教师专业形象的期待，达到教师形象的全面内化、人格化与理想化。

（二）内在形象与外在形象

教师专业形象的内隐性不仅包括教师广闻博识的涵养，也包括教师丰富的情感体验，如果教师能以渊博的学识去教育学生，以丰富的情感去感化学生，师生之间就能形成全面而深厚的情感和心灵共鸣。为此，一方面，教师应当加强自身修养，不断提升自身素质，以博学多识的形象展现于学生面前，做一名“学者型”的教师，以精深的专业知识、广博的文化知识、扎实的教育科学知识，影响和教育学生。另一方面，教师必须与学生建立一种更加细致、深入的情感联系，因为教师的根本职责是教书育人，它是一项触及灵魂、塑造灵魂的伟大工程，教师的包含关爱之情的一个眼神、一个手势、一句话语，都能使学生回味无穷、终生难忘，他们都会感觉时刻处于教师的情感润泽之中，明白自己是教师情感世界中的平等一员，由此会产生一种自尊感、自信心和自豪感，激励并促进他们的健康成长。

教师专业形象的外显性不仅包括教师的行为表现，也包括教师的情感外显形态。在行为表现方面，教师必须言行一致、表里如一，因为学生总是把教师当作楷模，教师的一言一行、一举一动都在起着榜样示范作用，其形象能够潜移默化地影响和塑造学生。在情感外显形态方面，教师必须表情丰富、举止活跃、神态生动，千方百计激发学生的亲近感、爱慕感，进而使学生产生积极了解、探知和投入教师情感世界的强烈愿望，在学生面前树立起良师益友的良好形象。

教师专业形象外显性与内隐性的统一，必须使教师着眼于主动适应和接受教师职业角色，将教师角色的外部行为特征内化为稳固的教师职业心理品质，内化后的稳固职业心理品质又外显于教师教育活动和其他社会活动中的行为表现和情感表现，使其能在心理上认同和接纳教师职业角色。在此基础上，教师专业形象外显性与内隐性的统一，又必须使教师着手于语言形象、仪表形象、人格形象与行为形象的完美塑造，促成教师语言形象的感染性、仪表形象的自然性、人格形象的完善性与行为形象的真切性的统一。这种统一将十分有助于教师职业心理的角色化、职业行为的形象化，并由此能够大大增强教师在学生心目中的威信，从而产生神奇的教育效果。

（三）教学形象与生活形象

教学形象是指教师在教学活动中表现出的内在气质、精神风貌和行为举止，它取决于教师所拥有的知识结构、教学能力素养、教学风格与教学艺术以及在教学活动中表现出来的情感态度。教师以教学为中心，其专业活动的主要内容就是以知识的传授为主体的教学活动。从事教学活动首先需要教师具备一定的知识储备，它直接影响其教学效果；教师从事教学活动的能力、对待教学的态度以及教学风格等，也会对教学效果产生重要影响。在教学实践中，人们往往这样评价教师："他是一个学识渊博、能够深入浅出地进行知识讲解、教学效果良好、热爱教学和学生的老师"；"他是一个专业知识不扎实、教学方法死板、教学效果不好、对学生很冷漠的老师"；等等。这些都是对教师教学形象的勾勒和描画，对教师往往能够发挥巨大的促进作用。

生活形象是指教师在教学以外的生活中表现出的外在精神风貌和行为举止。教师作为教学以外生活状态中的人，其价值观念、人生追求及生活方式等都构成了生活形象的主要内容。一个人如何生活，是由其价值观、人生观、世界观等决定的，而其所选择和呈现出来的生活方式又是其价值观、人生观和世界观的外化和具体表现，这三者的统一、融合构成了教师的生活形象。一个教师的价值观或以个体社会价值的实现为主，或以个体自身价值的追求为主，由此形成了高尚的、平庸的、自私自利的人生追求，其生活方式也相应地表现为追求奉献、安于现状、享乐享受、自私平庸等不同类型。

（四）师表形象、师道形象与师职形象

师表形象是教师职业活动主体性和示范性的重要表征，属于教师形象的个体层面。传统教师师表形象是具有崇尚圣贤人格的"道德楷模"，现代师表形象的重塑应当顺应社会发展的趋势和需要，更加强调教师成为具有师范人格的"模范公民"。现代教师需要在充分继承优秀传统文化和教师美德的基础上，积极面对新时代和新形势，迎接新挑战和新机遇，在信息化、全球化和多元开放的价值世界中，积极超越现实、追求理想，在高水平、高品位上确立自己的人格理想和道德理想，自觉将人类最优秀的伦理道德和思想精华纳入自己的价值追求和人格特质中去，并成为自己生命本真的自由活动。现代教师以此守望师道的尊严、保持德性的崇高、凸显精神的丰赡，以一个模范公民的姿态成为学生自主选择而非强制性遵从、民主平等而非权威式压制的道德人格模范。

适应社会发展、科技进步和教育变革的时代诉求，教师要转变传统慈爱威重的师长权威形象，重新理解、重构和处理师生关系，建立民主平等、互动交流、良师益友的师道形象。作为成人社会和主流文化的代表，教师以一种博大宽容的胸怀、神圣深沉的责任、乐观自由的心态、仁慈真诚的爱心，与学生进行民主平等的对话、理解、沟通和交流，成为学生可资信任的人生导师和心灵朋友。教师应当懂得相互尊重对方，充分理解和尊重学生的态度、感情、意见、立场和个性，为学生学习创造合适的学习和成长环境，指导学生正确选择适切的学习内容和方式，鼓励学生自主探究和创新，由知识传授者转变成为学习的引领者和促进者。

传统教师更多扮演的是圣职形象，这往往会造成教师崇高的价值理想与卑微的价值实现的严重冲突，崇高与清贫为伍、神圣与寂寞相随。新时代必须建立一种崭新的教师专业形象，唯其如此才能使教师队伍建设与专业发展走向良性轨道。教师应当以造福学生为职业指向和职业理想，形成以专业理念、专业道德、专业知识、专业能力、专业心理等为主要内涵的专业特质,为学生提供高质量的教育服务。随着教师文化资本的扩大与增加,社会需要赋予教师更大的专业权力,包括道德伦理上的自主权和专业活动中的自主权,发挥教师专业组织和专业团体的积极作用,逐步扩大教师在课程开发、教材建设、教学改革以及学校组织与管理过程中的参与权、控制权和评价权。

三、"四有好教师"形象

2014年第30个教师节前夕,习近平总书记在与北京师范大学师生代表座谈会上深刻论述了新时代教师队伍建设的核心理念,即做党和人民满意的"好老师"。习总书记指出"好老师"应该具备四大特质,即有理想信念、有道德情操、有扎实学识、有仁爱之心。其中,理想信念是指路明灯,道德情操是重要条件,扎实学识是根本,仁爱之心是灵魂。"四有好教师"是避免教师人格丧失的保障,是规范和引领教师发展的方向,也是作为一个富有远见和政治智慧的国家领袖对广大教师寄予的深切嘱托和殷切期望。

(一) 有理想信念

有理想信念,这是实现中国梦的思想基础,体现了思想育人的导向。思想是行动的先导,有什么样的思想就会有什么样的行动。教育作为百年大计之本,教师作为教育之本,首先要在思想上保持先进性和纯洁性,也就是始终坚持共产主义理想信念。对此,苏联教育家苏霍姆林斯基就曾指出,教师的信念是学校全部教育现象及其复杂关系中最宝贵的东西。如果从理论上进行分析,教师的信念不仅包括对教育目的、教学行为的认识,而且包含对自身扮演何种角色、发挥什么作用的理解;教师的信念是一种内驱力,在它支配下产生的教与学,都是经过理性的思考和过滤生成的。学生就像一棵小草,需要教师这个园丁的辛勤浇灌与呵护。但是,教师在浇灌中使用什么样的水,施加何种肥料,都会影响小草能否健康生长。理想信念既是共产党员精神之钙,也是每一名教师的灵魂之钙,更是每一名学生亟须补充的思想之钙,它能使学生坚定理想信念、树立远大理想、立志报效祖国。

(二) 有道德情操

高尚的道德情操既是教师从教的基础,也是教师更好地发挥对学生教育影响的重要条件。强调教师高尚道德情操的重要性,就是要求教师在内心建立对道德的敬畏,坚守道德情操底线,在任何情境下都能始终保持一种使人性向上和向善的力量。强调教师一定要具有道德情操,就是要让教师在言传身教的过程中,把正确的道德观传授给学生,用高尚的道德情操去感染和引导学生,就像习近平总书记所说的那样:"教师的工作是塑造灵魂、塑造生命、塑造人的工作。"①不仅如此,强调教师要有道德情操,就是要求教师能够忠诚于党和人民的教育事业,热爱教育事业,甘为人梯,甘当红烛和春蚕,无私奉献自己的才智和力量,为人才培养而不计个人得失,能够沉浸教育而乐此不疲。

(三) 有扎实学识

教师必须具有扎实学识,这不仅体现了知识育人的导向,而且是教师安身立命的根本和成为好老师的深层支撑。教师的职业就是教书育人,向学生传授学科基本知识结构,如果自己对学科知识一知半解,是教不好学生的。扎实学识是一个与时俱进的概念,尤其是在当今

① 习近平.做党和人民满意的好老师:同北京师范大学师生代表座谈时的讲话[N].人民日报,2014-9-10.

信息化时代，学生获取知识的途径和方式都发生了明显的变化，开始出现知识和经验的“反哺”现象，教师更要有终身学习的观念，不断汲取新知识，形成新思想，构建立体多维的知识体系，养成科学灵活的思维方法，将“学科性、学段性、碎片化”的知识相互联系，内化成综合性知识结构。我国著名教育家于漪老师就特别强调：“一辈子做老师，一辈子学做老师。”教师要面向世界、面向现代化、面向未来，努力践行终身学习者的专业理念，不仅要学习书本知识，更要加强课外知识掌握，不断提高自己的认知能力，丰富自己的知识和思想体系，唯其如此，才能得到学生的尊重和社会的认可。

（四）有仁爱之心

习近平总书记指出：“教育是一门‘仁而爱人’的事业，爱是教育的灵魂，没有爱就没有教育。”①有仁爱之心，这不仅是教师从事的神圣事业所需，而且体现了和谐育人的鲜明导向。俗话说，爱自己的孩子是一种本能，而对别人的孩子像对自己的孩子一样关心、尊重和爱护，则是一种心灵的超越和理性的选择，既是教师道德自觉的充分体现，也是教师教育信念和教育情怀的外在表征。苏联教育家加里宁形象地把教师比喻成“人类灵魂的工程师”，只有真心诚意地热爱每一个学生，才能成为一名合格的教师。有了爱人之心，才会产生育人的动力；否则，只能是应付了事。教育乃百年大计，必须心怀理想，出于爱心，才能坚持社会主义核心价值观，才能涌现出一大批好老师。仁爱之心，不仅是对教师的要求，也是对教师的挑战，要想有仁爱之心，就必须热爱这个职业，把教育当成事业，把学生当成自己的孩子，以爱动其心，使他们能够受到春风化雨般的良好教育。

第四节　教师专业角色的实现

新时代教育赋予教师多重专业角色，其内涵拓展和话语反思不仅是教育改革的客观需要，而且是教师专业发展的内在诉求。然而，正如美国教育家威尔逊所言，所有对他人高度负责的角色，都要经受相当多的内在冲突和不安全感。加之教师在教育教学实践活动中往往是以“角色丛”的身份出现，教师专业角色话语的纷繁、教师专业角色表达的冲突、教师专业角色扮演的复杂性和挑战性、社会对教师专业角色的期待性和理想化等，在很大程度上致使教师专业角色出现这样或那样的问题。只有直面这些问题，采取有针对性的应对措施，才能更好地促使教师专业角色的实现。

一、提高教师的专业角色意识

角色意识是指教师对自身角色地位、相应角色行为规范及其角色扮演的认识、理解与体验，既包括动态的教师对专业角色进行认识、体悟和理解的过程，也包括静态的教师对专业角色认识、体悟和理解的结果。教师专业角色意识指向的对象是多种多样的，不仅包括教师自身所处的角色地位、所享有的角色权利与承担的职责任务，而且包括教师扮演角色所需要遵循的行为规范、行为模式以及教师实际进行角色扮演的过程与结果。实践表明，一方面，教师专业角色意识在很大程度上影响着教师的教育思想和教育观念，制约着教师的专业心

---

① 习近平．做党和人民满意的好老师：同北京师范大学师生代表座谈时的讲话[N]．人民日报，2014-9-10．

像和心理健康,支配着教师的教育行为和专业发展。另一方面,教师专业角色意识还会对学生的身心发展产生间接的重要影响,教师一旦形成了适宜的专业角色意识,就会表现出更加积极有效的行为,就能自觉调整与学生的交往方式与互动行为,由此促进学生的全面发展和健康成长。教师专业角色意识主要包括教师对角色地位的认识与理解、教师对角色行为规范的认同与把握、教师对角色扮演的体验与践履3个紧密联系的内容和环节。

首先,教师对专业角色地位的认识与理解。专业角色地位是专业角色客观属性的反映,教师一般都是在具有一定角色地位之后才去了解和把握相应的角色行为规范,并进行实际的专业角色扮演。由此可见,教师专业角色意识的首要内容就是教师对自身所处角色地位的认识,如教师认为自身在社会中处于什么样的地位,在工作中又处于怎样的位置,与工作中不同对象进行互动时分别将自己确定为何种身份,各种专业角色的价值与作用是什么等。

其次,教师对专业角色规范的认同与把握。专业角色行为规范是社会对特定专业角色的权利、义务和行为模式所作的规定与要求,是风俗习惯、道德规范、法律规范等各种规范相互作用形成的规范综合体。教师只有在充分了解和认识专业角色规范基本要求的基础上,才能更好地扮演其所承担的专业角色。教师对专业角色规范的理解是对自身角色权利责任与行为准则的思考,包括自身分别承担着哪些角色,每种角色具有什么样的权利与责任,相应的行为规范又是什么,对应于不同角色应当具有何种行为模式,如何扮演这种角色等。

最后,教师对专业角色扮演的体验与践履。它主要是指教师对自身专业角色行为及其结果的认识、判断与主观体验,包括教师对自身专业角色行为适宜性的认识与判断,对专业角色扮演困难度的判断与感受,何种专业角色的扮演较为容易或困难,自身专业角色行为对他人产生何种影响,专业角色扮演受哪些因素的影响与制约,专业角色扮演产生问题的根本原因何在,如何有效提高教师专业角色扮演的效果等。

二、增强教师的专业认同

专业发展是教师在整个职业生涯活动中,通过专门训练和终身学习,逐步习得教育专业知识与技能,并在专业实践中不断提高自身专业素质,从而实现由"普通人"向"教育人"的转化过程。教师的专业发展要想得以顺利进行,就必须对教师职业具有清醒认识,其中"我是谁""我要成为什么样的教师""如何看待教师角色扮演及角色冲突"等,都充分体现出教师对自身专业角色认同的反省和思考。然而,长期以来,教师所能够扮演的角色大都是由学术界或行政体系确定的,教师实际上是机械被动地服从于这样一套既定的专业标准,教师专业角色形成过程中的自我反思和自主建构被漠视甚至忽视,导致教师专业认同的危机。教师在具体教育实践活动中,都会有意无意地体现和彰显各种各样的教师角色,成为影响教育教学质量与教师专业发展水平的最直接、最关键因素。

日本课程与教学专家佐藤学曾经指出,教育学关于教师的话语一直围绕着"教师应当如何"的规范性话题,而相对忽视了"教师是怎样一种角色""为什么我是教师"的存在论思考。对教师专业发展来说,从重视外在的角色规定到强调内在的身份认同,体现出了思维方式上"规范性逼近"到"存在论逼近"的根本变化。这样角色认同是指生命个体对自我在某一专业群体中定位的积极理解与体认,旨在使处在群体中的个体,主动建立一个感知与认同体系,它是理解自我的途径,是发现自我的方法,是形成自我的因素,也可能是自我行为的机制。角色认同是指从生命个体自身作为专业人员的角度,关照其在社会结构中对自我角色的辨识与确认。角色认同与专业角色认同之间既有联系又存在差异，角色认同包含了专业角色认同，而专业角色认同又可以说是角色认同的具体化或在某一专业领域的特殊体现。从某种维度上来说，角色认同主要指向外部，每个人在社会结构中承担着多重且复杂的社会角色，在社会群体中通过外部角色指引而形成群体内偏好和群体外偏见；而专业角色认同则主要指向内部，它使身处于专业群体中的个体获得自我实现，努力使自身角色趋于专业化，强调从自我角度进行塑造的过程。

三、加强教师的角色期待

所谓角色期待，是指社会或个人对教师专业角色应当表现出来的特定行为的预期和盼望。教师专业角色行为是否符合自己的地位和身份，主要看其在多大程度上遵从了专业角色期待。如果一个教师自身专业角色的期待与要求不一致，或者对身兼数个角色之间要求不一致，就可能导致教师处于角色冲突之中，也就很难卓有成效地开展专业活动。教师专业角色期待主要表现为以下 3 个方面。

首先，对自身专业素质的期待。作为一种社会角色，教师是人们对具有这一特定身份的人之行为的期待，而人的行为在一定程度上是其内在心理品质的外化，因而教师专业素质是群体或社会对扮演教师这一特定角色必须具备的心理和行为品质的要求，它一般可以归纳为 5 个方面，即“职业道德、教育理念、知识、能力、教师的个性品质或人格特质”。

其次，对自身所担负的专业义务的期待。教师专业义务期待是指社会要求教师所要担负的社会责任与社会服务。教师在自己的生活领域既要对社会和他人承担一定的一般道德义务，又要承担起教师专业角色所要承担的专业道德义务。教师专业义务期待不仅可以减少教师教育教学活动的冲突，有利于教育任务的完成，而且有利于教师在工作过程中进行道德上的“综合判断”，有助于教师高尚师德的养成。

最后，对自身专业形象的期待。教师专业角色意识的养成既是其专业形象塑造的基础，也是开展创新性教育教学工作的基础。它要求教师要针对社会发展、时代进步和教育变革，经常作出相应的专业角色转化。

四、激发教师的生命自觉

教师生命的唤醒与激发，教师生命的成长与丰富，集中代表了教师角色的本质内涵。在引导学生成为“人”的教育教学实践活动中，首先需要激发教师生命的潜力和灵性。教师不仅应该敏于发现、开掘和丰富生活中的教育教学资源，而且应该促使自己在教育教学的改善、尝试和冒险中张扬内心的生命之帆。实现教师生命意义与生存价值的教师发展，其内涵从展现生命丰富多彩的意义上看，应该是丰富而有活力的，应该是极富生命力和人性的。在一个珍视生命发展的教师心目中，教育教学不是单纯的技术操作过程和逻辑推理展现，而是作为一种境界加以追求，并在教育教学及其追求中实现自身生命的意义和价值。只有深刻认识并努力践行这一点，教师才能重新焕发自己的精神面貌，从关注职业到关注生命，从关心教育教学到关心学生，从实现自己到对自我的不断超越。

事实上，教育教学并不仅仅是学生生长与建构的过程，而且是教师自身生命展开与意义建构的过程。只有教师的专业能力和专业水平获得提升，才可能不断促进、支撑和发展学生的学习能力和学业水平；只有教师的精神境界和生命质量首先得到提升，才可能不断陶冶、净化和丰富学生的灵魂和生命。因为教育教学活动呼唤的是教师的经验改造和心灵丰富，显示的是教师的文化底蕴和教育追求。教育教学不是心灵的荒芜，而是精神的沐浴；不是机械的重复，而是自由的创造；不是谋生的手段，而是生命的洗礼。如果一个教师沦为丧失生命的工具，只有工匠意识而缺乏书生意气，或者只有“春蚕到死丝方尽”的悲悯情怀而缺乏“化作春泥更护花”的剑胆琴心，他无论如何也不能以智启德、以情育魂。由此观之，教师要持久地支撑自我角色存在的位置和意义，就必须从一种“逻辑的存在”转换为一种“生命的存在”。[①] 唯其如此，教师角色才可能在洞察自身专业深度、体味和享用自身生命光辉中，得以书写、衍射、升华和弘扬。

五、涵养教师的教育智慧

教育智慧是教师角色的一种诗意的栖居，是教师行为的一种存在语境。“在过程的维度上，它表现为教师在教育活动中具有解决教育问题、处理偶发事故、创造生命价值的卓越能力，它是出乎意料的、动态生成的，是一种教育机智；在结果的维度上，它表现为教师对美好生活及存在意义这一‘畅神境界’的执著追求，它是矢志不渝、坚定不移的，是永不止境的终极鹄的。”[②]在教育学的视界里，智慧就是有生命、有力量、有热情，然后感性的冲动和理性的逻辑才能活跃起来。而这种活跃，也就是教育开掘本身存在的证明，当然也正是教师彰显自我存在的形式。教育智慧就在于推动教师小心翼翼地去叩击和开启那些未知的心灵和世界，以求帮助自己和学生脚下的道路尽可能地伸展到未来；教育智慧能使教师在这种好奇和探索的过程中体验到教育的快乐，无论教师怎样选择教育方式和表达教育逻辑，他都能发现教育过程中创造的活跃与机智的萌动。

生命是一种智慧性的存在，智慧是生命的理性力量，它不仅让教师照亮学生前进的航向，而且点亮了自己生命的旅程。因为教育本身就是需要洋溢思想和智慧的行动，教师理所当然应该成为教育的策划者、建构者和思想者。教育智慧不仅推动了教育对纯粹知识传授的超越，而且能帮助教师亲近生命的天空；真正的教育不仅应当直面生命的当下，而且应正视人生的未来。教师的教育智慧就在于以感情赢得感情，以生命开悟生命，以心灵撼动心灵。教育智慧从根本上来说，是教师对自我教育生涯的整体性回望和深刻性沉思，它不仅是教师对教育经验和教学技巧的检视，而且是教师对教育世界和生活状态的反思，更是教师对生命存在品质和人生意义境界的体验与觉知。

六、培植教师的专业文化

在当代这样一个学会学习、学会合作、学会对话的教育时代，如果仅仅依靠个人的力量，教师是很难在教育教学生活中游刃有余的，因而教师角色的转变应该得到更大限度的群体共享和集体推进。在教育教学改革的背景下，转变教师角色无疑是重要而迫切的，而让教师角色在专业文化的引领中生成、发挥和丰富，却是关键而深刻的。因为教师角色的转变不仅体现在知识、能力、经验的改变上，而且体现在心灵、情感、价值的转变上。相较于教师个体的努力，通过教师群体之间的合作、对话与分享，更有利于为教师营造积极、稳妥、和谐的心

---

① 张华.教师角色的校正与开掘[J].四川师范大学学报(社会科学版)，2008(3)：53-57.

② 王枬.教育智慧：教师诗意的栖居[J].社会科学家，2002(2)：5-9.

理氛围和学习环境。

国内有学者曾经提出"教师发展文化场"的概念，这种特定时空中的文化语境往往是影响教师发展的重要因素，因为"作为一个整体，教师发展文化场的核心是观念体系，围绕这个核心，外层是一系列行为规范和相应的活动方式"。[①] 观念和文化虽然不能改变物质世界，但它却能改变人的思想和视界。教师视界的改变不仅是教育教学世界改变的第一资源，而且同样是教师角色转变的内在根源：一方面，学校需要在教师中形成共同的教育信念和发展目标，建立教师学习共同体，努力促进不同学科教师之间、不同年龄教师之间的交流和沟通，在为教师提供丰富资源的同时，也为他们之间的信息交流、经验分享和专题研讨提供平台，进而形成良好的专业文化；另一方面，学校可以整合校内外资源，通过心理辅导、健康运动、家校合作、媒体引导等措施，为教师形成正确专业期望、提高自我心理承受能力提供服务和保障。只有在群体发展中成长起来的教师，其专业素养的提升才更为有效；只有在心灵和谐中丰满起来的教师，其角色期待的实现才变得更为可能。

① 徐莉.论教师发展文化场及其构成[J].西南大学学报(社会科学版),2008(1):116-121.

第二章　教师专业理念

【问题与思考】

1. 教育理念本身指向教育的“应然状态”而非“实然状态”,它能够使教师具体的教育教学行为产生一种超越自身、跨越现实的功能,是教师获得持续性发展的内生动力。你是否赞同这种观点?为什么?

3. 有人把终身教育看作“人类进入21世纪的一把钥匙”,有人认为终身教育是“正在使整个世界教育制度革命化过程中的一种新观念,是教育史上最惊人的事件之一”。联系自己的生活和学习实际,你能感受到终身教育所带来的这种革命性影响吗?

4. 在我们倡导“素质教育取代应试教育”的时代背景下,你可能会发现现实的教育实践中真实的情况却是:素质教育“雷声大雨点小”,应试教育“批而不亡,大行其道”,你是如何对这一现象进行认识和评析的?

5. 2005年,温家宝在看望钱学森的时候,钱老感慨地说:“这么多年培养的学生,还没有哪一个的学术成就,能够跟民国时期培养的大师相比。”钱老又发问:“为什么我们的学校总是培养不出杰出的人才?”“钱学森之问”给你最大的启示是什么?

6. 叶澜这样说过:“我觉得教育事业和教育的魅力一定要与创造联系起来。作为一个教师,如果只要求自己像蜡烛一样,成天勤勤恳恳地埋头苦干,以牺牲自己作为职业高尚的表达,而不是用一种创造的智慧去激发学生心中的精神潜力,那么工作对于他来说只有付出没有魅力,也难培养出有创造力的学生。”谈谈你对此的认识与体会。

7. 伴随着“主体”“主体性”“主体间性”等概念在哲学领域的流行,主体性教育思想逐渐成为教育领域的热点话题,国内外开展了许多主体性教育实验。相比较我国传统教育,你认为主体教育理念的提出有何价值?

8. 日本教育家小原国芳在《完人教育论》中指出:“我只想把出发点归之于‘人’。回到人!回到人!只进行‘人的教育’,无论主观愿望如何,回到人,进行‘人的教育’,便会有真正的教育。”你是否能够理解其中蕴涵的教育思想和教育理念?

9. 在中国,“启发”一词源于古代教育家孔子的“不愤不启,不悱不发”。朱熹解释说:“愤者,心求通而未得之意;悱者,口欲言而未能之貌。启,谓开其意;发,谓达其辞。”孔子之后,我国最早的教育著作《学记》提出了“道而弗牵,强而弗抑,开而弗达”的启发式教学运用要求。你能理解启发式教学的核心意涵吗?

教师专业理念是指教师在长期教育教学实践活动中,经过亲身体验和理性思考而形成的关于教育本质、规律及其价值的根本性判断和观点。专业理念是教师专业实践的内在动力,是教师专业行为的灵魂和先导。任何教育教学活动的有效开展,都离不开正确先进的教师专业理念的内在支持;任何教育教学改革的成功推进,也都离不开科学有效的教师专业理念的深层支撑。如果不具备正确先进的专业理念，教师教育教学目标必定是片面的，教育教学行为必然是短期的，教育教学质量和教师专业发展水平的提升必将是被动的。

第一节　教师专业理念概述

教师所从事的是一种专业活动，其专业行为从根本上受其内在的专业理念的支配和制约。如果教师的专业理念是正确先进的，就能从根本上保证专业行为的科学和有效；而一旦专业理念产生了偏差，低效的、无效的乃至负效的专业行为就很有可能出现。因此，对教师而言，把握自身专业理念的基本原理，并在专业实践活动中加以创造性的操作转换，无疑具有十分重要的意义。

一、教师专业理念的内涵

研究教师专业理念，必须首先厘清其本质内涵，把握其基本特征，了解其所具有的功能作用。对教师专业理念的这些基本理论问题的认识和理解，是教师专业理念走向专业实践并发挥自身积极作用的前提和基础。

（一）理念的含义

最早提出“理念”一词并对之进行意义阐释的是古希腊哲学家苏格拉底，他指出“理念作为模型存在于自然之中”“每个理念只是我们心中的一个思想”“而所谓理念正是思想想到的在一切情况下永远有着自身同一的那个单一的东西”。① 可以看出，苏格拉底特别强调：一方面，“理念”并非凭空臆想的虚无缥缈的东西，而是作为一种“模型”存在于“自然”之中；另一方面，“理念”是人们“心中的思想”的一个结果或者一种设定。

继苏格拉底之后，古希腊另一位哲学家柏拉图以“理念”为核心建立起自己的唯心主义哲学体系。他认为：“理念”是永恒的精神实体，是万事万物的本原；个别事物只是完善的理念的不完善的“影子”或“摹本”，人应当通过理性，把纷然杂陈的感知觉集纳成一个统一体，从而认识理念；而“最普遍的理念是相通的”。② 由此可见，柏拉图所谓的“理念”，是作为一个具有不同层次的与诸多事物的“本性”“本质”“本体”相通的，并通过对“纷然杂陈的感知觉”进行理性分析而“集纳”成的“统一体”，是一个含义较广的上位概念，是一种非物质形态的观念实体。

到了18世纪，德国哲学家康德对“理念”进行了深入研究，他在其三大哲学名著《纯粹理性批判》、《实践理性批判》和《判断力批判》中指出：“理念，我是指其对象不能在任何经验中表现出来的那些必然的概念来说的”“是指从知性产生而超越经验可能性的‘纯粹理性的概念’”。他批判了那种把“理念”“理智”“理性”混为一谈，“就好像它们都是一类东西似的”的不严谨的态度。对于“理念”与“理性”的关系，他认为：“理念也包含在理性的性质中”，“理性在它本身里也含有理念的根据”，而且“它是理念的源泉”。③ 从康德对“理念”的论述中，我们可以看出：其一，“理念”是一个“形而上”的哲学概念，是理性领域内的概念；其二，“理念”

① 颜一.流变、理念与实体：希腊本体论的三个方向[M].北京：中国人民大学出版社，1997：93-94.

② 北京大学哲学系外国哲学史教研室.西方哲学原著选读（上卷）[M].北京：商务印书馆，1981：72-99.

③ 北京大学哲学系外国哲学史教研室.西方哲学原著选读（下卷）[M].北京：商务印书馆，1982：300-301.

“理智”“理性”是同一层次的具有各自内涵的概念,不可混为一谈;其三,“理念”与“理性”之间也存在着必然的内在联系,理性是理念的根据与源泉;其四,“理念”是一种“其对象不能在任何经验中表现出来”,而只能抽象出来的“那些必然的”“集合的”“完整性”的概念,是理性所追求的最高级、最完整的“统一体”。

此后,德国另一位哲学家黑格尔也对“理念”进行了较为详尽的论述。他指出,理念并不是形式的思维,而是思维的特有规定和规律自身发展而成的全体;理念也就是真理,并且唯有理念才是真理;理念是自在自为的真理,是概念和客观性的绝对统一。他还进一步指出,理念自身就是辩证法,在这种辩证过程里,理念永远在那里区别并分离开同一与差别、主体与客体、有限与无限、灵魂与肉体,只有这样,理念才是永恒的创造、永恒的生命和永恒的精神。因此,理念本质上是一个过程。理念的统一是思维、主观性和无限性。因而黑格尔反对把理念仅仅看作一个理念,即意见中的观念或表象,而主张把理念视为一个观念性的理念总体。① 从黑格尔对“理念”的论述中,我们可以看出:第一,理念中包含着“某种预想的东西”,具有前瞻性、导向性和设计性;第二,理念是“思维的特有规定和规律自身发展而成的全体”,具有综合性和概括性;第三,理念是一种自在自为的真理,是主观性和客观性的有机统一;第四,理念自身就是辩证法,理念包含理性认识的一切关系在内;第五,理念是一种永恒的创造、永恒的生命和永恒的精神;第六,理念本质上是一个动态的、不断发展和完善的过程,它可以分为“直观着的理念”“外在化的理念”“理论的理念”“实践的理念”“自为的理念”等。

西方哲学家对“理念”的研究,对今天我们理解和把握“理念”无疑具有极大的启迪。但是,也应该看到,他们在论述或辨析“理念”时,因方法论存在的差异,其理解和使用也有所不同。柏拉图的“理念”是将哲学基本问题提了出来,即物质世界与理念世界之间的区别。康德区分“理性”、“理智”和“理念”,则在于说明人的认识过程不同阶段的相互关系,他把人的认识分为感性认识、知性认识和理性认识三个阶段。黑格尔是客观唯心主义者,但又是辩证法的集大成者。柏拉图和康德的“理念”均是不变的,而黑格尔的“理念”则是可变的。显而易见,他们是从不同角度即本体论、认识论和辩证法来论述“理念”的,因而仅从字面上理解是不全面的。在他们的论述中,“理念”的对立物都是物质世界,同时又是它本身即精神与物质的统一。严格说来,今天我们所使用的“理念”,尽管仍有哲学的成分,但已不完全是哲学上的意义了,而是更广泛地指人们对事物或现象的理性认识所形成的观念或观点,并且是一种追求的目标或境界,或者说是一种对理想追求的概念化、系统化表述。综上所述,理念是一个精神、意识层面上的上位性、综合性结构的哲学概念,是主观见之于客观的科学反映,是人们经过长期的理性思考及实践所形成的思想观念、精神向往、理想追求和哲学观点的抽象概括,是理论化、系统化了的,具有相对稳定性、延续性和指向性的认识、理想的观念体系。②

(二)教师专业理念的概念

教师专业理念包括的内容较为广泛,但从其核心要素上看,主要是指教师的教育理念,亦即教师专业理念与教师教育理念可以作为同义语使用。我国教育工作者根据对“理念”的理解,对教师教育理念的本质内涵进行了界定。

① 北京大学哲学系外国哲学史教研室.西方哲学原著选读(下卷)[M].北京:商务印书馆,1982:440-441.

② 韩延明.理念、教育理念及大学理念探析[J].教育研究,2003(9):50-56.

李萍和钟明华认为，教育理念是关于教育发展的一种理想的、永恒的、精神性的范型。①

韩延明认为，教育理念是指人们对于教育现象的理性认识、理想追求及其所形成的教育思想观念和教育哲学观点，是教育主体在教育实践、思维活动及文化积淀和交流中所形成的教育价值取向与追求，是一种具有相对稳定性、延续性和指向性的教育认识、理想的观念体系。②

陈桂生认为，教育理念是关于"教育的应然状态"的判断，是渗透了人们对教育的价值取向或价值倾向的"好教育"观念。③

眭依凡则认为，教育理念是教育主体在教育实践及教育思维活动中形成的对"教育应然"的理性认识和主观要求。④

上述这些观点虽然认识的出发点和视角有别，但都强调教育理念是对"理想教育"和"应然教育"的理解和追求，是对"教育是什么"和"教育应该是什么"的价值判断和理性认识，是指向教育未来发展的精神范型和远见卓识。据此，我们认为，所谓教育理念，就是教师在长期教育实践活动中，经过亲身体验和理性思考形成的关于教育本质、规律及其价值的根本性判断和观点。

教育理念不同于教育观念。教育观念是人们对教育事物的看法。教育理念与教育观念相比，具有明显的不同：一是教育理念比教育观念更强调理性思考和亲身体验。观念可以是大众的、流行的，但理念必须是自己的，即使是学习和接受别人的或大众的理念，也只有通过自己的理性思考和亲身体验的过程才能使之变成自己的理念。二是教育理念是坚定不移的判断与看法，而教育观念不一定具有这种坚定性。三是教育理念是一些根本性的判断与看法，而教育观念则不一定。四是教育理念更加强调"应该怎样""怎样才能做得更好"。

教育理念不同于教育信念。教育信念是自己确信无疑的观念。教育理念都是教育信念，但教育信念不都是教育理念。那些盲目接受和顺从的信念，不能称之为理念。因为这些信念不是在理性思考的基础上形成的。我们宣传和强调教育理念是要唤起广大教育工作者的理性自觉和独立思考，从而将时代的发展趋势和现实的要求与自己的工作实际和智慧结合起来，开展创造性的工作。坚持独立的理性思考，反对盲从，是确定教育理念时必须坚持的重要原则。

教育理念不同于教育理论或教育思想。教育理论和教育思想都是人们关于教育事物及其活动规律的理性认识，其特点是具有系统性和比较完整的体系。教育理念既是教育理论和教育思想的基石，又是教育理论和教育思想的高度概括和典型代表。例如，素质教育理念既是构建社会主义初级阶段历史条件下中国独有的，旨在提高民族素质的现代教育理论和思想的基石，又是近年来中国教育教学改革理论和思想的高度概括与总结。教育理念在系统化和充分论证的基础上，可以发展成为教育理论和教育思想；教育理论和教育思想一般也可以用一个或几个基本的教育理念加以代表，教育理论和教育思想的产生都是从教育理念

① 李萍，钟明华.教育的迷茫在哪里：教育理念的反省[J].上海高教研究，1998(5)：24-27.

② 韩延明.理念、教育理念及大学理念探析[J].教育研究，2003(9)：50-56.

③ 陈桂生."教育学视界"辨析[M].上海：华东师范大学出版社，1997：4-12.

④ 眭依凡.简论教育理念[J].江西教育科研，2000(8)：6-9.

创新开始的。

二、教师专业理念的特点

专业理念作为一把标尺,它对教师的教育实践加以评判和衡量,使其知道教学“何者能为”和“何者不能为”;专业理念作为一种思想意识,它超越教师个体思想与精神存在,使其专业活动具有群体意志的支撑;专业理念作为一种理性力量,它能使教师以某种特定而有效的方式调控专业活动,制约其专业活动过程和水平。具体而言,教师专业理念主要表现出以下几个鲜明特点。

(一)前瞻性与预见性

专业理念源自教育实践,是教师通过分析教育现实,借鉴先进的教育理论,在其睿智头脑中形成的超越“实然”教育现实的价值判断和理性认识;同时教师专业理念又反哺教育实践,它引领教育实践朝向正确的方向,调控教育实践的有效运行,使教育实践最终达到理想境界。可见,教师专业理念具有较为突出的前瞻性和预见性特点。特别是在当代,人类历史正在加速发展和进步,教育事业的发展正呈现出鲜明的超前性和未来性,教育作为教育事业的重要组成部分之一,也日益表现出为未来培养社会主义合格公民的趋向,而发挥着巨大指导作用的教师专业理念的前瞻性和预见性也得到越来越突出的体现。

(二)社会性与个体性

教师专业理念不仅与我国社会主义改革开放和现代化建设相联系,反映着我国教育改革与发展的要求,而且与当代世界政治经济文化的发展相联系,反映着当代世界教育变革的现状及其思想动向,具有社会性及时代性特点。同时,从教师专业理念的形成来看,它必须明确理想教育应达到何种结果、理想教育的过程如何以及用什么术语表达教育理念,这表明教师专业理念从“萌芽”到“孕育”到“创生”再到“运用”都深深打上了教育实践工作者的“个人烙印”,呈现出鲜明的个体性和个性化特点。

(三)概括性与普遍性

教育经验虽然是现实的、鲜活的和宝贵的,但它往往又是个别的、零散的、表面的和肤浅的,很难概括反映教育过程的内在本质和普遍规律。教育工作者从事教育实践,固然需要教育经验,但它更需要教育理论和专业理念的指导。教师专业理念较之于教育经验更能阐明教育过程的一般原理,揭示教育过程的普遍规律,具有重要的抽象概括性和现实普遍性特点。教育工作者需要专业理念的指导,需要深刻的教育思想、明确的教育信念和丰富的教育见识,而这也正是教育理念的理论价值和实践意义之所在。

(四)稳定性与发展性

无论是教师个体的专业理念还是群体的专业理念,它一旦形成,就会反过来指导教师的教育实践,体验、累积和生成教师的教育经验,并会因这一过程中成就感和幸福感的获得而更加坚信专业理念的科学性、先进性和有效性,最终转化为自己从事教育工作的坚定信念。这时的专业理念就具有了稳定性特点。但是,由于社会和时代是不断发展变化的,教育实践的价值取向和利益诉求是不断更新的,作为教育主体的教师和学生也是不断向前发展的,因而教师专业理念也必须适时转变和更新,表现出动态发展性的特点。

三、教师专业理念的价值

教师专业理念具有多维的意义和价值，它不仅能引领教育实践和教育过程，而且能激励教师教育行为和自身反思，同时也能引领和促进学生的健康成长。

（一）引领教育实践

教师专业理念既为教师在长期教育实践中经过亲身体验和理性审思而形成的对教育的根本性判断和观点，它一经形成，就会立即反哺教师的教育实践，从而发挥其强有力的引领价值。一般而言，教师专业理念来源于教师鲜活的教育实践，教育实践是专业理念形成的基础和源泉。但从另外的角度来说，教育实践也一刻不能离开专业理念的指导，专业理念又是教育实践的向导和灵魂，主要原因就在于它能够帮助教师深刻认识教育现象和教育问题，把握教育本质和规律性。教师一旦掌握了教育本质和规律，就可以超越教育经验的偏狭和限制，改变教育实践中的某种被动状态，获得教育实践的自由和自在。可以看出，教师专业理念能启迪教师的教育观察与深度思考，提高教师的教育认识能力并形成正确的教育思想、教育观念和教育信念，从而使教师成为真正拥有并能有效利用教育智慧的教育行家。

（二）塑造教育对象

教育的本质是育人，教师专业理念作为教育活动的核心要素也必然蕴涵着巨大的育人功能。教育过程从本质上说，其实就是师生之间的心理交往、情感沟通、智慧碰撞、视界融合以及思想同构的过程。教师正是以其深刻而厚重的专业理念、明确而坚定的教育信念、丰富而多样的教育情感、民主而平实的教育作风，搭起与学生对话、交流、理解和沟通的教育平台。教师如果仅仅拥有向学生传授知识的某些技能与技巧，还不能算是一名优秀教师；理想的优秀教师必须拥有自己的独具特色的先进科学的专业理念，并能以此统帅文化知识的传授、驾驭教育技能技巧的运用，用自己的专业理念去感召学生的灵魂，启发学生的思维，激活学生的心灵，引领学生的方向，实现其自然生命和精神生命的超越和升华。如果缺少了先进科学的专业理念的深层支撑，教师的教育活动往往就会成为无源之水、无本之木，缺少内涵、缺乏灵魂、丢失精神、丧失人格、背离价值，培养德智体美全面发展的、具有开拓精神和创新精神的社会主义事业建设者和接班人的教育目标也就难以真正实现。

（三）调控教育过程

教师专业理念总是蕴含着相应的教育价值取向和价值选择，带有一定的教育价值观实现的强烈要求。因而它能调节和控制教师的教育活动和行为，使之不违背特定的教育价值取向，从而少犯错误、少走弯路和少受挫折。专业理念的调控价值首先表现为对"培养什么样的人"的教育目标的分解和落实。教育目标虽然是国家制定的，但它的分解和具体实施却依靠教师，如何更好地实现教育目标，离不开专业理念的调节和控制；其次表现为对教育内容的编排和取舍。同样的教育内容，在不同的专业理念的调控之下，就会产生不一样的教育效果；最后表现为对教育方法和手段的选择与运用。教师在教育过程中如何选用教育方法和手段以及选用什么样的教育方法和手段，取决于其所拥有和秉持的教育理念。教师教育方法和手段选用的传统与现代之分，有以教为主和以学为主之别，以及教育方法和手段的改革和推陈出新，都是专业理念这种调控作用的最突出体现。

(四) 激励教育行为

教师专业理念是推动教育实践的内在动力,任何教育改革和发展都要以教育理念的更新为先导和灵魂。没有先进科学的专业理念,教师的教育活动和行为往往就会变得短暂、消极和被动。教师专业理念能产生一种超越自身和现实的力量,为教师教育活动和行为的持续高效地推进提供源源不断的动力。这是因为教育理念本身是指向教育的"应然状态"而非"实然状态"。如果没有先进的教育理念,就会只局限于当时的条件或眼前的利益,受到急功近利心态的影响和摆布,使教育行为呈现出短期性、局部性和离散性。作为教育实践活动中最具有激励价值的教育目标,它本身既是专业理念的体现,同时也是教育行为的向导。若是缺乏先进的专业理念的支持,教育目标必然会因教师教育决策的主观性和随意性而无法兼顾,从而导致教师教育行为的偏差和失误,并最终影响学校教育目标的全面实现。

(五) 反思教师自身

教师专业理念一旦融入教师的素质结构,就会成为教师精神生命的一部分,转化为教师的教育方式、生活方式和思维方式,促使教师及时进行自我观照、自我分析、自我评价和自我总结,客观理性地分析和评价自己的教育行为和结果,从而增强自我教育的意识,学会自我调整教育目标,改进教育策略和完善教育技能,最终完成由"自发"的教育者向"自觉成熟"的教育家的转变。教育实践已经证明,教师要想从教育外行变为教育的"行家里手",就需要一种自我反思的意识、能力和素养,这是教师专业发展和快速成长的内在根据和必由之路。真正的教育智慧是自省、自知、自明和自强,善于在自我反思、自我评价、自我修正和自我改造中学会教育教学。当然,教师能否有效进行自我反思是有条件的,条件之一就是要形成专业理念,学会教育思维,拥有教育智慧。教师正是在不断总结和生成专业理念的过程中,开阔了教育视野,升华了教育认识,增强了教育反思的意识和能力。

第二节　教师专业理念结构

教师的专业理念可以从理论层面、实践层面和操作层面划分为不同的种类和范型,其中每一个种类和范型之下又涵盖了多种具体的专业理念,由此构成了教师专业理念的复杂多样的内容结构。

一、理论层面教师专业理念

所谓理论层面教师专业理念,是指一种以抽象的理论形式存在的专业理念,它的形成和发展离不开教育理论工作者对教育现象及教育问题的科学探究,离不开他们对教育实践经验的总结、概括和升华。教育实践经验经过理论的抽象和概括,虽然缺少了一些直接感受性和现实鲜活性,但是却将教育实践经验升华到教育理念的高度,揭示着教育的普遍规律和教育实践的根本原理,获得了一种普遍的真理价值和特殊的实践意义。终身教育、素质教育、全民教育、和谐教育、后现代教育等都属于这种类型主要理念的范畴,它们既是一个个独立的专业理念,同时又是其他较低层次专业理念应用的指导思想,因而在教师专业理念体系中居于指导和支配地位。理论型教师专业理念的出现和形成不仅反映了现代教育发展的一种客观趋势,也是我国当前教育改革和发展以及教育现代化的迫切需要。下面主要针对终身教育和素质教育这两种专业理念作一介绍。

（一）终身教育理念

1965 年，联合国教科文组织主持召开了“成人教育促进国际会议”，时任联合国教科文组织成人教育局局长的法国的保罗·朗格朗正式提出“终身教育”这一概念。1970 年，保罗·朗格朗出版了《终身教育引论》一书，全面阐述了终身教育的理念，成为终身教育的奠基之作。1972 年，联合国教科文组织编写出版了《学会生存——教育世界的今天和明天》，提出终身教育外延的广阔性与体系的开放性，肯定并推广了终身教育的思想。1996 年，联合国教科文组织编写出版了《教育——财富蕴藏其中》，把终身教育看作人类进入 21 世纪的一把钥匙，把它看作“生命有共同外延并已扩展到社会各个方面的连续性教育”。终身教育理念改变了人们对传统教育的认识，逐渐演变为一场席卷全球的国际教育改革浪潮，成为一种国际性的教育新理念。联合国教科文组织总干事长查尔斯·赫梅尔这样评价终身教育：终身教育是正在使整个世界教育制度革命化过程中的一种新观念，可以与哥白尼学说带来的革命相媲美的终身教育概念的发展，是教育史上最惊人的事件之一。

1. 本质内涵

关于终身教育的概念，在不同的研究者和不同机构的报告中，具体表述存在一定的区别。保罗·朗格朗在《终身教育引论》中认为，终身教育所意味的，并不是指一个具体的实体，而是泛指某种思想或原则，或者说是指某种一系列的关系与研究方法。它包括了教育的所有各个方面，各项内容，从一个人出生的那一刻起一直到生命终结时为止的不间断的发展，包括了教育各发展阶段各个关头之间的有机联系。概括而言，也即指人的一生的教育与个人及社会生活全体的教育的总和。联合国教科文组织终身教育部部长捷尔比指出，终身教育应该是学校教育和学校毕业以后的教育及训练的统一；它不仅是正规教育和非正规教育之间关系的发展，也是个人（包括儿童、青年、成人）通过社区生活实现其最大限度文化及教育方面的目的，从而构成的以教育政策为中心的要素。

上述概念，虽然在表述上各有侧重和不同，但大体中心思想是一致的。联合国教科文组织在其报告《学会生存——教育世界的今天和明天》中，从内涵演变的视角对终身教育进行了较为全面的概括：最初，终身教育只不过是应用于一种较旧的教育实践即成人教育的一个新术语；后来，逐步把这种思想应用于职业教育，随后又涉及在整个教育活动范围内发展个性的各个方面，即智力的、情绪的、美感的、社会的和政治的修养；最后，从个人和社会的观点来看，这个概念已经包括整个教育过程了，变成了由一切形式、一切表达方式和一切阶段的教学行动构成一个循环往复的关系时所使用的根据和表现方法。

综上所述，我们认为，所谓终身教育，是指人们在一生各阶段当中所受各种教育的总和，是人所受不同类型教育的统一综合，包括教育体系的各个阶段和各种方式，既有学校教育，又有社会教育；既有正规教育，也有非正规教育。终身教育主张在每一个人需要的时刻以最好的方式提供必要的知识和技能；知识在人的发展中是逐步完善的，学习是人的一种根本性的生存智慧；要顺乎每个人的个性、自主性及各自的要求和兴趣，重视积极主动地、持续不断地成长和发展。终身教育思想已经成为很多国家教育改革的指导方针。

2. 基本特征

（1）终身性。这是终身教育最主要的特征。它突破了正规学校的框架，把教育看作个人一生中连续不断的学习过程,是人们在一生中所受到的各种培养的总和,实现了从学前期到老年期的整个教育过程的统一。既包括正规教育,又包括非正规教育,涵盖了教育体系的各个阶段和各种形式。

(2) 全民性。是指接受终身教育的人包括所有的人,无论男女老幼、贫富差别、种族性别。联合国教科文组织汉堡教育研究员达贝提出终身教育具有民主化的特色,反对教育知识为所谓的精英服务,使具有多种能力的一般民众能平等获得教育机会。而事实上,当今社会中的每一个人,都要学会生存,而要学会生存就离不开终身教育,因为生存发展是时代的主流,会生存必须会学习,这是现代社会给每个人提出的新课题。

(3) 广泛性。终身教育既包括家庭教育、学校教育,也包括社会教育。可以这么说,它包括人的各个阶段,是一切时间、一切地点、一切场合和一切方面的教育。终身教育扩大了学习天地,为整个教育事业注入了新的活力。

(4) 灵活性。表现在任何需要学习的人,可以随时随地接受任何形式的教育。学习的时间、地点、内容、方式均由个人决定。人们可以根据自己的特点和需要选择最适合自己的学习。

(5) 主体性。终身教育突破学校教育"师授生受"的局限,教师由权威性地传授现存的知识,转变为更多是判断学习者的需要,设计学习环境,推动和鼓励学生学习,评价学习过程,帮助学生改进学习方法。教师由知识的载体、学术的权威、高高在上的教育者变为学生学习的引路人、学习的伙伴。教师还应该成为学生的智慧的启迪者、情操的陶冶者。

3. 实施要求

(1) 制定终身教育的法规。不少国家通过立法,从法律上确立终身教育理论为本国当今和今后教育发展和改革的基本指导思想。日本在1988年设立了终身学习局,并于1990年颁布并实施《终身学习振兴整备法》。美国在联邦教育局内专设了终身教育局,并于1976年制定并颁布了《终身学习法》。法国国民议会在1971年制定并通过了《终身职业教育法》。韩国于20世纪80年代初把终身教育写进了宪法,并开始实施终身教育政策。德国、瑞典、加拿大等许多国家也针对终身教育颁布了相应的法律。

(2) 把成人教育纳入终身教育体系。1976年联合国教科文组织内罗毕会议通过的《关于发展成人教育的建议》提出:成人教育是包含在终身教育总体中的一部分;教育决不仅限于学校阶段,而应扩大到人生的各个方面,扩大到各种技能和知识的各个领域。在这种终身教育思想的影响下,各国政府把成人教育看成推动终身教育进程的先导,高度重视成人教育,通过制定法律来保障成人教育的发展。

(3) 加强学校教育的开放性。日本在1995年召开了由社会各界知名人士组成的"终身学习审议会",会中要求高等教育机构必须向社会敞开大门,广泛吸收在职成人进入高等教育机构学习。日本的成人大学已经被纳入大学计划,一些高级中学还举办开放讲座,使高中向社区开放,发挥学校的文化中心作用。在美国,特别是20世纪60年代以后,以社区发展为目标的社会学院被大力发展起来,其对成人的开放性达到了几乎没有什么限制的地步。在欧洲的许多国家,大学通过公开讲座、成人教育中心、函授等形式为人们提供继续教育和回归教育的机会。

(4) 开发各种社会教育渠道。多个国家有意识地把文化组织、社区组织、职业协会和企事业单位部门纳入终身教育系统,充分利用社会各种具有教育力量和教育价值的资源和设施，使教育社会一体化。日本在1988年提出了“向终身教育体系过渡”的建议，发展社会教育团体，建立学习信息网，建立家庭、社会、学校教育一体化的终身教育体系，将文化会馆、图书馆、博物馆、活动中心等各种科学文化设施都纳入教育的范畴。美国的监狱、工会、军队、医院等许多非教育性的机构也积极从事成人教育，许多公司也定期向员工提供培训。

（二）素质教育理念

马克思主义从人是“一切社会关系的总和”出发，针对当时资本主义人的片面发展的社会现实，并结合未来共产主义人的发展的社会理想，提出了人的全面发展的思想，主要包含体力与脑力的协调发展、才能与品质的多方面发展、个人发展与社会发展的统一。素质教育是全面发展教育的具体落实，而全面发展教育则是素质教育的基本途径。素质教育回答了全面发展是什么，即全面发展学生的素质，言简意赅，便于把握；全面发展教育解决了素质教育的途径或手段，即通过德育、智育、体育、美育、劳动技术教育诸方面去培养学生的素质。

1. 本质内涵

所谓“素质”，从狭义上来说，是指人的先天特点和禀赋，通常指人生来具有的某些解剖生理特点，特别是神经系统、脑、感觉器官和运动器官的解剖生理特点；从广义上来说，则是指人在先天遗传的生理条件基础上，受后天环境教育的影响，通过个体的自身认识与社会实践形成的比较稳定的身心发展的基本因素和品质。概括地说，其内容包括思想道德品质、科学文化品质、创新素质、审美素质、身体心理素质五大部分。从其特点分析，思想道德素质具有导向和动力的作用，决定个人的政治立场的方向以及生活和行为方式；科学文化业务素质是知识与能力的总和，取决于个人的知识总体水准；创新素质具有超前的意识和开拓进取的功能，决定个人分析问题的实践能力；审美素质是人对事物、对文学艺术、对运动竞赛的欣赏水平；而身体心理素质则是决定一个人的形态、机能、体能的表现和面对人生中无法避免或难以预料的种种困难与挫折，是否拥有勇往直前的勇气和顽强的意志品质的心理反应。

素质教育是根据社会经济发展和人的发展的实际需要，以全面提高学生的综合素质水准为宗旨的教育，它以注重人各方面的程度和水平的实际发展为主要特征，追求对人的发展的有效引领和促进。素质教育是凸显以提高学生的创新能力为核心的主体性教育，在教育与人的关系上坚持“以生为本”和“以学生为中心”，是造就适合于学生、促进其身体素质、心理素质、思想道德素质、科学文化素质以及创新素质等全面发展的教育。素质教育的主要目的是强调在传播知识和发展能力的基础上，使学生的身心得到全面发展，成为既有高尚人文精神又有良好科学素养的人；其实质是促进学生的身心和潜能的发展以及人类文化和知识向个体心理品质的内化；其核心是提高学生的素质和品质，培养学生的创新精神、创造能力和主体性。因此，素质教育是以提高国民素质为目标的教育，其终极目标是以个体素质和全民素质的提高为基础的人的现代化，即在发展个性的基础上，促进人的现代化，以增强个人适应社会的生存能力和改造社会的能力。

2. 基本特征

（1）促进全体学生的发展。素质教育是面向全体国民的教育，对各级各类学校而言，则是面向全体学生的教育。面向全体的核心是教育机会平等。教育机会平等包含3层含义：一是受教育权利和义务的平等；二是受教育机会平等；三是教育结果的相对平等，即每个学生在接受某一阶段教育后都能达到国家规定的最基本的标准，都能获得学业上的成功，都能在德智体等方面获得全面发展。面向全体除了依法保障学生学习发展的基本权利,还指教育过程中应该面向每一个有差异的学生。面向全体学生,最终要落实到面向每一个具体的学生。而每一个具体的学生又各不相同,互有差异。面对着互有差异的学生,"应试教育"的态度是带歧视性的选拔,以忽视大多数学生发展为代价来"优待"少数学生。素质教育并不否认培养英才的意义,而是在面向全体的基础上,用民主的方法扩大教育的基础,使得所有个人的才能都能得到实现,这样便促进了天然的杰出人才的产生。就是说,素质教育是一种非歧视性的民主性教育,在这样的教育模式、教育氛围中,各种杰出人才都会"天然地"产生。机会平等是要肯定每一个人都能受到适当的教育,而且这种教育的进度和方法是适合个人的特点的。努力开发每个学生的特长和潜能,使每个人都在他原有的基础上得到最大潜能的发展,这是面向全体学生的真谛。

(2) 促进学生的全面发展。素质教育要求全面发展和整体发展,要求德智体美劳等各方面并重,要求全面发展学生的思想政治素养、文化科学素养、身体心理素养、审美情操素养和劳动技能素养等,要为学生的全面发展创造良好的条件,彻底扭转那种只重视智育,轻视德育、体育和美育,在智育中又只重视知识传授、忽视能力培养的倾向。全面发展与因材施教是辩证统一的关系。素质教育中的全面发展,就个体而言,是指"一般发展"与"特殊发展"的统一;就群体而言,则是指"共同发展"与"差异发展"的统一。在教育教学过程中,要把群体培养目标与个体发展目标统一起来,把培养优秀人才的任务与提高劳动者素质的任务统一起来,在保证合格率的基础上提高优秀率。全面发展的实质是最优发展和面向全体发展。全面发展并不是平均发展,不是齐步走,分层分组教学是一种既能适应个别差异,又能提高效率的教学组织形式。这和传统意义上的快慢班有着根本不同。从目的上来看,传统的快慢班实际上是一种英才教育的模式,而分层分组教学则着眼于每一个学生都能在原有基础上获得良好发展;从教育资源配置来看,传统的快慢班中,快班学生享有较好的教育资源,而在分层分组教学中,教育资源的分配则是公平的甚至是补偿性的。

(3) 重视学生创新精神和实践能力培养。素质教育要以培养学生的创新精神和实践能力为重点。教师在重视培养学生创新精神的同时,还要改变那种只重视产生书本知识、忽视实践能力培养的偏向;要调整和改革基础教育课程体系、结构和内容,建立国家课程、地方课程和校本课程结构,建立新的基础教育课程与教学体系;要改变强调学科体系、脱离时代和社会发展以及学生实际的状况,加强课程的综合性和实践性;要重视实验课教学,培养学生的动手操作能力;要增强农村特别是贫困地区义务教育课程、教材与当地经济社会发展的适应性。教育与生产劳动相结合,是培养全面发展人才的重要途径。各级各类学校在加强学科教学中的实践环节的同时,要从实际出发,加强和改进对学生的生产劳动和实践教育,使其接触自然和了解社会,培养实践能力,培养热爱劳动和艰苦奋斗的精神。学校要积极鼓励学生参加形式多样的课外实践活动,培养学生的动手能力。社会各界要为学校开展生产劳动、科技活动和其他社会实践活动提供必要的条件,同时要加强学生校外劳动和社会实践基地的建设。

(4) 培养学生主体精神,注重学生个性发展。主体是指从事现实活动的人,即活动的承担者和发动者。主体精神是人作为活动主体在自觉活动中表现出来的一种性状,既包括主体的能动性、创造性和自主性等精神因素,又包括主体将这些精神因素物化为活动成果的能力因素。素质教育的主体性指在素质教育过程中,管理者、教育者、受教育者的主体意识充分觉醒，包括主体潜能在内的主体能动性的充分发挥，主体精神世界和意志的充分拓展，主体素质的全面提高。应试教育在升学率的压力下，压抑和扭曲了人们原本应有的主动性、能动性、积极性，教育给人们带来的常常不是自我创造的审美愉悦，而是倦怠、痛苦、挫折和尊严的贬损。素质教育以突出受教育者的主体精神为重要标志，将所有的教育活动都建立在学生主动需要的基础上，学生的学习活动是在学生自主探索的过程中进行，以满足学生的学习需求为直接目的。素质教育还应从促进学生主动精神出发，不是把学生看作接受知识的“容器”，而是看作知识的主人；不仅仅把学生当作认知体，更重要、更本质的是把学生作为包含认知方面和非认知方面的完整的生命体。素质教育要指导学生怎样做人，为学生指导完整的人生，帮助其形成强大的人格力量和积极向上的精神风貌。

(5) 着眼于学生终身可持续发展。终身教育是现代教育的重要标志之一。素质教育具有终身的性质，素质教育应该从基础教育阶段扩大到各级各类教育。从纵的方面说，素质教育将体现教育的连续性和一贯性，强调学前经验和学校学习的结合，学校和学校后实践活动的结合，强调各级教育在组织和内容上的一体化。从横的方面看，素质教育体现家庭、学校、社会的一体化，体现了教育与生产生活的密切结合。作为终身教育体系基础的学校教育不仅要传授知识，更要为每个学生的终身发展奠定基础。

3. 实施要求

(1) 转变课程功能与结构。传统教育教学过于重视知识传授，不利于学生素质全面发展和健康成长。课程功能的转变就是要形成学生积极主动的学习态度，使其在获取知识技能的同时，也能学会学习和形成正确的情感、态度和价值观。这一根本性转变对于实现教育教学目标，全面实施素质教育，培养学生具有社会责任感、健全人格、创新精神和实践能力、终身学习能力等，无疑具有极为重要的意义。同时，也要注意改变传统课程结构过于强调学科本位、科目过多和缺乏整合的弊端，整体设置九年一贯制课程门类和课时比例，并设置综合课程以适应不同地区和学生发展的实际需求。课程结构的这种转变，能够确保学生全面、均衡、富有个性的发展。

(2) 密切与生活和时代的联系。改变传统课程内容“繁、难、偏、旧”和过于重视书本知识、间接经验的弊端，加强课程内容与学生生活实际以及现代社会和科技发展的联系，关注学生的学习兴趣和经验，精选终身学习必备的知识与技能。课程内容的这一转变，力争反映当代科技发展的新成果，使课程具有时代精神。除此之外，不再单纯以学科为中心组织教育教学活动内容，不再刻意追求学科体系的严密性、完整性和逻辑性，注重与学生的生活经验结合在一起，使新知识、新概念的形成建立在学生现实生活的基础上。课程内容反映学生生活经验，体现时代特点，能有效改变学生学习生活和现实世界相脱离的状况，极大地推动学生学习的积极性、主动性和创造性。

(3) 改善优化学生学习方式。改变课程实施过于强调接受学习、死记硬背、机械训练的现状，倡导学生主动参与、乐于探究、勤于动手，培养学生搜集和处理信息的能力、获取新知识的能力、分析和解决实际问题的能力以及合作能力。以往长期的灌输式学习使得学生变得内向、被动、顺从、缺乏自信，自然也就限制了学生的创新精神和创造能力。学习方式的改善和优化是以教师教育教学行为的变化为前提的，因而应当坚定不移地把教师教育教学行为的变化和学生学习方式的改善，作为素质教育能否深入实施推进和取得成功的关键。

(4) 改革完善评价考试制度。改变课程评价过分强调甄别和选拔的功能，发挥评价促进学生发展、教师提高和改进教育教学实践的功能。一方面要建立促进学生全面发展的评价体系,使评价不仅关注学生在语言和数理逻辑等方面的发展,而且要发现和发展学生多方面的潜能,了解学生发展中的实际需求,帮助学生认识自我,建立自信,促进学生在已有水平基础上的发展,发挥评价的教育功能。另一方面要建立促进教师不断提高的评价体系,以强调教师对自己教育教学行为的分析与反思,建立以教师自评为主,校长、教师、学生、家长共同参与的评价制度,使教师从多种渠道获得信息,不断提高教育教学水平。不仅如此,要将评价看作是一个系统,从形成多元的评价目标、选择多样的评价工具,到广泛收集各种资料,形成建设性的改进意见和建议,每一个环节都是通过评价促进发展的不可或缺的部分。

二、实践层面教师专业理念

所谓实践层面教师专业理念,是指一种指向现实教育实践问题解决的教育理念,它是由教育理论和教育实践工作者面向教育实践进行理论思考而形成的系统的理性认识。实践型教师专业理念与理论型教师专业理念的根本区别就在于:理论型教师专业理念重在探索和回答“教育是什么”的问题,而实践型教师专业理念则重在思考和解决“如何进行教育”的问题。实践型教师专业理念是专业理念的一种重要类型,是整个专业理念系统的有机组成部分。主体教育、创新教育、生活教育、人本教育、创业教育、合作教育、生态教育、愉快教育等都属于实践型教师专业理念的范畴,它们在实现教育的合目的性与合规律性的统一、发挥对教育实践的指导作用和服务功能等方面,起着十分重要的作用。下面主要针对主体教育理念和创新教育理念作一介绍。

(一)创新教育理念

创新教育是为了迎接即将到来的知识经济时代而提出来的。创新教育不仅是方法的改革或教育内容的增减,而是教育功能的重新定位,是带有全局性、结构性的教育革新和教育发展的价值追求,是新的时代背景下教育发展的方向。尽管创新教育研究的定位是培养学生的创新精神和创新能力,但实际上它带来的是教育全方位的创新。

1. 本质内涵

从词源学上看,“创新”既有革新、创新之意,也指新观念、新方法、新发明;既含有在现实的条件下或物质基础上通过内部的革新创造出新的事物,也可指精神上的创意,如新方法、新手段等。从时代特征和实践意义上看,创新的立足点在于“新”,它是一种通过改造现实、满足时代需求的创造,具有时代的特征。创新并不等同于创造,创新的概念包含着创造而不是相反;而人们通常所说的创造,则属于最高层次的创新。基于此,我们认为,创新教育就是以培养人们创新精神和创新能力为基本价值取向的教育。

创新教育强调学生创新意识的培养。创新意识是个体追求新知的内部心理倾向,这种倾向一旦稳定化,就成为个体的精神与文化。研究表明,具有创新意识的人常常是不满足于现实,有强烈的批判态度;不满足于自己,有持续的超越精神;不满足于以往,有积极的反思能力;不满足于成绩,有旺盛的开拓进取精神;不怕困难,有冒险献身的精神;不怕变化,有探索求真的精神;不怕挑战,有竞争合作的精神;有强烈的好奇心,旺盛的求知欲,丰富的想象力和广泛的兴趣等。创新意识不仅包括强烈的创新激情、探索欲、求知欲、好奇心、进取心、自信心等心理品质,也包括具有远大的理想、不畏艰险的勇气、锲而不舍的意志等非智力因素。创新意识既是创新素质的重要内容之一,也是创新素质培养的前提和基础。

创新教育重视学生探究精神的彰显。坚持对知识"再次发现"探究式学习观念,本身就是一种科学精神。它要求学生不盲目接受和被动记忆课本或教师传授的知识,而主动地进行自我探究,把学习过程变成一种"再次发现"人类以往积累的知识的参与式活动。科学是知识系统,学习科学并不是为了记忆和背诵真理,而是为了认识和不断更新真理,教学中强调的应该是"发现"知识的过程,而不是简单地获取结果;要结合课程教学进行知识探源,把握其发展变化趋势;要让学生深刻感受到,任何科学知识都是人类艰苦努力不断探究的结晶,以此弘扬科学人文精神;要鼓励学习中的探究和怀疑,凡事多问几个"为什么"。正如著名科学方法论学者波普尔所说:"正是怀疑和问题鼓励我们去学习,去观察,去实践,去发展知识。"更重要的学习探究是对知识整体及其联系的把握。我国传统教学很少教会学生从总体上观察学科知识系统,把握它们相互之间的关系和本质特征,这些正是创新教育鼓励学生以更宽广的视角,从分割的学科课程里"重新发现"的关键所在。

创新教育倡导学生创新能力的培养。创新能力是创新的智慧特征,是主体创新的活动水平与技巧,它包括创新思维和创新活动两大方面。创新思维是个体在观念层面新颖、独特、灵活的问题解决方式,创新思维是创新实践的前提与基础,如果想不到是不可能做得到的。经验性的研究表明,具有创新思维的人常常感受敏锐,思维灵活,能发现常人视而不见的问题并能多角度地考虑解决办法;理解深刻,认识新颖,能洞察事物本质并能进行开创性的思考;思维辩证,实事求是,能合理运用发散与辐合、逻辑与直觉、正向与逆向等思维方式,不走极端,能把握事物的中间状态等。这些品质是基础教育阶段思维训练的重点。创新活动是个体在实践层面新颖、独特、灵活的问题解决方式,创新活动是创新思维的发展与归宿,如果经不起实践检验的思维是无价值的。研究表明,具有创新活动能力的人常常实践活动经历丰富或人生经历坎坷,经受过大量实践问题的考验;乐于动手设计与制作,有把想法或理论变成现实的强烈愿望;不受现成的框框束缚,不断尝试错误、不断反思、不断纠正;愿意参加形式多样的活动,乐于求新、求奇,乐于创造新鲜事物等。这些也是基础教育应给予考虑的创新素质目标。

2. 基本特征

(1) 全体性。创新教育不是精英教育,它是面向全体学生的教育。创新教育的提出从深层次上讲,是社会经济的发展对培养人才提出的新要求。在我们这个时代,不但需要杰出人物的创造,需要专门人才的创造,更需要千千万万个劳动者的创造。科学需要创造,技术需要创造,产品需要创造,生活需要创造……从广义上讲,创造是现代人的基本品质和生活方式。以至于我们不得不确立这样一个观点:现代社会中,创造是每个学生需要掌握的生存本领,不管你是大学生、中学生,还是小学生,不管你是优等生、中等生还是后进生。创新教育的信念是:每个正常儿童都有创造的潜能,关键在开发教育。只要开发得当,教育适时,每个儿童的创造潜能都会被唤醒,从而形成创新能力。与素质教育一样,创新教育也是一种面向全体学生的教育。

(2) 基础性。创新能力的产生和发展,建立在两个基础上:一是生理基础。人类大脑由左半脑、右半脑两部分组成。左半脑同抽象思维有关,右半脑则执行形象思维的功能。科学研究表明:人的创新能力与右脑有着密切关系,只有把左、右脑的功能平衡发展增大左、右脑的活动相互配合,人的创新能力才能得到充分发挥。二是知识基础。创新能力是建立在牢固、深厚的知识底蕴之上的。有了知识底蕴,才能产生创新观念,才能对问题进行分析、比较,才能得出创新结论。

(3) 民主性。创新的思想往往产生在民主、宽松、协调、合作的氛围中。学生感到宽松、融洽、愉快、自由、坦然,没有任何形式的压抑与强制,才能自由与自主地思考、探究,提出理论的假设,无顾忌地发表见解,大胆果断而自主地决策和实践,才有可能创新与超越。如果没有民主,学生感到有压力,担心不安全,时时处处小心翼翼、顾虑重重、如履薄冰,一味看教师或领导的眼色行事,个人的聪明才智与激情则会被压抑,只能表现出依赖性、奴性,愈来愈笨拙与迟钝,因此民主性是创新教育不可或缺的内在特性。

(4) 实践性。创新教育特别重视实践性。创新教育是一种开创性的教育,是人类教育史上的一种新型的教育。需要我们大胆创新,勇于实践。在积极的实践中构建创新教育的理论框架,构建创新教育的实践体系。另一方面,创新教育的本身也必须坚持实践性的原则。为了提高学生的创新能力,必须做到理论与实践相结合、学校的课堂教学与课外活动相结合、学生的"学"与"做"相结合。让学生在实践中亲自体验、亲自动手、亲自设计、亲自评价,既享受创新的喜悦,又培养创新的能力。

3. 实施要求

(1) 转变教育观念,培养创新意识。教师观念的转变是实施创新教育的关键和前提,教师观念不改变就不可能培养出具有创新意识的学生。一方面,要认识课堂教学中教师与学生的地位和作用,教与学的关系,发挥教师的主导作用和学生的主体作用,充分调动学生的学习主动性和积极性,使学生以饱满的热情参与课堂教学活动。教师在学生的学习过程中应是组织者、指导者、帮助者、评价者,而不是知识的灌输者,不要把教师的意志强加于学生;而学生是教学活动的参与者、探索者、合作者,学生的学习动机、情感、意志对学习效果起着决定性作用。另一方面,在教学方法上也要改变传统的注入式为启发式、讨论式、探究式,学生通过独立思考,处理所获取的信息,使新旧知识融会贯通,建构新的知识体系,只有这样才能使学生养成良好的学习习惯,从中获得成功的喜悦,满足心理上的需求,体现自我价值,从而进一步激发他们内在的学习动机,增加创新意识。

(2) 营造教学氛围,提供创新舞台。课堂教学氛围是师生即时心理活动的外在表现,是由师生的情绪、情感、教与学的态度、教师的威信、学生的注意力等因素共同作用下所产生的一种心理状态。良好的教学氛围是由师生共同调节控制形成的,实质就是处理好师生关系、教与学的关系,真正使学生感受到他们是学习的主人,是教学成败的关键,是教学效果的最终体现者。因此,教师要善于调控课堂教学活动,为学生营造民主、平等、和谐、融合、合作、相互尊重的学习氛围,让学生在轻松、愉快的心情下学习,鼓励他们大胆质疑,探讨解决问题的不同方法。亲其师,信其道,师生关系融洽,课堂气氛才能活跃,只有营造良好的教学气氛,才能为学生提供一个锻炼创新能力的舞台。

(3) 训练创新思维,培养创新能力。创新思维源于常规的思维过程,又高于常规的思维,它是指对某种事物、问题、观点产生新的发现、新的解决方法、新的见解。它的特征是超越或突破人们固有的认识,使人们的认识"更上一层楼"。因此,创造思维是创造能力的催化剂。提问是启迪创造思维的有效手段。因此,教师在课堂教学中要善于提出问题,引导学生独立思考,使学生在课堂上始终保持活跃的思维状态。通过特定的问题使学生掌握重点,突破难点。爱因斯坦曾说:"想象比知识更重要,因为知识是有限的,而想象力概括着世界的一切，推动进步并且是知识进化的源泉。”想象是指在知觉材料的基础上，经过新的配合而创造出新形象的心理过程。通过想象可以使人们看问题能由表及里，由现象到本质，由已知推及未知，使思维活动发生质的飞跃，丰富的想象力能“撞击”出新的“火花”。因此，在教学过程中要诱发学生的想象思维。

（4）掌握研究方法，提高实践能力。科学的研究方法是实现创新能力的最有效手段，任何新的发现，新的科学成果都必须用科学的方法去研究，并在实践中检验和论证。因此，教师要使学生掌握科学的探究方法，其基本程序是：提出问题—作出假设—制订计划—实施计划—得出结论。课堂教学主要通过实验来训练学生的实践能力，因而应尽量改变传统的演示性实验、验证性实验为探索性实验；另外还可以向学生提供一定的背景材料、实验用品，让学生根据特定的背景材料提出问题，自己设计实验方案，通过实验进行观察、分析、思考、讨论，最后得出结论，这样才有利于培养学生的协作精神和创造能力。有时实验不一定获得预期的效果，此时教师要引导学生分析失败的原因，找出影响实验效果的因素，从中吸取教训，重新进行实验，直到取得满意的效果为止。这样不仅能提高学生的实践能力，而且能培养学生的耐挫能力。

（二）主体教育理念

20 世纪 80 年代以来，伴随着“主体”“主体性”“主体间性”等概念在哲学领域的流行，主体性教育思想逐渐成为教育领域的热点话题，国内外开展了许多主体性教育实验。时至今日，主体教育理念已经成为指导我国教育改革与发展的重要依据。

1. 本质内涵

何谓人的主体性？在教育理论中，学者们更多的是从哲学角度加以理解的，认为人的主体性是指人作为社会活动主体的本质特征，是主体作用于客体时表现出来的特性。它是人区别于其他动物的标志，最能体现人的本质力量。而学生的主体性，可以包含两种含义：一种是学生在自我发展中的主体性，这是处于发展和提高过程中的不成熟、不完全的，开始甚至是很微弱的主体性，它属于教育与发展过程的问题，是在教育过程中需要调动、培育和提高的学生的主体性；另一种是学生在历史发展中的主体性，这是在社会作用包括教育影响下学生达到一定发展水平，能独立自主地发挥能动作用的主体性，它属于教育目的和结果的问题，是教育应塑造、追求和实现的学生在未来发展上成为社会主体的人的主体性。为了造就具有主体性的社会成员，弘扬学生在社会历史发展中的能动作用，就必须注重在教育过程中调动、培养和不断提高学生的主体性。

学生作为一个正在成熟和发展中的个体，其主体性需要通过多种途径得以培养和发展。而教育作为学生生活的一个极为重要的组成部分，作为一种有目的、有计划、有组织的培养人的社会实践活动，是通过促进人的社会化和个性化来展开的。而人的社会化和个性化的过程，就是人的主体性素质的不断培育与展现的过程，其结果便是使个体由自然人逐步成为社会生活和社会活动的主体。只有这样的人才能主动、积极地参与社会生活，并为社会进步作出贡献。从这个意义上讲，教育在本质上是对个体主体性的培养过程，是一种主体性教育。

基于上述分析，我们认为，主体教育是一种基于主体哲学对教育培养什么样的人以及教育活动的认识，是一种教育的观念或教育哲学思想，它是相对于依附性教育或客体教育而言的。主体教育的基本观点是:人是教育的出发点,人的价值是教育的最高价值;培育和完善人的主体性,使之成为时代需要的社会历史活动的主体,是教育的根本目的;教育过程必须把学生当作主体,唤起他们的主体意向,激发他们作为主体的自主性、能动性和创造性,使教育成为学生主体的内在需要,成为学生主体自主建构的实践活动。

2. 基本特征

(1) 科学性与民主性。学生主体性发展的重要基础是其生理、心理、文化结构的全面、和谐和充分的发展,而不是某个方面或局部的发展。学生的主体性素质是一种综合的、整体的素质,各要素之间具有相互影响的内在制约关系,即一种主体性素质的发展,有助于促进其他主体性素质的提高。传统教育在追求教育的"科学化"方面往往是不自觉的、局部的、非系统的,且仅仅流于空洞的设想和美妙的愿望,致使在实践中出现了诸多偏差。主体性教育则是建立在尊重学生的主体地位、学生学习发展的客观规律基础上,对学生进行全面科学的引导,促使学生在自主发展的教育教学过程中不断建构合理的观念结构、知识结构、智力结构和方法结构。主体教育是在师生共同营造出的活泼、生动、和谐、民主平等的教育氛围中进行的。民主平等的人际关系,是学生主体性发展的基本条件和前提。在传统教育中,存在两种典型的师生观:一种是专制主义的师生观,夸大了教师的主导作用,学生处于被动、压抑状态,谈不上自主性和能动性,更谈不上有创新精神;另一种是放任主义师生观,片面夸大了学生主体作用,排斥了教师在教育活动中的地位和作用。主体性教育的师生观是一种关于传统教育中两种对立的师生观命题的整合,它认为师生关系应以民主平等为基本原则,民主平等是主体性教育师生观的基本价值取向。民主性主要表现在两个方面,一是把教育变成一种民主的生活方式,尊重学生的主体地位;二是使教育过程成为学生民主思想、民主精神、民主参与能力的培养过程,以民主化的教育造就一代富于主体性的新人。

(2) 活动性与开放性。学生主体性发展是以活动为中介的,学生只有投身于各种活动之中,其主体性才能得到良好的发展。学生主体性的形成与发展,究其实质而言可以抽象为两个方面:一方面,通过活动不断地将人类现实据为己有的内化过程;另一方面,通过活动不断地将已有的心理品质表现出来的外显过程。学生的主体性正是通过内化与外显的无数次交替而逐步形成、发展和完善的。学生在活动中形成着主体性,在活动中表现出主体性,活动是影响学生主体性发展的决定因素。从某种意义上讲,主体性教育就是对学生学习活动的规范、组织和引导,通过精心设计各种教育活动,使影响学生主体性形成和发展的各种因素达到优化,使各种不同的活动形式和决定着它们的诸多条件相互促进、紧密结合,从而对学生的身心发展发挥主导作用。开放型社会需要开放型人才,而开放型人才则需要由开放型教育来培养。现代社会要求通过教育,能够培养出大批适应开放型政治体制、经济体制和生活模式,具有开放型思维方式、多维智能结构的人才,这也对教育提出了更高的要求。主体性教育的开放性,主要表现在学校教育系统与整个社会生活的紧密联系上,要求把学生从课堂引向广阔的社会,缩短对社会生活的适应期;还表现在学校教育内部应树立开放的教育观念,确定培养开放型人才的教育目标和内容,建构开放的教育体系,选择和运用开放式的教育方法和途径等。

(3) 主体参与性。教育模式是教育观念与指导思想、教育目标、内容、方法与评价等要素的总称,它是教育思想与教育实践之间的一个中介环节。传统应试教育模式的一个根本缺陷就是学生主体参与的缺失,导致学生主体性生成机制的缺失,这是不适合社会发展对人的素质要求的。主体参与教学模式承认学生的主体地位和作用，对教学本质的认识不再停留于“特殊认识说”，而是把教学视为构建学习主体的对象化活动。课程内容的掌握仍是重要的，但课程内容掌握本身不再是教学的目的，而是成为构建学习主体的手段。教学目的是把课程内容转化为学习主体的主体意识和主体能力，教学的整个过程就是为了学生主体性的发展，使学生最终成为能够自主驾驭和支配整个世界（自然、社会、人自身）的主体。主体性教学模式在新的教学观的指导下，将教学活动设计成为极富个性化的活动，既要求教师充分发挥主体性，针对教学对象、教学内容、教学目标、教学手段以及自己的教学背景进行综合考虑，精心规划和安排，又一切以学生的主体参与为核心。因此，主体参与应是主体性教学设计的根本原则。主体参与原则就是指教师在设计教学时，把参与性贯穿在教学的整个过程，使学生最大限度地处于主体激活状态，能主动、积极地动手、动口、动眼、动耳、动脑，去行动，去实际操作，给学生创设积极活动的情境，使学习成为学生的自主活动。

3. 实施要求

(1) 坚持以人为本。以人为本是当代社会一个最有号召力的口号，它的现实根源就在于工业社会异化了人的主体性，人在自己的世界里迷失了方向，需要重新找到自身位置。以人为本就是要将人类的活动重新归结到以人的发展与完善为方向上来。主体性教育理念认为个人的发展是社会发展的基础，社会发展的最终根源在于人的发展，社会发展是为人的发展服务的，其最终目的是为了人的生存和发展。随着社会的进步，已经越来越多的人建立起了以人的发展与完善为首要目的的社会发展观。正如日本教育家小原国芳在《完人教育论》中所言：“我只想把出发点归之于‘人’。回到人！回到人！只进行‘人的教育’，无论主观愿望如何，回到人，进行‘人的教育’，便会有真正得教育。”主体性教育强调教育应以人为本，将人作为教育的最高目标和最基础的出发点，以尊重人、发展人为教育的根本宗旨，确立学生在教育活动中的主体地位，激发他们的能动性、自主性和创造性，增强学生主体意识，确立学生的主体地位，提高学生的主体能力。

(2) 重视主体参与。主体性教育的基本理念最强调的就是学生的主体参与，主体参与是主体性教育的最核心理念。学生主体性的发展是以活动为中介的，学生只有投身于各种活动之中，其主体性才能得到良好的发展。主体参与强调学生参与活动的态度与方式，现代教育所提倡的就是主体参与基础上的活动，活动基础上的发展。教育作为一种有目的的培养人的社会实践活动，要有效地促进个体主体性的发展，就不能不重视个体在教育过程中的各种活动，必须根据一定社会的要求和个体主体性发展的一般规律，通过精心设计各种教育活动，使影响学生主体性发展的各种因素达到优化，为个体主体性发展提供机会、创造条件，发挥对个体主体性发展的主导作用。

三、操作层面的专业理念

所谓操作层面教师专业理念，是指以某种模式、方法或操作范型的形式表现出来的专业理念，它是理论型和实践型专业理念的具体化。如果说理论型和实践型专业理念更多地表现为一种内隐性的观点和思想，那么操作型专业理念则更多地表现为一种外显的技术、技能、模式和方法，是教育实践工作者在具体的学科教学活动中可直接进行操作和运用的。启发式教学、交往教学、发现教学、情境教学、协作教学、暗示教学等都属于操作型专业理念的范畴。

(一)启发式教学理念

自古及今,启发式教学都是中外教育家在教学活动中的理想追求。坚持"启发式",反对"注入式"、"填鸭式"和"满堂灌",已经成为基础教育教学改革和深化的根本指导思想,对"以人为本"学生观的贯彻落实和教学质量的全面提升,发挥着越来越重要的价值作用。

1. 本质内涵

关于启发式教学的本质内涵,学术界存在着不同的认识和解读。有学者认为,启发式教学是教师根据教学目标,从学生的知识基础、年龄特点等实际出发,遵循辩证唯物主义的认识论,采用各种生动、活泼的方法,引导学生积极思维,使他们主动地获取知识、发展智能的一种积极的双向的教学方法。① 有学者认为,所谓启发式教学就是受教育者在教育者的启发诱导下,主动获取知识,发展智能,陶冶个性,形成完满人格的过程。② 也有学者指出,启发式教学是指在教学中教师要承认学生是学习的主体,注意调动他们的学习主动性,引导他们独立思考,积极探索,生动活泼地学习,自觉地掌握科学知识和提高分析问题和解决问题的能力。③ 从以上学者对启发式教学的概念界定来看,有的把它看作一种教学方法,有的把它当成是一种教学过程,还有的则把它限定为一种教学原则。上述这些认识虽然有一定的道理,但也存在一定的欠缺,其实启发式教学从根本上来说应该是一种教学指导思想。据此,我们认为,所谓启发式教学,是指造成学生心灵的激活状态,使产生积极的思维活动,运用已有的知识经验,能动地获得新知识,充分地发挥智力的一种教学指导思想。

2. 基本特征

(1) 启发式教学不是一个结果,而是一个过程。在教学实践中,许多启发式教学活动都只是看重教学效果,即引导的结果。许多教师认为,只要设置出合理而灵活的问题,学生能在问题的启发下积极思考,获得答案,这就是成功的启发式教学。殊不知,这种教学方式只是披上了启发式教学的外衣,并没有体现其中的内涵。因为这样的课堂,直接的目标是教师设计的教学结果,课堂上一个个问题的解决,实际上却是教师牵着学生的鼻子,一步步地走向预设的"标准答案"。这样的启发式只重视结论的启发,即启发学生向已有的结论方向去思考和发表意见。而真正的启发式教学,目的不在于所谓的标准答案,更重要的是启发他们解决问题的方法,启发学生的心智,启发他们的思维过程。我国也是世界上第一部教育专著《学记》就指出:"道而弗牵,强而弗抑,开而弗达。""弗达"恰恰就体现了对结论的淡化。孔子曾说:"吾有知乎哉? 无知也。有鄙夫问于我,空空如也。我叩其两端而竭焉。""叩其两端"即用类似的矛盾启迪求学者,让他们自己去找答案。这便体现了启发式教学的实质。启发式教学强调不把现成的结论告诉学生,主张在教学过程中引导学生去寻求事物发生发展的原因和与其他事物的关系,通过思考找出规律,获得真知。

(2) 启发式教学不是一种设置,而是一种习惯。在教学实践中,很多教师并未能从实质上把握启发的目的,变满堂灌为满堂问。教师往往会在课前研究教材,围绕教学大纲确定好教学目标。在教学步骤的安排上,特别注重设计各种各样的问题,以便能在课堂上引发学生的学习兴趣,调动他们学习积极性,与老师共同完成教学任务。于是,设置问题便成了备课

① 陈国盛. 论启发式教学[J]. 课程·教材·教法,1993(3):19-24.

② 熊梅. 启发式教学原理研究[M]. 北京:高等教育出版社,1998:35.

③ 王道俊,王汉澜. 教育学[M]. 3版. 北京:人民教育出版社,1999:230.

及教学活动很重要的一项工作。这一程序的特点是：教师设计提问，学生思考讨论；教师创设情景，学生投入学习；教师归纳总结，学生接受改进。从课堂表现来看，学生学得似乎得心应手，收获颇丰。实际上学生却是被教师牵着鼻子，习惯于被人激发，被人牵制。教师的质疑问难组成了课堂教学的滚动链，也形成牵引学生朝固定方向行走的绳子。这种设置出来的课堂在显而易见处或众所周知处设置启发点，无视学生的具体特点，无视课堂的实际问题，往往会使启发流于形式，达不到启发的目的。实际上，启发式教学不应只流于表面，而应渗透进教学的每一个环节中。只有教师具备时时启发的意识，养成处处启发的习惯，时刻关注学生的特点和问题，才能在必需之时、合适之处对学生进行有效的启发，开启他们的智慧，促使学生养成独立阅读，积极思考，善于发现，勇于解决问题的习惯与能力。在启发式教学中，学生要成为真正的学习主体，通过教师积极主动的引导，逐步养成积极思维、善于提问、自主解决问题的学习习惯。

(3) 启发式教学不是一种模式，而是一种思想。把启发式教学看作一种具体的教学方法，主要是从“式”而来。很多人认为“式”便是一种具体的方式方法。而一种具体的教学方法，是由一套固定的教学格式或若干个具体的教学环节来体现的。于是在课堂上的很多设问、提问和释疑，都是为了“格式”二字。教师们脑海中有的只是教学目标和教学步骤，而忘记了教学的真正主体——学生。如果年复一年，日复一日，课复一课“问”是为了“式”，“启”是为了“模”，课堂上依赖的是一种机械的教学模式，那“启发”只能成为一种新的桎梏。要正确运用启发式教学必须走出以上误区，准确领会其精神实质。启发式是运用各种教学方法的基本指导思想，不是一种具体的教学方法，并没有固定的教学格式和环节。每一节课情境都会有所不同，教师应把启发式教学思想贯穿于教与学过程的始终，因人因时因境灵活地运用各种教学方法，使教学安排适合教材特点和学生实际，最大限度地调动学生的学习积极性，才能真正体现出启发式教学的本质内涵。

3. 实施要求

(1) 鼓励学生多提出问题。哈佛大学流行一句名言：“教育的真正目的就是让人不断提出问题和思索问题。”即在学习中思索研究，在思索研究中学习。问题是学习的开始，只有产生问题，才能促使学生更深入地研究，教师要善于启发学生多提出问题。首先要创设适宜的问题情境，考虑针对学生的心智发展水平及认识表征方式，考虑学生学习动机的维持，太易学生会缺少成就感，太难则难以探索，也容易产生失败感。因而适宜的问题情境，才能维持学生学习的内在动机，产生正向学习迁移。充分利用知识本身的力量去激发学生的求知欲望和积极性，有利于学生主动思考、发现问题、提出问题。同时，创造民主和谐的课堂氛围也有利于学生问题的提出。

(2) 启发学生自主探究。美国国家课程标准特别强调，科学探究是科学教育的中心，课堂教学应围绕这一中心进行。首先，教师必须深入了解学生学习的主题并预测学生学习可能产生的问题，引导学生参与教学过程。教师在课堂上创设的教学情境为学生动眼观察、动口表达、动手操作和动脑思考提供充分的时间和空间。其次，教师要鼓励学生自主质疑探究。研究表明，学生的自我参与、自我效验与自我反馈是激发学习动机和创造良好学习环境的重要因素。在适当的时候搭桥铺路和启发点拨，让他们相信自己的能力，不要有急切寻求老师固定的想法，使学生自觉主动地学习，让学生在成功的体验和失败的教训中学习，在不断的自我肯定和自我否定的过程中得出正确的结论，从而最终自主地解决问题。

(3) 注重讨论与反馈调节。讨论是一种多向信息交流活动。教师要设计好讨论问题，要体现知识的连贯性和认识的深刻性。讨论问题应是教学中的重点或难点，可集体讨论也可分组讨论，但要注意调动每个学生的积极性，让学生都能找到自己的知识生长点。不仅如此，教师也要及时了解和评定学生的学习效果，并向学生提供用各种形式呈现问题条件的机会，把握启发的时间与程度，有针对性地进行答疑和讲解。教师的讲要抓住关键，问要揭示矛盾，看要有所思，议要激励灵感，练要抓住关键，充分调动学生的学习主动性，激发学生学习兴趣与动机，启发学生积极思维，根据不同的教学内容和教学环境，采取多样化的教学策略与方法来反馈调节，使学生渐进式地达到教学要求。

(4) 努力开发学生智能。开发学生智能是教学的根本目标之一，也是实施启发式教学的重要内容。一方面，教师讲解概念要启发学生思考。让概念逐渐形成，逐步深化，引导学生揭示其本质，充分挖掘概念的内涵和外延，以达到准确透彻的理解。另一方面，新旧知识联系时要启发学生的迁移。教师教课要注重新旧联系，善于从旧知识中引出新知识，在讲述新知识时联系旧内容，使新知识易于理解，旧知识进一步巩固。同时，联系实际时要能启发学生想象。学习理论要联系实际，有时可以通过具体实验来证明，有时可联系日常生活的实际例子来说明。这里需要教师去点拨、去启发。哪怕是一个简单的模型，都可勾起学生无限的遐思；一个极其常见的例子，都可促使学生展开丰富的想象，从而有助于学生智能的开发。

(5) 充分利用现代化的教学手段。科学技术的飞速发展，正在改变着传统的教学方式。大量先进的教学设备和仪器已应用在教学中，特别是计算机辅助教学，图文并茂，生动形象，多感官的综合刺激，改变了传统教师讲、学生听的单一教学模式，为启发式教学创造了良好的条件。研究性学习与科学实验等也是学生提出问题、探索问题的重要途径和手段。课堂教学中要尽可能用实验展开，无论是运用演示实验、随堂实验或学生实验，还是运用实验挂图、实验录像等，都应突出实验的多种功能，激发和培养学生做实验的兴趣，并尽可能多设计一些探索性的实验，使学生从多层面受到感染与激励。

(二) 发展性教学理念

发展性教学是由苏联教育家赞科夫提出的，他在系统地研究“教学与发展”之间辩证关系的基础上，借助心理学家维果茨基的“最近发展区”理论，鲜明地提出了“教学要走在学生发展的前面”的响亮主张，对苏联中小学教学质量的大面积提升提供了重要帮助。

1. 本质内涵

赞科夫发展性教学理念的关键和核心，就是其特别重视和强调的“一般发展”。何谓“一般发展”，赞科夫曾先后多次从不同的角度进行了探讨和论述。他在 1963 年出版的《论小学教学》中指出：“我们所理解的一般发展，是指学生个性的发展，他的所有方面的发展。因此，一般发展也和全面发展一样，是和单方面的、片面的发展相对立的。”他又解释说，一般发展与全面发展虽然联系密切，但又有所区别。一般发展是指向问题的心理学方面，而全面发展则是指向问题的社会方面。在其 1975 年出版的代表作《教学与发展》中，他再次指出，一般发展本应包括身体发展和心理发展，但我们所研究的教学与发展问题是有一定的局限的：我们研究的是教学与学生心理一般发展的关系。① 这表明，赞科夫认为一般发展还应包括身

① [苏]赞科夫.教学与发展[M].杜殿坤，译.北京：文化教育出版社，1980：52.

体的发展。由此可见,赞科夫发展性教学理念中的所谓一般发展,既不同于智力发展,也有别于特殊发展,又不同于全面发展。一般发展指的是从心理学角度出发的完整的人的深刻全面发展,是既包括智力因素,也包括非智力因素的整个身心的全面和谐发展。

赞科夫认为,不是任何一种教学都能促进学生的一般发展,它批评传统教学只是单纯追求掌握知识和技能技巧,未能揭示出掌握知识过程中学生心理发展的规律,因而不可能解决学生的一般发展问题。发展性教学理念的核心思想就是要建立能够促进学生一般发展要求的教学。因此,赞科夫的发展性教学理念就成为向当时苏联传统教学挑战的旗帜,也成为当时改革普通教育的指导思想。在这个意义上,赞科夫领导的"教学与发展"实验,对"教学与发展的关系"问题进行的长达20年的实验,被美国人称之为"静悄悄的革命"。

2. 教学原则

赞科夫认为,要促进学生的一般发展,就必须遵循与传统教育学不同的教学原则。赞科夫从苏联心理学家维果茨基的"最近发展区"理论出发,结合自己多年的实验教学经验,概括出区别于传统教育的教学原则体系。①

(1) 以高难度进行教学的原则。依据维果茨基的"最近发展区"理论,赞科夫认为教学不应停留于现有的发展水平上,而应该使教学任务落在学生的最近发展区上,走在学生发展的前头,推动和促进学生发展。这就要求教学目标应该具有一定的难度。"难度"这个概念,按照赞科夫的说法,在不同的场合有不同的含义。其含义之一是指克服障碍,含义之二是指学生的努力。克服障碍首先在于展开儿童的精神力量,在教师指导下,使这种力量有活动的余地,如果教材与教学方法不能向学生提出需要克服的障碍,儿童的发展就会失去动力。学生的努力则是指在教学过程中,要能引起学生在掌握教材时产生的一些特殊的心理活动过程,使学生不仅仅简单地掌握知识,而且在以后的认知过程中能引起对知识的再思考,这就要求学生在智力上的某种努力。赞科夫的以高难度进行教学的原则,形象地说就是学生要有成年人扶一把,跳一跳,把原来够不着的桃子摘下来。当然在运用这一原则时,要注意把握好难度的分寸:给学生提供的教材一定是学生所能理解的,否则只能适得其反。

(2) 以高速度进行教学的原则。针对传统教学中复习的滥用,以及严重的形式主义和烦琐哲学,赞科夫提出了以高速度进行教学的原则。高速度的意思是指教师讲的东西,只要学生懂了,就可以往下讲,不要原地踏步。这一原则就是要求教学要不断地向前运动,不断地以各个方面的内容丰富学生的智慧,能为学生越来越深入地理解所学知识创造有利条件,因为知识被纳入一个广泛展开的体系中,他主张以知识的广度来达到知识的巩固性。赞科夫特别强调学生对教材的第一印象,引导学生在学习中探索规律,有所发现,明确事物之间的相互联系,把知识系统化,从而保证教学的高速度。当然,赞科夫所讲的高速度,绝不是赶进度,开快车。他认为在课堂上匆匆忙忙,赶快把尽量多的知识教给学生,是与实验教学体系格格不入的。他主张教师和学生都稳稳当当地工作,教师要不吝惜时间,跟学生进行推心置腹的谈话,这样的教学将会得到加倍的报酬。

(3) 理论知识起主导作用的原则。理论知识起主导作用的原则,是要强调理论知识在学生认识过程中的主导作用。所谓理论,是区别于实践而言的。从这个意义上来说,理论知识是指那些直接反映在技巧中的知识。如一个学生可能知道怎样进行几位数的进位加法,

---

① 顾明远,孟繁华.国际教育新理念[M].海口:海南出版社,2001:180-182.

知道加法应该怎样做,但是并不知道这种运算的规律。如果学生掌握了这一类知识后,那就是掌握了理论知识。赞科夫强调要通过教学,尽量使学生掌握理论知识,从而促进学生的发展。因为理论知识是掌握各种技能的基础,是形成技巧的重要条件。他在观察中得出结论,一年级的学生就能掌握许多抽象的概念,理解事物之间的某些内在联系。他认为,只有抽象思维才能更深刻、更接近对事物本质的掌握;只有从抽象过渡到具体,才能更好地认识那个具体事物,认识它与周围事物之间的具体联系。理论知识起主导作用的原则,是对传统教学中量力性原则要求教学要由近及远、由简单到复杂、由具体到抽象的原则的质的修正。

(4) 使学生理解教学过程的原则。赞科夫要求教师,必须把学生的注意力集中到教学过程本身,使学生理解教学活动的内部结构和进程。按照这一原则,教师不仅应该让学生知道学什么,还要让学生明白应该怎样学,理解教学活动结构和组织安排的合理性。赞科夫以惩罚教学为例进行了说明。在教乘法表时,不是简单地拿乘法表让学生背,而是使学生明白这节课教材的一定编排程序的根据,理解熟记教材某部分的必要性,明白掌握该部分知识发生错误的主要原因。使学生理解学习过程的原则,要求教师在教学过程中随时告诉学生:哪些教材应该熟记,哪些教材不必记,知识之间是怎样联系的,错误是怎样发生的,应该如何防止。它强调的是教会学生探讨和总结适合自己的学习方法,培养自学能力。

(5) 使全班学生都得到发展的原则。这一原则是针对传统教学中,对差生无限制地增加操作性练习的做法提出来的。赞科夫认为,对于差生更加需要花费大气力在他们的发展上不断地下功夫。下了这样的功夫,就能使差生在一般发展上得以进步。大量的操作性练习,只能加重差生的心理负担,阻碍其获得一般发展,使他们更加落后。他认为,真正的社会主义人道主义的崇高理想,要求无论在生活或发展方面,都能使所有人,而不是挑选出来的一部分人得到最大限度的发展。为了使差生获得快速发展,赞科夫在具体分析了差生的心理特点后建议:首先,要减轻学生的精神压力和思想负担,不急于提高学生的分数或让学生达到及格水平;其次,要注意肯定差生的进步,帮助他们逐步树立学习的信心,不要提他们可能回答不上来的问题,以免形成自卑感;第三,要利用一切机会,引导他们观察事物,积累关于事物的现象,丰富他们描述事物的语言,激发他们的求知欲和学习兴趣;第四,要改革对他们的辅导形式,补课与习题不在多,而在准,对症下药,要注意启发他们的思维,发展他们的多种能力;最后,要吸引他们参加课外活动小组,要求全体同学亲近和帮助他们,克服他们的自我中心主义。

3. 教学方法

(1) 教学过程中采用的方法应使学生过一种积极而丰富的精神生活。赞科夫认为,教学法一旦触及学生的精神需要,教学就能充分发挥其最佳功能。因此一个首要的观点就是学生生活的观点。学校在组织学生的学习活动时,要把学生心理活动的各个方面都吸引到这一活动中来,使学生的精神生活生气勃勃,培养他们积极向上的智力情绪、道德情绪和审美情绪。为此,教师首先要有高涨的情绪,创造与学生推心置腹的气氛,要使课堂与沸腾的生活息息相关,激起学生在情绪情感和思想方面的交流,使学生在课堂上、家庭中乃至学校生活中过一种真正的丰富多彩的生活。

(2) 教学过程中采用的方法有助于学生的精神需要,形成学生的内在诱因。赞科夫认为,外部刺激与内部诱因相比较,前者的获得没有经过紧张的脑力劳动,没有和兴趣相结合,作用是暂时的;而后者则相反。形成内部诱因,根本的是培养学生对学习的精神需要。学生产生了对学习的需要，他就会对知识的渴望越来越强烈，愿望完成难度大的作业，能够体会紧张的脑力劳动之后的满足。这时，学习的内部诱因也就取代了外部刺激，从而在学生的学习中占据主导地位。

(3) 教学过程中采用的方法应使学生深入地从各方面理解和体会课文。赞科夫特别重视让儿童在自己独立感知的基础上，越来越深入地从各个方面理解和体会文艺性的课文。他主张根据不同课文的性质和学生当时所处的发展阶段来安排课文的具体教法，把各种教学方式结合使用，使学生身临其境地体会文章的情境和作者的思想情感。同时，他也提出在教学中要注意避免两种极端的做法：一是关于课文的意思一定要让学生说出来；二是由教师一个人解说课文的内容。

(4) 教学过程中应有效地使用间接法。赞科夫认为，间接法就是学生把知识在自己的头脑里进行“加工”，利用“积极的精神生活，并不是只靠记忆工作，而是要思考、推理、独立地探求问题的答案”，把知识变成自己思想的产物。当然，赞科夫并不完全排斥直接法，他认为直接法不仅需要，而且有时很难把它与间接法截然分开。

(5) 教学过程中采用的方法应有助于积极地发展学生的言语。赞科夫主张，要把发展学生的言语与平时丰富多彩的现实生活相结合，让学生通过对现实生活的描述，通过与人交往来发展言语。也就是说，要在使用言语中发展言语。在发展言语时要把口头言语的自然性、生活性与教师对学生言语的指导结合起来。教师可以创设一定的情境，如组织学生参观或旅行，指导学生看，引导学生说。

(6) 教学过程中应讲清基本概念，精心安排练习。讲清基本概念，精心安排练习是教师在教学中应抓好的两件事。讲清概念，让学生把概念中本质的东西和非本质的东西区别开来，学会把各种概念联系起来。这样，就可以使学生更透彻地掌握知识，理解知识之间的相互关系。编排练习同样应该有助于学生深刻地理解知识之间的相互关系和变化规律。练习的安排要在学生一般发展的基础上进行，要避免让学生感到单调乏味。

第三节　教师专业理念的形成

教师专业理念的形成是一个长期的经验生长与知识内化互相融合的过程，是一个在不断学习先进教育理念基础上，经过理解认同、内化整合、实践运用、反思重构、完善升华的渐进式过程。教师专业理念的形成策略主要表现在以下方面。

一、重视教育理论的创造性转化

学习教育理论并不是简单地接受，而是要通过理解、消化和感悟，把教育理论创造性转化为教师自己的专业理念，这是一个教师主动地对教育理论进行认识加工，重新建构自我教育理念的过程。教师专业理念的创造性转化包括有意识学习、教育理论内化和教育理论信念化三个阶段。有意识学习阶段实质上是教师学习教育理论的动机和态度问题，教师应有由学习教育理论转变为专业理念的自主意愿。教师专业理念的转变必须依靠自己，充分发挥自身的主动性和积极性。如果教师的内在动机被激活，产生了转变原有专业理念的内部需要，那么教师就会对教育理论学习产生强烈的兴趣，自主学习的倾向和行为将会变得自觉和积极，从而对教育理论感受深、反应快，较快地完成教育理论向专业理念的转化。

教育理论的内化是教师将所学的教育理论吸收到自己的认知结构中，并运用所学的理论内容构成自己新的专业理念。教师学习教育理论时，并不是简单地接受，而是将学习与反思结合起来，了解教育理论产生的背景，检验教育理论的合理性与适用性，既知其然，又知其所以然，通过理解、消化和感悟，深得其中的精神，将所学教育理论完全纳入自己的认知结构之中。但是，如果教师没有将自己头脑中错误的专业理念治理出来，那些与其已有观念不符的科学的专业理念就很难进入他们内在的认知结构中。因此，在学习教育理论，接受新理念的同时，教师要通过各种方式将原有的旧的专业理念加以弱化，即知道自己原有的专业理念“是什么”“有哪些”。当原有的专业理念以显性化的形式呈现在教师面前时，教师就要用先进的专业理念对之进行反思、检验、批判与修正。新旧理念相对必然会产生矛盾，甚至发生冲突，这时，教师要将新旧理念加以整合，促使二者实现“联接”和“对话”，抛弃原有理念中与时代精神不相一致的陈腐的东西，使原有理念得到澄清、改造和提升。教育理论向专业理念转化的过程既是一个学习的过程，又是一个创造的过程。经过新旧理念的充分整合，教师不仅将所学理论吸收，而且将其置于自己认知结构之上，成为自己专业理念体系的核心，从而更新建构自己的专业理念。

教育理论信念化阶段是教师将所学教育理论完全转化为自我教育观念的重要标志。在这一阶段，教师将吸收的教育理论完全融入自己的思想体系，成为认知结构的核心，内化为教师自己的品格和精神，并成为教师生命的一部分。融入教师思想中的教育信念已转化成教师个体的内在理论，它本身就成为一种巨大的教育力量，不仅能激起教师的教育责任感和教育智慧，而且促使教师对自己的教育实践行为从不合理到合理，从习惯到反省的转化。即使在多元价值观念发生矛盾与冲突时，这种内在理论也不会动摇，并为排除教学方式变革中的阻力和困难提供强大的内部动力。经过上述三个阶段，先进的教育理论转化为教师具体的专业理念，教师拥有了属于自己的专业理念体系。此时的专业理念既不同于教师自发产生的经验式的专业理念，也不同于专家学者传授的纯理论形态的专业理念，而是二者相互沟通、相互融合的产物。它既植根于教师个体经验的土壤之中，又是对个体经验的扬弃和提升；它虽然认可、赞同“社会倡导的理论”，却又不完全受其控制，而是融入了自己的理解和创造。

二、倡导扎根实践的教育行动研究

要真正转变专业理念，也就是转变教师实实在在运用的理论，教师必须充分发挥主动性与积极性，立足自身的教学实践，积极开展教育行动研究，探索教学方式变革的客观规律。所谓教育行动研究就是社会情景的参与者为提高对所从事的社会或教育实践的理性认识，为加深对实践活动及其依赖的背景的理解，所进行的反思性研究。教师的教育行动研究就是指教师在教育教学实践中通过教学与研究的结合，创造性地运用教育理论研究和解决不断变化的教育教学实践情境中的具体问题，不断改善其教学行为，提高教育教学质量的活动。

教师在开展行动研究时必须注意以下几点：第一，要脚踏实地，立足鲜活的教育教学实践。作为教育行动研究者，教师的研究不同于专职教育理论研究者运用规范的研究方法进行理论构建，发展理论，追求科学理想，而是要脚踏实地，立足自己的教育教学实践，创造性地运用教育理论，对教育教学实践进行探讨和反思，认真地分析教育教学实践中的成功与失败，从而解决教育教学中具体的实际问题，为发展和创新教育理论提供丰富的实践资源，改进教育教学行为，提高教育教学质量。教室就是最好的实验室，自己就是教育教学情境的研究者，教师的教育教学过程就是在自己的实验室里进行观察、思考和研究的过程。因此，教师应脚踏实地，“在教育教学中研究，在研究中教育教学”，在教育教学中提高研究能力，在研究中提高教育教学质量，达到“教研相长”的目的。第二，总结教育教学经验，善于从经验中学习。理解和改进教育教学实践的过程必始于教师对自身实践经验的反思，任何教育理论只有与教师个体对其具体实践情境和经验的研究结合起来，才能有效运用。因此，教师在教育行动研究中必须学会运用各种方法去总结、研究自己的教育教学实践经验，在批判与反思中获得对实践情境新的理解和改进。第三，学以致用，在变革中更新专业理念。马克思曾指出：“人的思维是否具有客观的真理性，这并不是一个理论的问题，而是一个实践的问题。”① 在教育教学实践过程中，教师必须培养运用新理念的自觉意识。教师要把学习和运用结合起来，做到学以致用，要激发出使用新专业理念的强烈的主观愿望和动机，培养用的意识，养成用的习惯，使理念对教学行为的指导变得经常化、自觉化，增强实践新专业理念的胆识。如果教师没有运用新专业理念的勇气和胆识，教育教学改革也就无法达到预期的目标。最后，提高运用新专业理念的能力。教师不仅要有运用新专业理念的意识，而且要提高运用新理念指导教育教学实践的能力，也就是一个会用新专业理念的问题。

三、促进教师专业理念的自主建构

专业理念的转变，离不开教师对先进教育理论的理解和内化，对自己深层专业理念的反思。在这一过程中，教师的理性思维能力起着重要的作用。我们不难发现，较高的思维能力，较强的理性技巧，有助于较好较快地掌握教育理论；相反，理性思维能力低下，那么对教育理论的掌握一般来说是肤浅的而非深刻的，甚至会误解或曲解教育理论。一方面，运用新专业理念于教育教学实践，自然离不开教师对教育教学实际的具体分析与整合了解，而要科学地了解教育教学实际，找出教育教学中存在的问题，也就离不开教师的理性思维能力，其中最重要的就是反思能力。另一方面，教师思维品质的灵活性也起着重要的作用。教师专业理念具有一定的稳定性，原有理念不易改变，在新旧理念发生矛盾甚至冲突时，旧理念往往对新理念产生排斥作用，阻碍教师对先进理论的吸收和创造。这就需要教师克服思维定式，克服旧专业理念的惯性作用。因此，教师要在教育教学实践中通过各种方式不断地提高自己的理性思维能力。

教师要发展积极的态度情感。人们总是带着一定的情感去进行认识情感活动的，有了热情也就有了内在动力，如果教师的教改热情高、态度积极，就会表现出对新专业理念的热切关注，就可能积极地投入到教育改革之中去，自觉地转变教育观念。在教育教学实践中运用新的理念。相反，悲观失望、厌弃情绪，则会极大地影响教师对新的专业理念的理解与接受，教师常常会以可有可无的态度淡然处之或漠然置之。因此，教师要以正确的态度对待教育改革，对新专业理念具有热切了解的愿望，对教育理论的学习、专业理念的转变充满热情。只有这样，教师才有建构新专业理念的动力。教师专业理念的转变是一个复杂而艰难的过程，自然会受到主客观因素的干扰，会遇到各种各样的困难，这就需要教师具有坚强的意志

① 马克思恩格斯选集（第1卷）[M]. 北京：人民出版社，1972：16.

力,沿着自己选定的道路坚强地走下去,排除内外干扰,为自己转变观念和理念,用新专业理念指导教育教学实践,创造一种平衡的心理条件和良好的精神状态。面对外在的困难和压力,教师更需要依靠坚强的意志力排除心理障碍,调节自我情绪,克服外部阻力,以防半途而废,前功尽弃。

四、营造教师专业理念形成的良好氛围

经济社会和教育的改革与发展,决定了教师专业理念必须与时俱进,不断发展。而今天我国“科教兴国”战略的提出,全面实施素质教育政策的实施,新课程和教学内容改革举措的落实,新教育模式和方法的介绍与推广,以及各种新闻媒体的宣传和报道,都必然为专业理念的形成提供了积极的社会舆论氛围。然而,就不同学校而言,所形成的舆论氛围也是有所不同的。有的学校对新事物比较敏感,能够锐意进取,具有开拓创新精神,能根据教育改革与发展的趋势及时地提出明确的要求,进行反复宣传,制定相应的激励政策,形成促进教师专业理念更新的舆论氛围和压力;但有的学校却缺乏改革开拓精神,消极坐等观望,没有相应的改革举措,教师也就不能感受到更新专业理念的舆论氛围和压力,教师专业理念的形成也就成为空谈。学校内外部的舆论氛围和教师所感受到的工作压力,是直接促进教师专业理念形成的外部动力。所以学校要特别注意营造有利于教师专业理念形成的舆论氛围,这在教师专业理念形成中具有极为重要的作用。

第三章　教师专业道德

【问题与思考】

1. 孔子曰："有才无德，小人也；有德无才，君子也；然德才皆具者，圣人也。"习近平总书记说："国无德不兴，人无德不立。"人如此，教师这一特殊职业更应该如此。你对此有何认识和体会？

2. 在2016年12月全国高校思想政治工作会议上，习近平总书记指出新时代教师要"坚持教书和育人相统一，坚持言传和身教相统一，坚持潜心问道和关注社会相统一，坚持学术自由和学术规范相统一"①。结合自己学习和体悟，谈谈你对此的理解。

3. 2014年第30个教师节前夕，习近平总书记考察北京师范大学时发表重要讲话，勉励广大师生做有理想信念、有道德情操、有扎实学识、有仁爱之心的"四有"好老师。你能从教师专业道德的维度对之加以评析吗？

4. 中共中央、国务院2018年1月20日颁布的《关于全面深化新时代教师队伍建设改革的意见》指出："把提高教师思想政治素质和职业道德水平摆在首要位置，把社会主义核心价值观贯穿教书育人全过程，突出全员全方位全过程师德养成，推动教师成为先进思想文化的传播者、党执政的坚定支持者、学生健康成长的指导者。"对新时代教师应具备的师德素养，你是如何理解的？

5. 英国教育学者古德森说："教学首先是一种道德的和伦理的专业，新的专业精神需要重申并以此作为指导原则，在新的教学道德规范中，专业化和专业精神将围绕对教学和学生学习的道德定义而达到统一。"你能理解其中蕴含的道理吗？

6. 有学者认为："教师的角色化存在是一个有着很深厚的道德范导意义的角色化存在。它总是凝聚着教师对自身使命的某种'敬畏'。敬畏必然表现为道义、良知和职责，体现为道德责任感和道德使命感。"请你谈谈对教师角色敬畏的认识和理解。

7. 杨雄说："师者，人之模范也。"张行简说："为师之道，端口为先。模范不端，则不模不范矣。不惟立言制行，随时检点，即衣冠瞻视，亦须道貌岸然。"人民教育家陶行知主张："教师的一言、一行、一举、一动，都要修养到不愧为人之师表的地步。"结合读书学习和日常观察思考，谈谈自己的认识和理解。

8. 中国古代思想家们曾经对道德修养的方法和途径进行过深入的思考，提出了"学圣人""内省""静坐""养心""积善""践行""慎独"等行之有效的主张。你认为这些方法对当代教师专业道德的涵养还能发挥作用吗？

教育是培养人的社会实践活动，是一项基于道德并以道德发展为最高目标的事业，它对

① 习近平：《习近平谈治国理论》(第二卷)，外文出版社2017年版，第379页。

教师的道德要求也是特别突出的。孔子曰:"其身正,不令而行;其身不正,虽令不从。"杨雄曰:"师者,人之模范也。"陶行知说:"学高为师,身正为范。"教师专业道德既是教师从教的基础和影响教育学生的重要手段,也是实现教师自我价值的核心体现。教师专业发展要求教师不断增强专业道德意识,践行专业道德行为,提升专业道德情操,塑造教师作为教育工作者的崇高的道德楷模形象。

第一节　教师专业道德概述

在我国,学术界对教师道德素养的认识和理解,经历了由"师德"到"教师职业道德"再到"教师专业道德"或"教师专业伦理"的发展转变,它不仅成为教师专业发展的一个重要组成部分,而且是教师专业发展的内在要求与核心要素。只有深刻理解和充分把握教师专业道德的本质意涵、独特品性以及价值作用,才能有效地促进教师专业道德的价值实现,才能更好地推动教师走向更高水平的专业发展。

一、教师专业道德的意涵

道德是人们用舆论与交往压力以及自律等手段维系和调整人与人、人与社会团体之间关系的基本准则。教师职业道德是一般社会道德规范的角色化和行业化。何谓教师专业道德？我国学者从不同视角对之进行了认识、理解和把握。

刘捷认为,专业道德是指一种职业群体为更好地履行职业责任、满足社会需要、维护职业声誉而制定的自我约束的行为规范——一套一致认可的伦理标准。①

蔡辰梅和刘刚认为,教师的专业道德是指教师基于自己的专业知识和技能,在专业领域内能够合理行使专业权力来完成专业职责和使命,使专业服务对象得到高质量的专业服务的一整套伦理标准和规范。②

黎琼锋认为,教师的专业道德是指教师作为专业人员应具备的独特道德品质,包括教师的专业责任、教师个人道德品性以及以自律为核心的专业精神。③

张凌洋和易连云认为,教师专业道德是教师在从事教育教学这一专业工作时所遵循的能体现教师专业特性、教师道德价值以及教师人格品质的道德规范和行为准则。④

刘海波认为,教师专业道德是一定社会对教师专业行为的基本要求与概括,是教师为更好地履行职业责任、满足社会期望、维护职业声誉而制定的具有自我约束力的行为规范或伦理准则。教师专业道德体现的是教师对其自身专业的认同和对教育事业的炙热情感及专业行动。⑤

由此可见,教师专业道德是教师专业发展的内在要求,是教师作为专业人员所必须具备的、最基本的专业素养。如果缺失了专业道德,教师将与一般职业雇员无异,也就不可能有效地行使其专业权利和专业职责。从传统的强调教师"师德""教师职业道德"到对"教师专

---

① 刘捷.专业化:挑战21世纪的教师[M].北京:教育科学出版社,2002:62.

② 蔡辰梅,刘刚.论确立教师专业道德的意义和基础[J].江西教育科研,2007(10):57-58.

③ 黎琼锋.从规约到自律:教师专业道德的建构[J].教育发展研究,2007(1):35-38.

④ 张凌洋,易连云.专业化视域下的教师专业道德建设[J].教育研究,2014(4):116-121.

⑤ 刘海波.论教师专业道德及其建设:从内涵、结构到特征分析[J].渭南师范学院学报,2016(22):90-96.

业道德”的重视，体现了教师职业的专业特性与专业要求，其意义在于促使师德从模糊的一般德行要求上升为专业伦理规范。它既是教师专业发展的重要组成部分，也是教师专业发展的内在诉求与理想追求。

教师专业道德与教师职业道德并不是同一个概念，它们之间存在着一定的差异，主要表现在以下 3 个方面：首先，从概念归属上来看，教师专业道德是职业道德的下位概念，即专业道德不仅体现了职业道德的一般性要求，同时还结合专业发展的内部特征将职业道德的要求具体化。其次，从适用范围上来看，专业道德更具有对教师专业工作和身份的“量身定做”的特征，较职业道德要求更为精准、更具有约束力。最后，从作用方式上来看，教师专业道德与专业发展紧密结合，将道德与教师自我发展捆绑，在很大程度上能够推动教师的主动的基于内心的“道德自觉”，而职业道德往往更具有基于外部评价下的被动的职业操守自律特征，与教师的工作、发展结合度相对较低，其中以“人”的生产对象的“育人”因素更没有被纳入考虑范围。①

在教师专业发展的过程中，其专业道德的专业性和主体性，已经成为教师专业发展的目标和旨归。专业性实质上是指某一行业行为主体和主体行为的不可替代性。教师专业道德之所以成为教师专业发展的核心内容，就是因为在教师专业发展的过程中，“教师的职业道德向专业道德的转换始终是一个重要的线索”“从最初的一般性的德行要求到具有道德法典意义的许多专业伦理规范教育，从重视知识、技能教育的技术性培养逐步过渡到专业精神与专业知识、技能水平提升的兼顾是教师专业化历史发展的一个重要侧面”。② 由师德和教师职业道德向教师专业道德或教师专业伦理的转向，其实也就是一个从思想理念到实践行动的发展过程。教师专业道德建设要融入教师专业发展的过程之中，为教师专业发展提供强有力的动力支撑。

二、教师专业道德的特点

作为社会道德在教师职业中的特殊体现，教师专业道德除了具有一般社会道德的基本特征外，也表现出自身独有的鲜明特点。

（一）专业性

教师专业道德是在教师专业化的大背景下提出来的，也是在教师个体专业发展过程中存在并不断发展的。在承认教师职业专业性的同时，也应认识到教师道德的专业性。教师专业道德强调从专业特点出发讨论伦理规范的建立，而不再是一般道德在教育行业里的简单演绎和应用。教师是一个专业化水平要求很高的职业，教师的专业发展具有极为突出的专业性特点。教师道德伦理规范的建立，要具有一定的专业理论依据，体现出教师职业与教师成长的专业性与独特性——对教师道德专业性的强调和突显。这种专业性意味着教师的道德规范不能被简单移植或套用到其他职业之中，其他职业的道德规范反过来也不能简单适用于教师职业。唯其如此，教师才能真正养成自身的良好的专业道德，从而顺利实现自身的专业发展。

① 陆道坤，张芬芬．论教师专业道德：从概念界定到特征分析[J]．教师教育研究，2016(3)：7-12．

② 檀传宝．论教师“职业道德”向“专业道德”的观念转移[J]．教育研究，2005(1)：48-51．

（二）自觉性

随着教师专业化的不断发展，教师对自己的专业有了较为深刻的认识，所以对教师专业道德就容易产生理解和认同，从而愿意自觉遵守执行教师专业道德，实现专业道德的自觉性。相比于职业道德，教师专业道德已由“他律”转向“自律”，由“外在强制”转向“内在自觉”，由“知道”转向“行道”。正是这些转变，使得教师在面对复杂的道德情境时能够自觉践行道德行为，不断检测和调节自己奉行的道德规范，坚定道德意志从而使自身的专业道德与专业发展同步。由于教师劳动的特殊性，教师劳动时间和空间上的广延性使教师的公共生活和私人生活有着极大的重合，教师的言行举止都暴露在公众的视野中，受到来自社会各界的监督，包括家长的监督、学校的监督、学生的监督以及社会群体的监督。教师专业道德能够激发教师的责任感唤起教师内在道德意识的觉醒，从而使这些外在的监督转化为教师的自我监督，使来自外界社会的监督真正发挥作用。因此，教师对工作是否负责，对学生是否关心，对同事是否团结，在教学和管理活动中是积极负责还是敷衍了事，在道德行为的选择上是崇尚高尚还是趋附于低俗，都源于教师对于道德的自觉性。

（三）自律性

从教师职业道德的角度来看，主要是把它作为一种外在的行为规范发挥作用，更强调对教师的强制和执行，缺少教师的主体性和自律性。而教师专业道德则强调以自律为核心的专业精神，具有鲜明的自律性特点。教师劳动的对象是青少年学生，尤其要关注他们健康全面的成长与发展；教师劳动过程复杂且劳动结果具有迟效性，尤其是与青少年学生道德发展联系的方面，更是难以准确加以定量评价，也不会立刻就能见到成效。这就要求教师在专业发展过程和专业道德的养成中，要充分体现出自主性和自律性特点。教师不仅要以为人师表的言谈举止与青少年学生进行交往，而且还应时刻牢记自己对青少年学生的道德承诺，利用恰当的教育契机促进青少年学生的道德发展，这对教师来说是一个更高层次的自律性要求。教师专业道德不仅要求教师要明确意识到自己的道德责任，而且在实际教育工作中还要不断地进行自我反思、积极探究和交流合作，发挥自身专业道德的主体性和自律性，使这种道德影响力更好地促进青少年学生全面发展。

（四）示范性

教师职业劳动的对象是青少年学生，他们是活生生、有思想、有感情的个体，具有很强的可塑性、向师性和模仿性，他们的人生观、世界观、价值观和个性品质也都处于快速形成的时期。教师在学生心目中占有特殊的地位，对学生的身心发展起着极为重要的榜样示范作用。特别是低年级的学生更是如此，他们对教师往往有一种神秘且仰慕的感觉，和教师有一种天然的接近感，会不自觉地模仿教师的言谈举止、处世态度和道德学识。不管教师本人是否意识到，其一言一行、一举一动、思想情感、教学态度、教学作风等，都会潜移默化地感染并影响着学生。教师要顺利完成自身所肩负的教书育人的神圣历史使命，就必须努力在学生乃至整个社会面前建立起更高的道德威信和职业声望，形成良好的道德形象，成为全社会的道德楷模和道德典范。

（五）关怀性

教师劳动从本质上来看，是一种极其复杂细致的精神生产活动。教师的劳动对象既不是死的自然物质，也不是一般的有生命的植物和动物，而是具有一定思想、意志、情感、能力、性格和其他个性品质的活生生的人。不仅如此，这些人又正处于成长发育阶段，其身心状况每时每刻都在发生着变化，受到来自家庭、社会等多方面的复杂环境的影响。教师的情感和意志对学生具有特殊的感染作用，它能启发学生的学习积极性，转变学生的思想行为，塑造学生的个性品质，培养学生对学习和生活的热爱。教师不仅要关心学生的现实人生，也要关心学生情感性、精神性素质的发育与成长。一句话，教师要关怀学生的全面、健康、协调和可持续发展，要对全体学生的全面发展给予全面关怀。可见，教师专业道德具有强烈的关怀性特征。

三、教师专业道德的价值

教师专业道德既然是教师在教育教学活动中进行道德选择、道德评价、道德教育和道德行为时必须恪守的道德规范和要求，它不仅反映了教师的专业义务，而且体现了教师所担承的道德责任，因而具有重要的价值作用。

（一）促进学生道德发展

当教师良好的专业道德在教育活动中转化成令学生称赞和认同的交往关系形态和教育行为时，就会成为学生道德观念和道德行为选择以及建构的重要参照范例。也就是说，在德育范畴中，教育的内容、手段与教师自身在教育过程中的道德行为表现是紧密融为一体的。例如，“粗暴训斥”的教育方式，其内隐的是“权威—服从”的师生关系。这种内隐的道德取向，会因教师在学生心目中的特殊地位，极易形成“示范—观察—模仿”的影响机理，从而使教师所展现的专业道德在德育中具有直接影响学生道德发展的重要作用，这是其他教育方式难以替代的。教师如果在教育过程中没有践行他所倡导的道德准则，那么，他所倡导的道德准则将因缺少自证性而在学生心目中丧失权威性和实践价值。这就要求每一位教师不仅要积极探索、挖掘课程和教学中蕴含的德育元素，更要在各种交往环节中均展现出良好专业道德行为和风范。

（二）塑造教师专业品质

从目前社会相对成熟的专业来看，专业道德都有其内在的构成要件；从有关专业标准的研究来看，专业道德也是评判一个职业是否能够为专业的一个重要标尺。国外有学者认为，任何一项可以称为专业的行业，大致都需要满足 5 个标准：一是要提供重要的社会服务；二是要具有以理论和实践为基础的专业知识；三是要满足一些独特的以实践标准形式得到表述的伦理道德标准；四是要为招募新成员或训练提供一定的组织与管理保证；五是为了在实践中作出独立的判断，专业实践者需要高度的自主性。可见，伦理道德的考虑内含于专业的其他评价标准之中，是一个职业能否成为专业的首要特征。[①] 由此来看，对于教师的教育工作而言，形成专业伦理道德，在形式上满足专业的基本标准，无疑是其专业建设中首先需要考虑和解决的关键问题之一。

（三）协调教师人际关系

教师为了顺利完成教育教学任务，实现教育教学目标，需要调节许多不同的人际关系，如教师与教师之间的关系，教师与学生之间的关系，教师与学生家长之间的关系，教师与社

① 王丽佳，洪洁．解读“教师专业伦理”[J]．湖南师范大学教育科学学报，2009(6)：22-24.

会之间的关系,等等。这些人际关系要想达到良好和和谐,就需要教师专业道德的协调。教师专业道德对人际关系的协调作用主要受两个因素影响:一是受到外在力量——社会舆论的影响。当教师行为符合教师专业道德要求,有利于学生的全面发展时,社会就会形成肯定和赞扬的舆论,就会激励教师选择这种职业行为;当教师行为违反教师专业道德规范,不利于学生的全面发展时,社会就会形成否定和谴责的舆论,使教师产生巨大的精神压力,从而鞭策自己,纠正错误,遵循专业道德规范。二是受到内在力量——内心信念的影响。教师道德信念是教师在教育教学过程中判断自己行为善恶的一种内在力量。当自己的行为符合道德要求时,教师就会从精神上感到欣慰和满足,从而产生一种力量和信心,以继续这一行为。当教师某种行为不符合专业道德标准时,教师就会感到内疚和惭愧,从而检讨自己的行为,并力争不再发生类似的错误。

(四)维护教师专业自主

由于专业人员的活动与社会福利密切相关,其实践中的任何一个决定都可能关乎其服务对象的重大利益。不仅如此,专业实践场景的复杂性也决定了不可能有一套固定的和具有普适性的理论,这在教师职业中表现得更为明显,面对学生的多样性与教育场景的多变性,教师随时需要作出独立而准确的判断,并采取果断有效的实际行动。面对专业知识与专业服务场景的高度复杂性,外行公众倾向于认为自己没有资格对专业人员的实践进行干预,从而准予专业人员具有广泛而高度的自主性。正是这种专业自主性,确保了专业人员能够在不受直接监督的复杂情境中运用自己的专业知识和能力,作出独立的专业判断,开展自己的专业服务,从而在最大限度上保障服务对象的权益。因此,专业团体通常会制定本行业的伦理道德规范,以获取社会公众的信任和支持,最大限度地保证专业自主权的获得与行使。对于教育专业来说,其专业伦理道德规范也必然会使社会公众对教师及其行业的道德操守产生基本的信任与尊重,从而赋予教师以专业自主权,从而能够保证他们独立高效地开展教育教学活动。

(五)提高教师专业声誉

教师从事的是专业属性极强的复杂工作,学生在知识技能、身心发展和道德发展方面出现的问题,教师职业之外的人虽然也能观察到,但只有较高水平的教师,才能准确诊断出问题发生的真正原因,并有针对性地提出切实可行的解决方案;学生的潜在优势发展倾向和持久的兴趣爱好,教师之外的人或许能模糊感受到,但只有高水平的教师才能准确把握,并为具有不同优势潜能和兴趣爱好的学生提供不同教育资源条件和正确的发展路径。教师的专业特性,使教师和社会大众之间存在较大的信息不对称性,教师之外的人,很难准确把握教师工作质量的好坏和尽责的水平。这样便极易导致教师以外人员对该专业工作信息的误读,从而形成充满猜测的社会信任危机。为了消解这种社会信任危机,包括教师在内的专业必须形成以自我约束为核心的道德体系。这种专业性突出的道德规范的重要功能之一,就是向社会宣称了教师高品质的价值追求和自我约束的决心,从而消解人们对教师工作品质的猜测,赢得社会各个方面对教师的尊重、认同和信任。

(六)积极影响社会道德

教师作为社会一个特殊的职业者,他们是良好社会风尚的倡导者和社会精神文明的建设者,教师的专业道德既对学生的道德品质产生重要影响,也对社会生活具有巨大的促进作用。教师专业道德对社会道德的促进作用主要表现在两个方面：一是教师能以自己的专业道德教育影响学生，再通过学生传播和辐射于整个社会，从而对社会的精神文明建设产生积极影响。教师担负着培养青少年一代的重要任务，其世界观、人生观、价值观等思想情操和道德品质关系到亿万青少年儿童的成长。一批又一批的学生从学校毕业后，走上生产工作岗位，成为社会的主人。他们的思想政治品质、道德风貌、专业学识等又直接关系到整个精神文明建设，关系到社会主义现代化建设事业的成败。二是教师专业道德对社会道德的促进作用还体现在直接作用上。随着教师地位的提高，教师常常要走出校门，参加各种文化科学活动和社会实践活动。教师在公众场所讲文明、讲礼貌、讲卫生，自觉遵守公共秩序，爱护公共财物等行为习惯，和邻里和睦相处、互谅互让、助人为乐等思想境界，必然会产生感化作用，树立起道德威信，感染群众，从而优化人际关系，净化社会风气。

第二节　教师专业道德结构

世界上任何事物都有自身独特的结构，亦即构成该事物的各个要素及其相互之间的密切关系。教师专业道德也是如此。探明教师专业道德的内容结构，不仅有助于从深层上把握教师专业道德的本质与功能，而且十分有助于教师专业道德的养成和提升。作为对传统职业道德的反思和超越，教师专业道德被赋予更为丰富的内涵和更重要的价值作用，由此也就具有了更加广泛的内容构成。综合目前国内外教师专业道德领域的研究成果，我们认为，教师专业道德的内容结构可以从专业精神、道德品质和专业伦理 3 个不同层面进行分析和建构。

一、教师专业精神

专业精神是指教师在教育教学活动中所体现出来的价值取向和价值追求。教师专业工作的长期性、复杂性、创造性和迟效性等特点，决定了教师专业不仅仅是一种技术型专业，更是一种理念型专业。教师要把专业理念付诸教育教学实践，不仅需要专业知识和专业能力的支撑，也需要坚定的信念、顽强的意志和崇高的使命感。与其他专业相比，教师专业更强调专业精神的培育和养成。教师专业精神涵盖了教师的专业责任、专业态度、专业信念、专业理想等许多方面，是教师对教育及其所从事职业的认知、情感、态度和信念在教育实践中的体现。

（一）专业态度

态度是个体对人和事所持有的一种持久的心理和行为倾向，它有积极和消极之分。积极的态度有利于个体积极性和主动性的发挥，而消极的态度则恰恰相反，个体只是在被动应付所从事的活动。如果说专业责任决定了教师应当做什么，那么专业态度则决定了教师所做的程度和效果。由于教师劳动的特殊性，教师的备课、上课、辅导答疑、组织和指导学生活动等工作，只能在从质与量上规定最基本的下限，而不能规定准确的上限。正如人们经常说的那样，教师劳动是一种良心活，因而必须坚持精益求精的工作态度。同时，对待教育事业，教师也要具有敬业乐业的态度和精神。不论西方还是中国，教师的历史地位和重大的社会责任要求他们对自己专业的艰巨性和复杂性有清醒的认识，怀有强烈的责任感，树立坚定信念，对社会的各种正反评价需要作出正确的理性的判断，从而激发教师对教育工作的深爱和崇敬。教师职业具有其他职业无法比拟的特殊性，其特殊性之处就在于付出的多，得到的回报小，如果没有甘为人梯，乐于奉献的精神，是不可能长期安心教育工作的。教师必须树立起正确的义利观、名利观，正确处理自我价值和社会价值的关系，自觉地积极投入教育工作，站在时代应有的高度，在教书育人的过程中实现人生价值，达到“淡泊明志、宁静致远”的境界。

（二）专业责任

教师的专业责任也可称为道德责任，即教师在教育教学过程中必须承担的道德职责和道德义务，是教师分内应做的事。如果说道德理想是教师予以追求的高标，那么道德责任则是教师必须予以捍卫的道德底线，是对教师的最低要求。道德责任主要涉及自身、社会、学校和学生四方面，对于教师自身来说，教师应具备恪尽职守、严于律己的道德责任；对于社会来说，教师应对社会和家长负责；对学生来说，教师应具有生命意识、人权意识，关心爱护学生；对于学校来说，教师应具备团结执教的道德责任。教师的道德责任是一种不可推卸的责任，一名具备教师专业道德的教师一定是具有超强专业责任感和责任心并能自觉将这种专业责任付诸行动的人。教师能否履行自己的道德责任是衡量一个教师是否合格、是否称职、是否具有教师专业道德的标准。

（三）专业理想

专业理想也可称为道德理想，即教师对未来专业道德发展的期待与追求，是教师在教育实践过程中形成的有可能实现的对自身专业道德发展的想象与期望。从教师专业道德的层面来讲，道德理想是对教师道德素质、道德行为的最高要求，明确了教师的前进方向，为教师专业道德发展提供了动力，是教师不断提高自身道德素质，完善道德行为的助推器，教师只有具备了崇高的道德理想，坚定的道德信念，才能在此推动下，自觉规范自身的道德行为，提高自身的道德品质，使之符合社会的要求，为学生作出良好的榜样。教师只有树立了崇高的道德理想才能不计较个人的利害得失，履行自身的教育职责，义无反顾地为教育事业奉献付出。这里需要强调的是，教师道德理想的本质是促进教育对象的发展，而非简单地恪守规范本身。教师对自身道德水平的永不满足以及对未来专业道德发展的不懈追求，是教师道德理想形成的动力和源泉。

（四）专业信念

教育是一项复杂而艰巨的活动，劳动对象的特殊性、劳动效果的内隐性与滞后性以及教育环境的多变性等，都要求教师必须具有坚定的专业信念。如果作为一名教师缺乏对教育坚定不移的专业信念，那么他就不仅丧失为教育事业献身的使命感和责任感，也不会拥有精益求精的工作态度，更不可能具备坚韧不拔、知难而上的工作意志和积极进取、自强不息的奋斗精神，其教育的结果也就可想而知了。作为教师身份的精神与观念形态的确认方式，教师专业信念还要彰显独立主体精神品格。在教师专业发展进程中，教师独立主体性和教师特殊性价值追求，是促进教师专业发展的最基本、最重要的前提条件。同时，教师独立主体性和教师特殊性价值追求，也是形成教师独立权利，保障教师权利不被其他权利消解，专业空间不被其他空间掩盖，进而促成教师专业发展的内在动力。

二、教师职业道德

新中国成立以来，国家正式颁布中小学教师职业道德规范主要有4次，2008年9月2号新修订的《中小学教师职业道德规范》(以下简称《规范》)在吸取和继承了我国优秀师德传统的基础上，又体现了新形势下经济、社会和教育发展对中小学教师应有的道德品质和职业行为的基本要求，因而成为新时代我国教师职业道德的指导性文件。《规范》对教师的职业道德起着规范和指导作用，是调节教师与学生、教师与学校、教师与国家、教师与社会相互关系的基本行为准则。

(一) 爱国守法

《规范》规定的“爱国守法”的具体内容是：“热爱祖国，热爱人民，拥护中国共产党领导，拥护社会主义。全面贯彻国家教育方针，自觉遵守教育法律法规，依法履行教师职责权利。不得有违背党和国家方针政策的言行。”

1. 爱国守法是教师职业的基本要求

一方面，爱国是教师做好本职工作的支撑。爱国是中华民族的优良传统，是中国各族人民道德品质的重要特征，是一个国家生存和发展的精神支柱。热爱自己的祖国是每个公民的义务。爱国作为教师职业道德规范是教师做好本职工作的支撑点。教师把热爱祖国作为自己的神圣职责，不断强化自己的爱国意识，培养爱国情操，激发爱国主义热情，做一个忠实的爱国者。另一方面，守法是《中华人民共和国宪法》所规定的所有社会组织、国家机关和公民的基本义务，是指守法主体以法律为自己的行为准则，依照法律行使权利、履行义务的活动。教师职业的神圣性、示范性，要求教师成为守法的楷模，进而对学生的守法行为产生潜移默化的影响，实现全体国民法律素质的提升，为建设社会主义法治国家奠定基础。

2. 热爱祖国，热爱人民，拥护社会主义

教师职业行为具有主体性、示范性和教育性，青少年学生的行为具有可塑性、模仿性、向师性和依赖性，教师只有热爱祖国，热爱人民，拥护中国共产党的领导，拥护社会主义制度，才能潜移默化地教育和引导学生形成追求高尚、好学上进的良好风尚，把学生培养成为德、智、体、美、劳全面发展的社会主义事业的建设者和接班人。

3. 自觉遵守教育法律法规，依法履行教师职责

法律是国家意志的体现，是对一切社会组织和公民都具有约束力的基本行为准则体系，任何组织和个人都必须遵守法律。教师作为中华人民共和国公民，首先应该做到遵守法律。教育法律法规不仅规范和保护着教育事业的发展，对于维护教师、学生的权益，规范教师的教育教学行为，也有直接的保护作用。因此，教师不仅要用法律维护学生和自身利益，还要依照这些法律规范自己的行为，履行教师义务，依法对学生进行教育和管理。所以，教师必须学习有关教育法律法规和其他法律知识，做到知法、懂法、守法，依法执教和履行职责，做遵纪守法的楷模。

4. 全面贯彻国家的教育方针

全面贯彻国家的教育方针，就必须全面实施素质教育。素质教育是指以提高人的思想道德素质、科学文化素质、审美素质、劳动素质、身体素质、心理素质等为根本内容和目的的教育。素质教育就是要解决“培养什么人”和“怎样培养人”这两大问题。素质教育的基本价

值取向是以人为本、育人为本,是面向未来、促进学生全面发展的教育。教师是国家教育方针的执行者,因而必须全面贯彻党和国家的教育方针,全面实施素质教育,促使学生全面发展、健康成长。

5. 不得有违背党和国家方针政策的言行

党和国家的方针政策,代表了最广大人民的利益,集中反映了广大人民群众的愿望和要求。教师的职业性质,决定了自己不能在其职业活动中,特别是在学生面前,散布与国家政策法规不一致的言行,宣扬与国家政策法规不一致的观点。由教师传授给学生的知识必须符合国家法律法规规定,符合科学规律。教师对于党和国家的方针政策应当身体力行,从自己做起,为人表率,这本身就是一种巨大的力量,必然会对学生产生重要的示范和带动作用。

(二) 爱岗敬业

《规范》规定的"爱岗敬业"的具体内容是:"忠诚于人民教育事业,志存高远,勤恳敬业,甘为人梯,乐于奉献。对工作高度负责,认真备课上课,认真批改作业,认真辅导学生。不得敷衍塞责。"

1. 爱岗敬业是教师职业的本质要求

教育是永恒伟大的事业,教师是一个神圣而责任重大的职业,是社会主义精神文明的传播者和创造者。教师既要向学生传授先进的科学文化知识,启迪智慧,陶冶学生的思想品德和情操,塑造学生的心灵,为社会培养具有创新精神的高素质的人才,为社会发展提供人才支撑;又要潜心学术,严谨治学,搞好科学研究工作,为社会创造出更多更好的新思想、新知识、新技术、新文化,为社会提供智力支撑。一个国家、一个民族要想自立于世界强国之林,离开了高质量的教育,离开了高水平的教师,显然是不行的。在全面建设小康社会的进程中,要发展教育事业,提高中华民族的科学文化素质和思想道德素质,实现物质文明、政治文明和精神文明全面丰收,没有教师的辛勤劳动和努力是不可能办到的。因而教师所从事的职业是极为重要和光荣的,它直接关系到我国社会发展战略目标的实现,关系到社会主义现代化建设的成败。教师理应具有热爱教育事业的专业道德品质,在教师岗位上用辛勤的劳动和智慧,为社会的繁荣、祖国的振兴、中华民族的崛起作出自己应有的贡献。教师的劳动从表面上看是一种个体劳动,但从实质上看则是为民族、国家和社会培养人才的复杂性的社会劳动。这种劳动与其他职业劳动有一个最大不同就是弹性非常大,其工作成果内在的"质"与"量"很难衡量,教师对工作投入的多少更多依靠自身的"良心"自律。特别是在今天市场经济条件下,教师有很多的机会和更多的诱惑,教师能否遵守热爱教育事业的道德规范,教育效果是完全不同的。热爱教育事业,忠诚教育事业,努力做到敬业乐业,为社会和国家培养出更多更好的社会主义建设人才,理所当然应该成为教师的自觉行动和神圣职责。

2. 淡泊名利,志存高远,忠诚于人民教育事业

教师爱岗敬业,就是要忠诚于党和人民的教育事业,热爱教育事业。"要塑造真正的人、完整的人,教师必须要热爱自己的职业,把教育当作一种生命活动的展示,当作生命活动的一种折射,在教育活动中不断体现生命的超越性,才能引起教育对象——另一生命的超越性不断涌现,这样的教育才是真诚的,才是本真的教育。"[①]每位教师都要志存高远,树立崇高

① 覃兵.论教师主体生命意义的消解与重构[J].教师教育研究,2005(3):39-43.

的教师职业理想、坚定的职业信念和献身教育事业的决心。教师爱岗敬业，就是要对教育事业具有强烈的责任感和深厚的感情。没有责任感就办不好教育，没有情感就做不好教育工作。教师要始终牢记自己的神圣职责，把个人的成长进步同社会主义伟大事业和祖国的繁荣富强紧密联系在一起，并在深刻的社会变革和丰富的教育实践中履行自己的光荣职责。在社会主义市场经济条件下，社会上有着各种各样的诱惑，对教师是极大的挑战。只有对学生怀有真情和热爱，对教育充满坚定信念的人，才能真正淡泊名利，志存高远，把自己的青春热血和知识才华奉献给所钟爱的教育事业。

3. 勤恳敬业，严谨笃学，不断提高教育教学质量

教师要对工作高度负责，勤恳敬业，严谨笃学，认真做好备课、上课、作业的布置与批改、课外辅导、学业成绩的检查与评定等常规性工作，并且精益求精，不断提高教育教学质量。教师要认真执行国家的教育方针，全面推行素质教育；教师要认真钻研教材，掌握教材的重点和难点，不断提高自己的教育教学能力和教育教学质量；教师要认真研究学生，了解学生个体和学生集体的详细情况，做到因材施教，有的放矢；教师要不断更新教育教学观念，不断进行教育教学创新，不断研究新的更加有效的教学模式和教学方法；教师要关照每一个学生，对每一个学生负责，相信每一个学生都能成才。青少年学生是祖国的未来和希望，教师必须以教书育人为己任，爱岗敬业，舍小家顾大家，只有把全部身心投入到教育事业之中，才能为祖国的明天培养出更多优秀的人才。

（三）关爱学生

《规范》规定的“关爱学生”的具体内容是：“关心爱护全体学生，尊重学生人格，平等公正对待学生。对学生严慈相济，做学生良师益友。保护学生安全，关心学生健康，维护学生权益。不讽刺、挖苦、歧视学生，不体罚或变相体罚学生。”

1. 关爱学生是教师专业道德的灵魂

记得有位教师这样说过：“写在纸上的爱，一会儿就可以读完；表达在嘴上的爱，一转身就可能忘记；而教师的爱却写在了大地和天空之上，能使学生永藏心底。”教育是一种充满了温情和爱心的人世间最伟大的事业，爱心不仅是教师进行教育活动的基础和前提，而且它本身就是一种积极而重要的教育影响手段。苏联教育家苏霍姆林斯基认为：教育首先是关怀备至地、深思熟虑地、小心翼翼地触击年轻的心灵，在这里谁细致和有耐心，谁就能获得成功。学生是发展过程中的人，跟成人有很大的差别，在身体和心理方面都需要教师的不断关注，并且及时给予适当的帮助，教师需要用心爱护每一位学生，有爱才有教育，有爱才能打开学生心灵的窗户。正因为如此，人们往往把关爱学生看作教师职业道德的核心要素，是教师职业道德的“灵魂”。

2. 关心爱护全体学生，尊重学生人格，平等公正对待学生

孔子曰：“爱之能勿劳乎？忠焉能勿诲乎？”一个教师只有热爱学生，才会时刻把学生放在心上，为了把学生培养成为社会主义有用人才，不惜呕心沥血把教学搞好。关爱学生，才乐意做那些有利于学生成才的繁杂琐碎的工作，才有耐心对学生进行不倦的教诲。关爱学生又是教师的一种重要教育手段和教育力量。教师对学生的热爱，能使师生在心理上、感情上接近起来，赢得学生对老师的信赖，乐意接受教师的教育和劝导，收到“亲其师，信其道”的良好教育效果。教书育人之所以成为教师的职责和道德要求，是由教育的培养目标所决定

的。我国教育的根本目标是培养德、智、体、美等方面全面发展的社会主义事业的建设者和接班人。作为教师,在传授知识培养能力的同时,必须认真做学生的思想教育工作,才能保证学生全面健康成长。

3. 对学生严慈相济,做学生良师益友

教师要摒弃陈旧的等级观念,要有民主的作风,鼓励学生勇于创新,发表与自己不同的观点和看法,探讨学习和学术问题,建立"民主平等、尊师爱生、教学相长"的社会主义新型师生关系;要相信学生,注意提高学生的独立意识和自理、自立、自律的能力;教师对学生既要悉心爱护,又要全面严格要求:一是严要有据,要全面贯彻党的教育方针,按学校和专业教育目标要求学生,促进学生德、智、体全面发展;二是严得合情合理,苛求和降低标准都不合适;三是严要有恒,要坚持用一把尺子衡量学生,熟悉的、陌生的和亲密的学生都一样严要求,分数面前人人平等,不打"人情分""关系分";四是严要有方,要采取学生欢迎的、有效果的好方法,而不是粗暴强制,迫使学生就范。

4. 保护学生安全,关心学生健康,维护学生权益

"保护学生安全"包括:对于在校或参与学校组织的活动的学生,教师要保护他们的安全;教师应当有生命意识,关注学生生命健康,珍爱学生的生命;在危机时刻,教师要能挺身而出,保障学生的生命安全。"关心学生健康"包括关心学生的身体健康与心理健康两个方面的内容,教师要严格执行国家的各项规定,教育教学活动不能侵占学生合法的休息、娱乐以及体育锻炼时间,特别是不能随意增加作业量,延长或增加上课时间,从而造成学生的学业负担。"维护学生权益"包括:教师的教育教学行为同时也是学生受教育权利的实现过程,因而教师的教育教学行为要有助于和有利于学生受教育权利的实现,为学生受教育权利的实现尽可能提供帮助;学生作为公民,拥有宪法及其他法律法规规定的与成人相同的各项权利,教师的教育教学行为同样要维护学生的这些权益,而不能以维护学生的受教育权利为由侵犯学生的其他合法权益。

5. 不讽刺、挖苦、歧视学生,不体罚或变相体罚学生

这是关爱学生的禁止性行为,因而也是教师的职业伦理底线。讽刺、挖苦、歧视学生,在某种程度上意味着教师对学生的放弃,甚至是厌恶,这是与教师职业道德与职业责任相违背的。教师要杜绝讽刺、挖苦、歧视学生,还需要不断提高自己的人格修养,掌握控制自己不良情绪的能力。此外,教师还要掌握灵活多样的育人方法,采用一些有建设性的方法取代对学生的讽刺、挖苦和歧视。不体罚或变相体罚学生是关心学生健康、维护学生权益的一项特别重要的表现,需要教师在教育教学活动中严格恪守。

(四)教书育人

《规范》规定的"教书育人"的具体内容是:"遵循教育规律,实施素质教育。循循善诱,诲人不倦,因材施教。培养学生良好品行,激发学生创新精神,促进学生全面发展。不以分数作为评价学生的唯一标准。"

1. 教书育人是教师"天职"

教书育人是指教师关心爱护学生,在传授专业知识的同时,以自身的道德行为和魅力,言传身教,引导学生寻找自己生命的意义,实现人生应有的价值追求,塑造自身完美的人格。教书与育人是有区别的,教书是传授知识和技能,而育人是指培养学生的人生观、世界观、价

值观，教导学生今后如何做人、做事；教书与育人又是互为因果，相互渗透，相互促进的。一般来说，教书比较容易做到，育人则相对难些。韩愈说："师者，所以传道授业解惑也。"教师有教书的职责，备课、上课、课后评价等工作都是为了更好地教书。传统教育派的代表人物赫尔巴特则提出了"教育性教学"原则，认为不存在无教育的教学，也不存在无教学的教育。任何教学都要与思想品德教育相结合，体现了教师不仅有教书的任务，同时也有育人的职责。

2. 遵循教育规律，实施素质教育

这是教师开展教书育人工作的理论依据。素质教育的实施是一个系统工程，也是一项长期任务，必须遵循教育教学规律，以人为本。教师必须遵循的教育教学规律主要包括：一是教育的基本规律，即教育与社会发展相适应的规律和教育与人的发展相适应的规律。二是教学的基本规律，即间接经验与直接经验相结合的规律，掌握知识与发展智力相统一的规律，教师的主导作用与学生的主体作用相统一的规律，传授知识与提高思想品德相统一的规律。三是德育的基本规律，即德育过程是学生知、情、意、行和谐统一发展的过程，德育过程是组织学生的活动和交往统一多方面教育影响的过程，德育过程是促进学生思想品德内部矛盾斗争的过程，德育过程是一个长期的反复的和逐步提高的过程。

3. 循循善诱，诲人不倦，因材施教

这是教师开展教书育人工作的具体方法。素质教育的实施必须尊重学生的个体差异，这就需要教师在具体的教育教学活动中因材施教，有的放矢；素质教育追求的质量体现在教育教学的全过程之中，是一个长期的动态发展过程，这就需要教师在日常工作中能够诲人不倦，持之以恒；素质教育的开展还需要教师具备特定的人际沟通和交往能力，在教育教学过程中做到循循善诱，激活思维，启发心灵。

4. 培养学生良好品行，激发学生创新精神

培养学生良好品行，激发学生创新精神，可以说是教师开展教书育人工作的目标指向。素质教育着眼于在尊重学生个性的基础上，促进学生的全面发展和个性发展。具体来说，要突出强调以下几个方面：一是培养学生的良好品行，学生道德品质的养成，不能止于让学生知"道"，而应当让学生行"道"，也就是要使学生形成正确的道德行为习惯。二是激发学生的创新精神，传统教育教学重在使学生死记硬背一些脱离实际生活、空疏无用的知识，适应时代要求必须扭转这一弊端，着力培养学生分析和解决问题的实际能力特别是创新能力。三是促进学生的心理健康，真正意义上的健康既包括身体健康也包括心理健康，而学生的心理健康恰恰是当前教育所欠缺的，导致学生耐挫能力不强，也会压抑其聪明才智的充分发挥。

5. 不以分数作为评价学生的唯一标准

不以分数作为评价学生的唯一标准，这是教师开展教书育人工作结果评价的指导思想。传统应试教育认为，学生成绩好就是好学生，学校升学率高就是教育教学质量高。然而，社会对人的要求正在向多元化转变，全面发展意味着更强的适应能力，而学生的差异是现实存在的，以往用分数来判定学生好坏的评价模式导致独特个性被否定，独创精神遭打击，往往会出现学习上严重的"高分低能"和"两极分化"现象。不以分数作为评价学生的唯一标准，让我们的评价更科学，更加充满人性，更能为学生未来发展指明前进方向，从而更好地提高学生的综合素质，使学生真正成为全面发展的人才。

（五）为人师表

《规范》规定的“为人师表”的具体内容是：“坚守高尚情操，知荣明耻，严于律己，以身作则。衣着得体，语言规范，举止文明。关心集体，团结协作，尊重同事，尊重家长。作风正派，廉洁奉公。自觉抵制有偿家教，不利用职务之便谋取私利。”

1. 为人师表是教师职业的内在要求

为人师表既是教育教学过程对教师的一种客观要求，又是教师道德区别于其他职业道德的显著特征，这是由教师工作的特点决定的。教师的工作是向学生传授科学文化知识，培养专业素质，塑造学生的心灵。在教育过程中，一方面教师要以自己的专业知识和能力，教育学生如何做事做学问，掌握为国家、为社会服务的本领；另一方面又要以自己的思想品德和行为习惯、治学态度来教育和影响学生，让学生在耳濡目染、潜移默化中受到感染，接受教育。教师尤其是一些名师在学生中有很大权威性，其思想品德、行为习惯特别是治学态度、创新精神等，是教育影响学生的不可缺少的重要手段。因此，教师应该“既美其道，又慎其行”，在学生心目中留下一个美好的师表形象，无愧于教师的光荣称号。

2. 教师形象应该是令人敬慕的

教师的为人处世、治学态度、行为习惯、服饰仪表，乃至其一言一行、一举一动都会直接对学生产生影响，起着极为重要的示范作用。对此，苏联教育家加里宁就曾鲜明指出：“教师的世界观、他的品行、他的生活、他对每一现象的态度都这样或那样地影响着全体学生。这点往往是觉察不出的。但还不止如此。可以大胆地说，如果教师很有威信，那么这个教师的影响就会在某些学生身上永远留下痕迹。”①教师的言行不仅对学生，而且对家长乃至整个社会都有可能产生较大影响。教师要以美的语言、美的行为、美的心灵去影响、教育、熏陶学生，做到身教与言教的紧密结合，凡是要求学生做到的，教师首先要做到；凡是要求学生不做的，教师也一定不要做。

3. 教师应该懂得尊重和团结他人

教师的劳动虽然具有明显的个体性，但劳动成果是集体共同完成的，在这中间教师起着至关重要的主导作用。正如教育家马卡连柯所说：“应该有这样的教师集体：有共同的见解，有共同的信念，彼此间相互帮助，彼此间没有猜疑，不追求学生对个人的爱戴。只有这样的集体，才能够教育儿童。”教师不仅要将校内的学科教师、行政人员、管理人员、服务人员联结在一起，做好团结协调工作，而且要把校外的家长、社区和社会教育力量等联结在一起，做好团结协调工作。教师要在横向和纵向各方面，通过协调以统一各种教育力量，达到教育的一致性和统筹性，形成最佳教育效果。

4. 教师要做到自省自律

教师要自省自律，以身作则，言行一致，令行禁止，为学生作出良好的表率。为人师表，也就是在人品、学问、道德、行为方面作学生的榜样，成为学生的典范。榜样的力量是无穷的。教师要严以律己，宽以待人，敬业有恒，乐于奉献，博学多才，勇于创新，善于反思，不断进取，以高尚的人格感召学生，以满腔的热情关爱学生，以丰富的学识培育学生。这就是教师工作的全部，同时也是教师职业道德区别于其他职业道德的显著标志。

---

① [苏]加里宁. 论共产主义教育和教学[M]. 陈昌浩，沈颖，译. 北京：人民教育出版社，1957：177.

5. 教师要做到廉洁从教

作为一名教师，要能够抵御各种诱惑，树立高尚师德，做到廉洁从教，首先要从我做起。一方面要发扬奉献精神，淡泊名利，把教育教学工作作为一种崇高的事业放在首位，坚守高尚情操，发扬奉献精神，不利用职务之便谋取私利，是教师职业道德的明确要求。另一方面要融入情感态度，公正执教，用无私的爱关怀每一名学生，教师在教育教学过程中要做到公平对待每一个学生，这是廉洁从教的基础。廉洁从教，除了法规约束和社会舆论监督引导外，主要靠教师用廉洁的标准来进行自我约束，自觉保持清廉纯洁的作风，这是廉洁从教的最深厚的思想基础。

（六）终身学习

《规范》规定的"终身学习"的具体内容是："崇尚科学精神，树立终身学习理念，拓宽知识视野，更新知识结构。潜心钻研业务，勇于探索创新，不断提高专业素养和教育教学水平。"

1. 终身学习是教师专业发展的不竭动力

朱熹曾经说过："无一事而不学，无一时而不学，无一处而不学。"徐特立也说过："活到老，学到老。"现代社会是一个迅速发展的社会，也是一个竞争激烈的社会，知识总量不断增加，代谢周期日益加快。所以，人们提出了终身学习的理念。作为教师，其良好的职业素养并非与生俱来的，而是需要通过不断学习得来的，因此教师更应该终身学习，才能跟上时代的步伐。教师是教育者，也是学习者，应当在职业发展的过程中根据不同阶段的不同特点和侧重点，来确定并安排学习的内容和形式，做到有的放矢。唯有教师树立终身学习的理念，并付诸行动，才会影响到学生的学习态度和学习行为；唯有教师自身具备不断学习的能力，才能提高学生的学习能力；唯有学而不厌的教师，才能教出学而不厌的学生。由此可见，教师应当成为新时代践行终身学习的先导和典范。

2. 崇尚科学精神，拓宽知识视野，更新知识结构

终身学习既是教师完成自身职责的保证，又是教师职业道德的规范，是每一个教师应具备的学术美德。教育者必须先受教育，教师要想教好书，毫无疑问自身的思想觉悟、创新意识、治学精神、知识素养和专业水平必须远远高于学生。教师只有严谨治学，实事求是，不断提高自己的思想觉悟和教学业务水平，增强创新能力，才能在教育教学过程中做到得心应手，运用自如，把知识讲活、讲深、讲透，取得举一反三、触类旁通的教学效果。教师不仅要教书，而且还要进行科学研究；不仅自己进行科学研究，而且还要指导学生进行科学研究。要完成好科研任务，更离不开严谨治学与实事求是。科学研究是一项艰苦的探索性工作，它不仅需要不懈地勤奋学习，长期地知识积累，始终不移地探索创新，而且还要耐得住寂寞，经受起名利诱惑，忍受无尽的精神困扰，付出艰辛的智力劳作，必须戒绝一切虚假和浅薄，戒绝一切浮躁和投机取巧。真正的科学不容造假也无法造假，在探求客观规律的道路上没有任何捷径可走，因此教师理应把严谨治学、实事求是作为自己从事科学研究必须秉持的崇高操守。

3. 潜心钻研业务，勇于探索创新，不断提高专业素养

终身学习要求教师勤奋学习，孜孜不倦吸收新知识，钻研业务，精通所教的专业，了解其历史、现状和发展趋势，掌握教育教学规律，做好教育教学工作，为国家和社会培养更多更好的人才。教师必须紧紧跟踪所从事专业的前沿，掌握最新学术动态，不断探索新知识、新技

术、新信息,努力抢占专业制高点,积极推动学术进步。教师要增强事业心和责任感,正确对待学术研究中的名和利,要忠于真理、探求真知,自觉维护学术尊严和学者的声誉,遵守学术研究的基本规范,反对沽名钓誉、投机取巧、急功近利、损人利己的不良学风。在学术研究工作中,教师要耐得住寂寞,要有"衣带渐宽终不悔,为伊消得人憔悴"的精神,坚持刻苦钻研、勇于创新、坚韧不拔、实事求是、严谨自律、一丝不苟的科学态度,自觉维护、遵守知识产权法,依照法律和学术规范,合理引用和应用他人的研究成果,不虚报教育教学和科研成果,维护科学尊严,努力成为良好学术风气的维护者,严谨治学的力行者,优良学术道德的传承者。

三、教师专业伦理

专业伦理是对教师群体的所有成员从事职业活动的必要规约,任何职业活动都必须有自己的伦理要求。道德可以规范个人的行为,教师专业道德也可以在某种意义上规范着教师的行动。但是,要真正对所有教师从根本上产生约束作用,专业伦理规范必须明确,必不可少,因为从某种意义上讲,个体可以自行其是,摆脱所有的社会约束,也可以不受道德约束的束缚。然而,职业伦理却不可能摆脱所有道德体系的基本条件。专业伦理实质上是一种角色伦理,亦即按照社会赋予教师的基本角色和教师在整个社会分工中担负的主要职责,确定其基本的伦理规范。教师专业伦理主要包括角色敬畏、教育善良、教育公正、教育宽容、教育理解 5 个方面。

(一) 角色敬畏

作为一种以教书育人为己任的职业,社会往往对教师角色赋予极为深刻的道德内含,承担着崇高的道德责任。教师的角色化存在是一个有着很深厚的道德范导意义的角色化存在。它总是凝聚着教师对自身使命的某种"敬畏"。敬畏必然表现为道义、良知和职责,体现为道德责任感和道德使命感。教师的专业道德也必然蕴涵着这种对自己所从事的角色的敬畏,它是教师源自人性深处的强烈诉求,是教师对学生热爱、宽容、理解和尊重的重要基础,是推动教师教育活动顺利开展的根本动力。教师只有对自己从事的职业充满敬畏,才能深刻体会职业所具有的特殊意义,才能形成正确的教育价值观和坚定的教育信念,从而产生无比巨大的职业信心和勇力。当然,这种对角色的敬畏并不是单纯的敬重或畏惧,也不是强迫教师盲目服从权威,更不是让教师承担不该承担的责任。教育是教师与学生之间的"灵肉交流"活动,教师只有敬畏角色,敬畏生命,才能在此基础上热爱和尊重生命,也才能使学生的生命自由舒展,并展现出绚丽夺目的光彩。

(二) 教育善良

"善"是相对于"恶"而言的,主要是指客观事物的存在及其运动变化对个体和社会完好圆满地生存与发展所表现出的积极意义。作为一种以促进学生生命成长和人格健全为己任的职业,教师专业道德必然会表现出强烈的"向善"品质。如果说对学生的爱心是教师须臾不可或缺的情感投入,善良则是教师爱心的基础和支撑,教师善良的萌发恰恰是其对学生爱心的开端。教育作为一种教师与学生之间情感交流、心灵沟通和智慧碰撞的人世间最伟大的创造性活动,教师的善良恰恰正是高质量教育的基本前提,是教师教育行为及伦理道德行为的出发点。我国古代思想家和教育家荀子十分推崇"积善成德""继善成性",正表明了善良是教师专业道德不可或缺的重要组成部分。正因为有了教师的善良,也正因为建立在教师善良的“人性”基础之上，教育所具有的“人学价值”才获得了充分的彰显和实现。教师的善良首先是要拥有一颗仁慈之心，表现出一种悲悯情愫与博大胸怀，时刻心系学生的健康成长；其次，教师的善良表现为要开启学生的“善端”，引领学生积极向善，启迪学生体验生活的意义与价值，鼓励学生追寻幸福美好的人生。

（三）教育公正

从社会评价的意义上而言，公正应当是教师最重要的专业道德素养，而偏私与不公则是教师最不能原谅的品质缺陷。所谓公正，是指教师在教育过程中对待学生以及不同利益关系所表现出来的公平与正义，其实质和核心在于充分尊重作为教育主体的学生的“理性自由”。教育的终极关怀应当是回归学生的生命，解放学生的天性，而回归与解放的根本前提则是自由。没有公正，自由就会失去保障，也就谈不上真正意义的有效教育。公正不仅能反映教师的内在心灵，而且能衡量教师的外在行为，因而对公正的执着追求正是教育成功的不竭精神动力之源。首先，教师公正表现为要尊重热爱学生，对他们能够一视同仁，这应当是教育公正的最基本的含义。其次，教师的公正表现为对学生要客观公正，实事求是，主持正义，赏罚分明。其实，惩罚和奖励作为一种教育的方法，它本身往往都是中性的，关键在于教师如何使用它，因此惩罚与奖励要讲究客观公正，实事求是。学生有时并不一定会埋怨教师对自己使用了惩罚，而恰恰十分反感教师惩罚的不公正。如果学生认为教师的惩罚是合理的，目的完全是为了自己好，他们当然会心悦诚服地接受惩罚。最后，教师的公正表现为要了解学生，善于因材施教。教师应当明白，教育过程中的公正主要是一种“实质性”的公正，因而教师需要灵活而非机械地对公正原则加以运用。这就必然要求教师应当根据学生的年龄特征和心理特点因材而教，力争让所有学生都能站在一个平等的起跑线上，从而促使他们获得力所能及的健康发展。

（四）教育宽容

宽容是一种胸怀，是一种睿智，是一种乐观面对人生的勇气，它能驱散生活中的痛苦和眼泪，传播心灵的快乐和微笑；宽容是一种豁达，是一种理解，是一种尊重，是一种激励，更是一种大智慧的象征，它是强者显示自信的一种突出表现。宽容作为教师专业道德的重要内容，是指教师在人格平等基础上对学生所表现出的“差异化”的理性认可，以及在情感上的接受和认同。它不仅反映了教师对教育对象的真诚信任与美好期盼，而且反映了他们对于真理的执着追求，因而是教师所具有的博大胸怀和超然精神品格的深层体现。教师每时每刻所面对的都是具有独特年龄特征的学生，他们虽然知识经验和认识能力不足，但却有着强烈的对外部世界的好奇心和探究欲望，有着独特的思想情感和行为方式，即使他们还很肤浅、稚嫩甚至会经常出现错误，但都应当得到理解、宽容、接纳和呵护。否则，就会遮蔽学生认识客观外部世界的慧眼，阻断学生积极探究和自由表达的路途。当然，教师的宽容，并不意味着屈从学生或放弃自我，而是要表达出对学生及自身真正的尊重。

（五）教育理解

教育活动的特殊性就在于其劳动对象是人，劳动产品也是人，它所要处理的从根本上来说是一种“人与人”之间的关系。教育可以说是一种“在理解中”、“通过理解”和“为了理解”的特殊社会实践活动。因此，理解既是教师的一种教育方式，又是教师的一种专业道德伦理行为，同时理解本身也正是积极教育结果的充分展现。当教师自觉地深入理解教育对象或自身时,这种理解本身就是责任感,是专业伦理水平高的表现。为此,一方面,教师必须深入理解学生,理解学生丰富多彩、生动活泼的实际生活,理解学生特有的身心发展特点,理解学生的知识经验基础、思维水平和学习能力以及发展潜力,理解学生的学习目的是否明确,学习态度是否端正,理解学生的学习兴趣和学习动机是否得到激发,理解学生的学习方法、学习策略和学习习惯是否科学,要创造各种可能的条件和机会,引领学生体验并理解生活,激发学生对生活意义及人生价值的探究欲望,促使他们获得更快更好的发展。另一方面,教师也必须理解自身所从事的教育活动的本质规律及其价值意蕴,理解自己作为教师所必须承担的复杂而艰巨的任务职责。教育作为一种培养人的社会实践活动,道德的涵养与智慧的增长具有同等重要的地位。教师作为学生个体社会化过程中的"重要他人",不仅要完成科学知识和道德规范的传授,而且也要进行价值的引导和道德能力的培养,而教师专业道德素养对学生而言本身就发挥着一种极为重要的示范和引领作用。

第三节　教师专业道德的养成

不同于其他专业品质,教师的专业道德具有自身的特殊性,其形成过程和形成策略表现出独有特点,了解和把握这些特点,对于教师专业道德素养的提升具有重要意义。

一、教师专业道德的形成过程

教师专业道德的形成不是一朝一夕之功,它不仅需要有意识、有针对性的教师专业道德教育,而且更需要教师自身不断通过自我道德修养,在教育教学实践活动中来逐渐养成。

(一)教师专业道德的他律阶段

在这一阶段中,教师自身实际上还没有形成真正意义上的专业道德,此时的专业道德规范要求对于教师个体而言,还只是以一种外在的"异己"力量而存在。因此,可以说教师对专业道德规范的遵守并不是完全出于其自身真实意向和道德自觉,在道德行为的具体表现上或多或少地存在着一定的被动性。但是,这并不意味着教师的道德行为表现就一定会很差,主要是因为一方面来自道德要求的他律性力量的存在和推动,另一方面则源自教师自我意识对自我角色的认识和把握。这一阶段教师虽然尚缺乏对专业道德遵守的自觉精神和意愿,但依靠自我意识的角色提示,教师还是会经常清晰地感知到自己所背负的一种"角色义务",正是在这种"义务感"的支撑和驱动之下,教师才能最终遵从和恪守专业道德的"应当"要求。

(二)教师专业道德的自觉意识阶段

伴随着教师教育教学实践活动的不断深入,教师对专业道德外在要求的合理性、必要性和重要性就会逐渐加深认识与体验。而教师一旦开始深刻地认识并切实地体验到专业道德规范对自身从业的意义和价值,对专业道德的遵守也就转化为教师的自我需要,这时,教师遵守专业道德的自觉意识也就形成了。在这一阶段,蕴涵于教师专业道德中的各种要求就不再是一种"异己"力量,而成了教师内在道德品质的组成部分,教师专业道德行为也开始由他律阶段的被动进而发展到自律阶段的自觉。可以毫不夸张地说,从他律到自律是教师专业道德形成过程的一个质变,教师依靠自身所具有的这种道德自律精神,会逐渐地对其所从事的职业产生强烈的责任感。虽然说教师角色的义务感还或多或少地包含了一些被动性，但其职业的责任感则来自教师自我心灵的呼唤。这种职业的责任感会全面激活教师的专业道德良心。如果教师未能按照自己的心灵法则去行事，那么道德良心便会经常使教师陷入后悔、内疚、自责乃至负罪感的情感体验之中；而如果教师顺应了自己的心灵法则，那么道德良心便会使其获得快乐、愉悦、自我价值认同等积极的情感体验。这样的情感体验对教师也是极为重要的，它能使教师有效地控制和调节自身的道德行为。

（三）教师专业道德的理想确立阶段

所谓教师专业道德理想，是指教师能将教育教学实践活动与自己的生活理想和事业追求相结合，并在此基础上形成坚定的教育教学信念和价值追求。教师专业道德理想的确立，是教师专业道德走向完善的重要标志之一。教师一旦形成了这种专业道德理想，他就不仅能克服在专业道德遵守他律阶段的被动性，而且还能克服在专业道德遵守自律阶段的脆弱性，可见，这一阶段是对教师专业道德他律和道德自律的扬弃与升华。教师的专业道德理想一经确立，依靠蕴涵于专业道德理想中的坚定的道德信念，教师的职业活动将从此进入一个全新的发展阶段。一方面，坚定的专业道德理想为教师找到了事业乃至人生的目标，另一方面，坚定的专业道德理想也为教师提供了事业乃至人生的动力。这种动力是蕴藏于教师内心的无穷的精神力量，它能驱使教师去奋斗、去实现、去超越。不仅如此，坚定的专业道德理想还能增强教师在生活中抵御风浪、战胜各种挫折和艰难险阻的能力。事业和人生只要拥有了这样的一种信念，教师就会变得强大无比，就会在执着于对理想的追求中，外在的任何干扰都不会动摇教师信心，任何打击都不会摧垮教师的意志。可以看出，教师专业道德的形成只有达到这个阶段，才能使我们真正拥有把握自身职业行为的稳定性和一贯性的良好精神品格。

（四）教师专业道德的自由自主阶段

坚定的专业道德理想能使教师在教育教学实践活动中拥有恒常的、稳定的行为表现，随着教师专业实践活动的不断深入，在此基础上，教师便会逐渐养成一种职业习惯，这种职业习惯经过长时间的不断积淀，最后就会成为一种自然，成为教师的生活方式和生存智慧，从而使得教师的专业道德发展到达至高的“自由自主”之境。用孔子的话来说，这种境界其实就是：“吾十有五而志于学，三十而立，四十而不惑，五十而知天命，六十而耳顺，七十从心所欲，不逾矩。”在这一阶段中，教师的职业行为虽然可以“从心所欲”，但却能始终做到“游刃有余”“不逾矩”。这时教师的职业行为已经完全成为一种自然习惯，不必思量，不用权衡，无须瞻前顾后，一切都是“习惯成自然”。这是一种自然且自由自主的最高境界，也是教师需要付出长期乃至一生的努力来成就的为师之境。

二、教师专业道德的形成策略

作为一种内在的精神品格，教师专业道德是教师在长期教育教学实践活动中不断深化专业认识，增强专业认同，提升自身道德境界，确认专业生活与人生意义，获得自我价值实现和满足的过程。由此来分析，教师专业道德的形成策略，一方面有赖于某些外部力量的推动与模塑，另一方面也有赖于教师积极主动的体悟、认同与涵养。

（一）教师专业道德形成的外部策略

1. 重视教师专业道德制度化建设

教师专业道德制度化主要包括教师专业道德形式上的专业化和内容上的专业化两部分。从教师专业道德的形式上来说，应根据区域教育发展不平衡这一现实情况，制定出适合于不同地区、不同学校、不同发展阶段教师的专业道德规范，使不同层面的专业道德问题都能够有相应的制度来规范，从而避免出现之前教师专业道德规范在地方实际执行中出现“断裂”。从教师专业道德的内容上来说，应根据教师劳动的特殊性和教师劳动关系的复杂性这一特点，密切专业道德规范与教师专业特质的联系，在教师专业道德内容的制定上体现出不可替代性，完善细化各项规章，使教师专业道德具体、明确、可操作。例如，对教师教学作出具体要求：课前认真仔细备课；课上积极调动课堂气氛，保质保量地完成教学任务；课后认真总结反思，做好学生的课业辅导等。同时，可以建立教师德性档案，对教师德性方面的表现记录在案；可以建立教师德性的告诫制度，在职务晋升、职称评审以及评先评优中实行“一票否决制”；可以建立教师德性奖惩制度，对德性高尚者进行奖励，对德性欠缺者予以惩罚等。

2. 加强教师专业道德教育与培养

教师要想形成良好德性，首先要具备对自身德性的正确认识，而这恰恰需要通过德性教育来实现。德性教育的主要内容和根本任务就在于，一方面要向教师阐明教师德性对于学生、他人、家庭、社会乃至自己从事职业所具有的重要价值与意义；另一方面则要传授教师德性的知识体系及相关理论，使教师明确作为一名教师所应当具备的完善崇高的德性素养，以及提升这种素养的方法和路径，从而为教师德性的形成提供良好的外部动力。各教育行政机构和学校应定期以座谈会或社会实践的形式，对教师进行道德教育，有意指导教师掌握教师专业道德规范，提高教师的专业道德自律意识和自我修养能力，帮助教师在实践中体验专业道德行为带来的喜悦，激发教师的专业道德自觉，将教师职业道德规范内化为教师进行道德选择和道德行为的唯一标准。

3. 重视教师专业道德情感陶冶

情感是指个体对客观事物是否符合自身主观需要而产生的态度体验，它能够从根本上触发或影响个体对道德规范的态度，在道德实践活动中往往起着“催化剂”的作用。教师在认同和接受社会道德规范的基础上，只有形成和具备与之相适应的积极肯定的情感体验，才能发动和维持教师德性涵养的行动，才能促使教师德性水平的不断提升。否则，即使教师知晓自身德性素养的规范要求和重要意义，但由于缺乏对教师德性是非善恶的情感体验，他依然难以形成良好德性。

（二）教师专业道德形成的内部策略

1. 增强教师专业道德认同

教师是具备基本道德的社会人，这意味着教师不仅具有一定的道德实践基础，而且具有相应的道德认知能力。在教育情境中，当教师需要作出某种道德决定而摒弃其他选择时，教师的自我系统能否顺应道德系统而选择某种道德行为，往往成为该教师专业道德能否得到体现的关键。教师专业道德建设不应只是强调向教师灌输道德理论或道德规范，这些外在的道德存在既没有深入道德本质，也不能从根本上帮助教师作出知行合一的道德判断和道德举动，必须引导教师思考道德规范的内化需要，形成强烈的专业道德认同。道德认同是道德认知转化为道德行动的关键的自我调节机制，是道德主体在已有道德体系基础上不断内化外在道德规范、形成自我认同的道德图式的过程。道德认同作为核心自我的表达，具有时间上的相对稳定性，具有道德认同的教师视道德为本体性的存在，表现出对道德理想的深度承诺。由此可见，道德认同是教师专业道德养成的重要基石，是教师形成良好专业道德的内生动力。

2. 加强教师专业道德反思

反思也称自省、自克，它是我国古人总结提炼的行之有效的道德修养方法之一。所谓道德反思，主要是指教师自觉主动地对自身专业道德状况进行自我认识、自我省察和自我评价的过程，它内在地表明了教师专业道德已由外在规约进入到内在自觉。教师一旦缺失了对自身专业道德的批判性反思，他就不能发现自己在专业道德方面的好坏优劣，就会难以摆脱自己在专业道德形成方面的惰性和局限，他也就会很快成为所谓的“经验”与“习俗”的奴隶，从而对自己的专业道德进行消极的“自我设限”。当教师在外在制度的约束中逐渐形成道德认同以内化道德准则时，教师若能考察内心世界的变化，并在审视中认识和面对它，他就能敏锐地察觉到真实的自我状态以及道德发展的需要。教师只有通过积极主动的道德反思，才能清楚知晓自身专业道德所蕴涵的价值意义，也才能准确把握自身专业道德所具有的主要内容，从而促使专业道德情感体验不断深刻、专业道德意志不断增强、专业道德行为不断优化。

3. 重视教师专业道德慎独

慎独作为古人进行道德修养的一种方法，它往往也被看作是道德修养的最高境界。所谓慎独，是指一个人在独处无人监督的情况下仍然能严格要求自己，遵守道德原则和规范不做不道德的事情。“慎独”作为一种道德修养方式对于教师来说显得尤为重要，它体现着教师自我发展、自我调整、自我监督、自我完善的自觉性，体现着教师遵守专业道德规范、践行专业道德行为的自律性，还体现着作为道德实践主体教师的自主性，道德意志和道德信念的坚定性。慎独之于教师专业道德形成的重要价值就在于，一方面，教师作为一种高度专业化的职业，他往往享有充分的独立处理教育事务的权利及义务，倘若缺少了慎独的崇高境界，就极有可能会导致不良专业道德行为的发生；另一方面，教师的慎独也往往为其更好地进行伦理反思创造了有利条件，因为专业道德的真实样态只有在独处或无人监督的情况下才能得以真实显现，而这恰恰为教师反思自身专业道德行为提供了最佳契机。也就是说，教师清楚把握自身专业道德问题和欠缺之时，也正是有针对性地加以改进和完善之机。只有做到“慎独”，才能形成“不可须臾而离”的道，才能达到“表里内外，粗精隐显，无不慎之，方谓之‘诚其意’”的境界，才能养成“君子坦荡荡”的崇高道德人格。“慎独”离不开教师对理智的服从和意志的坚定，离不开教师对欲望的克制，更离不开教师对道德实践的自觉，对自我道德经常性的审视和评价。

4. 注重教师专业道德实践

从伦理的本质上来说，专业道德品性其实就是一种实践理性，如果离开了实践或践行，就不会有真正意义上的专业道德品性。教师所从事的教育活动就是人类一种特殊形式的社会实践活动，只有在教育实践活动中并通过教育实践活动，其专业道德品性才能得以不断形成、发展和完善。可以毫不夸张地说，实践正是教师提高自身专业道德判断、专业道德思维和专业道德认知能力，建构生成自身良好专业道德品性的重要路径。正如有学者指出的那样：教师所做的一切都有道德的弦外之音。① 从发生学角度来看，专业道德处于教师个体的内在意识层面，但它的形成和发展并不是在思索和推理中发生的，而是在丰富的教育教学实践中逐渐生成的，即教师道德中融合了教师的道德实践。从师德养成的现实形态看，教师道德实践是以师生关系为基础开展的，以教师为行动主体，以学生为主要行动对象的"自觉活出善"的行动过程，教师专业道德的约束性很大程度上体现在对师生关系层面的约束上，教师应将学生看作不容任意侵犯的独立个体，而不是发泄欲望和情绪的工具，唯其如此，教师才能正确引导、教育学生，不侵犯学生利益，避免作出有违专业道德的言行。

5. 提倡教师专业道德交往

作为一种以育人为己任的职业，教师离不开人与人之间的交往，它是教师接受新信息、进行价值比较和形成专业道德素养及约束力的有效路径。一方面，教师专业道德品性的形成要善于与教师集体中其他教师展开合作、交往与交流，这往往能够在问题切磋与观点碰撞中发现问题，启迪智慧，获取更多和更有益的信息与经验，为自身专业道德品性的形成与完善提供良好的帮助；另一方面，教师专业道德品性的形成也要善于与学生进行合作、交往和交流，因为专业道德品性本身就是一种独特的教育手段，它往往能够产生比单纯的道德说教、道德知识乃至道德惩戒更为巨大的影响作用。教师正是通过与学生之间的积极的交往和交流，对不同专业道德需求产生的不同教育效果有了切身体验，不仅促进了积极专业道德情感体验的获得和良好专业道德意志品质的养成，而且实现了"反思"和"慎独"等专业道德修养方法的完善与升华。

① 侯晶晶，朱小蔓. 诺丁斯以关怀为核心的道德教育理论及其启示[J]. 教育研究，2004(3)：36-43.

第四章　教师专业知识

【问题与思考】

1. 习近平总书记2014年在与北京师范大学师生座谈时指出："扎实的知识功底、过硬的教学能力、勤勉的教学态度、科学的教学方法是老师的基本素质，其中知识是根本基础。学生往往可以原谅老师严厉刻板，但不能原谅老师学识浅薄。'水之积也不厚，则其负大舟也无力。'知识储备不足、视野不够，教学中必然捉襟见肘，更谈不上游刃有余。"①对此，你有何评论？

2. 教师出现在学生面前既是"道德楷模"形象，也是学识渊博的"学者"形象。回忆学生时代给自己留下深刻美好印象的"学者型"教师，他们在哪些方面打动了你？对你产生了何种影响？为什么？

3. 苏联教育家马卡连柯曾说："假如你的工作、学问和成绩都非常出色，那你尽管放心，他们全会站在你这一边，决不会背弃你。……相反地，不论你多么亲切，你的话说得多么动听，态度多么和蔼，不论你在日常生活中和休息的时候是多么可爱，但是假如你的工作总是一事无成，总是失败，假如处处都可以看出你不通业务，假如你做出来的成绩都是废品和'一场空'，——那么除了蔑视之外，你永远不配得到什么。"结合实际谈谈你对教师专业知识重要性的认识和理解。

4. 我国教育界前辈程今吾指出："教师对于学生的指导，不限于功课以内的教学，日常生活问题都需要以指导解决，所以教师的知识愈广博，经验愈丰富，愈能得心应手，无时无地不在把儿童放在春风化雨之中。"请谈谈你对这句话的认识和体会。

5. 美国学者舒尔曼明确提出"学科教学知识(PCK)"的概念，认为它"体现着与可教性最密切相关的内容方面"，包括"在人们的学科领域中最合规则地讲授的主题，表征这些观念的最有用的形式，最有力的类比、图解、范例、解释和演示——也就是说，表征和简洁陈述学科以使之成为能为他者所理解的方式……也包括对那些会使特定主题的学习变得容易或困难的东西——不同年龄和背景的学生随身携带到那些最经常教授的主题或功课之中的观念和前观念——的一种理解"。请你谈谈对学科教学知识的认识和理解。

6. 美国学者舍恩提出"教师即反思性实践者"的概念，认为"当一个实践者进行这种反思过程时，他就会成为实际情景中的研究者，并在这种过程中获得正式的和严谨的专业知识"。实践性知识是教师以独特的方式拥有的一种特别的知识，是"教师以其个人的价值、信念统整他所有的专业理论知识，并且依照实际情景为导向的知识"。请你谈谈对实践性知识的认识和理解。

7. 有学者认为：在当下的教育改革中，教师学习的新意象是教师如何思考他们的工作，

① 习近平. 做党和人民满意的好老师：同北京师范大学师生代表座谈时的讲话[N]. 人民日报，2014-9-10.

教师如何转变,包括教师拥有的知识、如何组织知识及如何将各种知识来源传递于教学中;教师学习的新愿景强调教师建构知识与不断学习的重要性,教师如何更具批判反思能力找到自己专业发展的新空间。你赞同这种观点吗?为什么?

8. 习近平总书记在强调教师知识学习重要性时,曾引用陶行知先生"出世便是破蒙,进棺材才算毕业"的名言,并要求老师"始终处于学习状态,站在知识发展前沿,刻苦钻研、严谨笃学,不断充实、拓展、提高自己。过去讲,要给学生一碗水,教师要有一桶水,现在看,这个要求已经不够了,应该是要有一潭水"①。请谈谈教师如何才能更好地提升自己的知识素养。

教师专业活动的主要内容与载体是知识,它实质上就是一个教师选择知识、组织知识、展现知识和传授知识的过程,是学生在教师引导下掌握知识、理解知识、实践知识、探究知识并在此基础上实现自身全面和谐发展的过程。专业知识既是教师从教的基础和条件,也是教师影响教育学生的重要手段。教师专业知识的储备量、专业知识的深度与广度以及专业知识与其他知识之间复杂而独特的联系,不仅为教师在教育教学过程中广征博引、深刻论证提供了基础,而且为学生在学习过程中高速高效地获取知识提供了良好条件。

第一节　教师专业知识概述

作为一种知识类型,教师专业知识是教师被看作一种特殊职业所需具备的专门知识。教师专业知识结构既具有相对确定性和客观性,也具有发展性和建构性;它既可以通过传授而获得,也需要自主建构才能形成。要想深入理解和把握教师专业知识的核心意涵,首先需要理解知识的内涵与本质。

一、知识的内涵

知识是一个极具复杂性、历史性和动态性的概念,如果从不同的视角加以研究,就会得出各种不同的回答。

从哲学视角来看,知识主要有"理性主义"、"经验主义"和"实用主义"3种知识观。理性主义知识观主张把知识看作人类理性认识的结果,是人们对于事物本质的反映和表述;经验主义知识观强调人类所有的知识都来源于感觉经验,都是对外部世界各种联系的反映;实用主义知识观则更重视把知识看作一种行动的工具。

古希腊思想家柏拉图认为,知识是能够运用理据来加以论证"真"的信念,知识是由信念、真实性和证据三个条件构成的,只有经过证实了的真的信念才是知识。在柏拉图的知识概念中,信念是第一个要素,要使某一事实成为知识的一部分,首先要相信它是真的,并能证明它是真的。真实性是知识的第二个要素,知识需要被"证实",用什么来"证实",需要新的"信念",这样就进入了信念证实的循环往复之中。为消除这一理论证实的困境,一些知识论者采用了基础主义的消解方式,也就是基本信念是不需要其他信念来证实的,如通过感觉而获得的感觉经验就无须其他信念加以证实。

① 习近平.做党和人民满意的好老师:同北京师范大学师生代表座谈时的讲话[N].人民日报,2014-9-10.

法国近代哲学家笛卡尔试图用“普遍怀疑”的方法诠释知识的准确性，指出：“如果我想要在科学上建立起某种坚定可靠、经久不变的东西的话，我就非在我有生之日认真地把我历来信以为真的一切见解清除出去，再从根本上重新开始不可。”①也就是说，要用“怀疑一切”的方式寻求不可怀疑的真理。笛卡尔认为，知识是由不可怀疑的基本原理推演出来的科学体系，这种知识不可能来自经验，经验的东西是不可靠的，人的知识只能来自“我思”，只有“我思”才是最可靠的。

德国知识社会学创始人舍勒认为，知识类型主要包括：第一，作为宗教知识，形而上学知识，自然知识还有历史知识的未曾分化的初步形式的神话和传奇；第二，隐含在与习得的、富有诗意的或者技术性的语言形成对照的日常语言之中的知识；第三，以其各种各样的固定层次——从虔诚的、充满感情的、含糊不清的直观，一直到神职人员的教会之诸固定不变的教义——表现出来的宗教知识；第四，神秘知识的各种基本形式；第五，哲学——形而上学的知识；第六，数学和自然科学的实证知识以及人文学科；第七，技术方面的知识。② 在舍勒看来，每种知识类型都具有特定的社会心理和精神的根源，同时每种类型的知识又内含着各不相同的领导者的理想类型，并且，在人们获得和保持各不相同的知识过程中会演化出各不相同的社会基本形式，对社会不同的阶级、职业产生不同的功能。

德国当代哲学家伽达默尔则指出，任何实用的思想都不见得总能够找到达到目标的正确手段和道路，毋宁是一种“理智性”，是人的一种准则，人们采用这种准则以便把建立在共同标准中的道德和人类秩序不断地重新创造并保护下来，正由于“实践理性”同时是使生活充满意义的构成幸运的具体化，所以“实践科学”的统一才能经过一切社会关系的变化而保存下来。③ 也就是说，作为实践科学的合法性是有充分依据的，也是古希腊科学概念所蕴含的。伽达默尔的哲学工作就是恢复实践哲学的传统，强调实践知识的意义。这关系到对人的存在问题的根本思考，关系人的生存与发展。实践性知识是一种关于人之为人以及对善的选择的与人生和社会发展至关重要的知识。

哲学主要是从认识论的角度对知识的问题进行探讨，即知识的本质、知识的范式、知识的来源等宏观的问题。20 世纪后半叶在教育学和心理学领域，研究者主要从个体认知的角度，关注知识是怎样影响个体的行为与学习，以及个体又是怎样获取知识与发展知识的。对于一些教育心理学研究来说，知识是一个意涵十分广泛的概念。

奥苏伯尔在其学习论中仔细区分了接受学习与发现学习、意义学习与机械学习等不同类型的知识学习过程和条件，提出了人类学习是一种有意义的接受学习——新旧知识之间建立起非人为、实质性联系，从而加深了人们对知识的性质及其习得过程的认识，为知识的理解与保持提供了重要的心理学依据。但从广义的知识论来看，他的理论几乎没有涉及知识与技能的关系，而加涅的理论则恰好弥补了奥苏伯尔理论的不足。

加涅原是一位受过严格的行为主义心理学训练的心理学家，他主张把学习分成了 5 类：言语信息——陈述观念的能力；智慧技能——使用符号办事能力；认知策略——通过概括化过程而发展起来的更为特殊的习得的智慧技能，即学习者控制与调节自身的学习、记忆与思

① ［法］笛卡尔．第一哲学沉思集［M］．庞景仁，译．北京：商务印书馆，1986：14.

② ［德］舍勒．价值的颠覆［M］．罗悌伦，等译．北京：生活·读书·新知三联书店，1997：121.

③ ［德］伽达默尔．赞美理论：伽达默尔选集［M］．夏镇平，译．北京：生活·读书·新知三联书店，1988：51.

维等认识过程的能力;动作技能——平衡而流畅、精确而适时的操作能力;态度学习——影响个人对人、对事、对物的选择的倾向。加涅的五类学习结果除态度之外,其余四类所指的皆是不同性质的能力,从广义的知识角度来看,这四种能力又可分为三种认知能力:陈述信息的能力、运用符号办事的能力和控制自己认知行为的能力。加涅的学习结果分类的前三种相当于奥苏伯尔的意义习得理论,后两种是对奥苏伯尔理论的发展。这一学习结果分类奠定了当代认知心理学家对知识进行分类的基础。

对知识分类作出很大贡献的心理学家还有美国当代教育心理学家布鲁姆,他对教育过程中教育目标的不明确甚至缺失现象进行了深入的批判,指出教育目标实质上就是预期通过教学后学生学习所能达到的结果,因而他主张对教育目标从认知、情感和动作技能三个领域和维度进行分类。而学习结果又可概括为两大范畴:知识与智慧技能。布鲁姆的教育目标分类思想及其与之相适应的掌握学习理论,为世界各国深入开展教育教学改革所学习、吸收和借鉴。

二、教师专业知识的意涵

教师专业知识是教师研究中开始较早的一个研究领域,但作为一个专业人员的教师究竟应具备哪些知识,学者们存在着不同的认识和理解,有的倾向于学科取向的内容知识,有的倾向于默会取向的实践性知识。

学科取向内容知识的主要代表人物有美国教育家舒尔曼、格罗斯曼和莱因哈特。舒尔曼认为,教师知识主要包括学科知识、学科教学法知识、课程知识、一般教学法知识、学习者的知识、教育环境的知识、教育的目的目标和价值的知识 7 个方面,其中学科知识和学科教学法知识占了很大的比重。格罗斯曼进一步对教师应当具备的学科教学知识进行了深入研究,认为主要包括 4 个方面:一门学科的统领性观念——关于学科性质、教学目的和最有学习价值的知识;学生对某一学习内容理解和误解的知识;课程和教材的知识;将特定学习内容呈现给学生的教学策略知识。此后,莱因哈特及其同事史密斯则从学科知识和课堂结构知识两个方面对教师知识进行了阐释:学科知识不仅包括学科的概念和概念之间的联系,还包括教师对学生错误类型的理解以及教师对课程的表述;而课堂结构知识则包括教师合理的教学设计、教师顺利地进行课堂教学、从一个阶段自然地过渡到另一个阶段、清晰地解释教学内容所需的技术。

默会取向的实践性知识的主要代表人物有施瓦布、舍恩、波兰尼和拉夫。施瓦布是对教师实践性知识进行研究的鼻祖,他提出了"实践性样式"的术语,指出教师的"实践性样式"的知识特征就是技法,是以多元观点深入思考一件事物的技法,以及在作出实际决策时综合多样理论与方法的技法。舍恩则提出了"反思性实践者"这一专有名词和响亮主张,认为"反思性实践者"具有自己的思维和行动特征,表现出"对行动反思"和"在行动中反思"两种方式,前者发生在他们对自己已经做的或经历的事件进行反思,后者则发生在行动过程中,特别是当遇到不曾预料的疑难情形时,能够找到一种看待问题或现象的新方法,并产生一种新的理解。波兰尼明确提出了"默会知识"的概念,指出它是未被作为"焦点意识"而感知的、未被精确化的、不能被系统表述的、在行动中起"支援意识"作用的知识。拉夫则提出的"情境知识",认为知识是实践者在对他们所工作的具体环境的回应中发展起来的,教师的工作环境与其回应环境方式的不同则形成了教师知识的不同;实践者对环境的回应不是单方面的,也不是局部的，而是“全人行动，人景互动”，在互动中形成辩证的关系。

由此可见，教师在实践中存在着“内容知识”与“实践性知识”两类基本知识，它们的内涵及范围各不相同。前者是教师通过有意识学习内化而成的可以明确表述的外显性知识，主要包括学科知识和学科教学法知识两个方面；后者是能够有效把学科知识转化成学习者能够理解与接受的知识，包括表征学科知识的方法、对教育目的、目标与价值的认识、对学习者的理解、教学法知识以及组织教学的策略与原则等，主要是一般学科教学法和具体学科教学法知识。而默会知识是在个人经验基础上建构起来的不能够明确表述的内隐性知识，具有实践性、情境性、模糊性、个人性等特点，它通常难以用语言来表达，因而不容易把这些知识单独分离出来加以描述。

教师知识的不同特点决定了不同知识类型的价值。“内容知识”是区分教师职业与非教师职业的内在条件，是教师以专业人员的身份对外交往的前提，它为教师实践性知识的形成与发展奠定基础。对于教师个人而言，“内容知识”不仅成为个人获取教师资格的依据，而且会随着内容知识的增扩推动教师职业不断发展。对于教师群体而言，内容知识又是教师之间学科区分的前提，它决定着教师内部的专业分工。“实践性知识”不断塑造着教师的价值取向，丰富教师从事教育教学经验，形成教师应对各种复杂情景的策略与方法，提升教师职业探索的兴趣与动力。显而易见，“实践性知识”对于个人的意义不同于“内容知识”：后者为教师职业走向个性化提供条件，它对教师职业个性发展起着促进作用；前者则是教师职业个性化的凝结与聚集，是教师职业个性化程度的充分展现，是不同教师专业成熟的重要尺度。

基于上述分析，我们认为，教师专业知识可以理解为教师在教育教学活动中能动地表现出来的、为达到有效教育教学所必须具备的一系列信念、知识、技术与方法等的总和。教师专业知识实际上就是教师所拥有开展专业活动所必不可少的一切知识，它根源于教师实践理性的知识，是教师在复杂且不确定的教育教学情境中奠基于个人长期累积的专业生涯，不断地进行省思性活动而来的实践知识。这种知识常常因个体或特殊情境而有所差异，因而具有某种程度的情境性、独特性和默会性。

三、教师专业知识的特点

教师专业知识既受学科知识体系和教育对象知识接受与转化规律的影响，也受教育教学活动的复杂性、综合性、主体性、发展性、创造性等制约，由此决定了教师专业知识区别于其他知识形态的根本特点。

（一）综合性与融合性

综合性是指教师专业知识结构的广泛性、多样性和丰富性。一方面，课程的综合化以及教育内容的扩大化已经成为教育发展的一个重要特征，它客观上必然要求教师专业知识的综合性。课程综合化的出现打破了传统的学科界线，导致学科知识学习走向综合化。教师在传授各门学科知识的同时，不能把它们看成孤立的体系，而是对所教知识要有一个综合认识，能够从科学系统的高度驾驭教学内容，有效地促进学生认识水平的提高。这就要求教师的知识不能局限于某一门固定的学科，而必须从学科交叉、学科渗透入手整合形成一种新的知识体系。另一方面，从现代教育的发展趋势来看，教师必须成为教育教学方面的专家，而作为教育教学专家的教师也必须具有综合性的专业知识结构。传统教育教学重视的是单一学科知识的传授，主要采用的是“传授—接受”模式，教学内容完全被框定在教科书之中。而未来教育的发展趋向是着眼于学生个性的全面发展,教育教学的内容、方式和组织形式将更加灵活多样,教师必须具有广泛深刻的人文素养。很难想象一个缺少人文素养的教师能很好地教书育人,能够培养学生全面发展的个性。

融合性是指教师综合性专业知识之间的相互联系、相互影响、相互渗透与彼此贯通。教师专业知识不仅在于数量的多少,更重要的是质量的良好组织状态。教师应注意专业知识体系以下方面之间的融合:一是文理知识之间的渗透。知识发展的一体化趋向,即自然科学、社会科学和人文科学在高度分化基础上走向高度统一,必然要求自然科学教师须通晓人文社会科学的知识,促进认知、情感、意志的发展;而人文社会科学教师须懂得相关的自然科学基础知识,并能不断学习最新的成果与技术,以不断完善其专业知识结构。对教师而言,科学、技术、艺术、哲学等都应在他的专业知识视野之内,都能相互联系、彼此贯通。二是理论知识与方法论知识之间的融合。在教师综合性专业知识中还应增加一般方法论的知识,不能割裂学科理论知识与一般方法论之间的有机联系。教师不仅要掌握各门学科知识的基本结构,还要熟悉了解该门学科是如何建立和发展起来的,熟悉该门学科的基本研究方法。三是教育理论知识与专业知识之间的协调发展。教师不仅应当从宏观上把握教育科学的新理论、新观点和新方法,而且还应深入到所教学科之中,善于根据不同学科的特点研究学习心理规律,提高教育教学的科学性和实效性。

(二)实践性和个人性

教师专业知识实质上更多地表现为一种实践性知识、经验性知识和情境性知识。日本课程与教学论学者佐藤学认为:同理论性知识相比,实践性知识缺乏严密性和普适性,是一种多义的、活生生的、充满柔性的知识,是凭经验主动地解释、矫正、深化现成的知识而形成的综合性知识。正是这种实践性知识使得教师知识与大众知识或理论性知识得以区别开来,从而体现出教师专业活动的独特规定性。不仅如此,教师的实践知识很大程度上是个人化的,因为它就出自教师个人的经验,是教师自己的体验与体悟,是教师个人实践的总结、积累与升华,它来自实践又服务于教师个人化的教学实践行为,教师个人实践知识越丰富,其在专业方面就越成熟,也就越意味着他可以开始建构具有个人特点的专业知识结构。

强调教师知识的实践性与个人性,主要是由于教师凭借广博深厚的知识底蕴以及深刻的思维模式,能更有意识和能力把理论性知识或公共性知识,加以个人化或个性化的解读与把握,这种意识和能力应该高于其他层次的知识群体。不仅如此,理论性知识的学习从其最终目的上来说都要指向实践领域。那么,如何能使理论更好地应用于实践,使得束之高阁的理论焕发出强大的应用价值,也要依赖教师建立良好的实践意识,以及不断提升实际运用能力。可以这样认为,教师专业知识结构是一种高度体现教师个人特征和教学智慧的,具有十分突出的实践性、内隐性、情境性和个性化的特征。

(三)指向性与开放性

指向性是指构成教师专业知识体系的各要素都有一个统一的目的,要围绕一定的中心组织知识结构。面对现代社会巨大的信息量,任何人都不可能全部接受,加之教师工作任务繁重,时间和精力非常有限,因而要从工作实际和改革的需要出发,学习和吸收新知识。不同学科教师的专业知识结构要有各自不同的侧重点,有不同于他人的风格。一方面,教师任教学科不同,专业知识结构的侧重点应有所不同,掌握扎实、系统和精深的专业知识是教师教学成功的一个重要前提。另一方面，根据教学对象的不同层次，确定专业知识结构的侧重点，即使教同一门学科，由于学生的心理特点、学习需要和学习目标不同，教育教学的方式和方法就应有所不同，对教师专业知识结构的要求也就存在较大差异。同时，还要根据教师自身不同的特点来确定专业知识结构的侧重点。教师掌握知识的程度、能力、兴趣和个性不同，也会使教师的专业知识结构出现差异，表现出不一样的特点。

随着生产力的发展和科技的突飞猛进，在今天这个知识经济社会和信息化时代，知识不断膨胀增长，知识更新的速度越来越快，知识传播的途径越来越多，传播速度也越来越快。在这种情况下，教师要教给学生"一杯水"，仅仅拥有"一桶水"已经远远不够了，而必须变"一桶水"为"整个知识的海洋"。作为教师，必须与时俱进，要树立终身学习的动态发展观，不断丰富、更新、优化自身的专业知识结构。同时，当代社会也是个开放性的社会，特别是当前大众传媒的发展，使得信息获取得以对称，学生几乎与教师同步接受大量新信息和新知识，学校已不再是学生获得知识的唯一渠道，教师也已不再是知识的绝对权威，教师在知识占有上的优势正在逐步减弱。在这种情况下，教师知识更不能保持一种静止的封闭状态，如果知识单一、视野狭窄、观念陈旧，就势必会使自身陷入十分尴尬的境地。可以毫不夸张地说，教师专业知识的开放性和动态性，正是飞速变革的时代所提出的必然要求。

（四）建构性和发展性

就教师专业知识的来源和获得方式来说，它在很大程度上是自主建构的结果，具有自主建构性。教师的知识来源和知识获取虽然有多种途径与方式，但其中理论性的学习、经验性的积累和实践性的反思是教师知识来源的最基本途径，接受性学习和发现性学习则是其知识获得的最基本方式。教师专业知识的获得并不是一个简单的认知和记忆过程，而是一个积极内化与主动生成的过程。内化就是把知识融入自己的知识结构体系中；主动生成就是个体在已有经验基础上建构新经验的过程。学习者只有对外在世界进行主动加工，在这个过程中形成自己对世界的看法与观点，才能获得真正属于自己的知识。作为教师，不仅要具有明确和积极的知识建构意识，而且要不断加强对知识的认知、思考和建构能力。唯其如此，才能使教师成为独具魅力的"教学大师"，而不是平庸的"教书匠"。

发展性是指教师专业知识的建构不仅要有利于提高教育教学的效果，而且要有利于教师自身的专业成长，有利于教师自身专业素质的提升。在教育教学实践活动中，人们一般都把学校当作促进学生发展的场所，教师的职能定位往往都是促进学生的发展，这样就势必会把教师简单地当成促进学生发展的工具，失去了自主专业发展的意识和愿望，只能在外力的驱使下亦步亦趋，随波逐流。作为教师，其专业知识结构的建构要着眼于自身的发展，着眼于自身智力、情感、意志品质等方面的提高，只有教师的全面发展才能真正有学生的全面健康成长。同时，也只有当教师的专业知识表现出发展性的突出特征时，其知识在能力发展中的基础作用才会得到充分的发挥，专业知识与专业能力的协调统一发展才能真正得以实现。

四、教师专业知识的价值

教师专业知识因其突破了传统知识的局限，更加强调和珍视实践性知识和默会知识的重要意义，因而在促进教师专业自主发展、提供教师专业发展新支点和增强教师专业发展生命体验等方面，表现出积极的意义和价值。

(一) 促进教师专业自主发展

在知识论的语境中,知识的优先性被表述为从理论到实践、从外部到内部的认知和行为模式。基于这种理念,教师往往被视为知识生产线的接受终端而被置于执行者的最底层,教师个体在教育教学的理论与实践领域失去了话语权和主动权。如果我们重视教师知识特别是实践性知识在教师专业发展中的核心地位,那么教师与知识之间的关系就会发生根本性的变化。教师的教育教学实践不仅是理论的证明和应用,或者技术性和操作性的程序化劳动,而且应当是充满深刻批判性和高度创造性的劳动;教师不仅是知识的创生者,而且是教育教学实践智慧的发展者,教师专业发展从本质上来说,其实就是教师个体自我成长和主动创造辩证统一的过程。

(二) 提供教师专业发展新支点

教师专业发展不是一个抽象的概念,而是教师个体富有个性的生命运动过程,它深深扎根于教师最基本、最鲜活的教育教学实践之中。而一旦当教师教育热衷于建构理想的蓝图和抽象的概念体系时,其实教师专业发展就必然失去了坚实的基础和可靠的支撑。有学者就曾指出:教育教学的本质是自足的实践,正是对实践的遗忘,导致了自德国教育家康德以来近代教育学的分裂与沉沦。① 教师专业发展的根本和目的在于教育教学实践,教师专业发展的成功并不仅仅体现在造就一个满腹经纶的理论家,而是要培养能够对当下教育教学实践产生有效影响的行动者。从“知识论”向“实践论”的转变,既实现了教师专业发展价值取向的变革,也必然会为教师专业发展提供一个新支点,这就是教育教学实践。

(三) 增强教师专业发展生命体验

以往教育教学实践人们往往更注意对学生生命体验的激发,而从根本上没有意识到或完全忽略了教师自身表现出的独特的生命体验。而对教师生命体验的漠视,也就会常常成为制约教师专业发展的“命门”。② 教师的教育教学实践和生命实践是两个不可分割的辩证统一的过程,对于教师来说,真正的智慧在于认识和坚信教育教学不仅仅是一种工作,更是一种生命历程,是一种丰富和完善自身生命体验、提升精神品质和人生境界的过程。回归教师的生命体验,既要尊重教师在专业发展中整全的生命个性和真实的生命体验,使教师专业发展与其生命感悟互相依靠,融为一体;也要理解教师专业发展在不断提升自身教学胜任能力的同时增强了其职业幸福感,从而使得教师实现了对自身生命价值的超越。

第二节　教师专业知识结构

完善合理的专业知识结构,是教师得以发挥最佳教育教学效果的重要条件。教师专业知识越丰富,就越具有权威性,也就越能发挥教育的巨大力量。学生可以谅解教师对自己的不理解,甚至一些过激的言行,但却不能容忍教师的孤陋寡闻甚至无知。对此,苏联教育家马卡连柯就曾指出:“假如你的工作、学问和成绩都非常出色,那你尽管放心:他们全会站在你这一边,决不会背弃你。……相反地,不论你多么亲切,你的话说得多么动听,态度多么和

① 李长伟.从实践哲学的角度透析近代教育学的分裂[J].华东师范大学学报(教育科学版),2006(3):21-30.

② 李政涛.心在哪,智慧就在哪:教师的生命体验、教育体验与智慧体验[J].人民教育,2008(23):16.

蔼，不论你在日常生活中和休息的时候是多么可爱，但是假如你的工作总是一事无成、总是失败，假如处处都可以看出你不通业务，假如你做出来的成绩都是废品和'一场空'，——那么除了蔑视之外，你永远不配得到什么。"[①]在科技快速发展的今天，教师更要把握知识更新的脉搏，不断调整、扩展自身的专业知识结构，实现由"教书匠"向"教育家"的时代转变。

一、教师专业知识结构的不同观点

作为教师专业核心素养之一，教师专业知识究竟由哪些因素构成，各因素在教师专业知识结构中发挥着何种作用，国内外学者进行了深入的分析和探究，形成了以下几种理论学说。

（一）舒尔曼的教师专业知识分类

美国教育家舒尔曼对教师专业知识进行了开创性研究，一方面明确提出了教师知识的专业分类，另一方面提出了学科教学知识的概念。他强调成功的教学不仅需要教师掌握学科理论知识，而且需要娴熟的、能够根据学生需要将学科理论知识加工、转化为学生能理解的学科教学法知识。舒尔曼的教师专业知识分类及学科教学法知识概念的提出，对后来的教师专业知识研究产生了特别重要的影响作用。

1. 学科内容知识

学科内容知识既包括具体的概念、原则和原理，也包括它们之间的联系；既包括"是什么"的知识，也包括"为什么是这样"的知识。这是教师最基本的知识内容。对学科内容灵活、深刻的领会是有效教学的关键，所有教师首先要精通所教学科的内容知识。学科内容知识具体包括以下几个方面：第一，实质知识，即学科的事实、概念和某一学科程式及其相互联系的知识，它影响着学科内容知识的组织以及引导进一步探究问题的解释性框架知识，它们形成概念和论证，引导教师探究。第二，章法知识，即产生和确立命题知识的方式和方法。舒尔曼认为，章法结构是真理为人们所接受的过程、方法和进程，对于科学，它意味着科学方法，包括观察和推理、论证、选择证据、预测、提问和验证假设；就历史而言，它包括调查和探究解释过程以及论据的使用。第三，学科知识的信念，即不同的教师对同一主题的理解以及所采用的方式与方法是不同的，由此形成的对于学科知识理解及其运用的信念。

2. 一般教学法知识

一般教学法知识主要是指超越了具体的学科内容，适用于课堂管理和组织的一般性原则和策略。一般教学法知识包括教学技术、教学测量与评价、班级组织与管理、心理辅导技术、教育研究方法等。一般而言，这是从理论与实践中所获得的教学知识，是超越具体学科的课堂管理和组织的广泛原则与策略，主要包括教学理论与策略、教学模式、教学测量与评价、教学技术、教学的伦理与道德、学生心理辅导的理论与技术、班级组织与管理、教育研究方法等。换言之，一般教学知识的范畴是指教师关于教与学和学生的知识与信念，超越于特定学科的范畴，而且包括不同策略的知识，诸如创造学习环境和课堂讲授，有效课堂管理的策略和安排；有关学生更为基础的知识和信念，诸如如何学习以及学习怎样通过教师的教加以培养。

---

① [苏]马卡连柯. 马卡连柯全集(第1卷)[M]. 许磊然，译. 北京：人民教育出版社，1958：231.

3. 课程知识

课程知识是指对教学材料和工具的熟练掌握,是一种"教学交流的工具",主要包括各种课程材料的内容,既有规定的课程资源,也有教师自己设计的教学资源、课程发展的知识等。例如,年级内和年级间课程知识及其发展变化的知识、课程理论知识;课程设计、课程实施及课程评价等。舒尔曼认为,课程知识是最广泛意义上的教学知识,即为儿童设置的全部课程、学习的编程和用来教每一学科的各种课程材料,可以说用来教课程各方面的材料和资源都包括在其中。课程材料不只是商业用书或者政府所要求的内容,其概念远比这广泛。这些材料可能是教师自己做的,或者在特定情景下根据学生特殊需求所设计的,或者是一个特别难的概念的拓展等。既指教室层次的课程、教室以外层次的课程以及横向与纵贯课程的知识。不仅指课程材料的使用、编排,而且还包含一定的课程理论知识,像课程内容、课程设计、课程实施及课程评价等。

4. 学科教学知识

学科教学知识是指一个学科领域主题和问题怎样组织以及对教学的理解。它是教师的特殊区域,即教师自己的专业知识和理解的形式。从字面就可以看出,学科教学知识是教师个人独一无二的教学经验,教师独特领域学科内容和教育学的特殊整合,是教师自己对专业理解的特定形式。不仅如此,学科教学知识也是区分学科教师与学者的一种知识体系。学者去创造某一学科领域里的新知识,教师则是帮助学生去理解这些新知识,这是优秀教师与新任教师的差别之所在,也是学科专家和经验丰富教师的区别之所在。在这个模式中,作为知识的一种形式,它是由事实、概念、技巧、过程、信念和态度组成的,不同的是它是许多种知识基础的融合,而且它是教师的特殊领域,所有知识基础促成了最丰富的学科教学知识的生成与发展。要完全理解学科教学知识有许多关键的思想需把握,如重要的教学表达思想、师生相互作用知识基础的思想、熟练教学行为的思想、所有的知识基础整合在一起的思想等。

5. 关于学生及其特性的知识

学习者知识是了解学习对象及其特性的知识,包括理解学习者的先备知识、学习兴趣、学习能力、学习动机、认知过程、个别差异、自我概念、学习困难,以及学习者所处的社会与文化等。学习者知识的积累涉及生理学、心理学、社会学、文化人类学、教育学等多学科知识的融合,能帮助教师预测学习者的学习内容与学习状况,直接影响师生在班级里的情感培养,是教师重要的专业知能之一。

6. 教育情境知识

这是最广泛意义上的知识,现今的教学场所远远超越了传统的学校与课堂,不再是封闭的环境而是走向开放。也就是说,情景的含义是非常宽泛的,像学校、家庭、课堂以及较广泛的社区和社会教育环境。教育情景对教学会产生重大的影响,有许多情景因素影响着教师的发展和课堂活动。如所在地区的社会经济水平、学校的类型和规模、班级的大小、教师对其教学的反馈和校长的期望与态度等。所以,尽管教育情景知识是潜在、内隐的,但它对教师的影响是不能低估的,而是要着力发展的。

7. 教育目标与价值的知识

教学是一个有目的的活动,教师不但有一节课或单元的短期目标,还要有长期的教育目的,为有效地开展教学工作,教师要掌握教育目的设计理论知识。价值是一个宽泛的概念,涉及多方面的内容。需要教师掌握教育史哲及法令的知识:包括教育价值及目的、中外教育史、各种教育法规、教师的法定权利义务、教育行政组织及运作、学校组织及行政运作、学校与社区家庭关系、各种教育制度与政策、学校与社会、文化背景及政治环境的关系等。

舒尔曼认为,学科内容知识是教师知识的核心,同时他还认为"教学法—内容"知识是教学领域中特有的知识。它与学科内容知识的不同在于,它是将教材内容与一般教学法融为一体的知识,是对具体的教学目标与教学任务进行组织、表征,以适应学生的兴趣与能力的知识。案例、类比、解释属于"教学法—内容"知识;对学生知识状况的了解也属于"教学法—内容"知识。总之,"教学法—内容"知识是根据学生的个体差异、根据特定的教学,关于某学科知识、主题的呈现方式的知识。

(二) 波兰尼的教师专业知识分类

随着现代知识类型的逐渐解构与建构,英国教育家波兰尼基于实践认识和实证研究,创造性提出了"显性知识"与"隐性知识"的概念,这一知识分类理论在教育领域受到了人们的广泛关注,对教师专业知识结构的理解和建构发挥了积极而独特的作用。

1. 显性知识

所谓显性知识,是关于自然和社会的运动规律、原理方面的理论体系的知识,是易于文字记载的认识类知识,可通过各种传媒获得。凡是能以文字与数字来表达,而且以资料、科学法则、特定规格及手册等形式展现者皆属显性知识。这种知识随时都可在个人之间正式而有系统地相互传送。教师的显性知识可以分为群体性显性知识和个体性显性知识两个方面。

(1) 群体性显性知识。教师的群体性显性知识包括一般性的群体文化知识,也包括所教科目的学科专业知识以及教育理论专业知识。根据显性化程度,这些知识是能够通过信息符号承载和传递的,一般以学历教育、在职培训、自学反思等途径为教师个人所获得,从而成为教师个人知识的一部分。其中,一般性的群体文化知识是指教师个体所在群体共有的相对于某个特定领域而言的文化知识,对教师个人的思想、观念、意识、行为产生潜移默化的影响作用;学科专业知识是针对某个特定学科而言的;教育理论专业知识则包括教育科学理论和教育实践理论,即描述性以及规则性的教育命题等。群体性显性知识对教师而言意义重大,其包括"教什么"和"如何教"的知识。一般性文化知识和学科专业知识是教师个人教学实践活动的基本依据,也是使学生掌握科学文化知识,促进其发展的知识基础。而教育理论专业知识有丰富的教育智慧,能够提供理念、引导方向,提供依据、解释现象,提供范性、创造方法,提供工具、反思行为。

(2) 个体性显性知识。教师的个体性显性知识是教师个人在教学实践活动中形成的,能够通过信息符号表达和传递的知识。如某位教师经过长期的教学实践,积累了自己能够意识到并可以言传的经验、方法等就是典型的个体性显性知识,而教师之间相互交流经验就是在共享个体性显性知识。由于个体性显性知识可以表达、传递,当其被他人所认可和接受时,就成为他人个人知识的一部分。因此,除了教师个人在教学实践中不断反思、领悟之外,同伴之间相互学习、相互交流是个体性显性知识增长的另一重要途径。个体性显性知识在教师个人知识的形成和个人行为的选择中具有重要作用。教师的教学具有很强的经验性,而个体性显性知识往往能够直接应用,所以,教师向其他优秀教师学习优秀的教学经验显得尤为重要,如果能在应用他人优秀经验时和自己教学过程中的新任务、新情境有机结合,往往能够起到立竿见影甚至意想不到的效果。

2. 隐性知识

所谓隐性知识,是指没有记载的经验类知识,它需要通过实践来获得。隐性知识相对于显性知识具有理论上的优先性,任何明确表达的显性知识在个人那里都包含着隐性知识的维度,即个人的理解。显性知识是通过隐性知识获得意义的,一种完全明确的知识是不可思议的。从波兰尼等人提出隐性知识的理论来看,教师的教学不纯粹是一种客观和理性的过程,其中包含大量的个人经验的参与。教学的互动性质决定了教师不仅仅需要对自己所教的学科有深入的理解与掌握,而且还要将这种隐性的学科知识转化为学生可以理解的知识。教师要将学科知识与特定的教学法知识整合起来,将学科知识"心理学化",按照儿童易于理解的方式表达出来。教师的隐性知识可以分为群体性隐性知识和个体性隐性知识两个方面。

(1) 群体性隐性知识。在教师的群体性知识中,不仅存在着可以言明的显性知识,同时也存在着群体所共有的隐性知识。这种难以言明却又约定俗成的知识以一种无形的力量深刻影响和约束某个成员的思想观念和意识行为,是教师个人知识中的重要部分。例如,某个教师的备课、上课等行为会受教研组或全校教师共同遵循的一些习以为常、不言自明的方式方法的影响。群体成员长期以来的集体实践、认知体验是群体性隐性知识的基础,而相互交流协作所达成的共识和默契是群体隐性知识增长的途径。群体性隐性知识主要包括信仰要素、认知要素、经验要素、情感要素、技术要素等,其中信仰要素包含价值观、共同目标等成分,指的是教师群体共同的发展目标、价值追求;认知要素是教师群体获取新知识的方式,与整个教师群体的知识创造程度和水平有关;经验要素指群体中能共同分享的解决教学问题的经验和教训;情感要素指教师个人在教研组、学校等群体内的情绪体感;技术要素指的是教师群体发展中所形成的共享的关于教学实践的技能、技巧等。

(2) 个体性隐性知识。教师的个体性隐性知识是教师个人在教学实践中形成的自己会用但无法表达的知识,是教师个人知识中实践性和内隐性最强的知识。与群体性隐性知识类似,教师的个体性隐性知识包括一些无法言明的诸如对学生的投入、对实现教学目标的相信程度等信念和情感要素,也包括教学奥秘、诀窍等认知、经验和技术要素,由于无法表达,此类知识可被称为真正"个人的""私有的"知识。教学是一门科学,更是一门艺术,是可预见的科学性和不可预见的艺术性的统一。而教师的个体性隐性知识所对应的正是教学艺术性的一面,丰富、多样又复杂。从数量上来看,个体性隐性知识比其他三类教师个人知识要多得多,其对教师个人教学行为的影响也最大,它以某些无形的、潜意识的方式约束甚至支配教师个人的教学行为。当然,教师个体性隐性知识虽难以外显化,但并非完全是无意识形成的,长期的教学实践,特别是教师个人对教学质量、效率的有意识探索,是教师个体性隐性知识发展的基础。

(三) 辛涛等人的教师专业知识分类

我国学者辛涛、申继亮和林崇德,从教师专业知识所具有的某项功能出发,将教师的专业知识划分为"本体性知识、条件性知识、实践性知识和文化知识"4 个方面,[①]它们之间相

① 辛涛,申继亮,林崇德.从教师的知识结构看师范教育的改革[J].高等师范教育研究,1999(6):12-17.

互影响、相互促进，共同构成了教师复杂的专业知识结构。

1. 本体性知识

教师的本体性知识是指教师所具有的特定的学科知识，如语文知识、数学知识等，这是人们所普遍熟知的一种教师知识。知识要有事业与职业的目的，一个人最佳的知识结构，主要是以自己所从事的职业与专业为基础。一位教师的职业知识首先是精通自己所教的学科，教师购买资料，也首先是自己所教学科的书籍。学生的年级越高，教师的威信越是取决于其本体性知识水平。教师扎实的本体性知识是其取得良好教学效果的基本保证。

2. 条件性知识

教师的条件性知识是指教师所具有的教育学与心理学知识，是一个教师成功教学的重要保障。教师的条件性知识可以具体化为三个方面，即学生身心发展的知识、教与学的知识和学生成绩评价的知识。研究表明，无论职前教师还是职后教师，他们对条件性知识的掌握都不够好，这是非常值得深思的。国外早期的师范教育注重的只是教师的学科知识，而今天对教育方法的有效性，如怎样提问、怎样设计课程、怎样评估学生行为等，逐渐重视起来。

3. 实践性知识

教师的实践知识指教师在面临实现有目的的行为中所具有的课堂情景知识以及与之相关的知识，或者更具体地说，这种知识是教师教学经验的积累。教师的教学不同于研究人员的科研活动，具有明显的情景性，专家型教师面对内在不确定性的教学条件能作出复杂的解释与决定，能在具体思考后再采取适合特定情景的行为。在教育工作中，很多情况需要教师机智地对待，这种教育教学的机智不是一成不变的，在一种情况下适宜的和必要的方法，在另一种情况下可能就是不恰当的。只有针对学生的特点和当时的情景有分寸地进行工作，才能表现出教师的教学机智来。在这些情景中教师所采用的知识来自个人的教学实践，具有明显的经验性。而且，实践知识受一个人经历的影响，这些经历包括个人的打算与目的以及人生经验的累积效应。因此，这种知识的表达包含着丰富的细节，并以个体化的语言而存在。

4. 文化知识

教师的工作，有点像蜜蜂酿蜜，需要博采众长。为了实现教育的文化功能，教师除了要有上述三种知识以外，还要有广博的文化知识，这样才能把学生引向未来的人生之路。教师不仅能扩展学生的精神世界，而且能激发他们的求知欲。学生的全面发展，在一定程度上取决于教师文化知识的广泛性和深刻性。当然，教师的文化知识修养具有很大的个体差异，因此每一位教师都要发挥自己的一技之长。擅长创作的教师，可以用创作丰富学生的想象力；爱好诗词的教师，可以用诗词的魅力来启发学生；有音体美特长的教师，可以借之引导学生全面发展。对于教师而言，除了本体性知识以外的广博的文化知识，也是其取得最佳的教育效果的重要因素。

（四）陈向明的教师专业知识分类

我国学者陈向明主张将教师的专业知识分成理论性知识和实践性知识两类，并对它们的内涵及其作用进行了深入研究。①

① 陈向明.实践性知识：教师专业发展的知识基础[J].北京大学教育评论，2003(1):104-112.

1. 理论性知识

理论性知识是指可以通过阅读和听讲座获得的,包括学科内容、学科教学法、课程、教育学、心理学和一般文化等原理类知识。它通常停留在教师的头脑里和口头上,是教师根据某些外在标准认为“应该如此的理论”。理论性知识一般呈现外显状态,可以为教师和专业理论工作者所共享,是教师“知识冰山”中露出水面的部分。理论性知识具有外显性、系统性、可表述性等特点,因而比较容易为教师所把握和运用。

2. 实践性知识

实践性知识包括教师在教育教学实践中实际使用和表现出来的知识,除了行业知识、情境知识、案例知识、策略知识、学习者的知识、自我的知识、隐喻和映像外,还包括教师对理论性知识的理解、解释和运用原则。它是教师内心真正信奉的、在日常工作中“实际使用的理论”,支配着教师的思想和行为,体现在教师的教育教学行动中。实践性知识具有隐蔽性、非系统性、缄默性等特点,它基于教师的个人经验和个性特征,镶嵌在教师日常的教育教学情境和行动中,深藏在“知识冰山”的水面下部。教师的实践性知识主要包括以下几个方面的内容。

(1) 教师的教育信念。教师的教育信念是积淀于教师个人心智中的价值观念,通常作为一种无意识的经验假设支配着教师的行为。它是应用型的,通过教师的行动得以实现和表现,教师的不经意行为往往最能体现其教育信念。教师信念的形成通常受教师个人生活史的影响比较大,受外在教育理论的影响则比较小。

(2) 教师的自我知识。此类知识主要体现在教师是否知道运用自我进行教学,是否了解自己的人格特点和教学风格,扬长避短,适度发展;能否从错误中学习,并及时调整自己的态度和行为。教师自我概念的形成与教师对反馈信息的敏感度有关,如果教师乐于并易于接受外界信息,通常能够获得比较现实的自我概念,找到提高自我效能感的有效途径。

(3) 教师的人际知识。此类知识包括对学生的感知和了解;热情即是否愿意帮助学生;激情即是否有一想要了解周围世界的渴求,一种想要找到答案并想向别人解释的欲望,能否用这种激情感染学生。教师与学生的关系具有一种特殊的个人品质,就是教师不仅仅是向学生传授知识,而且是以一种个人的方式体现自己所传授的知识。教师在与学生交往时会通过身体力行表达自己对某些人际交往原则的理解。

(4) 教师的情境知识。此类知识主要透过教师的教学机智反映出来。教学机智是教师作瞬间判断和迅速决定时自然展现的一种行为倾向,它依赖教师对情境的敏感、思维的敏捷、认知灵活性、判断的准确、对学生的感知、行为的变通等。它不是一种按步骤、分阶段的逻辑认识过程,也不是一种简单的感觉或无意识的行为,而是教师直觉、灵感、顿悟和想象力的即兴发挥,在一瞬间把握事物的本质;同时表达了教师对学生的深切关注,是“有心”与“无意”的巧妙结合。

(5) 教师的策略性知识。此类知识主要是指教师在教学活动中表现出来的对理论性知识的理解和把握,包括教师对学科内容、学科教学法、教育学理论的理解,对整合了上述领域的教学学科知识的把握,将原理知识运用到教学中的具体策略,对所教科目及其目标的了解和理解,对课程内容和教学方式的选择和安排,对教学活动的规划和实施,对教学方法和技术的采用,对特殊案例的处理,选择学生评估的标准和手段等。

(6) 教师的批判反思知识。此类知识主要表现在教师日常“有心”的反思行动中。教师的反思是一种实践取向的反思，表现为“对实践反思，在实践中反思，为实践而反思”。教师可以用语言描述自己的行为和思考，也可以对自己的经验进行系统梳理，甚至对自己反思的方式进行反思，但他们更经常做的是“在行动中反思，以行促思”。批判反思型教师不仅进行反思，而且能够对自己所处的权力场域以及自己与他人的关系进行批判。

二、教师专业知识结构的当代解读

教师是人类科学文化知识的传递者，是学生掌握真理、认识世界和发展智能的引路人，其科学文化素养的优劣，直接关系到学校教育质量和教育目标的达成。因为教育是一个传授知识、发展智力、培养能力、进行思想品德教育、使学生得到全面发展的过程。为此，教师不仅要掌握较多的知识，还必须具有符合教育工作要求的合理知识结构，具有较高的文化素养。

（一）扎实的政治理论知识

学校是把培养一代社会主义新人作为教育的根本目的和首要任务的。因此，教师必须掌握基本的政治理论知识，尤其是马克思主义基本理论知识，这是教师知识素养的首要内容。马克思主义基本理论是我国一切工作的科学指导方针，也是学校教育工作的科学指导方针。要塑造学生的思想品德，就必须具备比较系统的马克思主义理论知识，要在学校的教育教学活动中有机地把马克思主义的基本立场、观点和方法准确无误地传授给学生。只有掌握了这些知识，才能把自己的工作同共产主义的远大目标联系起来，树立为共产主义奋斗终身的远大理想；才能指导帮助学生运用辩证唯物主义的方法，科学地认识客观世界，确定无产阶级的世界观、人生观和共产主义的坚定信念；才能更好地学习和理解新时期党的方针、路线和政策，积极参与教育改革，推动教育事业的发展。

（二）精深的学科专业知识

教育家苏霍姆林斯基曾说：“儿童从成人那里并非总能得到有关周围世界的疑问的正确回答。而在解释自然和社会生活现象时的任何含糊不清，都为接受宗教世界观和道德创造了有利条件。许多现象和规律还不能为儿童所理解。但是，对儿童提出来的、并在儿童的科学世界观的形成中具有一定作用的任何一个问题，都应当给予明白的、有无可争辩的科学依据的回答。”①好的教师首先应该是好的任课教师，好的任课教师必须有精深的专业知识，这是其必备条件。对于自己所教学科的基础知识、理论体系，教师应全面、系统地掌握。要能够了解本学科的逻辑起点和基本结构；透彻理解本学科的概念、定理、法则、规律和公式等基本理论知识；熟练掌握运用本学科知识的技能技巧；把握本学科的重点、难点和关键；了解本学科的发展历史和在本学科中作出重大贡献的科学家的基本情况；密切关注本学科发展的新动向、新成果。专业知识只有达到精深，才能运用自如，才能准确、系统、有效地把知识转化为学生的精神财富。

（三）广博的相关学科知识

任何学科都不是绝对独立的，都与其他学科存在着密切联系，都包含着其他众多相关学科的知识。当今社会，各门学科之间相互交叉、相互渗透的发展趋势更为明显。为了出色地

① ［苏］苏霍姆林斯基．帕夫雷什中学［M］．赵玮，等译．北京：教育科学出版社，1983：346．

完成班级管理和学科教学任务,教师就要不断地拓宽自己的知识视野,学习掌握较多的相关学科的基础知识,以作为班级管理与教学的坚强后盾。这正如教育家苏霍姆林斯基所说:"教师所知道的东西,就应当比他在课堂上要讲的东西多十倍、多二十倍,以便能够应付裕如地掌握教材,到了课堂上,能从大量的事实中挑选出最重要的来讲。"①"学校及其所从事的一切活动赖以确立的基础,就是每个教师的多样化的知识、丰富的智力活动、宽阔的眼界和在学识上的不断提高。"②

(四)系统的教育科学知识

随着时代的发展,教育对象、教育活动变得日益复杂,教师不能仅依靠直接的经验从事教育管理工作,而必须掌握丰富的教育科学理论知识。教师只有系统地掌握教育学、心理学、教育心理学和学科教育学等方面的教育理论知识,才能认识和把握教育规律,了解学生身心发展的年龄特征,促使教育教学工作朝着科学化的方向发展。对此,马卡连柯曾深有体会地指出:"我非常尊重教育理论,离开教育理论,我是不能工作下去的,我很喜欢教育理论。"③教育科学知识不仅能使教师获得教育教学的成功,还有利于完善道德修养,增强教师的职业志趣和信心,调控情绪、情感和心理状态,促使教师自身的不断发展。

(五)学科教学知识

这是指对某一学科领域的主题和问题进行怎样的组织及教学的理解,它是教师个人独一无二的教学经验,是教师独特领域学科内容和教育学的特殊整合,是教师自己对专业理解的特定形式。学科教学知识作为一种具有融合性的教师专属知识,具有统领性、理解性、独特性和实践生成性四种特性。学科教学知识可以引导教师专业主体的回归、提升教师的实践反思能力,并且可以促进教师的专业发展。作为知识的一种形式,它由事实、概念、技巧、过程、信念和态度组成,是多种知识基础的融合。发展学科教学知识的主要渠道有教学经验与反思、与同事的日常交流、作为学生时的经验回忆、实习观察、有组织的专业活动、阅读专业书刊、在职培训等。其中"教学经验与反思"是最重要的渠道之一。教师把自己的教学实践作为认识和监控对象,通过对自己的教学观念、教学方法、教学过程、教学效果等方面的反思,就能正确地认识和把握教学活动中的种种本质特征,由此更好地促进自身学科教学知识的发展,并能成为一名理智的教学实践者。

(六)课程知识

这是指对全部课程计划的理解,以及与之相关的课程背景、课程理论、课程改革与发展、课程开发、课程编制、课程实施、课程管理、课程评价等方面的知识。这类知识将有助于教师正确把握各类课程的标准、目标、性质和关系,由被动的课程执行者、"搬运工",转变为课程的规划者、发展者、评价者。

(七)学生知识

这是关于学习者的特定知识,包括学生的经验知识和学生的认知知识。有关学生的经验知识有:特定年龄阶段儿童的兴趣、情景因素如何影响学习和行为、儿童与教师的关系类

① [苏]苏霍姆林斯基.给教师的建议(下册)[M].杜殿坤,译.北京:教育科学出版社,1981:86-87.
② [苏]苏霍姆林斯基.帕夫雷什中学[M].赵玮,等译.北京:教育科学出版社,1983:25.
③ [苏]马卡连柯.论共产主义教育[M].刘长松,等译.北京人民教育出版,1954:476.

型等。有关学生认知的知识有：各年级学生身心发展的特征、各年级学生学习、认知及思考方式、指导学生如何学习的知识、学生个别差异及班级中特殊儿童学习的知识等。有关学生知识的积累涉及生理学、心理学、社会学、教育学、文化人类学等多种学科知识的融合，也在一定程度上取决于教师与学生实际接触的深度和广度。

（八）教师自身知识

教师对自身的了解是教学中一个非常重要的知识基础，它包括自我身心保健与调节的知识以及心理和审美方面的知识等。教学是一种富有个性化的智力劳动，自我在这当中是一个关键因素，它要求要把个人大量的时间、精力和个性因素投入其中，而且在评价和反省中发挥重要的作用。

第三节　教师专业知识的优化

人们常说，知识是行为的依据，而行为则是改变知识的重要途径。知识与行为的相互关系要求我们在讨论教师专业知识的过程中，一定要特别关注处于具体教育教学情境中的教师，以充分把握其专业活动的动态性和发展性，更好地促进教师专业知识的生成和优化。

一、更新教师教育教学思想观念

教师专业知识结构的优化在很大程度上受思想观念的支配和影响。离开了思想观念的更新，就很难有教师优化专业知识结构的积极行动。在当前我国教育领域中，以教师、书本、课堂为中心的教育方式仍在广泛使用，它障碍了教师的视野，妨碍了教师进修学习和完善自己专业知识结构的进程。要优化教师的知识结构，必须转变和更新教师的传统教育教学观念，树立起新的符合时代要求的教育教学观念。这种教育教学观念就是与社会大生产、大科学相适应的大教育教学观。这种大教育教学观一改传统教育教学观念中一次性教育为终身教育，从而把学校教育、家庭教育与社会教育融为一体。这种教育教学观念，不只重视现在，更注重将来，具有超前性。今天的教育是为了明天的世界，是为未来培养和准备人才的。因此教师在优化自己专业知识结构的同时，要从未来需要着眼，从现代化需要着眼，敢于向传统的专业知识结构发起质疑和挑战。

人需要符合人性地去接受教育，而不是简单地按照社会制度、规范和各种外在的标准去接受教育。即便是社会制度、规范和各种外在的标准，如果不能按照人性的规律来设计，它也不能成为教师工作的依据。为此，既要关注教师专业知识和技能的发展，更要关注教师的缄默知识和实践智慧的丰富，充分发掘作为文化实践活动者的教师的内在的体验和感受，使其在这个过程中不断调整自己的教学行为、转变自己的教育教学观念，由以往的知识的传授者和管理者向有助于学生发展的合作者和促进者转换。正如《学会生存——教育世界的今天与明天》所指出的那样：教师和学生要建立一种新的关系，从“独奏者”的角色过渡到“伴奏者”的角色，教师不再主要是传授知识，而是帮助学生发现、组织和管理知识，引导他们而非塑造他们，但在那些指引终身的基本价值方面，则始终要有极大的坚定性。①

① 联合国教科文组织国际教育发展委员会.学会生存：教育世界的今天和明天[M].华东师大比较教育研究所，译.上海：上海译文出版社，1979：136-137.

二、重视教师专业知识转化方式

在教师专业知识的转化与生成过程中,“视界融合”是其作用机制,而真正有效实现的标准在于教师个体发挥主观能动性,获取专业知识的内在本质和真正意义。从教育实践来看,教师专业知识主要是通过联合化、内在化、外在化和社会化4种方式加以实现的。

所谓联合化,是指通过“由显性到显性”的方式整合知识使其系统化的过程,也是知识的量的不断增加的过程。教师个人通过书面知识学习、在职培训等接受性学习的方式补充、融合现有的显性知识,从而实现专业知识的增加。当然,联合化并不是简单的知识的机械相加,其关键也不在于将知识外显化,而是要理解信息符号所代表的知识的真正意义,从而在知识信息联合过程中产生新的观念和新的知识。

所谓内在化,是指通过“由显性到隐性”的方式实现知识的转化。将外显的知识消化吸收,在自己的亲身教学实践中运用这些知识,从中领会知识的内在本质,并产生对自己有启示意义的新的体验和理解,这就是内在化的过程,其更多发生在通过应用性学习将群体知识内化为个人知识的过程中。

所谓外在化,是指通过“由隐性到显性”的方式,在个人反思及归纳总结的基础上,将个人内在的、比较模糊的经验、认知表达为显性知识,并与他人交流,从而传递知识。“隐喻、类比和建模”是将隐性知识显性化的有效手段。“隐喻”可表达那些只可意会不可言传的事物,揭示现象之间的联系;“类比”可将知识进一步结构化,将隐喻中依然存在的冲突加以调和;“建模”可以使知识概念之间用一致、系统的逻辑进行转换。这一过程将知识的意义不断揭示出来,既可以让自己对知识有更清晰的意识和把握,又使他人也能学习这些知识,从而实现知识共享。

所谓社会化,是指通过“由隐性到隐性”的方式实现知识的转化。在某些时候,个人的隐性知识难以表达,甚至连个人也未必能够理性地意识到,但是,停留在隐性水平的知识也是可以被分享的,面对面的模仿、现场的体验、反思性的感悟等就可以实现知识的分享学习。“学徒制”就是一种典型的从隐性知识到隐性知识的转换形式,徒弟通过观察、模仿以及实践可以潜移默化地掌握师傅的“行家绝技”,这些技巧还不能被明晰地表达出来,对徒弟来说依然是隐性知识。

三、实现理论学习与社会实践的结合

理论学习与社会实践相结合是使知识结构由内化继承向外向创造方向发展的关键环节。理论型知识和经验型知识是一个完整知识结构的两大支柱,缺一不可,两者是相互协调,互为补充,其组合比例与结合程度是否合理,直接关系到知识结构功效的发挥。教师在某一学科领域基本上完成了知识的继承后,才可能进行前沿创新的研究,也才能不断地向前发展。人类社会实践给教师提出了各种各样的新课题,这就要求教师要把理论学习与社会实践结合起来,在实践中训练技能,培养能力,转变思维方式,突破传统的思维定式,并对原有知识、经验、观念和方法进行新的组合;在实践中教师才能对自己的知识结构不断进行预测调节,使知识结构在动态中不断优化,使之更趋合理。基于此,教师就要把理论学习与实践性环节相结合,注重学校教育与社会实践的紧密结合,尽量多开展社会调查、课题研究和实习考察等活动,给专业知识结构的丰富和完善创造条件,插上腾飞的翅膀。

知识结构的优化建构过程，实质上就是一个学习过程。教师运用科学的方法，对那些分散的、零碎的与低层次的经验知识，进行加工和提升，使之在知识结构内部与理性知识优化协调，结合通融，发挥系统效应。教师必须善于总结经验，注重运用抽象法、比较法去分析，明确经验的适用环境和条件，提高对经验的认识，加深对有关理论的理解。教师经常地分析自身专业知识结构的状况，发现有薄弱的地方，自觉地克服和弥补。教师进行前瞻性与超前性的学习，在空间上关注宏观信息，在时间上关注事物发展的未来前景、趋势和规律，扩展思维空间。具体而言，教师不仅要认真学习和把握自己从事或感兴趣的知识领域、专业的未来发展前景信息，而且要涉猎一般性的未来预测学等学科知识，这样才能给创新思维以广阔的空间，创造更多的专业知识发展的机会。教师要注重运用科学的方法，增强自学能力，特别是要进行研究性的学习，对知识单元充分了解消化吸收，审视、发现和把握知识系列，知识间的相互关系，培养自身良好的学术敏锐性。

四、加强教师专业知识的反思和行动研究

反思是形成教师专业性知识的内在机制。教育教学生活的丰富多彩和不可重复性，使反思在教师知识的形成过程中具有了无可取代的地位。教育教学生活是教师和学生生命历程中重要环节，一方面，教育教学生活之于教师与学生双方来说都是客观存在的，具有给定性，如同海德格尔所说人是被抛入世界的一样，教与学双方也是被抛入教学生活的，他个人在其中获得了接受什么样的教学和在教学中如何行为的客观理由和依据，并据此建构出了维系这个关系的种种规范、制度和常规，这是形成教育教学生活的先决条件。另一方面，如同柏格森所说，生命是延绵不断和完整的，不能将延绵不断的时间之流分割为一个又一个的瞬间，也不能对其加以选择或区分。作为完整的人生的组成部分，教育教学生活就是一个事实，是教师与学生完整的当下生活的全部，不能在他们的当下的生活之外再区分出一个与之相对的生活领域。要生成和提高教师的实践性知识，首先应关注教师的个体教育经验，教师对自我实践经验的反思、感悟、总结和提升，正是生成和提高自己实践性知识的主要途径。在教育经验反思中，教师必须对照教育理论，不仅要反思教育教学活动的一些细节，如具体的教育行为和教育策略等，而且要反思教育活动背后的深层观念，如学生观、知识观、课程观和学习观等，甚至还要对“背后的背后”的观念进行反思，将隐性知识显性化，从而实现实践性知识从内隐到外显的转变。同时，教师要养成自我反思的习惯，在每一次教育实践后自觉反思，使教育经验反思真正成为获得实践性知识的有效途径。

行动研究是形成教师专业性知识的核心。作为教师，他所面对的是一个个正在成长的、有诸多发展需要和可能的生命体，理所应当要选择对人最有营养的因素来服务于人的生长和发展。正如美国实用主义教育家杜威所说：“学校教育的目的在于通过组织保证生长的各种力量，以保证教育得以继续进行，使人们乐于从生活本身学习，并乐于把生活条件造成一种境界，使人人在生活过程中学习，这就是学校教育的最好的产物。”①认识到教育就是人的生活本身，就在于对生活的丰富多彩性的充分把握和对生活的体验和感悟。教师不仅存在于教学活动中，而且实践性地改变着教学，进而改变着其自身。对于以与人交往为主要内容的教师工作来说，它不仅仅是“看”、“说”或“思”的活动，更为重要的是它作为实践性、建构性

① 杜威教育论著选[M].赵祥麟，王承绪，译.上海：华东师范大学出版社，1981：156.

的活动，通过被纳入人类实践体系之中而重构教学生活和教师的个人生活，是“做”的活动。在“做”的过程中，思维的客观真理性和现实的有效性得以结合。教师的专业权力不是简单地由某个外在的力量赋予教师的，而是他自己在教学中不断实践和探索中获得的。积极主动地开展教育教学研究是教师得以从传统意义上被研究的“他者”的地位中解放出来，并由研究的客体或对象转变为研究的主体的必由之路。由此可见，开展具有个人性的教育教学研究之于教师知识的更新与发展，有着特别重要的意义和价值。

五、实现教师专业知识的共享与发展

随着以研究性学习、校本课程、综合实践能力培养和发展性评价为重心的基础教育课程改革的实施，教师角色从知识的传授者逐渐向教学过程中的促进者、研究者、改革者与决策者转变，因此教师不仅要获取知识、应用知识，更要更新和创造知识。知识的建构是社会合作与互动的结果，个体的知识发展也是在众多人的贡献与协作之下促成的。由于每个教师的知识结构、智慧水平、思维方式、认知风格等都存在着差异，即使任教同一学科、同一年级，教师在教学设计、教学内容处理、教学方法选择、课堂管理方面也会各不相同，因而每个教师对教育教学活动的理解和把握都无法做到全面。而这种个体间的差异同时也为教师提供了一种学习资源，教师通过合作学习和交流，实现了知识和经验的互补，思维和智慧的碰撞，促进了对教育活动更趋近于全貌的理解。教师合作学习与教师知识创新有着深刻的内在联系，教师专业知识只有经过分享才能升华其价值。

教师的合作学习首先表现为有指导的合作学习。主要是指在校外专家、教研员、学科带头人等的指导下，通过学术研讨会、专题讲座、教学探讨、集体备课等形式，使理论知识更好地指向教育实践。通过学习，教师既能自上而下，运用理论分析、解释教学实践问题；也能自下而上，从教学案例中提升理性认识。同时，教师还能在专家指导下，根据自身特点制定自我发展的职业规划，互相交流和督促，有利于专业知识的深化和拓展。

其次，表现为展示性的合作学习。一方面可以通过公开课、教学成果展示、读书汇报会等形式，让教师在相互观摩、相互交流中合理取舍，实现了教育教学资源的共享。另一方面可以按课程领域、年级组分类组织集体研修团队，定期研讨、交流彼此在日常教学活动中的学习体会、工作经验等。经过团队讲座和澄清的个案经历，已不仅仅是一人一事的微观叙事，而是形成了一种与同行、与专家、与文本的对话关系，成为每个人都参与其中、相互启发的反思机制，从他人这面“镜子”中观照自我。

最后，表现为探究性的合作学习。基于教师教育教学实践问题解决的“行动研究”是教师专业知识发展和创新的重要途径。具体做法是在专家指导下，教师将教育教学中遇到的一个个具体的问题作为探究的内容，通过“计划—行动—考察—反思—修正”等环节，最终解决问题。在这个过程中，教师与专家合作，家长、学生与社会人士均可作为合作的对象，教师不仅改进了实际工作，还能将教育教学问题中蕴藏的创意与价值呈现出来，把各种技能、策略和理论背后的教育理念显性化，进而更新和建构起教师的专业知识结构。

第五章　教师专业能力

【问题与思考】

1. 习近平总书记在2014年北京师范大学教师座谈会上指出:"好老师还应该是智慧型的老师,具备学习、处世、生活、育人的智慧,既授人以鱼,又授人以渔,能够在各个方面给学生以帮助和指导。"①请结合教师的专业能力,谈谈自己的认识和体会。

2. 教师的专业能力必须与具体的教育情境相结合,根据不同的教育目标、教育对象和复杂多变的问题与现象作出相应的判断和裁决,从而采取不同的适合特定情境的教育行为。这种能力能够彰显教师的专业精神、专业情意和专业知识,反映教育情境中教师的行为模式。谈谈你对此的认识和评价。

3. 国际教师教育改革的趋势表明,有效的教师专业发展需以教师专业学习为中心,注重教师长期主动的思维投入;以核心能力为导向,注重理论思考与专业实践相融合;注重教师教学创新能力培养,以适应学科内容知识更新与现代教学技术变革;以共同研修为载体,通过信息技术平台将教师的学习活动、学习资源与学习社区相整合。结合实际,谈谈这句话对你的价值和启示。

4. 雅斯贝尔斯指出:"训练是一种心灵隔离的活动,教育则是人与人精神相契合,文化得以传递的活动。而人与人的交往是双方(我与你)的对话和敞亮,这种我与你的关系是人类历史文化的核心。"教育是一种交往性活动,尤其表现为教师与学生的沟通交往,良好的教育沟通能力是有效的教育和教学前提之一。你是否赞同这种观点?为什么?

5. 教育经验表明,教师的自主反思是对自身教育观念和教育实践的理性审视与批判,其目的在于察觉自身存在的教育问题,并探寻解决之道。教育研究表明,这种批判性的教学反思可以有效促进教师专业能力的提升。你对自主反思在教师专业能力形成中的作用是如何认识的?

6.《学记》说:"善歌者使人继其声,善教者使人继其志。其言也,约而达,微而臧,罕譬而喻。"苏霍姆林斯基说:"教师的语言修养在极大程度上决定着学生在课堂上的脑力劳动的效率。我们深信,高度的语言修养是合理地利用时间的重要条件。"有人认为,在强调教师现代专业能力建设的当下,语言表达能力仍要给予足够的重视。你是否赞同这种观点?

7. 教师专业能力的形成有两个方向:一种是教育理论的下移,是一种"从系统思想到行动策略"的泛化过程,实现着教育理论与经验的契合;一种是教育经验的上升,是"从行动策略到系统思想"的凝聚过程,实现着教育经验与教育规律间的磨合。你对此有何认识和思考?

---

① 习近平.做党和人民满意的好老师:同北京师范大学师生代表座谈时的讲话[N].人民日报,2014-9-10.

8. 教师专业能力的发展是教师在专业实践中以教育教学能力养成为内容,以一般能力发展为起点,经过专业思想意识的激发、专业素质的养成,进而使新的专业能力结构不断生成、扩张、调适的螺旋提升过程,是一个教与育、智与情、理性与感性、生成与调适、反思与创建、求知与践行等因素对立统一的过程。你能理解教师专业能力形成过程的这种复杂性吗?

教师专业能力是伴随着世界范围的教师专业化运动、对教育教学活动复杂性认识的不断深入而出现的一个专门性概念。从目前国内外研究成果来看,学术界更倾向于把教师专业能力看作一种特殊能力,是能力这种个性心理品质在教师专业活动中的特有表现与运用。教师专业能力不仅影响教师教育教学活动的效率以及活动任务的顺利实现,从根本上决定教师专业活动的优劣成败,而且它本身也是教师专业发展的重要内容之一,对促进教师专业发展发挥着独特作用。

第一节　教师专业能力概述

如何理解和把握教师专业能力的本质意涵,它有哪些区别于其他能力的突出特征,对教师专业活动和教师专业发展的价值何在,这是研究教师专业能力必须首先回答的几个基本问题。要清晰地回答这些问题,首先则必须弄清能力的相关概念和理论。

一、能力的内涵

能力既是一个心理学的概念,也是一个其他学科广泛使用的概念;能力不仅具有十分丰富的内涵,而且具有相当广泛的外延。在学术界,对于能力的概念界定存在不同的认识,但大部分学者倾向于把能力与活动联系起来,并从能力在活动中的作用以及构成个性心理特征的方面认识能力的概念。李孝忠认为,能力是符合活动要求、影响活动效果的个性心理特征的综合。① 郑其恭和李冠乾认为,能力是指个体在认识和改造客观世界的活动中所拥有的直接影响活动的成效和质量,决定活动能否有效地实施和完成的心理特征或素质的综合。② 罗树华和李洪珍认为,所谓能力,是以人的一定的生理和心理素质为基础,在认识和实践活动中形成、发展的完成某种任务的能动力量。③ 康锦常指出,能力是驾驭知识和技能顺利完成活动必备的心理特征。④ 能力一般具有以下几个基本特征。

(一)外显性

能力是人的内在素质在社会实践中的外化表现。能力与人的素质有关,人的素质是能力的内在基础,而人的能力则是人的内在素质的外在表现,是人的本质力量的公开展示。"能力"与"素质"是相互关联的:一方面,素质是能力产生和发展的前提和基础。一个人如果没有素质,就不能形成相应的能力;即使素质条件具备,还必须经过实践,才能转化为能力。没有实践作中介,再好的素质也不能转化为能力。另一方面,素质对能力的形成和发展有导

① 李孝忠.能力心理学[M].西安:陕西人民教育出版社,1985:4.
② 郑其恭,李冠乾.教师的能力结构[M].广州:广东教育出版社,1993:19.
③ 罗树华,李洪珍.教师能力学[M].济南:山东教育出版社,2000:8.
④ 康锦堂.教学能力结构及测评[M].厦门:厦门大学出版社,1991:18.

向和制约作用。不同类别的素质固然导引着能力发展的不同方向，但同一类别素质的质量或水平不同，也会影响和制约能力的形成和发展。但是，能力与素质也存在着明显的区别：素质的特点是"内隐"，是人在其活动过程中非对象化的结晶，而能力是"外显"，是人在其活动过程中对象化的呈现。能力和素质相比，素质更根本。素质通常处于静态，是人的内在的品质或质量，它不能直接作用于客观事物，而是转化和形成能力的必要条件；能力则是一种可以直接作用于客观事物的能够外显的力量。

（二）可测性

能力的可测性，指的是能力的量的规定性，是从能力的水平上看的。从量上看，作为人完成某种活动的实际本领的大小，能力是有大小的，其大小又是可以测量的。那么，能力如何测量呢？一方面，能力的实现总离不开一定的载体，人认识世界和改造世界的范围和领域就由能力的水平高低、大小所决定，因此我们可以通过观察人在认识世界和改造世界完成任务中所取得的绩效大小来衡量能力的大小，正是由于人的能力大小、强弱决定了任务完成绩效的大小。这里，就涉及能力与绩效的关系，绩效是人的能力充分正确发挥的必然结果，是对人的能力的一种确认。另一方面，能力大小的测量可以通过对人所掌握的知识多少、技能水平高低以及人的智力高下来判断。就能力与知识的关系而言，尽管知识不等于能力，知识多不一定能力强，有"文凭"不一定有"水平"。但是，毕竟知识对能力有着重大的影响，能力离不开知识，不掌握反映客观规律并与其特定活动对象具有内在联系的知识，就无法形成符合规律的思维方式，因而无法转化为能力。"无知便无能"就是这个道理。与此类推，尽管智力不等于能力，但智力是能力中的核心因素。在能力的系统结构中，智力处于核心地位，起着关键作用；任何能力都首先是智力的外在表现，即能力的显现离不开智力的支配，低智力难有高能力。此外，技能是在一定生理条件的基础上，在心理活动支配下，按某种要求，经过反复练习形成，并通过人的外在的比较固定的活动方式表现出来的一种专业本领。因而，人的技能，特别是熟练的技能，可以推动能力的进一步发展。

（三）可开发性

能力的开发性是基于能力具有生物和社会双重属性这一基本事实，它一方面具有生物性，它存在于人体之中，是一种活的资源，与人的自然生理特征相适应；另一方面具有社会性，它是人类社会特有的产物，它的产生发展与社会密不可分。因此，从本质上讲，社会性是能力的本质属性，能力是一种社会资源。人的能力有其先天基础或天赋的成分，但主要是在后天的实践活动过程中形成的。这种实践活动，主要是职业实践活动和岗位实践活动，因为人的一生的大部分实践活动主要是在职业岗位中进行的。概括而言，作为一种社会性资源的能力，它必然具有可开发性。这种开发和生成，既是一种自我强化的过程，是基于人口的再生产和劳动力的再生产，通过人口总体内各个体的不断替换更新和劳动力"消耗—生产—再消耗—再生产"的过程实现的；也是一种外力推动的过程，社会制度的性质和生产力水平决定着能力的性质和发展水平，决定着能力开发与利用的程度。

二、教师专业能力的内涵

从目前研究成果来分析，学术界对教师专业能力存在着不同视角的认识和解读。范诗武认为，所谓教师专业能力是指从事教书育人活动的人所必须具备的带有教师职业特点的能力。[①] 郝林晓和折延东认为,教师专业能力主要指作为专业技术人员的教师在从事教育教学活动中能利用教育理性和教育经验,灵活地应对教育情景,作出敏捷的教育行为反应,以促使学生能全面、主动、活泼发展所必需的教育技能。[②] 综合而言,我们认为,所谓教师专业能力,是指作为专业技术人员的教师,在其从事的教育教学活动中能有效利用教育教学理论和教育教学经验,灵活地应对教育教学情境,作出敏捷的教育教学行为反应,促使学生得以全面、主动、健康发展所必需的个性心理特征。教师专业能力可以从横向和纵向两个维度进行分析。

从横向上看,教师专业能力主要包括教育能力(即对教育对象的人格影响力)和教学能力(即对教育对象理智发展的影响力)两个方面。这两个方面在教师专业能力结构中有着紧密联系:首先,教育能力主要体现在教师对学生主体性的激发和提升过程,反映着教育工作的价值理性之所在,它以师生"主体间性"交往关系的生成为纽带,使学生实现从一个弱势主体向一个强势主体的不断提升。不仅如此,教育能力还包括教育系统内的组织管理能力、对教育系统中的三大教育渠道(学校教育、家庭教育和社会教育)之间的协调能力及对教育活动过程的激活能力等。其次,教师教学能力是教师在对学生理智的开发和培养中所必须具备的能力,它以师生之间信息与知识的相互交流为中介,通过它使学生走进社会,走进未知的领域,走向不断的创造和创新,从而向类主体性的方向不断迈进。教师教学能力反映着教学工作的工具理性之所在,其根本目的在于使教学能在学生主体性与类主体性之间保持一定的张力平衡。教师的教学能力对学生认识的意义在于通过提供人类文化与个体认识水平连接的简捷通道,为学生选择生存环境、更新生存方式和形成生存能力提供有效指导。

从纵向上看,教师专业能力主要包括前专业能力、专业意识及生成能力和专业调适能力。教师专业能力发展的过程就是由专业前能力,经专业意识及生成能力,向专业调适能力推进的过程。具体而言,前专业能力是指新教师在入职前,也即非专业学习阶段中潜意识地形成的、能积极影响教育教学的一般能力,如语言能力、交往能力等,它是教师专业能力形成和发展的重要基础。专业意识及生成能力是教师在对教育教学现状的感知、教育教学效果的体验及对与同行能力水平差距的敏锐察觉的基础上所形成的专业意识。这种专业敏感性是教师专业能力的自我发展机制,优秀教师往往能自觉感知教育实践对教师专业能力的特殊要求,并主动培养自己的专业新能力。专业调适能力是教师通过外向探求和内向重构,促使新能力发展、成熟、深化和优化,以实现教师专业能力动态扩展和应对调适的能力,它表现为教师专业监控能力及更新能力等的不断增强,并担负着教师专业能力可持续发展的任务,因而是教师专业能力的内在更新和发展机制。

三、教师专业能力的特点

作为教师在自身特定教育教学活动中所表现出来的一种特殊能力,教师专业能力表现出个体性、情境性、发展性和创新性的突出特点。

(一)个体性

教师专业能力是教师作为个体在日常教学中通过体验、感悟、思考和实践等方式逐步形

① 范诗武.新世纪教师专业能力与教育行动研究[J].外国教育研究,2003(5):28-31.

② 郝林晓,折延东.教师专业能力结构及其成长模式探析[J].教育理论与实践,2004(14):30-33.

成的。但这种形成不是教师把普遍的、规范的某种教育知识或教育理论学会之后应用于教育实践的简单过程，而是受教师个体的思维特性、个性、知识储备、自我形象、职业动机以及所处的教育环境等的影响，蕴含了教师将一般理论个性化和个人情感、知识、观念、价值、应用情景相融合的过程。因此，教师专业能力与其他专业能力相比，有很强的个性化色彩。每个教师的专业能力都能显现出其特有的个性特征以及文化背景、学习经历和工作经历。而且，在同一培养阶段或同一培养过程中，不同的个体其发展层次、水平是极不平衡的。这一特性要求教师能力培养要帮助和鼓励教师发现自我和展示自我，重视个体良好个性的发展和知识的积淀。从这一意义讲，教师专业能力的养成也是教师个体实现自主发展的过程。

（二）情境性

教师的专业能力反映了学校情境中教师的行为模式，带有明显的情境性特点。教师所处的情境是动态和复杂的，充满了不确定性、非常规性乃至矛盾和冲突，如课堂教学过程中的突发事件、学生中的突发问题、不同教育目的的价值冲突、目的与结果的相左等。同一教育内容、同一施教对象，面对不同的受教者，会形成不同的教育情境。教师的专业能力就体现在能将一般的教育教学理论与具体情境相结合，能根据不同的教学条件、教育对象和复杂多变的问题、现象作出相应的判断和裁决，从而采取不同的适合特定情境的行为和方式。因此，教师专业能力的习得需要大量不同教学情境的浸染，通过教学主客体之间的相互作用而实现。没有教学情景的体验，教师专业能力是不可能真正实现的。教育情境的体验是实现教师能力培养的基本保证。教师专业能力的这一形成特性决定教师培养要重视个体实践活动的参与，重视教师主体在实践活动中与教学客体的相互作用，重视理论与情境一体化的建立。

（三）发展性

由于教师的教育教学活动是在极为复杂的关系中进行的，因而教师的专业能力具有高度的包容性和整合性。从个体看，教师专业能力随着教育对象、教育情景的变化显现出动态的、发展的、可变的特点，教师的成长是可持续发展的，其专业能力的发展也伴随着教师个体的成长而不断提升和发展，不能一蹴而就；从整体看，教师专业能力与教育事业的发展是相互联系、相辅相成的，教育在不断地超越、更新和发展，教师专业能力也是处于不断发展、完善之中的。随社会和教育制度的变化，教师专业能力的内涵和外延都在不断拓展，比如从关注教学、教育学生的能力到参与广泛性社会变革的能力，反思能力与当前教育的使命则更为契合。因此，教师专业能力的发展是没有“顶点”的，但有一定的方向性，即由低到高，由浅到深。教师要适应教育改革的需要，及时调整自己的专业能力结构。

（四）创新性

这是由教育对象的特殊性和教育教学的复杂性、多变性决定的。教师的工作与医护工作之规范、司法工作之独立不同，而是更多地需要创造性劳动。从教的活动要素看，教的客体——学生是教师塑造、发展的对象。但作为主体性的人，不同的学生个体有不同的能力、气质、情感、思想，他们的成长、发展有其自身的特性和规律。一种教学策略在甲场合有效，在乙场合未必有效，因为此教学对象非彼教学对象，此教学情景非彼教学情景。这就促使教师要从学生的智慧、情感、意志等多方面考虑教育活动的实效性。千变万化的教育活动使得教师专业能力永远处于生成过程中,这也使教师能力的培养难度更大。这一形成特点决定了教师要根据教育对象、教学情景的不同,不断地对自身教育观和教学行为进行调整,创造性地选择不同的教学策略及方法,以适应不同个体的需要。

四、教师专业能力的价值

教师的专业能力必须与具体的教育教学情境相结合,根据不同的教育目标、教育对象和复杂多变的问题和现象作出相应的判断和裁决,从而采取不同的适合特定情境的教育教学行为。这种能力能够彰显教师的专业精神、专业情意和专业知识,反映教育教学情境中教师的行为模式。教师专业能力是在教师能力体系中居于核心位置,最能突出体现教师专业的本质特征和规范要求,无论是对教师还是对学生,都发挥着特别重要的作用。

(一)增强教师的专业认同

所谓专业认同,是指教师作为个人和职业者,对自己所从事的教师工作,受学校内外和教师内外各种因素影响,产生的完全认可的情绪体验或心理感受。教师专业认同既是指一种发展过程,也是指一种发展状态。“过程”是说教师从自己的经历中逐渐发展、确认自己的教师角色的过程;“状态”则是指教师当前对自己所从事的教师专业的认同程度。教师对于自己专业的认同程度,在很大程度上又会影响教育教学活动的效果。从教师专业能力的角度来看,当教师不能有效地调控课堂,缺乏与同事和学生进行有效交往沟通的能力,或者忙于日常工作琐事而没有时间与精力从事教育教学研究,教师可能会归因于自己能力的欠缺,但教师的专业认同在无形中也会大大降低。相反,如果教师在教育教学中表现出众,在人际交往中游刃有余,那么他就不但具有发现问题、分析问题和解决问题的能力,还能常常在教育教学实践、理论学习以及相互借鉴中加强自我反思,并最终实现自我超越。教师如果对自己的专业从内心深处认为它有价值、有意义,就会从中体验到一种内在的快乐和幸福。

(二)形成教师的专业自信

早在20世纪70年代,联合国教科文组织国际教育发展委员会就已认识到教师作用所面临的深刻变化,认为权威式的传递知识的办法正在通过花费更多时间判断学习者的需要,推动和鼓励学生学习,考核所获得的知识等办法加以补充。随着时代的发展和变革的深入,教师无法也不可能遵循着传统的教育教学模式亦步亦趋。对教师独立自主研究意识和能力的关注,对新型师生关系的建立,对教师反思重建能力的重视,以及对教师沟通合作意识的要求等,无疑都迫切需要教师转变教育教学观念,提高自身的综合素质,同时使教师产生了一定的紧迫感和专业压力。有些教师在知识更新、创新意识发挥和课程改革进程中逐渐被“边缘化”,“可能我不适合当教师”成为一些教师专业不自信的典型心态。因此,教师必须与时俱进,在学校变革中定位好自己的身份和角色,更新教育教学观念,不断进行新理论的学习。特别是针对教育教学过程中出现的困惑和疑难,保持良好的问题和探究意识,加强研究和创新,学会合作、沟通、协调与共享。只要教师有自觉的发展意识,有强烈的发展愿望,常怀一颗进取之心,教师的专业自信是会不断形成和提高的。

(三)激发教师的专业创造

马克思指出:“能给人以尊严的只有这样的职业,在从事这种职业时我们不是作为奴隶般的工具，而是在自己的领域内独立地进行创造"①。教师的创造性是和教师的特殊劳动密切联系在一起的，没有踏踏实实的具体的教师劳动，也就无所谓创造性，其最终体现为教师的实践智慧。教师劳动的创造性表现在对教育教学内容的编排、吸收和讲解，对教育教学规律与原则的遵循，对教育教学模式和方法的运用，对课堂突发事件灵活机智地处理，对外在知识、文化的个人经验和体悟等方方面面。课堂教育教学活动的复杂性、动态生成性、非预期性和不确定性，学生的个别差异性、理智的不成熟性和情感发展的不稳定等特点，都意味着教师在教育教学过程中不可能实行一个固定的程序和模式，也不可能按部就班地进行"流水线式作业"和标准化式的"批量生产"。教师要充分发挥实践智慧，提升自身的思维品质，善于深入思考问题，抓住问题的关键和本质，善于"读懂"学生的成长发展特点。思考问题不是点状的或线性思维，而是在关系中、在过程中和在情境中进行整体的思考。但是，需要说明的是，教师的实践智慧不会自动生成，其形成和不断丰富的过程既是对学生主体性和创造性教育的过程，也是教师专业能力不断发展和教师综合素质不断提高的过程。

（四）促进学生的全面发展

教师的专业能力水平对学生人格塑造及智力发展发挥着重要作用。传统意义上教师的职责是传道、授业与解惑，而在新时代教师应更注重对学生全面发展的指导和帮助。伴随着终身教育理念的日益深入，"全人生指导"即培养学生的可持续发展能力已经成为教育的主要着力点。教师与学生的关系角色发生了重大变化，教师主导与学生主体的关系和定位越发得到认可。教师应该时刻体现和强化学生主体地位，构建以学生为中心的课堂教学模式。教师的育人本领决定其促进学生全面发展的效果，而在众多指标中，教师专业能力则是能够直接影响学生掌握多少真实的本领，包括知识、能力、价值观与人生观的至关重要的因素。正因为如此，从学生全面发展的角度来看，提升教师的专业能力是对"教好学生"的刚性要求，也是完成教师职责使命的基本要求。

第二节 教师专业能力结构

20 世纪下半叶，伴随西方"能力本位"的师范教育的兴起，使得教师专业能力的研究得到了很大的发展。关于教师能力结构构成要素的研究，是对教师能力研究最早、关注最多的方面。近年来，教师专业能力结构的研究也已经成为我国教师教育领域的热门话题。

一、教师专业能力结构的不同观点

专业能力是教师的核心素质之一，完备扎实的专业能力结构是教师能力素质的重要标志。教师应当具有什么样的专业能力，理想的教师专业能力结构如何，国内外研究者对之进行了深入研究。

（一）国外的代表性研究

欧美心理学的理论研究和普及应用水平很高，有些教育学者结合心理学有关能力研究的成果，对教师专业能力的本质及其结构展开分析和探索。

① 马克思恩格斯全集(第 40 卷)[M].北京：人民出版社，1960：6.

1. 美国的研究

美国佛罗里达州的研究者们早在20世纪70年代就进行了一项教师能力的研究,该研究运用科学测验的方法对教师应具备的能力素质进行了比较全面的归纳,提出了教师1 276项能力表现。主要有:量度及评价学生行为的能力,进行教学设计的能力,教学演作的能力,负担行政职责的能力,沟通的能力,个人发展技巧,促使学生自我发展的能力,等等。

美国托莱多大学的吉比尼、威尔玛曾用个人能力测验图评定实习教师的能力,评定项目49条分列在5个主题之下,分别是计划教学材料、设备和评估;教学策略、技巧方法;与学习者的交流;使学习者专注于学习,对学习者进行强化;职业准则。

美国教育部于1987年增设的"全国专业教学标准署",运用逻辑推演的方法制定了教师能力标准,主要包括:全身心致力于学生以及学习的能力;将学科知识熟练地传授给学生的能力;管理与评价学生学习的能力。

之后的美国南部地区教育委员会(SREB)又提出了教师教育技术能力的标准:掌握计算机基本操作技能和理解技术概念与术语;运用技术从事个人研究与交流;能够以多样的方式,用计算机把技术整合到课堂中支持学生学习。

2. 日本的研究

日本学者西昭夫通过研究,在1981年总结出教师应具备8种基本能力:客观地把握学生个性,并能对其进行个别指导的能力;深入探讨所教科目和教材,研究、充实教学指导的能力;熟悉教育方法、技术和学习内容,应付各种教学情况的能力;教育评价的能力;正确处理学校管理、班级管理的能力;建立良好的人际关系的能力;帮助和督促学生自主解决生活问题的能力;协助和指导学生升学就业的能力。

日本文部省的咨询机构教育职员养成审议委员会,1987年作了《关于提高教员师资能力的措施》的咨询报告,提出现代教师的能力标准:具备富有成效的教学和学习指导能力;具备对学生强有力的生活指导能力;具有理解和把握学生心理的能力;具有教育管理的能力;具有独立的自修能力等。

日本教育工学会于2000年2月召开主题为"面向21世纪教师教育的展望和改革——新的教师教育课程与继续教育系统的形态"的研讨会,确定了21世纪教师应具备的3种能力:以全球化的视野为基础而行动的能力(即全球化的观念和网络生存的能力);在急剧变化的时代中生活的人所应该具备的素质和能力(即适应性和创新性);教师工作所必然要求的素质和能力。这种能力分类把教师的职业能力与教师作为具有时代特征的全球人的素质和能力整合在一起,充分体现了教育全球化的趋势和大教育的理念。

3. 欧洲的研究

欧洲经济合作与发展组织(OECD)属下的教育研究与革新中心(CERI),在1993年对旨在改进教师质量的政策进行了比较研究,有10个国家参加研究并提交了案例研究报告。该研究在教师的教学能力方面得出了两点结论:一是教师必须有使用学科教学法的能力,即教师在课堂中"知道其原料"并知道如何去教,能够将特定的概念、技能和信息传授给学生;二是教师有使用多种教与学的模式的能力,教师能够在适当的时间对特定的学生和为提高教学效果选择最适当的教学模式。

(二)国内的典型性研究

20世纪80年代以来,我国关于教师能力结构的研究也日趋丰富。在研究领域和研究方式上主要着眼于宏观与微观两个层面，在研究方法上采用实证和解释性研究，或定量与定性相结合的方法，也产生了一批较有影响力的成果。

1. 教师专业能力的宏观构成研究

教育部师范教育司组织编写的《教师专业化的理论与实践》将教师的能力分为：教学设计能力、教学实施能力和学业检查与评价能力3部分。①

孟育群认为，教师应具备认识能力（主要表现为敏锐的观察力、丰富的想象力、良好的记忆力，尤其是逻辑逻辑思维能力和创造性能力）；设计能力（主要表现为教学设计能力）；传播能力（含语言表达、非语言表达、运用现代教育技术的能力）；组织能力和交往能力。②

康锦堂将教师能力分为教学表达能力、教学组织能力、教学操作能力和教学研究能力。③

郑其恭、李冠乾将教师能力分为教学组织、教学设计能力；教学实施、控制能力；教学检查、测定能力。④

叶澜等提出新型教师应具备的专业能力，包括理解他人和与他人交往的能力；组织管理能力；教育研究的能力；信息的组织与转换能力；信息的传递能力；运用多种教学手段的能力；接收信息的能力等。⑤

范国睿认为，教师专业能力包括4个方面：教育教学能力；参与时代的意识与能力；促进学生发展的意识与能力；自我反思、自觉研究以及促进自身专业发展的意识与能力。⑥

赵炳辉指出，教师专业能力应当涵盖表达能力、课堂管理能力、教学监控能力、人际交往能力、教育研究能力、教学反思能力等不同维度和方面。⑦

傅道春将教师能力分成对教学内容的处理、能运用各种教学方法和手段、教学的组织与管理，语言表达、教学科研、教育机智和学生交往能力。⑧

2. 教师专业能力结构的微观研究

教师专业能力结构的微观成分是指对教师某一具体专业能力的构成，如教学能力、教学监控能力、科研能力、学科教学能力等。在各项专业能力中，教师教学能力受到的关注最多。

陈顺理研究指出，教师的教学能力主要包括：一是对学生的调节、控制和改造的能力，即了解学生的能力、因材施教能力、启发引导不良、教会学生学习的能力、组织管理学生的能力；二是对教学影响的调节、控制和改造的能力，即对教学内容加工处理能力、对教学方法、手段的选择运用能力、对教学组织形式合理利用的能力、言语表达能力、检查教学效果的能力；三是自我调节控制能力，即较强的自学能力、较强的自我修养能力、敏感地接受反馈信息的能力。⑨

---

① 教育部师范教育司组织. 教师专业化的理论与实践[M]. 2版. 北京：人民教育出版社，2003：62-63.

② 孟育群. 现代教师的教育能力结构[J]. 现代中小学教育，1990(3)：30-33.

③ 康锦堂. 教学能力结构及测评[M]. 厦门：厦门大学出版社，1991.

④ 郑其恭，李冠乾. 教师的能力结构[M]. 广州：广东教育出版社，1993：42.

⑤ 叶澜，白益民，王枬，等. 教师角色与教师发展新探[M]. 北京：教育科学出版社，2001：237-238.

⑥ 范国睿. 学校管理的理论与务实[M]. 上海：华东师范大学出版社，2003：504.

⑦ 赵炳辉. 教师学[M]. 北京：中国科学技术出版社，2007：106-114.

⑧ 傅道春. 教师的成长与发展[M]. 北京：教育科学出版社，2001：38-39.

⑨ 陈顺理. 教学能力初探[J]. 课程·教材·教法，1988(9)：53-58.

罗树华和李洪珍认为,教师教学能力可以分为4个维度:第一,教学能力Ⅰ,包括掌握和运用教学大纲的能力;掌握和运用教材的能力;选择、运用教学参考书的能力;编写教案的能力;说课的能力。第二,教学能力Ⅱ,包括因材施教的能力;实现教学目标的能力;选择运用教学方法的能力;激发学生学习兴趣的能力;指导学生学习方法的能力,指导学生进行迁移性学习的能力。第三,教学能力Ⅲ,包括课堂教学的开讲能力;创设最佳教学情境的能力;教学设疑能力;教学举例能力;设计板书的能力;教学反馈能力;教学应变能力;课堂教学的收结能力;进行复式教学的能力,设置学科作业的能力。第四,教学能力Ⅳ,包括教学检测能力;制作教具的能力;操作与示范能力;使用现代教育技术的能力。①

吴艳和陈永明则提出了教师教学能力的5个主要方面:教学设计能力;教学语言表达能力;课堂组织与管理能力;运用现代教育技术的能力;教学测量与评价能力。②

二、教师专业能力结构的当代解读

心理学认为,能力可以分为一般能力和特殊能力两个方面,据此教师专业能力结构的内容也可以从一般能力和特殊能力两个维度进行分析。

(一)教师的一般能力结构

1. 敏锐细致的观察力

观察力是指一种有目的、有组织的主动知觉有关对象的能力。敏锐细致的观察力是教师必备的能力素质之一,是教师提高工作质量的重要条件。苏联教育家赞科夫说过:“难道敏锐的观察力不是教师最可宝贵的品质之一吗?对于一个有观察力的教师来说,学生的欢乐、兴奋、惊奇、疑惑和其他内心活动最细微的表现,都逃不过他的眼睛,一个教师如果对这些熟视无睹,他就很难成为学生的良师益友。”这充分说明了教师良好观察力的重要意义。

(1)教师的观察力是对学生进行因材施教的重要依据。因材施教是教育教学的一条基本原则,我们经常说的“不同学生,区别对待”“一把钥匙开一把锁”等,就是这条原则的具体运用。其中,“因材”是前提,然后才能“施教”。要贯彻因材施教的原则,首先要对学生进行全面而深入的了解,准确掌握每个学生的具体情况。而要了解学生,主要是通过教师周密细致的观察,这势必要求教师要具备敏锐的观察力。

(2)教师的观察力是发现人才的关键。韩愈曾经感叹:“千里马常有,而伯乐不常有。”这正说明我们由于缺乏独具慧眼的伯乐,而对就在我们身边的千里马往往视而不见。作为“伯乐”的教师,只有具有敏锐细致的观察力,才能发现各种各样的“千里马”。

(3)教师的观察力是增强教育教学敏感性的前提。学生的成长并非是直线上升的,特别是思想品德和良好行为习惯的养成,会经常出现曲折起伏,甚至经历多次反复,教师只有灵敏地察觉这些变化,把握学生思想脉搏的跳动,才能及时给以指导和补救,引导学生健康成长。

(4)教师的自我观察力是教师进行自我调节的重要依据。教师是学生的楷模和表率,这就要求教师不断塑造自己为人师表的良好形象,不断加强自我修养和自我教育。而自我

① 罗树华,李洪珍.教师能力学[M].济南:山东教育出版社,1997:136.

② 吴艳,陈永明.教师专业发展[M].北京:高等教育出版社,2017:172.

教育的依据就是自我观察，只有善于观察和经常解剖自己，在有自知之明的基础上，才能在教育教学实践中，自觉努力地教育自己和完善自己，然后才能更有效地教育学生。

教师的科学世界观、态度和教师观察的动机，是直接影响其观察力的重要因素。教师只有具备强烈的观察兴趣和意向，才能促使对学生做深入细致的观察，并在经常的观察中，有意识、有目的地锻炼自己的观察力。而教师的科学态度和世界观又是其全面观察、客观分析的根本保证。否则，就会很容易导致观察的片面性和形而上学。教师提高自身观察力的基本途径，就是要广泛深入学生，从课上到课下，从校内到校外，从有组织的活动到学生的自由活动，都要随时随地观察和了解学生，分析他们中间发生的一些看似细小的事情。只有勤于观察，认真实践，才能不断地提高自己的观察力。另外，教师的观察力也与其个性心理特征有密切的联系，周密的观察，需要教师具有耐心细致的性格和锲而不舍的毅力。因此，教师还要注意自身良好的个性心理品质的培养，这也是提高观察力的一个极为重要的条件。

2. 较强的注意分配力

所谓注意分配力，是指人在同一时间内把自己的注意指向不同对象的能力。教育教学工作是一项需要多种知识、技能协调配合的复杂脑力劳动。在课堂教学中，教师往往要面对几十名不同的学生，边讲、边写、边教、边导，还要随时注意学生听课的情况，处理各种偶发事件，排除各种干扰，维持好课堂纪律，并科学合理地对教学时间加以运筹。这些都离不开教师良好的注意分配力，要求教师既能把注意力集中于讲授的内容和表达的方法上，又能把注意力分配到学生听课情况上，关注学生对所授内容的理解、学生的反馈信息及具体教学情况，及时调节自己讲述速度、难度和方式。可以说，良好的注意分配力是教师的一项专业要求，也是衡量教师教育教学水平的一个重要标志。

具有较强注意分配力的教师，往往能有效地利用言语、板书、教具等各种信息载体向学生传输知识，使读、写、做有机地融为一体，相得益彰。学生不仅听得懂，理解得透，而且学得生动活泼，学得饶有兴趣；具有较强注意分配力的教师，在教学过程中不仅善教，而且善导，能够适时地根据自己讲授的线索，引导学生积极思考，创设活跃学生思维的教学情境，随时体验学生情绪上的细微变化，发现学生思维中的问题，及时予以启发诱导；具有较强注意分配力的教师，善于在学生听、读、练、写的过程中细心捕捉学生智慧的火星，及时给以点燃，使全班每个学生都能从教师的课堂讲授中体验到期待和召唤，从而自觉、积极、主动地进行创造性的学习活动；具有良好注意分配力的教师，在课堂上除了授课，还能随时把握学生听课的情况，注意到每个学生的眼睛在看哪儿，耳朵在听什么，手有没有做小动作，及时用眼神或轻声提醒那些注意力分散的学生，并对那些认真听课的学生送去赞扬的目光，用自己的注意力有效地维持着课堂纪律。如果一个教师能把全班几十个学生都纳入自己的注意范围之内，使每个学生都觉得教师在注视自己，他们就不会分散精力，也就能保持好的课堂纪律。

教师的注意分配力不是与生俱来的，而是在教育教学实践活动中，经过长期有意识地培养和锻炼形成和发展起来的。教师要在教育教学中提高注意的分配能力，首先要熟练掌握教材和各项教育教学基本功，熟练掌握教材是教师实现注意分配的基本条件。教师只有精通教材，能运用自如，才能使自己的注意力从教材内容的束缚中解放出来，把注意的中心指向学生，随时观察学生理解教材的情况，注意学生的课堂纪律。同时，教师只有熟练掌握各种教育教学的基本功，才能使各种教育教学技能在同一时间里得到综合的运用和充分发挥。其次，要充分做好课前的各项准备工作。上课之前，教师要对这堂课进行周密的组织和安排,例如,先讲什么,后讲什么;什么时候讲,什么时候练;在讲授过程中怎样突出重点,分散难点等,都要预先加以周密考虑,课堂教学过程中才能胸有成竹,调控自如,不至于顾此失彼,疲于应付。最后,教师还要吃透学生,要熟知每个学生的性格、脾气、习惯、能力、爱好、知识基础、思维水平和接受能力,充分考虑到学生在课堂上会出现什么问题,在掌握知识的过程中会发生哪些困难。只有对自己的教育教学对象了如指掌,课堂教学中才能合理地对自己的注意力加以分配。

3. 良好的记忆力和想象力

牢固的记忆力也是教师搞好教育教学工作的重要条件,因为教育教学中的许多东西都需要教师牢固记忆,如学生的姓名、性格特点、品行表现、智力水平、知识基础等,不仅教师要了解,还要记住,才能针对学生的具体情况,随时选取最有效的教育教学方法影响学生。至于教材内容及每个教学环节的处理,教师更要准确而清晰地牢记,唯其如此才能根据教学过程的需要,随时加以提取和再现。如果一个教师随见随忘、随做随忘、随讲随忘,是无法搞好教育教学工作的。

教师还需要具备丰富的想象力。教师的工作是一种充满创造性的脑力劳动,没有想象力的积极参与是无法顺利有效地进行的。具有丰富想象力的教师,不仅善于洞察学生的心理,还能根据学生的特点,预料他的发展动向以及采用不同教育措施可能产生的后果,从而有针对性地实施教育教学影响。具有丰富想象力的教师,在教育教学活动中能高瞻远瞩,对学生满怀美好的发展期望,对人类发展充满乐观的信念,使教育教学工作更好地面向未来。想象力不仅在教育教学工作中是必要的,也是不可或缺的。想象力丰富的教师,就能对课堂教学进行精心设计,把学生引入美好的境界,他们能把深奥的事理形象化,把抽象的事物具体化,把死的知识变成有生命力、有思想感情的活的知识,使知识生动形象地、潜移默化地植入学生的大脑。这不仅有助于学生理解知识,而且还有助于学生发展自己的再造能力及创造性想象力。

4. 灵活的创造性思维力

创造性的思维力,是指能独立地思考和解决问题,并在已有的知识和经验基础上,进行创建性构思,以新的方式解决前人未曾解决的问题的能力。善于思索和进行创造性劳动是教师的一种最为可贵的心理品质。只有具备这种心理品质的教师才能取得教育教学上的成功,才能在教育教学活动中不断有所发现、有所创新。

教师的创造性的思维力对教育教学工作的重要意义,是由教师本身的劳动特点决定的。教师的工作具有复杂的多变性,需要教师思维具有灵活性和创造性,只有不按死板公式思考和行动的教师才能胜任。只有靠教师独立思考,创造性的智慧,才能充分发挥自己的教育力量,卓有成效地达成教育教学的最终目标。同时,教育教学也是一门艺术,艺术的生命恰恰就在于创造。教师每上一堂课其实就是一次艰苦的创造性的劳动,一次令人欢欣鼓舞的艺术加工过程。如果离开思维的独创性,那么这些工作都将无法进行。

在教育教学过程中,教师要培养学生思维的独创性,首先要培养和发展自己的创造性思维力,因为没有什么东西能像教师本身思维品质那样有力地影响着学生的思维发展。只有进行创造性劳动的教师,才能使自己的教育教学工作有生气,有活力,才能体验到教育教学工作的乐趣和幸福。教师创造性的思维力主要表现在对自身教育教学工作的不断探索和改进上。教师的创造性思维力绝不局限于教育教学方法的个别发现,或教育教学上的一次成功，而是一种不断前进，向着更完善、更新鲜的事物前进的志向和为实现这种志向而孜孜以求的行动。具有创造性思维力的教师经常会体验到一种不满意自己教育教学工作的感情体验，总觉得自己所做的还远远不够，他们从不满足于已经取得的成绩，他们总是不断追求，对工作精益求精。教师的创造性思维力还表现在能就个人和他人的经验进行分析，他们无论对自己的教育教学经验，还是其他教师的教育教学经验都具有较强的分析和创新能力，既不盲从迷信，也不一意孤行，而是善于因人因时因地制宜，在教育教学活动中不断探索新途径，创造新经验。教师的创造性思维力还表现在能体验到对教材再创造的热情和再现这种热情上，他们从来都不是冷漠的知识说教者和灌输者，而是知识的发现者、拥有者和创造者。

（二）教师的特殊能力结构

1. 语言表达能力

语言是教师表达思想、传授知识、传播文明、启迪智慧、塑造心灵的最基本的工具和最主要的桥梁。教师语言表达能力的强弱，直接关系到教育教学工作的成败。古今中外的教育家都十分重视教师语言表达能力的提高。《学记》指出，“约而达，微而臧，罕譬而喻”，意思是说要善于运用精简扼要的讲述和适当中肯的比喻，使学生易于理解，乐于接受。苏霍姆林斯基也认为，教师的语言修养在极大程度上决定着学生在课堂上的脑力劳动的效率，高度的语言修养是合理地利用时间的重要条件。具体而言，教师的语言表达应符合以下几个基本要求。

（1）教师的语言表达要准确明晰，具有科学性和准确性。这是要求教师上课要用周密严谨的语言、精确的词汇，表达概念，阐述定理公式，进行分析综合，推理判断。我们都知道，教师所教的各门学科，不论是自然科学，还是社会科学，都要传授科学知识，而学生所接受的也应是准确无误的科学知识，要做到这一点，就必须保证语言表达的科学性。科学的语言是周到严密、含义明确、措辞精当、不生歧义的准确语言。只有这样的语言才能揭示客观事物的本质和规律，给人以清晰明彻的正确认识。如果教师用语含混，其结果只能使学生信疑不定，甚至引起判断上的失误，把错误的东西当作真理。

（2）教师的语言表达要简洁练达，具有逻辑性和系统性。这是要求教师的语言表达要简洁明快，干净利落，既准确又凝练，句句连贯，层次分明，具有内在的逻辑力量和高度的概括水平，由此启迪学生的创造性思维活动。教师的每一句话、每一个字都要紧扣教材中心，起到应有的表情达意的作用。为此，教师要对教材的书面语言进行加工、提炼、斟酌等二次加工，尽量用最简练的语言表达最丰富的内容。而有些教师平时讲起课来总是喜欢长篇大论、旁征博引，三言两语即可交代清楚的问题，却要累赘地讲上一大堆；也有的教师可能出于好心，怕学生掌握不了，翻来覆去、絮絮叨叨地进行说教，这样不仅会使学生感到乏味，而且容易养成学生懒惰的坏习惯，阻碍学生独立思考能力的发展。

（3）教师的语言表达要生动活泼，具有形象性和生动性。这是要求教师在上课时用语要鲜明活泼，生动形象，使学生有如临其境、如见其人、如闻其声之感，将抽象的概念具体化，深奥的哲理形象化，枯燥的知识趣味化。生动形象、富有趣味的讲授，能引起学生的直接兴趣，使其听讲认真，感受深刻，思维活跃，而且能激发其强烈的学习动机。教育教学实践表明，生动活泼、幽默形象、耐人寻味的语言，是最能开启学生智慧的。而那些言之无物的空话、套话、废话，也最容易给学生以单调刺激，使大脑神经进入抑制状态，从而抑制学生的智力发展和创造能力。

(4) 教师的语言表达要通俗易懂,具有通俗性和大众性。这要求教师的语言要深入浅出、明白流畅、平易近人。教师上课的目的就是要使学生掌握知识,而要使学生高速高效地掌握知识,教师的讲话就要能使学生听得懂、听得明白。由于教师劳动的对象一般是青少年学生,他们生活阅历不深,文化知识正处于打基础阶段,如果教师的语言过度晦涩难懂,满口"子曰诗云""之乎者也",或新名词、新概念、新术语,学生必然听不懂,理解困难,从而影响对知识的顺利吸收。可见,教师的语言表达应使学生听得明白,用语要有针对性,不能搞华丽的辞藻堆砌,这应成为教师教学的一个准则。

(5) 教师的语言表达要抑扬顿挫,具有节奏性和和谐性。一般而言,教师的课堂语言应该声音洪亮、吐字清晰、咬字准确、发音规范,说话速度快慢适宜,语调应当平直自然。但同时也要注意根据讲授内容的特点和表达上的感情需要,有高有低、有快有慢、抑扬起伏、错落有致。要达到教学语言的节奏性和和谐性,必须注意对语调加强控制,语调是影响教育教学效果的一个极其重要的因素。苏联教育家马卡连柯就认为,教师只有当他学会用 15 至 20 种不同的语调说"到这里来"时,他才能成为一个真正的行家。当然,为了使教师的语言表达富有成效,达到完美和谐的境界,教师还要善于把语言表达与非语言表达手段的运用有机融合起来,利用非语言表达手段以加强语言表达的感染力。苏联教育学赞科夫曾经指出:"要知道,人说出来的话,不单是靠它的内容来激发对方的思想和感情的。这里有交谈者一副兴致勃勃的面孔,有一双一忽儿在科学的丰功伟绩面前燃烧着赞美的火花,一忽儿又好像在怀疑所作结论的正确性而眯缝起来的眼睛,有表情,还有手势……"。教师良好的语言表达能力并非生而有之,也非朝夕形成,它要求教师要有丰富的词汇储备,掌握语法的规律,有一定的逻辑学、语言学、心理学和教育学的修养,并在此基础上在教育教学实践活动中不断锤炼,才能达到艺术化的境地,才能抓住学生的心灵,拨动学生的心弦,使学生跟随教师的讲授而欲罢不能。

2. 研究学生能力

学生是教师教育教学的对象,了解和研究学生是教师的一种最基本的专业能力,也是教师发挥教育教学艺术的先决条件。中国古代教育家孔子就十分注意对学生的了解和研究,他认为对学生要"视其所以,观其所由,察其所安",他对自己学生的性格、才能、志趣和特点了如指掌。他在评论自己的学生时曾经说过:"柴也愚,参也鲁,师也辟,由也彦。"意思是说,高柴愚笨,曾参迟钝,子张偏激,子路鲁莽。教育家马卡连柯也很善于了解和研究学生,学生的任何细微的表现都逃不脱他的眼睛。教育家苏霍姆林斯基也是如此,他从教 30 多年,曾对 3 600 多名学生写了详尽的观察日记,每个学生一本,其教育的成功与对学生的深入了解和研究是密不可分的。教育家赞科夫在其所著的《和教师的谈话》一书中也这样指出:"难道敏锐的观察力不是一个教师最可宝贵的品质之一吗? 对于一个有观察力的教师来说,学生的欢乐、兴奋、惊奇、疑惑、恐惧、受窘和其他内心活动的最细微的表现,都逃不过他的眼睛。一个教师如果对这些表现熟视无睹,他就很难成为学生的良师益友。"教师对学生良好的了解和研究的能力主要有以下特点。

(1) 细致深入,见微知著。能体察学生内心的细微变化,并透过这些细微表现把握其知识背景和智力发展水平,掌握他们的心理状态和思想动态,能深入到学生的意识中去了解学生的自我观念,这是教师良好了解和研究学生能力的基本品质。教师了解和研究学生的能力是否强，并不单纯取决于观察了解时间的长短和把握对象特征的多少，而主要在于能否抓住一些具有决定意义的重要成分，特别是善于从隐蔽的、易忽视的细节之中，探索出事物的本质。

（2）迅速准确，洞察心灵。能迅速地进行观察，善于抓住最能表现学生内心活动的主要表现，而又不为假象所迷惑，也是良好了解和研究学生能力的重要特征。具有这种品质的教师，往往善于在瞬间捕捉学生的表情和行为的细微变化，迅速掌握学生的特点，真实地判断所发生的情况或学生的心理活动，及时地处理问题。

（3）全面系统，客观公正。从时间和空间等各个方面进行了解和研究，保证了解和研究的系统性，这是良好的了解和研究学生能力的又一个重要特点。这一特点要求教师要善于利用一切可以利用的机会和场合，对学生进行多角度、全方位的观察和了解研究。从时间上来看，包括课内和课外；从空间上来看，包括校内和校外。只有全面地了解学生，才能客观准确地指导学生的学习和生活。苏联教育家乌申斯基认为，如果教育学想从各方面去教育人，那么它就应当首先全面地了解人。如果教师不能全面系统地观察学生，了解和研究学生，那么势必会导致教师作出错误或片面的判断，影响教育教学的效果。

3. 组织管理能力

教师从走进教室的那一刻开始，就要善于把全班学生的注意力集中到教学内容上来；从他担任班级教学或班主任工作的第一天起，就要把几十个兴趣、爱好、性格特点各不相同的学生组织起来，形成一个自觉的班集体，这都需要教师有较强的组织管理能力。教育教学实践已经证明，教师组织管理能力的强弱，在一定程度上对教育教学工作的成败起着决定性的作用。近年来的有关研究表明，我国师范院校毕业生毕业后难以适应教育教学工作的重要原因之一，就是其组织管理能力不强。一般而言，教师的组织管理能力主要包括以下几个方面的内容。

（1）制订教育教学计划的能力。有效地制订教育教学计划是教师开展工作的前提，是增强教育教学目的性或自觉性的重要条件。有组织管理能力的教师，一般都能自觉地计划和协调自己的教育教学工作。他们既有学年或学期工作总计划，也有月、周或日计划，甚至每天、每节课都安排得有条不紊、节奏紧凑。他们按照预定的计划开展工作，检查质量，总结经验，因而教育教学效果比较理想。而那些缺乏组织管理能力的教师，尽管他们有着良好的愿望和动机，却因不能制订切实可行的计划，从而使教育教学工作陷入困境。

（2）组织加工教材的能力。把人类千百年来积淀的文化成果转化为学生的知识和能力，这是教师最基本的职责。对学校教育来讲，人类文化成果贮存于教材之中，要使这种贮存状态的信息转化为学生的知识，教师还必须对其进行一定的组织加工。这种组织加工，必须遵循学生知识的内在逻辑顺序和学生身心发展的逻辑序列，力求达成二者的有机结合。为此，教师必须深入细致地钻研教材，把握教材的整体结构和逻辑体系，弄清教材的重点、难点和关键，并在此基础上，按照学生的实际接受水平，重新组织和加工教材。同一教材内容，在不同教师的讲解下，效果是有很大差别的。究其原因，除了教师文化修养和专业水平不同之外，还与教师分析、组织与加工教材的能力有关。

（3）组织管理课堂的能力。组织管理课堂的能力是教师组织管理能力的又一个重要方面。课堂组织管理得当与否，直接关系到教育教学的效率和效果。良好课堂教学的指标主要包括秩序井然、气氛民主和注意集中，其中以学生注意的组织管理最为关键。俄国教育家乌申斯基就曾经指出:注意是人们心灵的唯一门户,意识中的一切,都必然要经过它才能进来。教师若想在课堂教学中向学生高速高效地传授科学文化知识,发展智力和能力,培养其良好的道德品质,首先必须打开学生心灵的窗户,唤起学生的注意。

(4) 组织管理学生的能力。教师所面对的对象不是单个或少数的学生,而是构成一个集体的班级。在集体中进行共同的教育教学活动,需要教师具有较强的组织和管理能力,才能按照整体的要求来协调每个学生的活动,也才能保证集体活动的顺利进行。具体而言,教师应能做到以下几个方面:一是能确定集体目标。几十个学生聚集在一个班里,如果没有共同的奋斗目标,缺乏共同的愿望,就无法形成团结友爱的集体。在一个有共同目标的班级里,每个学生都会深刻体验到个人和集体的关系,体验到集体的力量,认识到个人在集体中的社会价值,感受到集体的荣誉感、自豪感和自己的责任感,从而更严格地要求自己。教师要善于在班集体面前有计划、有步骤地不断提出共同的奋斗目标,使班级的活动顺利地开展。二是要建立集体核心。一个班级,只有形成了核心,才能成为有活动能力的集体。形成班级核心,首先要推选好的班级干部,应该从德、智、体全面发展的学生中挑选。三是要组织集体活动。目标是集体发展的方向和动力,而组织相应的具体活动则是集体向既定目标前进的形式。在这种活动中,可以发挥每个人的才能,发展每个人的兴趣,并在集体中受到教育。组织集体活动的形式是多种多样的。如主题班会、故事会、文艺演出、科学晚会、远足旅游、调查访问等。无论组织何种形式的集体活动,教师都应注意使活动做到有的放矢,内容要有说服力,把教育和自我教育结合起来,才能取得理想的教育效果。

4. 教育机智能力

俄国教育家乌申斯基说过:"不论教育者怎样地研究了教育学理论,如果他没有教育机智,他就不可能成为一个优良的教育实践者,这种所谓教育机智在本质上不是什么别的东西,无非是文学家、诗人、演说家、演员、政治家、传教者,一句话,就是一切想跟教育学者一样对别人的心灵发挥某种影响的那些人所需要的那种心理学的机智。"在教育过程中,教育情境瞬息万变,教师面对错综复杂的情况,特别是对突如其来的偶发情况,能够正确、迅速、敏捷地判断,恰到好处地作出处理,从而取得良好的教育效果,这就是教育机智。教育机智是教师各种教育才能的综合表现,是教师敏锐的观察力、灵活的思维力和果断的意志力等心理品质的综合表现,是教师教育学、心理学的理论水平和教学经验的积累和概括。教师良好的教育机智能力的运用应注意以下几个基本要求。

(1) 循循善诱,启发引导。教师要根据学生的具体情况,运用循循善诱的方式加以教育引导,利用积极因素,克服消极因素。善于发现和利用学生的积极因素,帮助他们扬长避短,从善去恶,使其逐步增长起克服缺点的内在精神力量,这是教育机智最重要的内容。教师能根据学生的实际,把自己的教育意图隐蔽在友好和无拘束的气氛中,把自己的教育要求转化为学生自身的需要,这是教育艺术的高峰,也是教育机智的最高体现。

(2) 灵活机智,机敏幽默。教师能够根据现场情况,灵活机智地处理教育教学活动中的偶发事件,及时地调节和消除矛盾,有效地影响和教育学生。教育教学中的偶然事件从性质上看,可分良性事件与恶性事件二种。良性偶发事件是在教师的教育教学过程中,学生会突然向老师提出一些意想不到的疑难问题。这类事件虽不具有破坏课堂纪律的性质,但处理不好会打乱正常的教学秩序;恶性偶发事件是指课堂上突然出现的不良行为,如打架,摔打文具及其他破坏纪律的恶作剧等,它常常会把老师精心设计准备的一堂课,搅得一塌糊涂,难以进行。无论是良性偶发事件，还是恶性偶发事件，都是分散师生注意力，打乱课堂教学秩序的主要原因。

(3) 讲究分寸，适可而止。教师在处理教育教学中的问题和事项时，要讲究分寸，恰到好处，适可而止，这是教育机智运用的重要原则。做任何事情都有一个分寸或度的问题。在教育教学工作中，如果不注意分寸，到头来不仅不能达到预期的效果，还会影响学生的健康成长。教师的教育机智应该以教育规律为依据，从学生的实际情况出发，谨慎地处理教育教学中所发生的每一个问题。任何违背教育规律的教育机智，都会造成不良后果。基于此，教师一定要注意教育机智的分寸，它不是灵机一动的产物，而是理论与实践、原则性与灵活性、深思与果断相结合在教育教学中的具体表现，是教师热爱教育事业和热爱学生，深入了解和研究学生，不断研究教育教学规律和积累教育教学经验的结果。

5. 沟通交往能力

教师在教育教学工作中要处理各种各样的人际关系，如教师与学生的关系、教师之间的关系、教师与家长的关系，教师与社会其他行业人之间的关系等。教师与这些群体及个人之间关系处理得恰当与否，在很大程度上影响着教师教育教学工作的成效。教师要达到人际交往的目的，必须具备一定的心理品质以及人际交往的基本技能，而这些心理品质与交往技能也是由教师交往的对象和内容所决定的。具体而言，主要包括以下几个方面。

(1) 积极的关注。关注他人是人际交往的起点，而善于关注他人对于教师来说也是十分重要的。在教育教学活动中，教师要及时全面地了解学生的学习和思想情况，这就要求教师要关注学生心理和行为的变化，分析这些变化的原因，找出变化的规律。积极的关注意味着教师要时时注意学生的长处，及时予以表扬。即使是对于那些经常犯错误的学生，教师也要善于挖掘他们身上的闪光点，以鼓励的态度帮助他们克服自身不足。教师对学生的关注是一种关心和理解，它会使学生真正感受到教师的关怀，也易于接受教师的教育和指导。

(2) 尊重与信任。尊重与信任是人际交往基本前提，这在师生之间的交往过程中显得更为重要。尊重与信任是打开学生心灵的钥匙，而要达到这一目的，教师一方面要尊重学生的人格。教师要认识到，学生与教师在道德人格和法律人格上是完全平等的；另一方面要尊重每个学生的个性特点；同时，要注意保护学生的自尊心。

(3) 善于倾听。善于倾听是与他人交往所需要的重要技能，也反映出一个人的修养水平。善于倾听意味着能够抓住讲话人所表达的主要内容和意图，也意味着倾听者能够对对方所说的话加以区别并正确表达自己的观点。教师需要经常倾听每个学生的要求，分析他们的内心活动，为学生答疑解惑。教师还要做学生的心理咨询师，这就更需要教师具有良好的倾听能力。教师还要经常倾听领导和同事对自己工作的评价，从这些评价中找到自己工作的优势与弱势，建立新的成长点。教师还要经常倾听来自家长和社会各界对自己工作的意见和建议，以改善自己的工作等，所有的这些都需要教师掌握有效倾听的技能。

(4) 理解与共情。理解与共情是指能够站在他人的角度来看问题，能够理解与分担对方精神世界中的各种负担的能力。教师的工作对象是成长中的青少年学生，他们不仅仅需要教师的指导，还需要教师的理解与尊重，教师应经常站在学生的角度理解和体察他们的心理活动和需求。如一个富有同情心的教师应理解一个考试成绩落后学生的窘迫心理，他需要的是老师的鼓励。对学习落后学生的家长也要给予充分的理解，不要轻易指责家长在孩子教育问题方面的失误，而应与家长一道共同分析孩子问题产生的原因，共同制订有针对性的教育计划，帮助孩子更好地进步。

6. 自我调控能力

教师的自我调控能力包括两个方面的内容：一是根据客观需要调控自身主体结构的能力。如教育教学中根据社会的需要、科技的发展以及学生的信息反馈不断调控教育教学计划、教育教学内容以及教育教学方法等的能力。二是调控自身的心境、情绪和情感的能力。教育系统是一个开放系统，而不是一个封闭系统，它随时要和社会发生信息交流，保持与社会的平衡。社会上任何一种因素的变化，都可能或多或少、直接或间接地影响教育系统，引起教育内部各种结构的变化。教师要适应这些新的变化和要求，就必须具有较强的自我调控能力，主动地按照需要来改变主体结构。教育家苏霍姆林斯基曾经指出：善于掌握自己，克制自己是一种必要的能力，它既关系到教师的工作成就，也关系到他的健康。

教师是处于现实生活中具有感情的人，会遇到各种各样的痛苦和不幸，如果不加以调控，就会影响工作。苏联戏剧大师斯坦尼斯拉夫斯基对演员的自制力修养问题，曾这样形象地加以比喻："当一个人回到家的时候，他得把套鞋脱下留在室外的过道里；当演员来到剧院的时候，他也应当把自己个人的一切不快和痛苦留在剧院之外。在这里，在剧院里，他整个的人是属于艺术的。"教师也应当是这样，来到学校里，他整个人就是属于学生的，属于教育事业的。因此，教师必须十分注重自我控制能力的修养，善于调控自己的情感和心境。即使内心有痛苦，有悲伤，身体有疾病，只要一上课堂都统统抛于九霄云外。

7. 教学设计能力

教学设计能力是教师为达成教学目标，促进学生学习和发展，根据学生特征和环境条件，运用教学原理与方法，选择教学材料，制订教学活动方案的过程的能力。教学设计能力包括掌握课程标准、确定教学目标、制订教学计划、熟悉教材、把握重点难点等要素。

第一，在教学目标设计上，教师应根据学生个体的特点和能力，根据具体的教学任务，从认知、情感、技能等方面进行设计；第二，在教学环境设计上，教师要策划、设计适合学生学习的环境，营造浓厚的学习氛围；第三，在教学内容设计上，教师要根据社会发展的需要以及学生将来所要从事的工作所需的知识、素质与能力要求，合理选取教学案例、合理安排教学内容，为学生的可持续发展奠定良好的基础；第四，在教学模式设计上，教师要重视学生在校学习与实际工作的一致性，要有针对性地采取项目导向、任务驱动、学科理论与工作实践一体的行动导向的教学模式；第五，在教学方法设计上，教师要根据学习领域课程的内容与学生特点，灵活地运用案例式、讨论式、课堂教学与现场教学相结合的教学方法方式；第六，在教学手段的选择上，教师要充分运用多媒体等现代教育技术和虚拟现实技术，建立虚拟社会、虚拟情境、虚拟项目等仿真教学环境，优化教学过程，提高教学活动的效率和效果。

8. 教学实施能力

教学实施能力是教师专业教学能力结构中的核心组成部分。它是教师在教学实施过程中所体现出来的具体的应用能力，包括课堂讲授能力、课堂调控能力、教学技能以及教学媒体的应用能力、教学方法的选择能力等。教学组织实施是将精心设计的教学方案具体实施的过程。无论教学方案设计得多么完美，若教学组织实施这一环节失误或失败，教学任务最终还是无法完成。教学过程是师生双边互动的过程，由于信息化水平的显著提高，学生的学习内容、学习方式、学习媒介均发生了巨大的变化。

随着研究性教学的不断深入，教师也不再是知识的传授者，而应成为学生学习的“设计者”、“组织者”、“引导者”、“启发者”、“鼓励者”和“促进者”，使自己的教学向着最有利于学生发展的方向进行。中小学教师应该改变过去传统的以讲授为主的“灌输式”教学方法，大力开展研讨型、探究式、体验式、自主学习、合作学习、案例教学、项目教学法等有利于创新精神、创新能力、实践能力培养的教学改革，通过与学生的交流互动，教学相长，及时掌握学生的学习状况和课堂中出现的问题，并能据此调整自己的教学节奏和教学行为，调动学生的学习积极性、主动性，激发学生的创造力，使教学活动在紧张活泼的气氛中进行，以更好地提升人才培养的质量，取得较佳的教学效果。

9. 教学评价能力

专业教学评价是评估教学质量、衡量教学效果的重要手段，对提高学生学习能力具有导向性和激励性作用。包括教师对教学内容的评价能力，教师对学生学业成绩的评价能力和教师教学自我评价能力等。评价只是一种手段，目的是以评促教，以评促改，教与改结合，促进教育教学工作科学化和规范化。

教学内容的评价能力是指教师对所授课程内容的历史、现状、所存在的问题、没有解决的课题等方面的认识能力。教师具有较强的教学内容评价能力不仅是自身知识发展、促进自我驾驭课程内容的内在动力，也是提高课堂教学效果的重要条件之一。

教师对学生学业成绩的评价目的在于及时了解学生学习状况和学习水平，以便总结经验并及时纠正教学策略，达成教育目标。对学生的评价要改变目前的“一张试卷定终身”的传统课程考核方式，采用课内与课外相结合、团队与个人相结合、理论学习与实践成果相结合、教师评价与学生评价相结合等多种方法，全面、系统、科学地评价学生的态度和学习效果，以激励学生向高能力和高素质方向发展。

教师教学自我评价能力是指教师依照一定标准对自身教学实践及教学效果进行客观评判的能力，它是教师自反思的过程，所以教师的自我评价能力也是教师的自我反思能力。教师在教学中自我评价能力包括反思教学目标的能力、反思教学观念的能力、反思教学态度的能力、反思教学内容的能力、反思教学方法的能力和反思教学效果的能力。教师不断地对自己的教学进行反思，有利于将教育教学及课程理论内化为自己的教学行为，促进教学活动的不断完善，提升教学艺术，提高教学质量。

第三节　教师专业能力的提升

教师专业能力结构的复杂性、教学实践情境的多样性以及教师自身知识经验和认识能力的局限性，决定了教师专业能力的形成并非一朝一夕之功，而是伴随着教师专业成长不断形成、发展和完善的过程。这一过程既表现出明显的阶段性特点，同时也显现出教师专业能力形成的规律性。

一、教师专业能力的形成过程

教师专业能力的形成过程是从职前教师教育阶段就开始了的，经过教师教育阶段的理论奠基和实习实践，到真正当了教师后才得到突飞猛进的发展和提升。这一形成过程主要包括以下几个具体环节。①

（一）由被动接受到主动学习

由于师范生缺乏教学实践经验，对专业能力的形成和发展积极性、主动性不高，因而其最初的专业能力培养往往处于被动接受层面。他们往往把专业学习作为外界对自己的强制规定，为了获得社会与学校的认同，被动地学习和接受教育理论课程的知识和要求。因此，处在这一阶段的师范生的专业能力发展，无论是主体意识还是行为模式，都存在较大的被动的成分。但随着教师教育课程学习的不断深入，随着对教师职业认同感的不断增强，他们的专业发展自主意识就会逐渐提高，发展自身专业能力的愿望和主动性开始显现。由于专业能力的情境性与个体性特点，教师的主动性发展和自我发展意识的提高对促进教师专业成长具有决定性作用。因此，可以这样认为，在教师教育阶段，只有激发师范生的自主意识，不断由被动到主动，由他律到自律，由他教到自教，才能真正实现其有效的专业成长。教师专业能力的形成与发展是一个逐渐实践内化的过程，在这一过程中，假如他们能够积极主动地置身于具体的教学实践情境中，有意识、有目的、积极主动地发现问题、分析问题和解决问题，其专业能力就会得到不断提升。

（二）由虚拟实践到现实实践

研究表明，对教育教学理论的机械被动地接受，并不能直接驱动鲜活的教学实践，只有使特定情境中的实践者对自己活动的情境产生真正的理解，才能使理论真正走向实际应用。对于师范生而言，消化和吸收教育教学理论的过程，最佳的实现方式就是进行虚拟实践。所谓虚拟实践，是指通过模拟现实教学情境而进行的教学活动，有虚拟的教学场景和模拟的学生。在虚拟实践中，"教学场景""学生"作为"背景"为实践主体服务。由于师范生一般都缺乏生活体验，因而虚拟实践就成为师范生专业能力形成和发展的最佳路径。但由于虚拟实践虽然典型、可控和有规律，可总是与现实实践存在较大的差距，它所展示的问题也往往并不那么完整和真实，因此其专业能力要想真正得到较好发展还离不开现实实践。师范生从虚拟实践到现实实践，其作为教师的主体意识就会初步得到显现，也就可以比较容易地实现由学生角色向教师角色的转变。只有在真实的教学情境中，才能使施教者与受教者之间的思想情感、知识观念得以碰撞激活，并产生深层的互动与交流，使教与学的行为鲜活起来。也只有在这样的现实教学实践中生成的专业能力，才能凸显实践者的个体性和教学活动的情境性，从而使其专业能力得到更好的发展。

（三）由规定发展到迁移发展

所谓迁移发展，是指教师在有组织规定的情景下习得的知识、能力和方法在其他教学情境中的应用与保持，它是教师成为合格教育者所必须经历的过程。但是，由于教学实践经验和生活背景的欠缺，教师在其专业能力形成的初步阶段，需要在人为创设的教学情境中进行规范实践，即大量地进行重复性的行为锻炼。在经过多次规范实践之后，教师就会逐渐理解其所学的教育教学理论和教学策略方法，并尝试在具体教育教学情境中加以运用。由于教育教学理论和教学策略方法是共性而非情境性、个人化的，因而教师只有把典型教学情境中运用的教学策略方法，经过调整迁移和加工改造运用到其他教学情境之中，才能使其呈现出

① 吴志华，柳海民. 论教师专业能力的养成及高师教育课程的有效教学途径[J]. 教师教育研究，2004(3)：27-31.

个性化特征。在这一过程中，迁移实践其实在很大程度上为教师的专业能力的形成与彰显提供了最重要的条件。影响教师迁移发展的外在因素主要是感性经验的积累，感性经验积累得越丰富，就越有助于教师的迁移实践，教师的专业能力才能不断得以提升。

（四）由实践感受到实践反思

教师专业能力的形成要经过教学实践，这是毋庸置疑的。但是，教学实践并不简单等同于专业能力的提升，还必须注重在此基础上对教学实践过程的深入的思考。这种思考一般表现为两种形式：第一，教师对自身教学实践的描述性回顾和思考。这种思考属于实践感受型的，是浅层的和表面化的，它只是把教学实践过程实事求是地记录下来，累积和丰富自己的教学经验。但是，教学经验虽然源自教师的教学实践经历，可经历的东西未必都能成为教师真实有效的经验，只有经过教师仔细的过滤、有序的排列和科学的概括，它才可以成为教师的经验，而不再仅仅是教师杂乱无章的画面堆积。可见，实践感受其实也就是帮助教师系统地积累教学经验素材的过程。第二，教师对自身教学实践的批判性思考或反思，也就是对自我教学行为与活动的认识和评价以及对自身教学经验的系统梳理。反思是促进教师专业能力形成与发展的根本内因，它能有效地促进教师个人化教育教学知识的生成，能使教师个体教育教学知识产生对教学实践的指导作用，从而不断提升教师个人教学实践的合理性、有效性和科学性。

二、教师专业能力的形成模式

教师专业能力形成过程是外部因素和内部因素共同作用的结果，在内外因素相互作用下，教师专业能力的形成模式具有多维性和多样性。① 具体而言，可以概括为以下几种主要模式。

（一）反思批判与创新重构模式

教师专业能力形成的起点是基于人类最一般的教学实践经验的推进，人类基本交往能力和教师求学经历中涵盖的前专业能力是教师专业能力形成的共同起点，但相同的起点并不一定导致相同的发展方向。教师专业能力发展在其前进路线上往往会产生两个相反的运动：一是反思教师专业能力成长现状；二是探求面向未来的教师专业能力的更新。在此基础上，教师专业能力形成了反思批判和创新重构两种基本形成模式。

教师专业能力的反思批判模式主要表现为通过对已有教学案例的评析来推动教师专业能力的发展。这种模式侧重于对教师教学行为中操作层面的合理性进行质疑与否定，它一方面重在解构与破坏，以求在分析思维中达到对教学问题的认识和改正；另一方面，它也强调对教师专业能力中不合理性因素的觉察，以服务于教师对教学过程监控能力和教学敏感性的提高。不仅如此，它还重视通过对学生学习状况的全面理解，反思教师专业能力结构的存在的某些不足以及与教学理论相互冲突之处，以求更好地加以更正与完善。

教师专业能力的创新重构模式主要表现为通过对教学案例设计形成教师专业能力。它一方面比较侧重于对教师专业能力的宏观结构进行拓展和完善，目的是在综合思维中提高教师专业能力的现实适应性；另一方面，它强调以教师专业能力的调适来应对外在教学改革

① 郝林晓，折延东．教师专业能力结构及其成长模式探析[J]．教育理论与实践，2004(14)：30-33.

的挑战,它主要服务于教师教学创新能力和教学应变能力的不断提高。不仅如此,它还重视发现更为合理的教学策略方法,以求使教学活动在理想境界态和现实状态之间选择更符合教学实际的发展路径。

(二) 经验积累与理性演绎模式

教师专业能力的发展不仅可采用感性经验依附理性认识的方式演进,也可采用使理性认识扎根经验的方式推进,由此形成了教师专业能力形成的经验积累和理性演绎两种模式。

教师专业能力形成的经验积累模式主要是通过教师直接获得相关的教学程序性知识、经验性知识而加以推进,它的理性参与水平较低,其形成类似一种"滚雪球"的形式。这种模式主要针对那些性格内向、缺乏交流的教师,其专业能力自身生成能力较弱,可能长期处于闭门造车的封闭僵化状态。

教师专业能力形成的理性演绎模式主要是以先进的教学理论作为教师专业能力内容结构变革的切入点,着力探索教学理论向有效教学实践渗透的教学策略方法,以求打破教师现有专业能力内容结构的平衡,实现教学理论对教学实践的整体带动。

教师专业能力形成是在自身不断地把教学理论转化为教学实践的过程中实现的,因而理想的教师专业能力发展模式应是有分有合、辩证统一的。一方面,教师入职初期应以经验积累形成模式为主,把教学观摩交流作为其专业能力的主要形成方式;另一方面,当新教师专业适应完成后,则应以理性演绎形成模式为主,即通过课题研究、教学实验促使教师专业能力的形成和发展。基于此,教师在专业能力形成过程中,要注意把握好这两种模式之间的切换点,如果切换过迟,容易导致教师对专业能力形成的经验积累模式定型,就有可能会产生否定自我专业能力发展潜力的心理暗示,成为以后专业能力形成与发展的障碍;而如果切换过早,则极有可能会引发教师心理的不适,甚至产生畏惧心理,同样也会阻碍教师专业能力的顺利形成。在经过一段时间之后,教师基本上已经达到了专业胜任,这时教师专业能力形成的两种模式就应当结合在一起使用,从而更好地、更有效地实现教师专业能力的形成与发展。

(三) 人文成长和科学发展模式

教师专业能力可以通过提高教师的人际影响力和教师的学识影响力两条路径加以形成与发展,由此就形成了教师专业能力的人文成长和科学发展两种模式:一方面,教学是一个教师与学生之间的人人交互影响系统,教师专业能力形成与发展必须加强教师观、学生观和教学观的认识,这是教师专业能力成长的方向、价值和动力支持,与之相适应也就构成了教师专业能力的人文成长模式。另一方面,教学观念的深化只是为教师专业能力形成提供了所必需的外围因素,教师还必须注意知识的更新、方法的熟练和理论的运用,以便学生从更广阔的外部空间获得生存技能,从而使教育教学的工具性价值得以实现,与之相适应也就形成了教师专业能力的科学发展模式。

人文成长模式在教师专业能力形成中承担的主要任务是:第一,要通过为教学提供正确的思想观念为教师专业能力发展提供一个坚实的理性支点。第二,要通过各种机制激发和思想引导使教师意识到其专业责任感和专业生存的潜在危机,使其产生强烈的事业心、使命感和责任感,从而成为教师专业能力发展提供强大的动力支撑。第三,还要通过教师人际交往能力的提高,使教师能有效协调师生关系及社会关系,从而增强教师对教学环境的调节和控制能力。由此可见，教师专业能力的人文成长模式涉及的因素多种多样，其核心应当是教师的事业心和对教育教学理想与信念的追求。

教师专业能力的科学发展模式重在以教学的内在必然性为支点，通过对这种必然性的有意识、自由地掌握和运用，并借助理性分析与综合、抽象与概括、比较与对照、归纳与演绎、系统化与具体化，从而实现教师专业能力的形成和发展。在教师专业能力的形成和发展过程中，教学行为与教学情境的一系列有效联结的出现是其形成的外在标志，这是教师专业能力形成与发展的必要媒介，教师的专业成熟就体现在教师行为中教学必然性与教学存在所产生的教学影响与教学灵感上。通过对这些教学影响的理性分析和教学灵感的升华，达到对具体教学问题的不断超越，实现教学策略方法的互通与共享，这正是教师专业能力形成与发展的必由之路。

教师专业能力的科学发展模式实质上就是教师以教学理性战胜教学实践中的疑难或困境，从而实现教学活动内在调控策略的丰富完善和调整迁移的过程，其最核心的使命就是要在参与教师与学生认知结构建构和完善中，实现理性因素在教师教学实践活动中的不断增长，从而为教师专业能力的形成与发展建立在坚实的理论基础之上。

三、教师专业能力的提升策略

教师专业能力的提升是一个复杂的“系统工程”，它不仅需要教师自身教育教学观念的转变、专业知识的更新和教育研究的开展，而且需要学校考核评价制度的优化、培训模式的创新和支持平台的完善。

（一）转变教育教学观念

有学者认为：学校改革，改到深处是教学，改到难处是专业，改到痛处是教师。要改变教师“以我为本”的传统思维，就会涉及教师观念更新之痛，教师利益调整之痛。教育教学观念是指教师在长期的专业活动中，基于先进的教育教学理论演绎形成的有关教育教学活动的理性认识，是“教育教学应该如何”和“教育教学为何需要如此”的价值判断，反映着人们对教育教学实践的理想追求。教育教学观念是教育教学行为的先导和灵魂，任何教育教学行为的变革都首先源自教育教学观念的更新和转变，任何有效的教育教学都离不开正确的教育教学观念的深层支撑。为此，教师要切实转变“注入式”“满堂灌”等传统落后的教育教学观念，确立“以生为本”、主体性、发展性、启发性、互动性、合作性等教育教学观念。只有信奉这些先进的教育教学观念，并在教育教学实践中坚定不移地加以贯彻落实，才能不断提升教师的专业能力，保证教师教育教学行为的科学性和高效性，从而提高教育教学的效率和质量。

（二）促进教师知识更新

知识不是能力，但知识是能力的基础和前提，宽厚扎实的知识是教师教育教学能力发展和提高的重要条件。根据对当前教师教育教学能力及现有研究资料的考察，这方面是存在问题的。第一，教师条件性知识存在不足。解决这一问题的有效途径就是教师在课后自我充电，自觉弥补条件性知识的欠缺。第二，实践性知识不够丰富。这一问题在刚进校的新教师身上表现得比较突出，但一些老教师也同样会存在教育教学能力“高原期”的现象。第三，知识更新能力相对缺乏。实际上这个问题的表现更为突出和尖锐，但这个问题通常以知识更新动力不足的形式表现出来。解决这一问题的有效途径可从日常教育教学管理的角度进行研究,采取有针对性的措施加以解决。有了完善的知识结构并能及时更新,教师也就具备了驾驭学科内容的教育教学能力。

（三）加强教育教学研究

教师要发展教育教学学术、提高教育教学水平和改善教育教学质量,必须积极开展教育教学研究。教师不仅应该教,而且应该会教,这意味着教师必须研究教育教学。但是,教育教学研究与科学研究在内容、形式和创造性上存在很大的不同,教育教学研究不能随便套用科学研究的理论与方法。教师的教育教学研究应贯穿于教育教学工作的全过程,所有与教育教学有关的活动,都要注意对之加以研究。第一,把备课当成是一种策略性研究。备课是教师课前为上课所做的准备工作,备课其实就是为上课寻找和确定有效策略的研究过程。所以,不论是确定教学目的,还是准备教材和教学内容,不论是了解教学对象——学生,还是准备教学方法和教学手段,都有研究意识。第二,把上课当成是一种临床性研究。上课是课堂教学的中心环节,上课就是根据课前准备的教学策略加以实施的过程。在实施过程中,教师对教学目的是否明确、教学内容是否正确、教学过程是否严谨、教学方法是否恰当、教学基本功是否扎实、教与学的积极性是否高涨等,要有准确的诊断和及时的调节、控制和完善。第三,把教学后记当成是一种反思性研究。教学后记是指教师上完一堂课后,对这堂课的优劣得失所做的反思和总结。教师教学工作的应用性、创造性、情景性,要求教师要不断自省、反思才能不断进步。教师只有不断地记录教学后记,及时反思和总结自己教学的利弊得失,才能不断吸取经验教训,提高自己的教育教学能力。

（四）完善绩效考核制度

长期以来,我国教师考核具有明显的“重科研轻教学”倾向,往往以科研课题的层次、科研成果的多寡作为教师考核和职称晋升的唯一指标,导致教师过分重视科研而轻视教学。为此,教师考核应突出教学方面的重要地位,适当增加教学工作在教师考核中的比重,正确引导教师在搞好科研工作的同时,把更多的时间和精力用于教学。教师教学工作绩效考核的主要内容应包括:第一,教学工作量,也就是每学期或每学年教师所上课的总时数,可以为教师规定必须完成的最低课时,超课时部分给以一定的额外课时报酬。第二,教学效果和教学质量,这应该是教师教学绩效考核的重中之重,可以通过学生的学业成绩、同行专家或教学督导老师来评价。第三,教学改革和教学创新,也就是教师在教学内容、教学模式、教学手段及教学评价等方面的改革与创新。教师教学绩效考核一方面应与其聘任聘用、职称晋升以及工资报酬等紧密联系起来,另一方面也可以尝试设立一些特殊的教授或副教授岗位,鼓励教学业绩突出的教师“低职高聘”。教师的职称评审要不断强化对课堂教学的即时考评,可以考虑实行教学“一票否决制”和差额竞聘,建立健全良好的教学竞争机制,使得教师能经常感受到压力的存在,变压力为动力,从而把更多精力倾注于教学工作上。

（五）创新教师能力培训模式

有学者指出,当前发展教师专业能力主要仍以传统的校本培训模式展开,这种培训模式依然是“日常教育教学”模式的直接延伸,实际结果是强化而不是改造教师固有的“教育教学习性”。[①] 创新丰富教师教育教学培训模式应注意以下几点：第一，要树立和强化“以师为本”的培训观念，想方设法淡化培训的强制命令色彩以及官本位意识，充分考虑教师生活和工作的实际需要，真正调动教师参与教育教学培训的主观能动性，既保证教育教学培训任务的顺利完成，又能切实提升教育教学培训的实际效果。第二，做好教师教育教学培训需求的调研，以受训教师的教育教学需求为着眼点和着重点，综合采用教育行动研究、教育叙事研究、教育案例研究、教学观摩与咨询、教学沙龙和集体备课等针对性培训形式，提升教师的教育教学基本能力。第三，针对教师学历较高的特点，培训重点应立足于教育教学能力和水平的提高，而不是学科知识的深化和科研能力的提升。最后，可以考虑实施教师岗前教育教学培训“五步法”，即“理论讲授—专家引领—名师示范—观摩研讨—技能展示”，环环相扣，层层推进，促使教师专业能力不断得以提升。

（六）成立教学发展中心

教师教育教学能力的提高需要良好的发展平台支持。从目前国内外普遍而有效的做法上来看，最重要的应对之策就是成立教师“教学发展中心”。教学发展中心既是教师专业发展的重要支撑，也是提升教师教学能力的重要平台。教学发展中心的职责和内容应定位于：第一，开展日常性教师教学培训工作，包括教师教学培训计划的制订、教师教学培训制度建设、教师教学基本技能培训、教师教学专题项目培训等。第二，开展教师教学沙龙研讨，包括教师教学沙龙的制度建设、教师教学观摩研究活动的组织、教师教学问题和困惑的研究与解答、组织教学名师、学科专家和教学能手等开展专家引领等。第三，进行教师优质教学资源库建设，包括搭建教学名师视频教学平台、开发和制作优质教学资源与教学素材、建设教师教学发展网络示范平台、搜集和整理教学模式和教学方法改革的信息资料等。第四，开展教师教学专业发展的进修，包括教师教学专业发展进修制度与措施的制定、对教师职业生涯和教学专业发展的咨询与指导、教师教学“导师制”的推行、教师学科教学团队的建设、教师国内外进修的计划与组织实施等。第五，进行教师教学效果的评价，包括建立教师教学基本状态评价制度、对教师教学能力发展需求的调查研究、组织同行专家对教师的课堂教学进行听评课、组织学生对教师的课堂教学评价等。

① 阎乃胜.角色论视阈下教师教育教学能力的构成探析：基于教师资格认证的考察[J].教师教育研究，2010(2)：44-48.

第六章　教师专业心理

【问题与思考】

1. 当代科技发展的一体化,国际竞争的加剧,改革与市场经济的深化,人们生活节奏的加快等,对人的素质特别是心理素质提出了更全面、更新、更高的要求。有人断言:未来世纪是经济、科技、综合国力竞争激烈的世纪,谁能掌握竞争的主动权,走在发展的前列,主要取决于心理素质的较量。你是否赞同这种观点?为什么?

2. 美国创业学大师拿破仑·希尔提出"积极心态和消极心态定律",认为"人与人之间只有很小的差异,但这种很小的差异却往往造成了巨大的差异!很小的差异就是所具备的心态是积极的还是消极的,巨大的差异就是成功或失败。"你从中能够获得什么认识和思考?

3. 早在1996年,联合国心理学专家就曾预言:"从现在到21世纪中叶,没有任何一种灾难能像心理危机那样,给人们持续而深刻的痛苦。""只有心理健康的教师,才能培养出心理健康的学生。"全国政协委员海飞建议,幼儿园和中小学教师不但要接受心理培训,还要定期考试。民进中央也在政协提案中建议,教师要拿到"心理健康证"方可上岗。你对此有何评价?

4. 北京第十一中学原校长李希贵指出:"教师的素养,决定着学生的素质;教师的情绪,决定着学生的情感;如果一个民族不能让校园里的老师们笑起来,这个民族的未来就不会有多少笑脸;如果一个民族的教师不能挺起胸膛,这个民族的明天就很难挺直腰杆。"请谈谈你对教师心理健康重要性的认识和理解。

5. 从教师心理素质的结构看,教师的心理素质主要外化为教师的认知、情感、意志、品德等因素,带有浓厚的教师职业特色。教师心理素质结构诸方面的成熟、完善是在教师的教育教学实践中完成的;反过来,教师完善的心理素质又保证了教师更好地从事各项教育教学活动。结合实践,请发表一下自己的看法。

6. 人本主义心理学家罗杰斯认为:"体会当事人的内心世界,有如自己的内心世界一般,可是却永远不能失掉'有如'这个品质,这就是'同感'或称'移情'。""移情"使教师在教育教学过程中能够站在学生的角度看问题,充分体会学生的内心感受与情感,从而有助于良好师生关系的建立,促进学生开放自我,探索自我,以积极心态面对问题,解决问题。请结合自己的现实生活,谈谈认识和体会。

7. 心理压力本身并不必然是一件坏事,它能使人处于紧张状态,并由此带来较好的工作效率。但是,心理压力如果超过一定的限度,超出人们的心理承受能力,就会导致心态失衡和身心疾病。教师在专业实践活动中面临的主要压力有哪些?对教师有什么影响?如何加以应对和化解?

8. 美国教育协会(NEA)主席迈克古瑞认为:"教师职业倦怠这一新的疾病正在折磨着教育业""倦怠的感受正在打击着无数有爱心、有理想、乐于奉献的教师们——教师们已在逐渐地放弃他们的专业工作。”你是否了解教师的职业倦怠？它有何危害？怎样化解？

教育教学是教师与学生之间的双边互动活动，从实质上看就是教师与学生这两种最积极、最活跃的“人”的因素之间的智慧碰撞、情感交流和心灵沟通的过程。这一过程的运行和实施，既离不开教师感知、记忆、思维、想象、情感、意志、人格等心理因素的参与与支撑，也需要学生各种心理因素的参与与支持。教师专业心理不仅是教师从事教育教学活动的保证，而且是获取良好教育教学效果的关键，同时也是促进学生心理健康成长不可或缺的重要条件。历史的责任和现实的需要，都迫切要求提高教师的专业心理健康水平，维护教师良好的专业心理素质。

第一节　教师专业心理概述

随着时代的发展和社会的进步，教师心理素质越来越受到教育界和心理学界的重视。教师心理素质无论是在教师自身发展、学生健康成长等微观层面上，还是在人类社会发展、教育的改革与发展等宏观层面上，都发挥着关键性作用。

一、教师专业心理的意涵

关于心理素质的意涵，不同学者存在不同的看法，目前国内主要有以下几种代表性的观点：第一种观点认为，心理素质是以先天禀赋为基础，在后天环境和教育的作用下形成并发展起来的稳定的心理品质；[①]第二种观点认为，心理素质是个性心理品质在人的生活实际中的综合表现；[②]第三种观点认为，心理素质以生理素质为基础，将外在获得的东西内化成稳定的、基本的、衍生性的，并与人的社会适应性行为和创造行为密切联系的心理品质；[③]第四种观点认为，心理素质是一个由心理能力素质（智力因素）、心理动力素质（人格因素）和身心潜质3个亚系统交互作用的、动态同构的自组织系统；[④]第五种观点认为，心理素质是以人的自我意识发展为核心，由积极的与社会发展相统一的价值导向，包括认知能力、需要、兴趣、动机、情感、意志、性格等非智力因素有机结合的复杂整体。[⑤] 基于上述观点，我们认为，所谓心理素质，是指在生理素质的基础上，通过后天环境和教育的作用形成并发展起来的，与生活实践密切联系的心理品质的综合。

教师心理素质是一般心理素质在教师专业活动中的集中体现。郭黎岩认为，教师心理素质应该是那些与学生身心发展密切关联的心理品质的总和，而不是一切心理品质的总和。[⑥] 林崇德认为，教师心理素质是教师在教育活动中表现出来的，决定教育教学效果，对

---

① 许燕.面向21世纪高师学生心理素质结构的研究[J].教育研究，1999(10)：36-41.

② 刘华山.试析学生心理素质特征与结构[J].教育研究与实验，1999(4)：52-53，66.

③ 张大均，冯正直，郭成，等.关于学生心理素质研究的几个问题[J].西南师范大学学报（哲学社会科学版），2000(3)：56-62.

④ 王极盛，赫尔实，李焰.中国中学生心理素质量表的编制及其标准化[J].社会心理科学，1997(4)：21-25.

⑤ 刘以林，张文珍，冯克诚.学生心理素质的优化与调控[M].北京：华语教学出版社，1996：67.

⑥ 郭黎岩.教师心理素质专题[M].北京：当代世界出版社，2001：30.

学生身心发展有直接而显著影响的心理品质的总和。[①] 唐迅则指出,教师心理素质是教师在从事教育实践中生成和积淀的社会文化素养、教育专业才能和人格心理品质。[②]

上述关于教师心理素质的界定,都是从某一方面进行透视和分析的,对于教师心理素质的深入研究具有一定的帮助和启发。要想科学地界定教师的心理素质,需要综合考虑以下几个方面:第一,要切实体现教师这一职业的特殊性,反映出教师的独特的本质;第二,对于教师心理素质的理解,要有深刻的理论背景;第三,教育教学活动是教师工作的中心任务,教师心理素质的定义必须着眼于教学活动本身;第四,要反对“要素主义”的教师心理素质观,应将教师心理素质看作一个系统的结构,其内部包含着复杂的成分;第五,教师心理素质是结构和过程的统一,动态性是其精髓;第六,教师心理素质的定义应能为教育教学实践和教师心理素质培训提供理论指导,具有可操作性。基于上述的认识和理解,教师心理素质可以定义为:教师在教育教学实践活动中生成和积淀的,与学生身心发展密切关联的,对教育教学效果具有显著影响的心理品质的综合。它是教师个体的一种有机的综合性的机能状态,渗透着个体的心理现象所包含的各种心理成分,但却并不是这些成分的简单累加,而是各种成分积淀和凝结的结果。

教师专业心理素质是教师在教育教学工作中表现在智力和非智力因素等方面的稳定心理特征的综合。教师的职业特点、社会角色和人际关系决定了其应具备一系列特定的心理素养,主要包括教师的认知能力、情感、意志和人格的特征等。具体而言,教师优秀的专业心理素质综合体现在人格的完整性、情感的丰富性、意志的坚忍性、思维的缜密性与创新性以及民主与合作的精神等方面。第一,人格的完整性能使教师在教育教学过程中做到对自己严格要求,有涵养,讲文明,生活正派,以身作则,为人师表,做学生的楷模;第二,教师情感丰富性的核心表现在对教育事业和学生的热爱,这是教师能够做好教育教学工作、赢得学生的信任和爱戴的基础和前提,也是教师体验工作乐趣和价值、并愿意为此而不懈努力的动力支撑;第三,教师坚韧的意志力,给予他们乐观面对失败和挫折的勇气与信念,使之能较好地适应内外环境与各种挑战,并能以坚强的意志和积极向上的人生态度潜移默化地影响学生的发展;第四,教师思维的缜密性与创新性,要求教师要善于深思熟虑,准确掌握学科教育教学的相关理论和知识点,同时还要结合当前形势和学生思想实际,找好切入点。最后,教师民主与合作精神是协调好教师之间、师生之间关系,全面提升教育教学质量的重要保证。

综上所述,优秀的专业心理素质不仅是教师自身人生发展的基础和前提,而且是教师从事教育教学活动的基础和必然要求;它不仅有助于教师积极性的调动和发挥,而且有助于学生主观能动性的激发和良好的教育教学效果的取得。教师要促进学生的身心和谐发展,首先自己要有健康和谐的心理素质,要在教育教学实践中不断提高自身的修养,优化自己的心理素养结构,从而更好地为促使学生德、智、体、美、劳诸方面的全面发展奠定基础。正如北京第十一中学校长李希贵指出的那样:“教师的素养,决定着学生的素质;教师的情绪,决定着学生的情感;如果一个民族不能让校园里的老师们笑起来,这个民族的未来就不会有多少笑脸;如果一个民族的教师不能挺起胸膛,这个民族的明天就很难挺直腰杆。”

---

① 林崇德.教育的智慧:写给中小学教师[M].北京:开明出版社,1999:248.

② 唐迅.现代教师心理素质[M].广州:广东高等教育出版社,2000:256.

二、教师专业心理的特点

教师专业心理是教师一般心理品质在教育教学活动中的特殊体现，它不仅深深地打上了专业性、学术性和示范性的“烙印”，而且展现出与自身专业成长相一致的发展性、多维性和潜在性。

（一）师表性与位移性

“以身作则、为人师表”既是教师职业道德的一种体现，也是极为重要的一种心理素质。作为一名教师，不论任何时候或从事任何活动，都必须清晰地意识到自己是一名教师，要为学生树立好的师表形象。因为教师的思想、感情、言语乃至行动，都会对学生产生重大影响，时时处处起着潜移默化的作用。有的教师曾做过这样形象的比喻：“学生的眼睛是录像机，耳朵是录音机，脑子是电子计算机，录下来的信息装在电子计算机里储存起来，然后进行反馈，并指导他们今后的人生行动。”正是由于学生时时处处都在模仿教师，所以说教师的世界观，他的品行，他的生活，他对每一现象的态度都必然会这样或那样地影响着学生。正因为如此，一个教师必须时时检点自己，反思自己，使自己的言行和态度符合教师专业道德的规范和要求。

所谓心理位移，也就是我们常说的“换位思考”，是指教师要时时站在学生的立场，以学生的眼光观察事物、思考问题和解决问题。心理位移是教师极为重要的心理素质，这是因为师生之间有着不同的生活经历、不同的成熟程度、不同的认识水平、不同的情感体验以及不同的品德修养，如果教师不能自觉地意识到这种差异，只从自己所处的位置出发，而不能置身于与自己各方面差异较大的学生的位置上来分析、理解和处理学生出现的问题，必然会在师生间筑起认识、情感与态度各方面的屏障，给教育教学带来困难与失误。大量教育教学经验表明：了解学生是获得心理位移的重要前提。教师只有置身于学生群体之中，全面了解学生复杂的内心世界，才能正确评价学生的行为。否则心理位移也就成了一句空话。

（二）稳定性与发展性

教师专业心理素质的稳定性特点，一方面是指教师专业心理素质是在教育教学实践中逐步形成和发展的，而它一经形成，就具有了相对的稳定性和持久性；另一方面是指教师心理素质对学生的影响具有稳定性和持久性特点。教师专业心理素质的形成和发展，是其在同客观现实的相互作用过程中，通过学习获得的各种知识经验，并运用这些经验去调节人的各种行动中而实现的。它作为一种较稳定的心理特质，是以概括化和定型化的特点作用于教师的教育教学活动。可见，教师的心理素质作为一种稳定的心理构成物，始终以其动力功能稳定地作用于教师的教育教学实践，形成每个教师所特有的教育教学态度及其相应的教育教学方式。教师专业心理素质的这一特点要求教师要不断加强职业心理素质的修养，确保留给学生的东西能够照亮其人生道路，成为他们奋发向上的强大精神动力。

教师专业心理素质的稳定性是相对的，它还经常表现出发展性和可变性特点。作为人与环境相互作用的产物，教师专业心理素质实质上是人在适应和改造环境的过程中不断得以塑造的结果。教师专业心理素质的发展性和可变性，揭示了其专业心理素质的可塑性，认识这一特性是极为重要的，它要求我们一方面可以通过自身努力，逐渐完善自己的心理素质，摒弃不良的心理素质；另一方面还可以帮助学生顺利完成这一转变。当然，心理素质的改变与完善不是一朝一夕就可以实现的,需要通过长期的实践锻炼才能达到。但只要个人有强烈的锻炼意愿,坚持不懈地要求自己,勇于实践,就一定能塑造出良好的心理素质。

(三)内隐性和潜在性

教师专业心理的内隐性和潜在性特点,一方面是指任何教师都具有形成良好专业心理素质的潜在可能性。这种潜在性变成现实性的前提,就是教师自觉不懈地扎根教育教学实践;另一方面是指教师专业心理素质对学生影响的潜移默化性。首先,教师的专业心理素质不是生而就有的,也不是自然形成的,而是在长期的教育教学活动中,从不适应到适应,从苦教到乐教,以至形成坚定教育教学信念的过程中形成的,具有鲜明的职业和社会角色特点。其次,教师专业心理素质对学生的影响是潜在的。“随风潜入夜,润物细无声。”教师专业心理素质对学生的影响是在不知不觉中,通过耳濡目染的形式加以实现的。

就师生关系来看,不成熟的学生长期地、连续地同教师处在一种特定关系中,必然会受到教师这样或那样的深刻影响。这种影响是不以师生双方的主观意志为转移的,具有客观必然性。不管是正面的、积极的,还是反面的、消极的,虽然不那么明显和直接,甚至有时教师也未必意识到,但学生总是在自觉不自觉地受着这些因素的影响。在教育教学过程中,教师既要向学生传授教学大纲所规定的正式课程,还要传递领会教学大纲所未规定的态度、意愿、情感等个性心理特征方面的“看不见的课程”。这正表明了教师专业心理素质作用的内隐性和潜在性特征。

(四)多维性和复杂性

教师专业心理的多维性和复杂性特点,一方面是指教师专业心理素质包含多种成分和多层内容,是由多样的心理结构特征构成的综合体,同时又在多种因素的影响下才能形成;另一方面是指教师专业心理对学生的影响是多方面的,它以其心理的多个侧面塑造着学生的健全人格。教师专业心理具有极为丰富的内涵和内容,其主要内容有认知、情感、意志方面的修养,也有个性倾向性、个性心理特征、自我监控系统等方面的修养。这些方面的有机统一,构成了教师复杂而丰富的心理面貌。

不仅如此,由于教师个体的经历、教育教学实践和已有心理水平的不同,又形成了教师专业心理方面的极为突出的个体差异性。同时,单就优秀教师的专业心理素质而言,他们还具有某些共同的、典型的心理特征,他们不仅具有良好的认知能力和广泛的兴趣,而且具有高尚的情感、坚强的意志、良好的性格和高超的教育机智。由此可见,教师的专业心理素质是多方面的、多层次的,并且以多种方式、从各个侧面对学生的认知、情感、意志、兴趣、能力、气质、性格等心理产生着广泛而深刻的积极影响。

三、教师专业心理的价值

教师对学生健康的关注包括身体和心理两个方面,要想塑造和维护学生的心理健康,教师首先需要拥有健康的心理素质,同时它也是教师能够卓有成效地开展专业活动和服务社会的重要基础。

(一)促进学生心理健康发展

教师的心理健康问题不仅是其个人的事情,它必然会影响学生的心理健康水平。因为教师是学生心目中的重要人物,是学生认同的楷模,在师生的日常接触中,最能发挥潜移默化的作用。只有心理健康的教师，才能赢得学生的敬重和信任，才能在学生中享有威信，使学生既“亲其师”又“信其道”，从而乐于接受教师的教诲。如果教师心理不健康，就不能正确理解学生的行为，更无法巧妙地处理学生问题，轻则影响师生关系，重则可能伤害学生的心灵。北京青少年法律援助与研究中心曾对北京市30所学校的315名中小学生进行调查研究，结果显示：受访学生有近半数受到过老师的语言暴力伤害；三成学生在遭到语言暴力后会选择默默忍受，不对任何人说；不同年级的孩子遭受老师语言暴力后的反应不同，当老师把家里教育子女的一些不恰当的方式带到课堂上时，年龄小的孩了往往受伤害更大。

教师的人格及言行本身带有重要的教育影响力，这种影响在塑造学生的灵魂中是其他影响所难以比拟的，是任何其他教育手段代替不了的。许多研究均已表明：教师不健康的心理状态会直接导致学生的心理伤害，影响学生的学习与生活态度，影响师生关系并间接影响学生心理健康、认知能力以及人格的发展。要把学生培养成为德、智、体、美、劳全面健康发展的社会主义事业建设者和接班人，教师自身心理素质的培养和提高是最为关键的一环。从一定意义上说，教师的心理健康有时比教师的专业学科知识、教学方法和课堂管理更为重要，因为只有心理健康的教师，才能使学生在潜移默化的影响下向着健康的方向发展，否则将会直接危害学生的心理发展。

（二）推动教育改革顺利开展

我国基础教育课程改革的基本理念是“为了中华民族的伟大复兴，为了每一位学生的全面发展”。从某种意义上讲，没有形成与课程改革相适应的理念与行为技能，对教师而言是一种潜在的危险，即便是表面上的好教师也一样。推进教育改革的关键是教师素质的提高，教师素质得不到提高，学生无法进步，教育也无法发展。基础教育课程改革的关键是课程实施，而课程实施的主体是教师，需要通过教师的努力来实现，教师行为变化的速度和程度，往往决定着新课程的进程和成败。因此，新课程改革为教师带来了前所未有的新挑战，对教师提出了新的要求。新课程为教育教学带来了前所未有的新变化，教师的心理发展首先体现在其教育意识上，要求教师具有全新的意识，即学生的全面发展意识、学生学习的自主性意识、教学过程的实践化和综合化意识、课程评价的发展性意识。

在大力倡导教育改革的今天，我们不能低估和回避教师心理健康水平对教育改革的阻碍作用。因为教师是教育改革的直接承担者和实施者，而每一次改革对教师而言，实际上都意味着对自己过去的否定，意味着要对自己的教育观念与教育行为进行新的超越，都无疑是一种精神历练的过程。因此，在教育改革的大潮之中，我们不应忽视对教师心理变化的关注，特别是要关注那些阻碍改革目标实现的消极的心理现象，以减少教育改革所带来的负面影响，以积极的态度来减轻改革所引发的阵痛。

（三）更好地担承社会责任

时代、民族、社会等都强烈地向我们发出了全面提高人的心理健康水平的呼声。作为承担社会发展承上启下作用的教师，其身心的健康发展，无疑有着更为重要的社会价值。然而，我们面对的是一个什么样的现实呢？武汉市曾对7城区1 300名中小学教师的心理健康、工作压力状况进行调查，结果显示：该市中小学教师的心理问题检出率达40%，明显高于其他成年人群体；中小学教师的强迫症状、焦虑程度、人际敏感、忧郁化以及偏执倾向都比一般人群要高，普遍存在着教学负担过重、情绪失调的现象。

由此可见,当前教师的心理健康状况并不乐观,而这样的心理健康状况又怎能保证教师承担起社会赋予的历史责任呢?不可否认,教师也是人,教师自身的发展也存在生存与发展的问题:待遇一般、工作压力大、教育政策变化快等,威胁教师的人格、工作和生活,容易产生消极紧张的情绪。如果这些问题不及时有效地解决,就会形成心理问题,就会对教育事业、对社会产生负面影响;对教师个体而言,就无法从事有益的社会工作,或发挥不出工作潜能,工作效率低,影响教师的生活质量,重者还会对家庭和社会造成威胁,无法承担起社会赋予的责任。

第二节　教师专业心理结构

人的心理活动的复杂性和多样性,教师专业活动的主体性和创造性,决定了教师专业心理结构的多维性和丰富性。从认知心理、人格心理、社会心理以及文化心理等不同维度加以分析,教师专业心理表现出不同的内容构成。

一、教师的认知心理结构

在教育教学活动中,教师一刻也离不开自己的认知心理的参与和支撑,其感知、记忆、思维、想象、注意等认知因素的状态和水平,在很大程度上决定学生的认知和学习水平。

(一) 注意

注意是心理活动对一定对象的指向和集中。教师在教育教学中应时时注意学生的一举一动,甚至是学生的情绪变化。教师站在讲台上,面对的是几十个学生,能否在同一时间内看到所有学生的活动,这就对教师的注意范围提出了更高的要求。有的教师注意范围大,学生的反应尽收眼底,并能借以调整自己的教学,收到好的教学效果;而有的教师只能照顾到少数学生的反应,无法把握全局,结果影响教学效果。注意的分配也是教师应具备的重要心理素质。注意的分配是指心理活动同时指向两个或两个以上的对象或活动。教师应具有较强的注意分配能力,教师一边讲课,一边要观察学生的反应;一边听学生回答问题,一边要观察学生的表情以及其他同学的反应;演示实验时,要一边操作,一边讲解,一边观察学生;教师一边对学生进行说服教育,一边要注意学生的表情;教师一边板书,还要一边讲解;等等。所有这一切表明,教师的教育教学工作无不需要良好注意力的分配。

(二) 感知

依据教师实际活动的范围和主要倾向,教师感知方面的素质主要表现在对学生的感知和对教师自身的感知两个方面。首先是对学生的感知。学生是教育教学的对象,教师进行教育教学活动是以了解学生为前提的,教师应能从学生不同的言辞和声调中分辨出不同的情绪、态度、意见,同时,应能察觉出学生表情和行为动作的细微差别。在学生活动中,学生的心理状态总会通过一些表情动作表现出来,有些动作很细微,这就需要教师敏锐的专门化感知能力。其次是对教师自身的感知。对教师自身的感知不同于对学生的感知,它是一种自我反馈过程。从教育意义上讲,反馈就是教育教学作用的外在效果反过来被教师的感官重新接受,作为调节教育教学过程的刺激物。一个具有较强自我感知能力的教师能够很快实现信息反馈,例如,教师说错了话、做错了事,没等学生发现,自己就先发现并予以更正了。

缺乏这种能力的教师，当他言行不当被学生发现并指出来时，自己却还无法给予反应。

（三）思维

思维是人对客观事物本质和规律性的概括的、间接的反映。按思维的创造性，可以把思维分为再造性思维和创造性思维。再造性思维是接受前人知识经验，获得现成科学知识的重要思维模式。由于学生是以学习间接经验为主，教师要把人类积累了几千年的科学知识用最短的时间、最快的速度传授给学生，教师就不可能在课堂上随心所欲地只讲授自己感兴趣的东西，而应全面、系统、准确展现前人的知识经验，这就决定了教师的思维是以再造性思维为主。当然，教师在以再造性思维为主的同时，也必须具有创造性思维。具有创造性思维的教师，其教育教学往往更具创造性，常能以启发学生理解教材为主，课堂上师生能进行即时反馈，课堂气氛也是愉快的、增力性的，学生的求知欲望是强烈的，学生的积极性、主动性和创造性也能得以调动起来。

二、教师的人格心理结构

人格是个体外在行为的内部倾向，人们有时通俗地把它称为“精神状态”，教师的人格能够影响学生的人格，能够激励和唤醒学生的认知、情感和行为，影响学生学习活动的积极性和效果。

（一）兴趣

兴趣是指一个人经常倾向于认识掌握某种事物，并力求参与该种活动的心理倾向，是个性倾向性的重要成分。兴趣往往通过求知欲的满足而使本身更丰富和深化，并产生与更高的认识活动水平相适应的新的兴趣。教师的兴趣能够表现出教师自身个性的积极性和主动性，它不仅能够推动教师去认识世界，去求知和探索，而且能够开阔教师的视野，丰富教师的心理活动内容，同时它也是教师创造性完成教育教学工作的重要心理素质之一。教师的兴趣是多方面的，最主要的是对学生心理、对所授学科和教育方法的研究兴趣。这种兴趣不仅能促使教师接近和了解学生，积极探索学生心理发展和学习规律，寻找更有效的教育教学方法，而且能促使他们努力地对所教学科进行深入钻研；他们不是机械地应付完成上课和批改作业等常规任务，而是不断地进行创造性的教学；他们对学生的各种问题并不愤怒或厌倦，而是积极寻求打开学生心理奥秘的钥匙，启发引导，扬长避短，做深入细致的教育转化工作。

（二）性格

性格是指人对现实的态度和习惯化的行为方式。教师的性格是教师在长期教育教学实践中形成的，逐步稳定的态度和习惯化了的行为方式，它是教师人格的最集中体现。教师的性格体现主要是教师对教育事业的高度热爱以及对知识渴求的强烈责任感，也就是对教育事业勇于创新、善于探索，对教育教学工作认真负责、兢兢业业。教师良好性格的形成，既有助于自身人格心理素质的完善，又有助于塑造学生的人格。在许多影响学生心理素质发展的因素中，教师性格的影响是最为重要的因素。具有良好性格的教师能够得到学生的爱戴，促进教育教学工作的开展，学生会在学习活动中有意模仿教师的一言一行，一举一动，思想感情，并能够积极合作，提高教育教学效率。

（三）移情

移情也称同理心、共感或共情。人本主义心理学家罗杰斯认为：体会当事人的内心世界,有如自己的内心世界一般,可是却永远不能失掉“有如”这个品质,这就是“同感”。由此可见,教师在表达“移情”时,一方面要放下自己的参照标准,设身处地从学生的参照标准来看事物,以感同身受的方式体会学生的内心感受和情感。另一方面,又要保持自己的身份,并把学生的内心想法和感受准确地表达出来,传递给学生。“移情”使教师在教育教学过程中能够站在学生的角度看问题,充分体会学生的内心感受与情感,从而有助于良好师生关系的建立,促进学生开放自我,探索自我,以积极心态面对问题,解决问题。在教育教学过程中,良好的师生关系是教育教学效果的重要前提,而在良好师生关系的建立中,“移情”又恰恰是特别重要的。“移情”可以通过以下步骤来达成:第一,教师要放下自己的参照标准,进入学生的内心世界,设身处地从学生的角度来看事物和感受事物;第二,教师要倾听学生的叙述,注意学生所发出的语言和非语言信息;第三,教师要跳出学生的内心世界,把从学生那里知觉和体会到的东西做一番清理和理解,分清哪些是事实内容,哪些是情感内容以及它们之间有何联系;第四,教师要以语言或非语言方式把体察到的东西准确传达给学生;最后,教师要观察和留意学生的反应,以有目的、有针对性地对自己下一步行为进行及时的调整。

(四)宽容

我国心理学家皮连生等人认为,宽容主要包含三层含义:灵活、体察和无偏见。人们对外部世界的了解,对别人的看法和感情,都有赖于自身的感觉与情感的参照系。如果人们能够改变自己的参照系,以适应外界情境的需要和标准,也就能够理解并适应与自己通常的参照系并非完全一致的各种变化,也就是能容纳与自己不同的看法、见解、思想、情感,能对各种不同的人表示关切。认知参照系的灵活性引发了个体对他人的体察和无偏见,这就是宽容。对教师而言,宽容能够使他摆脱先入之成见或偏见,更好地接纳各不相同的学生,不管他的家庭背景、性别、智力、身体、个性、知识等如何,都能与他们和谐相处。教师的宽容在很大程度上也是鼓励学生独立性和自主性人格发展的积极力量。

(五)期待

教师对学生的期待是影响学生学业成绩及人格品质的一个重要因素。教师对学生的期待作用,在心理学上被称为“教师期待效应”,也称“皮格马利翁效应”或“罗森塔尔效应”,是指教师基于对某种情境的知觉而形成的对学生发展的一种强烈期望,它能使该情境产生适应这一期望发生或达成的效应。教师如果根据对某一学生的了解而形成一定的期望,就会使该学生的学习成绩和行为表现发生符合这一期望的变化。教师对学生的期待及其影响是在师生互动过程中产生的。一方面,教师根据学生的学习行为、个性特征和在人际交往中的表现等,形成对某个学生的期待,这些期待会在教师的教学行为中表现出来;另一方面,学生接受了教师行为所暗含的期待,并根据期待的方向表现出相应的行为。在这种互动过程中,教师不断坚持按自己的期待去影响学生,而学生也会逐步向教师期待的方向发展。

三、教师的教育心理结构

教师的教育心理属于一种与职业紧密相连的特殊心理结构,它主要表现为教师在德育活动、教学活动和辅导活动中应当具备的心理品质。

(一)道德心理

教师职业道德是教师处理和调节教育教学活动中人与人之间关系特殊的道德要求。教师道德品质是一个完整的心理系统，包括道德认识、道德情感、道德意志、道德信念和道德行为5个方面。道德认识是教师在教育教学过程中表现出来的对是非、美丑和善恶的行为准则及其意义的认识，如教师的信念、人生价值观、理想等；道德情感是伴随职业道德认识所产生的一种内心体验，教师的道德情感集中体现在爱国主义、热爱教育事业和热爱学生等3个具体方面。道德行为是在教师实际行动中形成和发展的，也是衡量教师品德的重要标志，教师道德行为集中表现在教师的以身作则、为人师表、身教重于言教等方面。

（二）教学心理

教师的教学心理包括一般教学能力、教学技能、辅导学习技能和教学监控能力等几个方面。一般教学能力是教师在教学实践中形成和发展的基本能动力量，是实现人才培养的保证，如教师的智能、言语能力、非言语能力等。教学技能是指教师从事教学活动、完成教学任务必须具备的基本技能。如掌握教学大纲、运用教材、教学设计、信息技术等技能。辅导学习技能是指教师在教学过程中辅导学生解决一系列学习问题的能力，也就是辅导学生学会学习的技能。通过教师辅导，学生能充分发挥学习的主动性、自觉性和积极性，会制订计划、会预习、会听课、会做作业、会复习、会应考等。教学监控能力是指教师在教学过程中为成功地实现教学目标，以教学活动为监控对象，不断地对其进行积极主动的计划、监视、检查、评价、反馈、调控的能力，如教师在教学活动前的计划和准备、对课堂教学的检查和反馈、对自己整个教学活动的调控以及对课后的回顾和评价等。

（三）辅导心理

辅导是辅导者协助当事人解决心理问题，为当事人的心理发展提供帮助和服务的一种人与人之间的心灵交流与互助的活动。作为应用心理学的一个新概念，辅导心理已成为现代教育主体性发展水平的一个重要标志。随着教育现代化进程的不断推进，主体教育价值理念得以广泛弘扬，现代教育走向以学习者为主体的终身教育和学习化社会，从而赋予教师辅导的教育职能。教师不仅仅是一个文化知识的传播者，还是一个心理辅导者。教师必须适应心理辅导的角色职能，自觉调整自身的知识结构、能力结构和职业技能，从而提高自身心理辅导素养。教师辅导心理素质包括心理咨询素质、心理教育素质和心理治疗素质等内容。心理咨询是指运用心理学的知识、理论和技术，通过咨询者与求询者的协商交谈和指导过程，提供可行性建议，针对正常人及轻度心理障碍者的各种适应和发展问题，帮助求询者进行探讨和研究，从而达到自立自强，增进健康水平和提高生活质量的目的；心理教育是指有目的、有计划地培养受教育者的良好心理素质，调节心理机能，进而促进德、智、体、美等整体素质的提高和个体的和谐发展；心理治疗则是指运用心理学的方法，治疗患者的心理问题以及改善患者的心理与适应方式，解除患者的症状与痛苦，促进其人格的成熟和完善的活动过程。

四、教师的社会心理结构

教师不仅是一个传道者和教育者，而且是担负多重角色的社会成员。作为一名社会人，其社会心理水平的高低也必然对其教育教学活动产生至关重要的影响作用。

（一）角色心理

随着经济社会的快速发展变化，学校价值及其功能也日趋多样化和复杂化，这就必然决定了教师角色的多样性。这种多样性正好反映了社会、学校和学生等多元文化价值对教师角色赋予的多方面的社会期望。教师要充分发挥其积极能动作用,就必须善于自觉扮演和承担多重社会角色,如社会的代言人、知识的传播者、学生的教育者、集体的管理者、人际关系调节者、心理辅导者等。如果教师在心理上没有多重角色准备,也就很难充分发挥其在教育教学中的主导作用。基于此,我们特别强调,教师在教育教学实践过程中,必须不断学习掌握各种社会角色期待和角色情景判断,学会在不同情景中从事自己的独特的角色活动,并能及时有效处理各种角色之间的矛盾冲突,从而提高扮演并发挥多重角色的社会心理素质。

(二) 交往心理

教育从其本质来说,就在于建立个人与集体和社会的密切联系,以保证个体社会化进程的顺利完成,而在这一过程中,教师起着十分重要的作用。一方面,教师的职能就是指导学生进行人际交往,并实施对学生集体人际关系的教育管理;另一方面,教师本身就是群体交往的对象,师生之间在相互交往的过程中形成了一定的心理关系。如果相互之间能满足对方的需要就会产生彼此接近、相融的心理关系;反之,则会产生疏远回避甚至敌对的心理关系。而要在师生间建立良好的人际关系,教师就必须首先具备良好的交往心理素质。

(三) 管理心理

管理心理是指教师对教育教学活动的计划、决策、组织、指挥、监督、控制、调节等方面的综合素质与能力,它是保证教育教学工作顺利开展的必要条件。对学生集体来说,教师既是教育者,又是管理者,而学生集体的组织管理是一个多层次的复杂变化的动态过程。它与教育教学工作有机结合,构成教育教学的整体系统。正是基于这样的认识,教师在教育教学实践中,就有必要充分全面地了解和研究学生以及教育教学过程的本质及规律,不仅要具有静态管理的素质,而且要具备动态管理能力,也就是随着学生的心理状态与外界环境的变化及时改变管理策略和方法,以便达到最佳管理效果。

五、教师的文化心理结构

文化心理不仅是人的心理潜能素质的文化,而且是文化历史成果的素质化。教师作为人类文化的传承者,其在文化传承中所担负的教化职能对文化心理提出了专业性的要求,它要求教师在教育教学实践中能够自觉构建富有“教化”功能的文化心理。

(一) 学习心理

学习心理是指教师在学习化社会中,不仅善于学习新的知识和技能,而且善于用获取知识技能的方法和认知策略,在更新和运用知识中开发学习潜能,及时而有效地进行行为的自我调控,从而不断提高自己实践和创新能力。

(二) 文化心理

文化心理是指人类文化历史成果在教师心理素质结构中的内化和积淀,它标志着教师心理发展的文化水准和社会成熟度。教师作为人类文化的传播者,担负着将人类文化历史成果传递转化为学习者个体的身心素质和品质的职能,因此必须具有较高的文化素质。教师的文化素质不仅包括学科专业素质,而且包括通识性的文化素质以及对人类文化的体验与感悟。这就决定了教师必须在教育教学实践中努力提高自身文化素质,不断完善自己的人格和个性心理品质。

（三）科学心理

现代教育科学体系的不断丰富与发展，使得教师正在由经验型的“教书匠”转变为创新型的“教育家”，这就要求教师既要掌握各门学科文化知识，也要掌握教育教学规律与原则，懂得并学会研究教育教学活动，在向学生传授知识的同时，加强自身科学素质的提升，努力学习教育基础理论和研究方法，不断提高自身的教育科研能力和水平。

第三节 教师心理健康的维护

教师是学校教育教学任务的主要承担者，高质量的教育教学不能没有高素质教师队伍的支撑。在教师与学生心理问题频发、严重影响教育教学质量的当下，关注和研究教师的心理健康问题有着极为重要的现实意义。教师的心理健康直接或间接地影响学生的心理发展和行为，心理健康的教师对学生心理健康的维护和促进具有不可低估的积极作用，是学生心理健康维护的必要条件。

一、教师心理健康的意涵

要想理解心理健康的本质意涵，首先需要理解健康的含义。联合国世界卫生组织（WHO）曾经给健康下过这样的定义：“健康不仅是指没有疾病或不正常的现象存在，而且指每个人在生理层面、心理层面以及社会层面上能保持最佳、最高的状况。”据此分析，所谓心理健康，主要是指一个人不仅没有心理疾病或变态，而且在身体上、心理上以及社会上均能保持最高、最佳的状态。也就是说，心理健康不仅指个体社会生活适应良好，还指身体健康、人格的完善和心理潜能的充分发挥。由此可见，心理健康一般包含生理、心理、社会 3 个层面。就生理层面而言，一个心理健康的人，其身体状况尤其是中枢神经系统应无疾病，其功能都在正常范围，并无不健康的体质遗传。健康的心理必须以健康的身体为先决条件，只有具备健康的身体，个体在情感、意识、认知和行为方面才能正常运行。就心理层面而言，一个心理健康的人，其个体必然对自我持肯定的态度，能自我认知，明确认识自己的潜能、长处和缺点，并积极发展自我，认知系统和环境适应系统能保持正常而有效的运转。在自我发展与人际和谐方面均能兼顾，在本我、自我与超我之间能平衡发展，并且面对问题能积极应对，而不依赖于消极的心理防卫。就社会层面而言，一个心理健康的人，在社会环境中能有效地适应，并能妥善地处理人际关系，其行为符合生活环境中文化的常模而不离奇怪异，角色扮演符合社会要求，能与环境保持良好的接触，并且能为社会贡献其心力。

具体到教师的心理健康，除了应当具备上述一般个体心理健康的基本特质外，还应包括教师职业所决定的特殊性质。教师的心理健康是与教师的心理素养是紧密联系在一起的，心理健康是教师最基本的心理素养，教师具备的心理素养必然是健康的。教师心理素养是指教师在教育教学活动中决定其教育教学效果、对学生身心发展有显著影响的、在心理过程和个性心理特征方面所表现出来的本质特征。它是一个结构和过程相统一的系统，该系统内部包含行为、知识、能力、观念、人格等成分。教师心理素养作为一个系统，如果其结构完整，在与环境、他人互动过程中各个成分能协调有效运行，那么其心理就是健康的。一个心理健康的教师往往具有正确的自我认识、良好的心境、适度的情感反应、和谐的人际关系、健全的意志品质、统一完整的人格、良好的社会适应等特点，在教育教学中能够营造良好的心理氛围和课堂气氛,能够使学生具有满意愉快的积极情绪状态。

二、教师心理健康的标准

教师心理健康对于教师个体而言,是其教育教学活动获得成功的根本;就其社会作用而言,则是强国之基。教师心理健康的标准不是静止的、固定不变的,而是随着时代的进步和社会的变迁处于发展变化之中。教师心理健康的标准不仅应包含一般的心理健康标准的共性,而且应体现出教师这一职业的特殊性。由此,我们认为,对教师心理健康标准的界定可以从以下几个方面考虑。

(一) 热爱教师职业

能认同自己的教师职业角色,热爱教育工作,认真负责,对之充满信心和情感。人是社会生活的主体,每个人在社会生活中都占有一定的地位,担负着一定的社会职能,因而对待事业的态度必然成为社会适应的首要构成因素。作为人类灵魂的工程师,教师只有将自身的才能在教育教学工作中充分表现出来,并由此获得成就感和满足感,才能对社会生活形成良好的适应。

(二) 和谐的人际关系

人是社会化的动物,妥善处理人际关系,乐于与人共事相处,才能立身处世。教师在人际交往活动中,能够了解彼此的权利与义务,个人的思想、目标、行为与社会要求协调;能够客观地了解和评价他人,积极与他人真诚沟通,与人相处时尊重和信任。教师良好的人际关系在师生互动中,突出表现为师生关系的和谐融洽,能够理解、尊重和乐于帮助学生。

(三) 正确地认识自我

心理健康的人能正确看待自己,容忍自己的不足和缺点,并努力寻求自己的最佳发展,使自己更加完善,形成健全的人格。教师在教育教学实践活动中,总会遇到各种成功与失败,心理健康的教师能够平静地加以对待,在成功面前不沾沾自喜,在失败面前不妄自菲薄。

(四) 坚韧与自制

教师要有良好的意志品质,自觉地克服困难,在困难面前永不畏惧,有坚定的原则和信念,态度严肃认真而又诚恳明朗,措施果断又以理服人,把当机立断和深谋远虑结合起来,积极和善的态度中蕴藏着坚定性,对该追求的目标一定要追求到底,对不该追求的目标要勇于放弃,有顽强的自制力。

(五) 有效的情绪管理

由于教师的服务对象是人,情绪健康对教师而言尤为重要。人都是有感情的,生活于矛盾无处不在的社会中,谁都会有产生烦闷、恼怒、焦虑、恐惧等消极情绪的时候。教师应保持乐观积极的心态,学会自我心理维护和调适不良情绪,不将生活中不愉快的情绪带入学校和课堂。

(六) 好学与创新

知识渊博的教师往往能赢得学生的爱戴,知识贫乏可能使教师感到焦虑或神经紧张。教师要培养学生的探索精神,自己就要有创新意识,心理健康的教师在教学活动中善于学习,不断创新,能根据学生的身心特点富有创造性地理解教材,改进教学方法,设计教学环节，使教学达到预期的目标。

三、教师常见心理问题与应对

教师作为一种特殊的职业群体，其心理健康状态近年来备受社会各方面的关注。从世界范围来看，教师心理健康问题已经成为一个全球性的热点话题。

（一）教师常见的心理问题

1. 适应不良

适应不良是指教师个体与专业环境不能协调一致的一种状态，它直接影响教师个体的生存与发展。有关调查结果表明：超过 43%的被调查者不能很好地适应当前的教育变革；超过 33%的被调查者不能很好地适应学校外面的世界。在当前情况下，教育思想和观念、教学内容、教学方法和手段日益变革，教师无论在知识水平还是教育教学能力或者教育教学方法等方面都存在诸多的适应不良，教师的权威地位正在受到前所未有的挑战，教师常感力不从心。

2. 认知偏差

认知是情绪和行为产生的直接原因。有些教师由于认知上的偏差，导致其在行为态度上也发生偏差，严重影响正常的师生关系。有的教师在教育教学过程中表现为主观武断、偏听偏信的知觉误差；有的表现在首因效应、晕轮效应、近因效应和刻板印象等的社会认知偏差。反映在教师的行为态度上，就会随意伤害学生的自尊心，影响教师在学生心目中的良好形象。

3. 职业倦怠

教育教学工作本身就是一种应激情境，教师面对的是正在成长的有思想、有个性、活生生的青少年学生，在花费大量时间和精力钻研业务的同时还要处理许多非教学性事务，这就使得教师面临着前所未有的压力，从而导致职业倦怠。有关调查表明：66.7%的教师感到身心疲惫；近 50%的教师认为自己的工作枯燥无味，缺乏创造性；近 50%的教师感觉工作时不太幸福，缺乏成就感。

4. 情绪障碍

有的教师由于压力的增大，多种角色存在一定的矛盾冲突，不可避免地产生一些不良情绪的困扰，主要表现为性情急躁，反应过敏，容易冲动，又不善于调节控制等。这些不良情绪如果在教育教学过程中表现出来，就会不同程度地影响学生的心理健康。

5. 人际关系不良

良好的人际关系状况是个体心理发展、个性积极健康和保持良好生活状态的重要条件之一。但有关调查表明：在遇到困难时近半数的教师不能从领导和同事那里得到帮助；超过 36%的教师认为同事之间关系不够和谐；26.7%的教师觉得师生关系不够良好。由于受职业交往范围的限制，多数教师的社会交往比较少，信息和情感交流不畅，再加上个人性格等因素，因而很容易在人际关系方面出现问题。

6. 生理和心理疾病

有关调查表明：46.7%的教师认为身体状况影响自己的职业和心理状态；53.3%的教师觉得教学工作给自己的身体带来了负面影响。生理健康是心理健康的基础和载体，心理健康又是身体健康的条件和保证,二者关系密切、相互制约、相互影响。教师在心理活动过程中产生的冲突、紧张、不良习惯以及负向人格特征等往往会引起生理上的不适。如果不良的情绪得不到及时的疏导宣泄或者情绪归因不当,就很可能会产生更深层次的心理问题。

(二) 教师常见心理问题的应对

解决教师上述这些常见的心理问题,最重要的就是要建立教师专业心理的支持系统。心理支持系统是现代心理学的一个重要思想与概念,它是一种多维的心理建构过程,包含那些具有能够促进个体、群体与社会心理健康功能的社会关系,以及个体通过社会网络能够获得的物质上和心理上的有用的资源。支持系统常见的主要有社会支持、小组团体支持、家庭支持等不同形式。支持的形式既可能是社会认知的和情绪的,也可能是行为的和物质的。教师心理支持系统的建构需要综合考虑以下几个方面。

1. 完善社会心理支持系统

教师心理问题的解决和心理健康的维护,有赖于整个社会机体的强健,需要广泛的社会支持和营养,需要社会的积极参与和支持,尤为重要的是全社会都要为学校与教师营造一个尊师重教、进取和谐的社会环境。社会心理支持是指人们感受到来自他人的关心和支持,其来源不仅包括团体、家人、朋友和同事,也可以是我们关系一般的其他人,其心理支持形式也是多种多样的。

(1) 保障投入。政府和社会相关部门要通过立法和规章制度等来保证教育的投入,使学校教育教学有充足的经费支持,从而为学校与教师提供必要的保障与支持,为提高教师的社会地位奠定物质基础。

(2) 健全法规。国家和政府相关部门要进一步制定相关法律法规,完善和提高教师任职资格条件,特别是要明确地将心理素质作为教师选用任职的重要条件,严把教师入口关,从源头上保证教师队伍整体素质的优化。

(3) 加大宣传。科教兴国已被我国确定为一项基本国策。社会及媒体要正确认识和评价教师工作,立足正面宣传,深入倡导全社会形成尊师重教的舆论氛围,在全社会真正形成尊重知识、尊重人才和尊重教师的良好风气。社会及政府部门要进一步解放思想、转变观念,树立正确的教育质量观、人才观,加大力度,全面实施素质教育,既从根本上为教师与学生减负,又为国家民族的发展培养人才开辟正确道路。

(4) 重视培训。在教育系统全面启动以“助人”和“自助”为目的、以现代心理学理论及拓展技能训练为主要内容的“教师心理健康教育工程”,并将之纳入教师继续教育工作课程体系,从时间、内容、经费乃至制度上提供强有力的保障。

2. 优化学校心理支持系统

心理学研究表明:团体是由相互依赖、相互影响的个体组成的集合,一群人在一起以清楚而又有组织的方式工作,以完成任务为目标。学校其实就是一个有共同的目标任务、相应的组织结构与工作方式的团体。团体生活对人类的生活极为重要,因为团体所提供的心理支持对任何人来说都是不可或缺的。

(1) 营造良好的舆论环境。教师心理健康的维护需要一个宽松的心理氛围和和谐的工作环境。这要求学校要以“科学发展观”为指导,牢固树立和坚持“以人为本”的教育理念,以先进思想武装人,以典型的人和事影响人,以正确的舆论引导人,以真挚的情感感染人。学校领导干部要切实转变工作作风，以身作则，实现管理的刚性和柔性相融并济，实现人本化管理，降低教师心理问题产生的可能性。

(2) 改变教师管理方式。学校管理方式的改变要深化民主管理，充分发挥教代会的作用，尊重教师的主人翁地位。要下移管理重心，充分发挥年级组、备课组的作用，特别是以教研和教科研课题为载体，增强小组学习，提高合作能力。如有些学校以学生学习适应性为课题，组织一批青年教师组成课题组，将课题目标任务与新课改紧密结合，每周开展一次活动，在实践中提高青年教师教学组织能力，融洽了心理氛围，提升了合作研究水平。

(3) 建立心理评估制度。从健康心理学来看，心理评估是心理卫生及心理健康维护的基础与工具。在学校建立心理评估制度，定期对教师心理健康状况进行检测和评定，并建立教师心理健康档案，为教师及个人心理健康的维护提供科学的依据，建立完善的教师心理支持系统，这些都是维护教师心理健康的有效形式。

(4) 开展群体心理干预。团体或群体生活是人类最基本的生活方式，生活在团体之中，人类的心理与行为必然会打上团体的烙印。学校是教师群体生活的最主要场所，教书育人是教师生活的基本方式。怎样在心理学的指导下，充分利用有效的组织形式去开发教师群体中积极的主流的因素，去维护教师心理健康，这是学校领导必须十分关注的问题。近年来在我国经济文化发达地区出现了一些教师心理成长团体，运用这一平台开展丰富多彩的心理自助与互助活动，如专家讲座、同伴启示、角色扮演、影视赏析、音乐陶冶等活动，使教师在参与中活动，在活动中思考，在思考中体验，在体验中感悟，在感悟中转变心智模式，在转变中学习掌握心理调适的技巧，最终达到提高心理健康的目的。

(5) 畅通心理危机干预渠道。心理危机是指因为生活及工作意外事件造成的情感创伤，使当事人心理内外环境出现巨大的失衡，以至于不能自救而导致精神崩溃的状态。所谓危机干预，则是指针对危机个体及群体采取某些措施干预和改善危机情景，以防止伤害当事人及周边的人。教育教学实践表明：无论在平时生活还是在心理危机时，人都有一个最基本的心理支持系统，如果丢失和偏离了这样的支持系统，他们就可能因为心理缺陷而无法生存。为此，学校要重视建立相应的心理危机干预机制，畅通干预渠道。

3. 强化教师心理的自我调适

教师心理问题的化解和心理健康的维护是由多方面原因造成的，其中个人因素是引发心理问题的内部原因。因此，要促进和维护教师的心理健康，除了社会和学校因素外，更多地需要从教师自身入手，通过改善心智模式来改变认知、调整情绪、磨砺意志、调适心态等。

(1) 直面现实。在当代，发展机遇与挑战共存，需要全体公民直面现实，也需要我们既看到我国教育的发展与前景，也要看到教育所面临的问题与不足，特别是由于诸多的社会主客观原因，教育及教师的地位和待遇偏低，政策不到位，造成教师压力太大，负担沉重，以致造成了教师诸多的心理健康问题。直面现实，就需要我们正确地认识自己，确立健康稳定的自我意识，其中首要的是正确认识自己，接受自己的优点和缺点。只有敢于接纳，才能在面对焦虑、悲伤和恐惧等负面情绪与问题时，换位思考、扬长避短、把握今天、创造明天。直面现实，也要正确对待他人。在生活与工作中要善于发现他人的优点，学会欣赏和感激美好的人和事，尤其要将你的欣赏与感激恰当地表达出来。唯其如此，才能展示教师自身的智慧和感情，才能得到别人的理解和尊重，从而建立起良好的工作关系和人际关系。

(2) 改变认知。一方面要学会正确看待环境。心理健康的发展过程实质上是人与自然环境、与社会环境能否取得动态平衡的过程。教师的工作性质和职业特点决定了其工作、生活环境的复杂性。教师应该在这种变化中不断认识适应环境,并在内外环境允许的条件下去改变不利因素及环境,通过自己的工作去影响环境。另一方面,还要学会调整自身的期望值。由于许多主、客观原因或者挫折,教师的期望特别是过高的期望往往不能得以实现,如果不能正确地面对,烦恼、问题就会随之而来,因而在现实生活及工作中,教师既不能抱有盲目的期望,目标要适当,留有余地,又要在遇到挫折时具体分析,善于调整目标,这样才能在工作和生活中有良好的心态,从而顺利实现理想的目标。

(3) 塑造人格。人格是人的各种心理特征的总和,是一个人对社会态度的真实稳定的反映。教师的人格是其思想、道德、行为、举止、气质、风度、知识、能力等众多因素的综合。一个心理健康成功的教师,往往都具备良好的人格魅力,因而教育教学工作中的一切都应该建立在教师人格提升的基础之上,只有教师人格健全才能影响学生人格的发展和形成。良好的教师人格是学生健康成长的保证,是社会进步的标尺,也是教师身心健康与自我完善的灵魂。我们强调教师心理的调适,重视教师心理健康的维护,都必须紧紧抓住人格,这个教师从教的根本和灵魂,在教书育人的实践中,从我做起,从小事做起,自觉塑造自身完美的人格。

(4) 情绪调适。情绪是人对客观外界事物的态度体验,是人的心理活动的重要内容,情绪的好坏与否会直接影响人的身心健康、认知活动、个性发展与人际关系。从心理健康的角度看,情绪的控制是自我心理结构中主要的调节功能,也是心理成熟的重要标志。作为一名教师,在沉重的压力面前,在激烈的冲突面前,都要学会调整和放松情绪,做情绪的主人。作为教师还应该学会和掌握一些简便易行的放松方法,如呼吸调节法、表情调节法、音乐调节法、倾诉发泄法等。只有放松、控制自己的情绪与情感,教师才能增进自己的心理健康水平,提高工作效能和生活质量。

(5) 心理防御。自我心理防御机制是指个体在社会生活与工作中,为了避免冲突、内疚或焦虑等心理困扰的潜在意识的适应性反应,是一种无意识的心理操作,用来掩饰和修改思考的内容和对现实的感知,是一种广泛应用的个体自动的防卫行为。积极的、恰如其分的防御可以促进心理的调适,而不恰当的、病态的防御对个体的身心健康有消极的作用。教师作为社会的一员,工作和生活中的种种困难与问题,肯定会使其产生心理困扰和问题,而伴随着困扰也会产生或学会一些心理防御的方法。为此,教师必须学习和了解心理防御机制的原理和方法,清醒认识和区分其积极与消极的意义,最大限度地弘扬其积极效应,注意避免和限制其消极的方法与作用。

(6) 适量锻炼。要积极锻炼和养成良好的生活习惯,习惯成就性格,好性格成就好人生。健康的心理寓于健康的身体之中,教师职业的特点要求必须具备充沛的脑力和体力,更需要身心健康。身心健康首先要有良好的生活习惯,如饮食、睡眠、嗜好等,特别要加强大脑营养,注意劳逸结合,防止大脑过度疲劳;其次要积极锻炼,尤其要注意根据自己的兴趣、体质等条件,选择适合自己的项目,适时适量、循序渐进地开展体育锻炼。

(7) 寻求支持。教师在受到压力威胁时,不妨和同事、亲朋好友及家人共同讨论自己所处的境遇和压力,把心里的问题说出来,放松情绪,而不要闷在心里。在同事、亲友及领导的关心下,重新审视自己的思想情绪和压力,寻找解决问题、缓解压力的方法。不仅如此,在教师个人的焦虑、紧张、恐惧长期难以消除,特别是出现头痛、失眠、胸闷等身体不良症状时,也要解除思想顾虑，积极到专业机构寻求心理咨询或治疗，从而维护自身心理健康。

四、教师的心理压力与调适

研究表明，我国教师心理困惑、心理问题、心理障碍乃至精神疾病的发生，大都与过重的心理压力有关。客观而言，心理压力本身并不必然是一件坏事，它能使人处于紧张状态，并由此带来较好的工作效率。但心理压力如果超过一定的限度，超出人们的心理承受能力，就会导致心态失衡和身心疾病。

（一）教师心理压力的来源

1. 外部环境改变

生活水平的提高，使人们对优质教育资源有了更高的需要，对教师的素质要求也就更高了。学校用人机制、教师专业的特殊性、家长社会的要求等，都会让老师有个适应过程，在适应磨合期内教师的压力自感增大。有的教师忧心忡忡，觉得学校工作无形的压力太大。当然，对这种压力的体验是有个别差异的，这与教师的工作能力、业务水平、心理调节能力、适应能力都有关系，这种压力也是社会带来的必然结果。

2. 管理制度不完善

一方面，教师工作能否得到客观公正的评价，是关系到每一个教师工作积极性的重要因素。他们希望得到认可，但由于教师的评价体系不够完善，也使教师产生一定心理压力。另一方面，对于大多数老师来说，都有进修学习或通过参与课题研究提高自己的迫切愿望，但他们普遍感觉可支配的时间有限，即使参与了课题研究，又认为自己多了一个沉重负担。课题研究缺乏理论和研究过程的有力指导，教师觉得无从下手，下了手也觉得困难重重，最后取得实质性成果的微乎其微，这对缺乏课题研究经验的教师来说确实是很大的压力。

3. 人际环境不良

这种人际环境，包括教师之间的人际环境，也包括教师与领导之间的人际环境，同事之间的猜疑、嫉妒、缺乏合作、报复行为等。这些人际环境不但影响了教师的工作，也给教师造成很大的心理压力。在教育教学实践中，很多教师都有这样的切身体会：工作上的繁忙都能承受，最让人感到疲惫的是协调与某些人的关系。

4. 自我发展需要

这种压力是绝大多数教师尤其是年轻教师所共同感受到的。如果从教师个人发展来说，这是能促进自己成长、进步和自我实现的重要动力。但有些教师把自我发展需要看作自己当前面临的最大压力，他们认为工作繁忙无法及时进行业务的进修与学习，所学理论与工作实践无法有效结合，他们时刻担心自己会被学校或社会淘汰。

5. 心理障碍

有些教师存在着程度不同的心理障碍。例如，情绪障碍，常有不愉快、烦闷的消极情绪，对学生缺乏耐心，容易激动、发怒。人格缺陷，如不能客观正确认识自我，自以为是或极其自卑；爱嫉妒，对别人获得成就或荣誉感到紧张不安，妒火中烧，背后说风凉话或抱怨、指责别人；不能正确客观分析形势，有问题易从个人感情出发，主观片面等不良心理品质使之不能正确客观地处理人际关系、工作关系与师生关系，进而产生心理负担。

(二) 教师心理压力的调适

教师心理压力的调适,最重要的就是要建立教师心理的内控机制。所谓内控机制,主要是指在教师角色及作为个体特点规定下组合而成的、维护自身心理和谐存在与发展的内在诸要素自我协调控制的运行系统。这些要素在教师心理活动运行中形成了一个既有因果联系、又相互影响的整体,它们的存在状态对教师心理健康具有很大的影响和制约。教师心理压力调适内控机制的建立,可以从以下几个方面加以考虑。

1. 基于自我角色认同的专业理想

专业理想是指对从事某种专业所期望达到的理想状态。社会分工形成了诸多的社会专业,每一种专业由于其社会功用和特点赋予了它一定的专业要求和规范,这就是专业角色要求。所谓专业的自我角色认同,是指从事某种工作的人对这种工作所要求的专业规范能自觉而正确地遵守和履行,并且能够孜孜不倦地追求,从而形成专业理想。教师劳动具有的周期长和迟效性的特点,而且更多地表现为对学生的隐性影响。如果教师对自己的劳动缺乏认同感,甚至持排斥的态度,必然影响自身劳动的效能感以及对专业理想的追求,最终会影响其接受和认同教师这一社会角色。不仅如此,教师的专业理想还是教师应对挑战、自我进取、自我发展的内在动力。教师不仅肩负着传承、引领、超越现实文明的重任,而且还面对着特殊的有思想情感的活生生的学生。时代的发展和社会的进步,使教师必须树立新的教师观、学生观和教育观。今天的师生关系,已突破了传统的单纯的"授受"关系,而是相互促进、共同学习、共同发展完善的关系。但这种认识必须建立在对教师角色的自我认同和全新思维方式之上,否则他就无法在这样一种境界中去体味教师这个角色所面临的挑战。教师从工作中体验专业的乐趣和价值,获得胜任感,得到精神上的需要和满足,这是教师专业独有的感受。这种专业和角色的时代认同,对于教师在较大的工作压力下仍能体验专业效能和满意度,激发工作热情和积极性,具有极为重要的现实价值。

2. 基于生存价值超越的专业信念

教师专业信念是指深植于教师思想中对教师专业价值的一种深信不疑的信仰,它不仅建立在对教育的本质及其功能的认识和理解基础之上,而且建立在对教师自身生存价值的深刻思考基础之上。教育的本质就是要超越现代文明,不断达到更新、更美、更完善的境界。在个体短暂的生命历程中,能够让文明在自己的工作中得以延续和发展,在辛勤工作中与学生一道成长,从而使自我生命价值得到充分彰显,这就是教师工作的价值所在。教师专业信念如能建立在这样一种对教育和自身生存意义的深刻理解基础上,就找到了事业追求的永不衰竭的精神动力,就会对自己的工作投以深刻的情感,并转化为强烈的行为动机,就会把对教育境界的追求当作实现自身人生价值的体现。人总是需要一种精神的支持和寄托,对人生意义的追问,是这个浮躁时代的一个严肃而沉重的话题,更是人们谈论心理健康时的重要因素。因为,教师职业从来就不是一个能够"出人头地"的工作,而是一个从某种程度上讲"相当孤独的职业"。在功利主义和工具主义大行其道的当下,教师只有具备了专业信念,才能体验到自身工作的价值感,从而以健康阳光的心态去应对社会发展变迁的冲击,全身心地投入到自己的生活和工作中去。

3. 基于爱生的积极自我评价态度

积极的自我评价态度是指接受、喜欢自己,并认为自己是一个有价值的人。这是一切正确认知和心理健康的出发点。无论哪种关于心理健康标准的表述，都共同认定：一个人对自我的积极认识是其重要的条件之一。作为教师，这也是极为重要的专业心理素质基础。教师职业中一个很重要的素质就是爱心，对学生、对世界、对他人的出自生命本原的爱。正所谓“没有爱就没有真正的教育”，就是要想树立热爱学生的理念，并能从与学生的交往中体会到爱的快乐，首先是教师对自我的认同、喜爱与悦纳，舍此教师的爱心便会失却源头。在教育教学实践中，我们很难设想一个对自己都不接受和喜欢的人，却会产生对学生的爱。其次积极的自我评价也决定了教师能从正面的角度去解释和面对生活。最后积极的自我评价还决定着教师事业成功进取的期望水平。正因为有了对自我的积极评价，才会激发教师生命的激情，使教师自我激励，自觉地进行教育教学探索，不断获取新知，发展自己。这种积极的自我评价和期望心态，会形成教师自我激励的良性循环：由积极自我评价而心情愉快，由心情愉快而激发活力，由激发活力而工作轻松，由工作轻松而事业成功。可以毫不夸张地说，积极的自我肯定评价，是教师心理健康内在机制极为重要的一个关键环节。

4. 基于工作质量提升的自觉心理意识

心理健康的人由于其良好的心理状态，会激发其热情工作和生活的希望与追求，这表明心理健康和生存、工作质量呈正比例关系。作为教师，要想形成自身良好的心理素质，就必须树立自我心理保健的自觉意识，这是很有现实意义的。实践证明：教师若能在自觉程度上树立自我心理保健意识，就能主动获取种种关于自我心理维护与减压的知识，并在实践中摸索适合自己特点和条件的自我调节技能，从而获得自我内在的心理支持资源和形成心理支持系统。这种心理自我调适，是在人的自觉意识支配下进行的，它是教师形成心理健康维护和调节内在机制中最具主动意识的一环。一方面，教师工作中许多不可控因素和应急的发生是工作性质的表现，因为他们面对的是活生生的学生。保持一种良好的心理状态，才能应对工作中随时出现的不利心理健康的事件和因素。另一方面，自觉学习有关心理健康的科学知识，有意识地结合自身知识、兴趣、爱好、性格、环境的特点和条件，形成具有自己特色的有效自我调节的方法，使它们不断改进并“内化”，作为心理自我调节内控机制重要的组成部分，形成体现为心理素质修养的能力。教师将在这种自我不断学习实践中，形成维护心理健康、锻炼良好心理素质的内在机制，从而使自己体会到工作乐趣，勇敢接受挑战，最终成为一个快乐幸福、事业成功的人。

5. 基于教师专业认识的情感表现

人在现实中生活，会因事情的情境与自己需要满足的状态，产生各种情绪反应。面对复杂的现实生活，教师也常常会陷入角色冲突和角色混乱的困扰。一方面，教师首先是“作为一个人的教师”，和普通人一样有着许多正常的需求。但由于诸多复杂的因素，教师的这些需要往往并不一定都能得到较好满足，这势必会在教师心理上引起苦恼、失望等负面情绪。但由于教师又是作为“教师的人”，教师的专业角色要求他必须无私奉献，必须以饱满的热情、积极的情绪状态面对成长发展中的学生。这些近乎“不食人间烟火”的过高期待，使教师作为“人”的正常心理要求反应与所承担的社会角色要求产生冲突，教师就在这种经常面对角色冲突和角色混乱中，艰难地充当着“公众的仆人”。为此，教师一方面要确立正确的思维方式，对事不对人，不可转至对人格的攻击。另一方面，当遇到教育教学以外的挫折，教师有必要以理性提醒自己，与学生建立良好的沟通。另外，教师要经常进行人格修养和表达技巧的锻炼，娴熟的师生间情感表达技巧，有利于师生建立相互接纳的融洽关系，还可以帮助教师处理突然发生的应急事件,不致使教师陷入突然的尴尬局面而影响情绪,破坏和谐的教育教学氛围。教师对自身情绪的有效控制和管理,是建立自然和谐的师生心理关系的前提。

五、教师的职业倦怠与消解

2004 年 12 月,中国第一份工作倦怠指数调查报告显示,在 15 个行业的倦怠指数调查中,教师的倦怠程度仅低于公务员和物流从业人员,居第 3 位。2005 年,中国教师职业压力和心理健康调查发布结果:82.2%的被调查教师感觉压力大,近 30%的被调查教师存在严重的工作倦怠,超过 60%的被调查教师对工作不满意。教师职业倦怠不但会对教师本人的身心造成严重的危害,而且会影响教师的职业潜能的发挥,阻碍教师的专业发展,甚至会制约学生的发展。

(一) 教师职业倦怠的内涵及表现

美国学者弗鲁顿伯格于 1974 年首次描述与界定“职业倦怠”这一现象,他用“burnout”一词来描述“那些供职于助人行业的人们因工作时间过长、工作量过大、工作强度过高所经历的一种疲惫不堪的状态”。1981 年,玛诗勒奇等人进一步确定了职业倦怠的 3 个核心成分,即情绪衰竭、人格解体和低个人成就感。

在此之后,研究者们对职业倦怠展开了多方面研究,而教师作为一种特殊的助人行业,也成为关注的热点。对于教师职业倦怠虽然至今尚未有一致的定义,但表现了一些共同之处,即认为教师职业倦怠是教师在工作环境中,因长期过度工作的压力,而造成心力交瘁,并在个人行为、情绪及生理上产生不良症状,降低个人工作效率及工作品质。教师在经历职业倦怠时有以下 3 种典型的表现:第一,情绪衰竭,是指处于职业倦怠的教师表现出疲劳感,性急易怒,容忍度低,并且在情绪上缺乏热情与活力,有一种衰竭和无助感,并对生活冷漠、悲观;第二,去个性化,是指教师对学生逐渐失去耐心和同情心,以消极嘲讽的态度对待学生,同时对待同事常常持不友善的态度;第三,成就感降低,是指教师在工作中效能感的降低,以及对自己消极评价的倾向增长。

教师作为教育和人际工作者,他们面对着多种压力。随着教育水平的不断提高,教育改革的持续推动,家长与学生对教育重视程度的逐步提升,教师在从事教育教学工作的同时不得不面对新的挑战,也就是教师必须不断地充实自我以提高自己的专业能力。除此之外,教师还要面对师生之间、教师之间、教师与领导之间以及教师与家长之间的关系,特别是基础教育新课程改革更是向教师提出新的要求,使其承受着巨大的压力。在种种外在因素的冲击之下,教师如果未能妥善应对与处理,久而久之,长期累积下来的压力就会损耗教师的工作士气与热情,导致教师职业倦怠的产生。教师职业倦怠极大地危害着教师的身心健康,使教师情绪疲惫不堪,自我成就感降低,常常以消极的负面态度面对学生和同事。

(二) 教师职业倦怠的归因分析

教师职业倦怠犹如教师职业生涯中的一个特殊的“高原期”,其产生的原因是多方面的,既有来自社会的影响,也有来自学校的影响,当然还有教师自身的原因。

1. 社会因素

(1) 社会期望过高。从古代的“天地君亲师”“一日为师,终身为父”,到现在的“人类灵魂的工程师”“太阳底下最光辉的职业”,可以说没有哪种职业像教师一样被赋予如此高的期望。教师理所当然地被认为是人类文明的传播者，是知识和文明的象征，是社会理想人格的化身，教师无所不能，在教师的调教下，“没有教不好的学生”。学生、家长和社会过高的期望如同“千斤重担”使教师承受着强烈的精神压力，很容易导致教师不堪重负，必然产生职业倦怠感。

(2) 教师待遇偏低。当前，虽然全社会已逐步形成了尊师重教的良好风尚，教师的政治地位和社会地位在不断提高，工作条件和生活待遇也在不断改善，但必须承认，社会提供给教师的待遇很多时候与社会对教师的期望、与教师的实际劳动付出仍然存在落差。特别是农村、边远山区，还存在拖欠教师工资的现象。中小学教师的社会地位不高，工作条件不好，福利待遇偏低，这必然导致教师感觉不公平，产生失落感，从而减少对教育事业的付出与热情，产生职业倦怠。

(3) 外界干预太多。教师正常的教学工作常常会受到外界多方的干预。一是教育行政部门的干预，来自他们的行政性指令和划一式要求太多，不同层次的检查和评比太多，常令广大中小学教师疲于应付。二是社会舆论的干预，社会各界常常通过媒体放大某些教育事件，甚至大发宏论、以偏概全，表现出对教师的不尊重和不理解，使得教师承受着人人都可指责的沉重的舆论压力。三是学生家长的直接干预，家长们望子成龙，孩子在学校发生一些偶发事件，家长常常不问青红皂白，就向教师兴师问罪；学生学习成绩不好，家长也一味怪罪于教师，使得教师产生心理冲突和挫折感。这些外界干预势必造成教师职业倦怠的产生。

2. 学校因素

(1) 教学工作压力大。素质教育的全面贯彻，新课程改革的深入实施，对教师的知识储备和教学能力提出了更高的要求；教学评估“末位淘汰制”的推行，使教师深感当年稳固的“职业安全感”已不复存在；班级学生人数的不断超额，升学竞争的日益加剧，使教师的教学难度和教学强度不断增加，许多中小学教师每周要上 15～20 节课、批改大量的作业，此外，还有选修课、校本课程、学生课外活动等需要他们完成。由此带给教师诸多有形和无形的压力，使其不堪重负而产生职业倦怠。

(2) 人际关系难处理。教师健康心理状态是由良好的学校心理环境熏陶而成，而良好的学校心理环境又由学校人际关系构成。而当今一些中小学的领导与教师、教师与教师之间的人际冲突时有发生，这多缘于学校领导管理理念和管理方式不当，工作简单化、形式化，对教师缺乏人文关怀，也缘于社会的日趋功利性，使得人情关系日渐淡薄，教师既要加倍用心于教学，又要小心翼翼地做人，长此以往，必然导致心理枯竭，产生职业倦怠。

3. 教师个人因素

(1) 担负角色太多。教师在学校教育中担负着知识传授者、行为示范者、班级管理者、思想教育者、全员促进者、心理辅导者、家长代理者和教育研究者等多种角色，并且随着社会的发展教师所扮演的角色也越来越多样化。教师应该根据不同的对象来充当不同的角色，然而，教师在经历多种角色的冲突后，经常会在角色转变过程中出现角色混乱。教师角色混乱就会造成人际关系紧张，教师心理素质下降，成长受阻，威信减弱，从而致使教师在工作中遇到挫折，导致教师对工作满意度下降，产生职业倦怠。

(2) 自我效能感低。自我效能感是指人们对自己实现特定领域行为目标所需能力的信心或信念。研究显示，教师自我效能感与教师职业倦怠呈显著负相关，与个人成就感呈显著正相关。新课程改革打破了教师业已娴熟的教学方式，教师不得不对自己的教学进行改革。

然而，并不是所有的教师都能适应新的教学改革，那些缺乏创新意识和创新能力的教师面对新的改革会感到无所适从，不知道如何进行教学。他们常常在教学工作中感到力不从心，也难以获得成功的体验，自我效能感越来越低，于是就产生了职业倦怠。

(3) 发展动力不够。太高的社会期望，太大的工作压力容易使教师身心疲惫，但如果缺乏适度的压力和高远的追求，同样也会让教师产生职业倦怠，最典型的例子便是一些中小学教师评过中、高级职称后便有了船到码头车到站的思想，追求目标没有了，前进动力没有了，由此觉得教学工作单调乏味而产生倦怠感。

(三) 教师职业倦怠的缓解策略

教师职业倦怠对学校、教师和学生都会产生严重的负面影响，因此必须努力缓解教师的职业倦怠以促进教师更好的发展。

1. 争取社会的有效支持

(1) 提高职前培训和在职培训的质量。高质量的培训是缓解教师职业倦怠的间接途径。一方面，在职培训前，应重视培养新教师对教师职业特性的认识，同时，还应把处理压力和职业倦怠的有效策略和技巧教给他们，这样他们对未来可能面临的压力就会有充分的心理准备。另一方面，在教学过程中，还要继续培训教师如何从事教学工作，而且应唤起他们对本职工作的责任感和兴趣，使他们形成人际交往的技巧。

(2) 提高教师的社会和经济地位。社会和经济地位的低下使许多教师心理失衡并最终导致倦怠。因此，较直接的解决方法就是加大对教师的物质鼓励力度，在经济上对他们的工作予以肯定。这有利于提高教师的社会地位，从而引起公众关注教师的工作，认可他们的劳动，同时也可促进教师对自我价值的认识，提高他们对工作的热情和满意程度。

(3) 建立社会支持系统。社会支持系统是个体应对压力的重要外部资源，研究显示，支持系统可使个体减轻压力，延缓倦怠感的产生。建立社会支持系统，首要的是对教师职业形成良好的公共信任氛围。公共信任、支援的氛围会使教师具有高度的自尊感，以及把教学视为一种可追求的事业，从而对其有积极、肯定的看法。此外，对教师职业建立合理期望也是非常重要的。教师是一个真实的人，而非古书中的圣贤，教师的能力也是有限的，因此，校长、家长、学生及社会大众应对教师抱有合理的期望，以减少教师的压力。

2. 加强学校层面的帮助调适

(1) 实行人本化管理。以尊重他人人格为基点，以人与人之间的情感为纽带，创设相互理解、团结合作的工作环境，最大限度地挖掘人的内在潜能，创造性地开展工作，以达到高效率、高质量的目标。人本化管理在本质上是以促进人身自由和全面发展为根本目的的管理理念与管理模式，而人身自由和全面发展的核心内容是个体心理目标结构发展与个性的完善。实行人本化管理不仅有利于学校制度的制定具有人性化的内涵，以充分尊重每一位教师为己任，而且能够充分发扬民主，确立教师的主体地位，满足教师的合理需求，这样就能有效地缓解教师的职业倦怠。

(2) 完善学校的评价机制。学校对教师的评价主要依靠学生的分数和升学率，并以此作为评价教师的唯一标准。这种单一的评价体制给教师带来了巨大的工作压力，严重损害了教师的身心健康。学校应该完善评价体系，对教师实行多角度的评价。对教师可以实行发展性评价，这种评价能改善教师的生存状态，激发教师的工作热情和创造性，促进教师的专业发展。华东师范大学王斌华认为:发展性教师评价制度是一种面向未来,以促进教师未来发展为目的的形成性评价制度。它没有将教师评价制度作为奖励和惩罚的机制,其目的是在没有奖惩的条件下,促进教师的专业发展。完善学校的评价机制,实行多层次的评价,有利于减轻教师的职业压力,缓解教师的职业倦怠。

(3) 构建和谐的学校文化。学校文化是一所学校的师生根据学校的特色所构建的一种社会亚文化。一方面,和谐的学校文化能够为教师营造优美的自然环境,使教师体验到大自然的美,可以缓解教师由于工作而产生的疲劳。另一方面,和谐的学校文化,能够创建和谐的教师与领导、教师与教师、教师与学生之间的人际关系,使教师感受到同事和学校领导的关怀,有利于舒缓教师的精神压力。总之,和谐的学校文化能够为教师创造一种优美、和谐、充满人文关怀的工作环境,在这种环境里教师可以释放自己工作中的压力,有效抑制职业倦怠的产生。

3. 重视教师自身的自我调适

(1) 教会教师进行积极认知。教师自身对压力的认知和评估会影响到自己对压力的反应,以及对压力适应的效果。对于同样一件事情,不同的教师会出现截然相反的认知,而积极的认知就是在看到事物不利方面的同时,更能看到有利的方面,这种认知方式能使人增强信心,情绪饱满。而有些教师在看问题时更多地看到不利的方面,容易"想不开",情绪也容易陷入低落。美国创业学大师拿破仑·希尔曾经指出,人与人之间只有很小的差异,但是很小的差异有时会导致巨大的差异。这里,很小的差异就是指人的心态是积极的还是消极的,而巨大的差异就是成功与失败。因而要让教师认识事物的两面性,同时学会以积极的心态来对待事物的消极面。

(2) 教会教师掌握调节情绪的方法。这是个体管理和改变自己或他人情绪的过程,通过一定的策略和机制,情绪在生理活动、主观体验、表情行为等方面达到良好的、适应的、可管理的状态,从而提高活动效率。西方心理学主张将情绪调节分为原因调节和反应调节。所谓原因调节,就是对引起情绪的原因进行加工和调整,如看淡升学率、回避教学竞争的情境,从而避免产生紧张、焦虑等消极情绪;所谓反应调节,是指个体对已经发生的情绪在生理反应、主观体验和表情行为等方面进行调节。如不良情绪已经发生的时候,可以通过参加文体活动、听听音乐、散散步、做做肌肉放松训练、找个朋友尽情地倾诉等,这样对于消除紧张、缓解焦虑将有明显的效果。

(3) 鼓励教师勇于改变自我。处于职业倦怠中的教师往往缺乏成就感,认为自己在教学技能、课堂控制、教学设计等方面都不如别人,甚至认为自己的能力比别人差。在现实生活中,人对环境的适应,一般分为两种:消极适应和积极适应。消极适应就是个体认同、顺应了环境中的消极因素,压抑了自身的积极因素,即自身的潜能,违背了人的心理发展方向。其结果是环境改造了人,而人未发挥自己对于环境的能动作用。而积极适应则是个体在客观环境中积极主动地调整自己与环境的不适应行为,增强个体在环境中的主动性、积极性,努力争取社会各方面的支持,使自身得到发展。因而要引导教师积极适应自己的环境,鼓励他们勇于改变自我,多进行积极的自我暗示,以便获得更好的成长与发展。要让教师学会全面、客观地看问题,正确地认识和评价自己,并在此基础上形成积极正确的自我观念,扬长避短,不要给自己提出不现实的目标;要增强教师的自我保健意识,善待自己、关心自己、帮助自己,使他们明白心理健康最终还要靠自己来维护。

(4) 引导教师改变行为。教师职业倦怠会引发教师攻击性行为的产生,在对教师进行心理健康教育时应当引导教师改变其不当的行为。教师本身对于自己的一些不当行为并未给予足够重视,因而可以给教师介绍职业倦怠的相关理论及其表现,引导他们有针对性地调节自己的行为;可以引导教师通过角色学习来改变自己的不当行为,以减轻或消除教学情境的不确定因素和难预测性,帮助教师消除或降低教学中可能会产生的焦虑;可以通过鼓励教师在出现一些不确定原因的行为时,能够主动寻求专业人员的帮助,逐步化解职业倦怠。

第七章　教师专业发展过程

【问题与思考】

1. 受主客观因素的影响，教师专业发展表现出复杂性和阶段性。对教师专业发展阶段进行研究，既能拓展教师专业发展过程研究的深度与广度，又有利于促进教师获得积极的专业发展和专业成长，顺利度过自己的职业生涯。对此，你如何看？

2. 美国学者休伯曼认为，实验和歧变期（从教7～25年）是教师职业生涯道路上的转变期和关键期。教师的转变有两个方向：一是随着知识和阅历的增加，教师开始对自己及学校的各项工作大胆地进行求新和力求改革，不断地对职业和自我进行挑战；二是单调乏味的教学轮回使自己产生了职业倦怠感，对是否要继续执教产生动摇，他们开始对从事的工作重新评估。如何理解这一阶段在教师专业发展过程中的关键作用？

3. 研究教师是如何学会教学、熟悉教学和熟练教学，并逐步走向专业成熟的发展规律，根据教师专业发展规律实施教师教育，应该成为我国教师教育改革的一项重要措施。请结合自身专业学习和训练，谈谈对此的认识和理解。

4. 美国心理学家波斯纳指出，没有反思的经验是狭隘的经验，至多只能成为肤浅的知识。如果教师仅仅满足于经验而不对经验进行深入的思考，那么他的教学水平的发展将大受限制，甚至会有所滑坡。为此，波斯纳提出了教师专业发展的公式：成长＝经验＋反思。你对此有何认识和评论？

5. 教师专业发展不是一个自发的、自然成熟的过程，而是要经过长期的有意识的教育培养和实践锻炼，因而它必然要受到多种因素的影响与制约。对影响教师专业发展的因素进行综合分析，能够为教师专业发展提供支撑和动力。这种观点对吗？为什么？

6. 教师知识观与教学观乃至教学行为方式有着极为密切的内在联系，对知识观的检讨与审视既有助于澄清教师潜意识中的知识观念，为课程与教学改革提供科学的知识基础，也能为教师教学智慧的形成与教学品质的提升提供观念的深层支撑，有助于教师的专业发展。对此，你如何评论？

7. 有学者认为，教师接受行为规范的最基本条件是其所具有的有效性，包括“外在的效力来源”和“内在的效力来源”。前者主要包括“教师行为规范的强制性，即它可以有效地惩罚违反教师行为规范的任何教师；教师行为规范的正当性，即教师行为规范由正当的程序制定且保证所有的教师都享受平等的教学权利”。你能体悟这句话的内涵吗？

8. 知识促进思考，思考成就写作，写作更需要阅读、思考和研究作支撑，这四者之间是相辅相成、相互支持的。教师只有让反思、读书、研究与写作成为自己的生活方式和生存方式，才能有效地促进自身的专业发展。请从教师专业发展运行系统的视角，谈谈自己对这句话的认识和理解。

教师专业发展不是一个结果,而是一个过程,是一个长期的、持续的、由量变到质变的、由不成熟走向成熟的发展过程。对教师来说,明确自身专业发展的阶段和过程,清晰自身专业发展的影响因素及其支持系统,不仅有助于探明教师专业发展的内在规律性,而且有助于科学制定教师专业发展的目标、路径和策略。而这恰恰是教师专业发展过程研究的价值之所在,也是教师专业发展过程研究日益受到学术界关注的根本原因。

第一节　教师专业发展的阶段

教师专业发展历程是一个总体上呈“渐进”趋势的过程,每一个发展阶段都会呈现出某些变化特征,如专业信念、专业能力、专业需求、教学关注、教学行为等,这些变化特征为判断其专业发展阶段提供了依据。从20世纪60年代开始,教师专业发展阶段引起教师教育界的关注,国内外研究者从不同视角进行研究,出现了多种教师专业发展阶段理论。了解和把握这些理论学说,并把它创造性地转化于教师专业发展实践过程之中,才能更好地促进教师的专业发展。

一、国外教师专业发展阶段研究

自1969年美国学者福勒首次提出了教师专业发展的“教学关注”阶段理论以来,教师专业发展阶段理论逐渐成为教师专业发展领域的一个新的生长点,并在20世纪后期发展和形成了几个较有影响的经典理论,如休伯曼的教师生命周期理论,伯顿的教师教学生涯发展理论,伯林纳的教师专业发展阶段理论,司德菲的教师生涯发展模式理论,费斯勒的教师生涯循环论等。

(一)福勒的教学关注阶段理论

美国得克萨斯大学的福勒最早对教师专业发展进行了系统研究,编制了严谨精细的“教师关注问卷”,运用问卷调查法对教师专业发展进行了深入的实证研究。福勒认为,在成为专业教师的过程中,教师所关注的事物是依据一定的次序更迭的,一般要经过以下4个阶段。

1. 任职前关注阶段

该阶段为职前师范教育时期,此时的师范生仍然扮演着学生的角色,他们只是想象中的教师,还沉浸在学生角色中,他们没有教育教学经验,只关注自己,对他们所观察到的班级,经常持批判甚至是敌视的态度。

2. 早期求生阶段

该阶段教师初次实际接触教育教学工作,他们主要关注的是自我胜任能力以及作为一名教师如何“生存”下来,他们关注班级的教学与管理,关注对教学内容的掌握、学校领导的评价、学生与同事的肯定和接纳等,他们最担心的问题是“学生喜欢我吗”“同事们如何看我”“领导是否觉得我干得不错”等。所以有些新教师会把大量时间花在如何与学生搞好个人关系上,还有些新教师则可能想方设法控制学生。处在这一阶段的教师承受的压力是相当大的。

3. 关注教学情境阶段

该阶段的教师最关心的是如何上好一堂课的问题,而且总是关心与教学情境有关的问题，如班级的凝聚力、时间的压力、备课材料是否充分、教学方法是否有效，以及如何正确地掌握相应的教学技能、如何顺利地完成教学任务等，传统教学评价也集中关注这一阶段。一般而言，老教师比新教师更加关注这一阶段。

4. 关注学生阶段

虽然许多教师早在接受师范教育阶段就表达了对学生的学习、品德乃至情绪需求的关注，但却一直不能真正地适应或满足学生的这些实际需要，往往要等到自己能适应教学的角色和负荷之后，才能真正地关怀学生。这一阶段的教师能够关注学生的个别差异，认识到不同发展水平和不同年龄阶段的学生有着不同的社会需求，即应该怎样针对学生的实际情况合理选择教学材料和方式。能否自觉关注学生，是衡量一个教师是否走向成熟的重要标志。

福勒的研究表明，教师的专业发展往往是经由关注自身、关注教学任务，最后才关注到学生的学习以及自身对学生的影响，在不同的发展阶段，其关注点是有所迁移和变化的。福勒开创了教师专业发展阶段研究这一新的领域，为后继的研究奠定了良好的基础。

（二）伯顿的教学生涯发展理论

该理论是由美国俄亥俄州立大学的伯顿在 20 世纪 70 年代提出的，他认为教师的教学生涯发展经历了 3 个不同阶段。

1. 求生阶段

该阶段的教师刚进入一个新的环境，再加上缺乏实际的教学经验，他们对教学活动及环境只有非常有限的知识，对所面对的各种事物往往还处于熟悉和适应之中。这一阶段教师的特点决定了他们所关心的是如何做好教学工作，他们已经开始注意了解学生，但并不愿意尝试新的方法以增强效果。

2. 调整阶段

在教师生涯的第 2～4 年时间段，教师的知识已经比较丰富，心情也已较为轻松。教师开始有精力了解学生的复杂性和独特性，能够更多地关心和帮助他们，也会积极寻求新的教学技巧与解决问题的新方法，以满足不同层次的学生需求。

3. 成熟阶段

教师在进入第 5 年以上的教学期后，其经验更加丰富，对教学活动驾轻就熟，并且对教学环境已有充分的了解与熟悉。因而这一时期的教师可以放心地、专心地处理教学中所发生的事情，能够不断地追求并尝试新的教学方法，能够更加关心学生和满足他们的需要。处于这一阶段的教师发现自己已经逐渐获得更为正确而深刻的专业见解，并能有效地应对和处理大多数可能发生的新情况。

伯顿的教师教学生涯发展理论是建立在对数据的分析、处理和综合的基础上的，因而具有较强的科学性；其存在的主要缺陷在于缺少对成熟型教师未来发展的分析、研究和借鉴。

（三）休伯曼的教师生命周期理论

美国教育学者休伯曼根据教师的生命周期，对教师专业发展进行了阶段划分。他认为每一个阶段都有特定的发展主题，但他并没有把发展主题强加于每一位教师，而是依照教师对发展主题不同的认识和理解，区分出以下 5 个不同的时期。

1. 入职期（从教最初的 1～3 年）

这一时期的教师表现出对自己所从事的新职业的复杂感情，一方面是初为人师的积极性和热情,另一方面是面对新工作的无所适从,却又很想尽快步入正轨而急切地希望获得教学的知识和技能。因此这一时期也可称为“求生和发现期”。

2. 稳定期(从教 4～6 年)

这一时期教师逐渐适应了自己的工作,并且能够比较自如地驾驭课堂教学,初步形成了自己的教学风格,入职时的压力和不适已经消失,教师此时已经能够比较轻松、自信地面对自己的工作,同时要求自己在教学技能等方面进行不断地改进与提高。

3. 实验和歧变期(从教 7～25 年)

这一时期是教师职业生涯道路上的转变期。教师的转变有两个方向:一是随着知识和阅历的增加,教师开始对自己及学校的各项工作大胆地进行求新和力求改革,关注学校发展,对学校组织和管理中的漏洞进行批评和指正,不断地对职业和自我进行挑战;二是单调乏味的教学轮回使教师对自己的职业产生了倦怠感,对是否要继续执教产生动摇,因此开始对目前从事的工作进行新的评估。

4. 平静和保守期(从教 26～33 年)

许多教师在经历了怀疑和危机之后逐渐开始平静下来,能够较为轻松地完成课堂教学,也更有自信心。随着职业预期目标的逐渐实现,教师的志向水平也开始下降,对专业的投入也逐渐减少。该阶段的另一个主题是与学生的关系更加疏远,教师对学生的行为和作业要求更加严格。同时,处于该阶段的教师在经历了平静期后变得较为保守,这可能是自我怀疑的进一步发展,也可能是改革失败的结果。多数教师会抱怨学生纪律性变得更差,缺少学习动机,抱怨公众对教育的消极态度,抱怨年轻教师不够认真和投入。

5. 退出教职期(从教 34～40)

其他专业人员在这一时期可能会逐渐退缩,为退休做准备。而教师迫于社会压力,其专业行为没有太大改变,只是更加关注自己喜欢的班级、做喜欢做的工作。

(四) 伯林纳的教师专业发展阶段理论

该理论是由美国亚利桑那州立大学的伯林纳等人在 20 世纪 80 年代末提出的。他根据教师教学专业知识技能的学习与掌握情况,主张把教师专业发展划分为以下 5 个阶段。

1. 新手阶段

新手水平的教师是指师范生或刚进入教学领域的教师,这一阶段教师的任务是学习一些陈述性知识,如一般的教学原理、教材内容和教学方法等,并熟悉课堂教学的步骤和各类教学情境,以获得初步的教学经验。

2. 高级新手阶段

这一阶段是指从教 2～3 年的教师,他们已经从教学活动中积累了一些经验,意识到了教学情境的相似性,能把过去所学的知识与现在所遇到的情境与问题相联系,也会运用一些教学策略来调节和控制自己的行为。

3. 胜任阶段

在拥有了更多的教学经验并且尝到了成功的喜悦后,大多数高级新手有望进入胜任阶段。处于这一阶段的教师,能按个人想法自由处理事件,依据自己的计划对所选择的信息作出反应,并能够对所做的事情承担更多的职责。

4. 熟练阶段

从教 5 年以上的教师基本上进入到熟练水平的发展阶段，成为熟练教师。这时的教师对教学情境产生了敏锐的直觉感受，他们能从积累的大量丰富经验中综合识别出情境的相似性，能从截然不同的事件中考虑到事物的相互联系。

5. 专家阶段

专家阶段的教师对教学情境不但有直觉的把握，而且能以非分析性、非随意性的方式，理智地作出合适的反应，其行为表现流畅、灵活，不需要刻意加工。处于这一阶段的教师知道在什么时间和什么地方该做什么，他们采用的教学方法也更加多种多样。

伯林纳等人根据教学专业知识与技能的学习和掌握情况提出的教师专业发展的五阶段理论，划分比较详细，各个阶段特征阐述也较为清楚，且涉及进入成熟阶段后下一步发展的探讨，因而其理论贡献是显而易见的。

（五）司德菲的教师生涯发展模式理论

美国学者司德菲通过研究提出的教师生涯发展模式理论，比较完整、真实地描述了教师专业发展的历程，弥补了伯顿等人所认为的成熟期后的教师会一往无前继续成长而不会停滞不前的理论的缺憾。具体而言，司德菲把教师生涯发展概括为以下 5 个阶段。

1. 预备生涯阶段

处于这一阶段的教师是新上岗的教师，他们通常需要 3 年时间才能度过这一阶段。理想主义、有活力、富于创意、善于接纳新观念、积极进取、努力向上是这一阶段教师的特征。

2. 专家生涯阶段

这一阶段的教师已具有较高水平的教学能力与技巧，他们能获得多方面的信息，对学生抱有较高的期望，同时能够掌握学生的一举一动，在工作中能够有意识地激发自己的潜能，有效地控制课堂教学的进程。

3. 退缩生涯阶段

处于这一阶段的教师往往表现出倦怠感，很少致力于教学革新，防范心理严重，需要得到帮助。这一阶段按退缩的程度又可分为初期退缩、持续退缩和深度退缩 3 个层次：初期退缩是指教师很少致力于教学革新，效绩平平，固执而消极；持续退缩是指教师表现出倦怠情绪，经常批评学校、家长、学生，甚至是教育行政部门，有时对一些表现好的教师也妄加指责；深度退缩是指教师在教学上产生无力感，甚至有时还会伤害到学生，但这些教师并不认为自己有这些缺点，并且具有很强烈的防范心理。

4. 更新生涯阶段

部分教师之所以能进入更新生涯阶段，关键在于他们在出现退缩生涯阶段的征兆时，采取了较为积极的应对措施，如参加研讨会、进修课程等，因而这一阶段的教师又会呈现出像预备生涯阶段那样的朝气蓬勃的状态，但不同的是他们更多地致力于追求专业继续成长，继续吸收新知识。

5. 退出生涯阶段

到了退休年龄，或由于其他原因而离开教育岗位，一些教师开始安度晚年，而一些教师则可能继续追求生涯的第二春天。

(六)费斯勒的教师生涯循环论

美国约翰霍普金斯大学的费斯勒在观察、访谈和典型调查的基础上,结合对成人发展和人类生命发展阶段等研究的文献分析,提出了整体、动态的教师生涯循环的八阶段理论。

1. 职前教育阶段

该阶段的教育是为了特定的教师角色而准备的,通常是在大学或师范学院进行的师资培育阶段,当然也包括在职教师从事新角色或新工作的再培训。

2. 引导阶段

这是教师走向社会、进入学校系统和学习每日例行工作的时期,该阶段教师通常都会努力寻求学生、同事和督导人员的接纳,并设法在处理每日问题和事务时获得被肯定的信心。

3. 能力建立阶段

教师努力增进和充实与教育相关的知识,提高教学技巧和能力,设法获得新的信息材料、方法和策略。此时的教师都想建立一套属于自己的教学体系,经常接受与吸收新的观念,参加研讨会和各种相关的会议,以及继续进修与深造。

4. 热心和成长阶段

教师已具有较高水平的教学能力,但热心教育和继续追求成长的教师会更积极地追求其专业形象的建立,表现出热爱教育的工作热忱,不断地寻找新的方法来丰富自己的教学活动。

5. 生涯挫折阶段

教师可能会受到某种因素的影响,或是产生教学上的挫折感,或是工作满足程度逐渐下降,开始怀疑自己选择教师这份工作是否正确,职业倦怠大多数都会出现在该阶段中。

6. 稳定和停滞阶段

教师存在着"做一天和尚,撞一天钟"的心态,这些教师只做分内的工作,不会主动追求教学专业上的卓越与成长,只求无过,不求有功,可以说是缺乏进取心、敷衍塞责的阶段。

7. 生涯低落阶段

这是准备离开教育岗位、打算"交棒"的低潮时期。该阶段有些教师感到愉悦自由,回想以前的桃李春风,而今终能功成身退;也有一些教师,则会以一种苦涩的心情离开教育岗位,或是因被迫终止工作而感不平,或是因对教育工作的热爱而眷恋。

8. 生涯退出阶段

这是离开教职生涯以后寂寥的时期。有些人会寻找短期的临时工作,有些人也可能会颐养天年,总之是到了生命周期的最后落幕阶段。

二、我国教师专业发展阶段研究

近年来,伴随着国外教师专业发展阶段理论的引介,我国学术界也开始了该领域的具有中国特色的探讨,形成了以下一些颇具影响力的理论观点。

(一)教师教学能力发展四阶段理论

该理论是由北京教育学院的邵宝祥提出的,他根据教师教学能力的发展水平,把教师专业发展概括为 4 个阶段。①

1. 适应阶段(从教 1～2 年)

处于该阶段的教师初为人师，课堂实际与师范教育所学理论反差较大，对他们来说最重要的就是如何通过教学实践，尽快完成理论与实际的初步结合，尽快形成自己的教学实践技能和技巧，使自己适应课堂教学活动的基本需要。

2. 成长阶段(从教 3～8 年)

这是教师教学能力发展最为迅速的阶段。教师对教学工作已有较多的成功与失败的体验，已获得初步的教学经验，掌握了各种教学技能，与学生建立起了感情的纽带，逐步达到了称职教师的标准。

3. 称职阶段(一般是 35 岁以后)

该阶段教师已基本上适应教学需要，能驾驭班级、课堂，业务水平、自信心、外部的评价都达到较高水平。但相当多教师的教学能力发展开始缓慢下来，一部分教师甚至出现了停滞，他们由于个人抱负、意志品质、教育观念、知识结构以及种种的外部条件的制约未能冲出“高原”阶段；而对另一部分教师通过个体持续不断的努力，以及外部积极因素的作用，其教学能力会获得新的发展。

4. 成熟阶段

突破了高原阶段的教师将进入教师成长的新阶段，教师的知识、能力结构将经历重大改造，认知、情感、人格等全面升华，形成了自身独特的教学风格和特色，成为骨干教师、学科带头人，甚至对教学理论某些方面有所发现、有所创造，成长为专家型、学者型教师。

(二) 教师关注四阶段理论

该理论是由我国教育学者傅道春提出的，他根据教师在不同时期不同的关注情况，把教师专业发展概括为 4 个不同阶段。②

1. 非关注阶段

这一阶段是指进入正式教师教育之前的阶段。尽管后来做教师的人在这一阶段很难说有从教意向，更没有专业成长的意识，但对后来从教的影响却不容忽视。这一阶段生活经历所养成的良好品格是教师专业发展中重要的生活基础。该阶段所形成的前学科性的教育教学知识会一直迁延到教师的正式执教阶段。对于教师来说，做学生的过程对教师专业发展有重要的价值，学生头脑中存储了无数课堂情境的活生生的画面。学生逐渐把教师的教学模式内化到自己身上，而当他们自己执教时这些模式又被得以重新激活，许多做教师的人都感到是自己在学着教师的样子做教师，只是当时没有把教师的特定行为纳入教育教学理论的框架中去理解。在教师专业发展的非关注时期，除了教师职业的相关品质和前学科知识的影响外，还有与教师专业能力相关的一般性能力，尤其是语言表达能力、交往能力和组织管理能力等，也为教师正式执教打下了坚实基础。

2. 虚拟关注阶段

这一阶段主要是指师范学习阶段，师范生关心的是学到学科知识，学到课堂管理方面的

① 邵宝祥，王金保. 中小学教师继续教育基本模式的理论与实践(上)[M]. 北京：北京教育出版社，1999：68-70.

② 傅道春. 教师的成长与发展[M]. 北京：教育科学出版社，2001：114-117.

知识,对教育理论的学习比较空泛,并且很少与未来专业发展成长产生联系。由于师范生的主要身份还是学生,因而他们较少参与教育教学专业活动,他们的专业活动还只是某些特殊技能技巧层面的活动,他们也比较忽视教育教学观点方面的改革与培养。

3. 生存关注阶段

这一阶段是指初任教师阶段。该阶段教师有着强烈的专业成长的忧患意识,他们特别关注专业成长结构中的最低要求——专业活动的生存技能。在这个阶段,从教师专业发展的角度看,初任教师的情况将影响他们将来成为什么样的教师。有研究表明,一个教师第一年教育教学情况对他所能达到教育教学效能水平具有重要影响,甚至会影响到整个教师职业生涯中对教师行为起调节作用的教师态度。这个时期的教师面临着现实的冲击,他们在师范教育阶段所形成的教育教学理想在日常课堂生活现实中很难实现,难以适应学校现实环境。这时他们所关注的是如何生存下来,教师专业发展主要集中在专业态度与动机方面,尚难以过多地顾及专业知识和能力的发展。

4. 任务关注阶段

这一阶段是教师专业结构诸方面稳定、持续发展的时期,由关注自我的生存转到更多地关注教育教学上来,以便更好地完成教育教学任务,获得职业阶梯的升迁和更高的外在评价。该阶段教师专业态度较为积极、稳定,至少从心理上接纳了教育教学任务。教师的专业发展意识向积极方向发展,眼界开阔,积极吸收外界的一切好的研究结果为自己的专业成长服务。教师以教师职业阶梯作为自己成长的路线,自觉地寻找各种教师专业活动,对于阅读教育报刊以及与其他教师的交流有着很高的热情。

(三) 教师自主发展五阶段理论

该理论是由我国教育学者姜勇和阎水金提出的,他们采用问卷调查和访谈法,对教师专业自主发展包括的自主发展意识与动机、自主发展观念、自主发展规划、自主发展行动 4 个方面进行实证研究,在此基础上提出教师专业自主发展的五阶段理论。①

1. “新手—动机”阶段

处于新手期的教师,有较为强烈的自主发展意识动机,但在自主发展的规划上有所欠缺,因此称为“新手—动机”阶段。

2. “适应—观念困惑”阶段

处于适应期的教师,除自主发展观念外,在其他三方面的得分均很高,其问题主要是观念上的困惑,因此属于“适应—观念困惑”阶段。

3. “稳定—行动缺失”阶段

处于稳定期的教师,在意识动机、观念与规划上都较好,但却缺乏自主发展的行动,因此是“稳定—行动缺失”阶段。

4. “停滞—缺乏动力”阶段

处于停滞期的教师,在各方面发展上都较差,无论是意识动机、规划、观念与行动都处于停滞状态,特别是缺乏发展的动力,因此是“停滞—缺乏动力”阶段。

---

① 姜勇,阎水金. 教师发展阶段研究:从“教师关注”到“教师自主”[J]. 上海教育科研,2006(7):9-11.

5．“更新—动机增强”阶段

处于更新期的教师，他们往往都摆脱了职业倦怠特别是消极的情绪体验，在自主发展的意识与动机上有显著增强的趋势，因此是“更新—动机增强”阶段。

（四）教师专业发展八阶段理论

该理论是由我国教育学者裴跃进提出的，他主张从教学系统、自我系统和组织系统3个维度探究教师专业发展的阶段，认为教学系统能完整描述教师在教学专业方面的思想意图与行为能力，自我系统能充分揭示教师真实丰富的职业角色认知与情绪感受，而组织系统则能基本反映教师不同发展阶段获取外界不同的评价与支持。由此，他把教师专业发展划分为8个不同阶段。①

1．准备期

这一时期是进入师范教育专业为教师职业生涯奠定教育知识与学术能力的基础阶段，时间一般是固定统一的，大约4年。

这一时期师范生对教育的认识主要是通过课堂相关教育学理论课程而逐步开始的，故呈现出一种书面的、初始的、概念化的特征。此时他们还谈不上专业水平的提升，只是按照师范院校的教师培养计划，一方面学习相关专业课程知识，一方面进入中小学进行教育见习、教育实习等专业技能的实践工作，为以后的专业能力的形成奠定基础。他们对未来职业充满各种猜想与憧憬，有些人已经将教师职业作为自己的人生选择。

学校按照培养计划，按部就班地开展教师教育课程与教学实践活动，并适时邀请中小学优秀教师或管理者到校给学生作教育报告，以增强学生对未来职业的认同。

2．初始期

这一时期是教师正式进入职业生涯的第一个阶段。经历这个阶段的具体时间长短因人而异，一般为1～2年。

当新教师结束第一次或第一天的课程之后，多数会心潮起伏、感慨万千，他们一方面为学与用的“二元分离”困惑不已；另一方面又不得不踏上重新认识教育的历程。当被问及教学中存在的最大障碍是什么时，他们首先想到的是学生，而对于课程目标、框架结构、单元组织的实际认知与整体把握尚处于探索阶段。他们虽有教学目标，但并不能真正了解其内涵；虽有教学设计，但教学内容的完成有时比较勉强；虽有教学重点和难点的确定，但在具体的教学进程中往往不能很好地落实；虽能依照教案进行教学，对教学的认识有时不得不通过“试误”的形式来获取，课堂上经常要花费一定的时间来组织教学。

有些教师往往意识不到初始期的不适应情况是一种正常现象，结果容易导致种种片面甚至偏激的认识产生：要么认为在大学中所学的知识此时全无用处，从而产生一种内在空虚、无所依靠的感觉，要么情绪低落、脾气暴躁、自怨自艾，甚至有的会怀疑教师职业是否是自己的正确选择。

这一时期学校的帮助对于刚刚进入初始期的教师来讲是最为迫切和最为需要的。领导的信任与关怀、同事的激励与援助，对新教师都是莫大的福祉。但这些都必须建立在新教师本人的主动与不懈努力的基础之上。

---

① 裴跃进．教师专业发展阶段基本内涵的探究[J]．重庆文理学院学报（社会科学版），2008(1)：17-23.

3. 适应期

这一时期教师基本上已经安然度过了新鲜刺激、焦虑烦躁的初始阶段,但由于每个教师个体的自我系统与组织系统不同,一般需要1～2年的时间。

教师在对学校的教育生活有了一定感性认识的基础上,开始对教学工作的复杂性与艰巨性有了初步的判断,单纯火热的激情逐渐积淀为对专业实践的务实探索,在认真细致地准备课程的同时,诚恳谦虚地进入到学校内每一个他认为值得观摩学习的资深教师的课堂,观课、借鉴和求教。如果此时让他说出教学过程中最感头痛的问题,可能就是方法的选择与掌握了。处于此阶段的教师,基本上了解所教课程的基本结构与功能内涵,基本了解课程种类、性质与关系,具备了课程整体安排与单元教学设计能力;初步做到有计划、有重点、有措施地开展课程的教学能力。

一些有抱负的年轻教师已感觉到做一名教师的艰辛不易,因此在教学之余,他们会有目标、有计划地参与学历进修,技术培训,学术活动,向资深教师学习等,希望通过种种努力,不断增强专业水平和提升专业地位。

资深教师的耐心指教、同一教研室同事的热情帮助以及学生的积极配合,对于这一时期教师的迅速成长有着极为重要的推动作用。

4. 胜任期

随着认识的不断深入、工作的日渐熟悉、能力的逐渐提升,心情愉悦的教师比较顺利地由适应期进入到胜任期,这一时期大约需要2～4年的时间。

教师对教育工作性质内涵、组织形式有了一个较为理性的认识,对学校的各种规章制度、校纪校情以及学校文化传统有了一个整体性的了解;对于所教课程的知识框架、逻辑体系、文化价值与使用功能有了一个较为完整的认识,不仅掌握了课程内部的各种因素关系与单元结构内涵,而且还能逐渐寻找和确立有效的教学策略并开始意识到学生的需求在课程准备中的地位。部分教师就提升教学效率开始了方法与策略方面的思考探索。

由于在业务上能够比较娴熟地开展教学工作,因此教师对自己的工作、岗位、职责充满自信,并对事业发展前景有清晰明确的信念与计划,对自己选择教师职业颇觉满意。此时对人生、对他人、对社会保持着一种健康乐观、积极向上的态势和与同事友好合作的态度。

这一阶段的学校会因教师能够胜任工作而感到比较满意,同时也会根据需要增加他们诸如担负班主任或其他非教学方面的工作。当然,如果却有需要,学校也会让他们参与教学改革或教育实验的部分工作。

5. 成熟期

由胜任期进入成熟期,大约需要4～6年时间。成熟期的教师站在了一个十字路口:继续向前行走,则会跨入创造期;维持相对静止状态,就进入了稳定期。

成熟期的教师对教育目的、教育精神和教育方式有着较为积极的思考与全面的认识。面对一些教育现象和教学问题时,往昔的从众意识与跟风行为渐渐淡化退去,取而代之的是自己独立的思考与沉稳的判断,大至教学工作的计划、学风教风的构建,小至课堂语言的运用、学生错误的处理,无不体现成熟期教师应有的特征。

一些教师已开始将解决的思路由学生转向了自身,主体性特色渐渐凸显出来。他们对课程的本质内涵、原理功能、框架结构有着理性完整的把握,对课程的安排与进程有科学合理的安排，教师对课程目标、教学目标乃至课堂目标已做到心中有数；对于教学的重、难点掌握与处理已经驾轻就熟；一切教育工作与教学活动均在教育规律与教学原则的范围之内进行；教学准备已从一次性的书面详案过渡到心中持续不断的思考酝酿。

在部分教师的职业生涯中，教学水平与专业经验已达到了自我发展的顶峰阶段。无论是在学生还是在学校领导心目中，其自身都处于教学的核心位置，不仅挑起了教育的中坚担子，而且还承担起了引领青年教师的指导职责。也正是由于成熟期的教师最具影响力，很多教师止住了继续发展的脚步。

学校对于成熟期的教师十分重视并关怀有加。凡是有关教育教学方面的竞赛，往往是他们代表学校去参与竞争，同时有关的各种荣誉、模范、先进的名额自然也大多归属于他们。他们的言论、主张有时左右着学校的决策。

6. 创造期

这一时期的教师，其人格力量与专业精神往往具备着某种传奇色彩和感染力，大约需要经历 5～8 年时间。

教师对国家教育目标和学校教育目的的价值意义和品质精神有着较为准确而深刻的认识。不仅对学校教育的内在价值与外在表现形态有完整深刻的洞察，而且对与教育相关的社会联系和文化背景有着清晰的了解和掌握。他们已不满足于循规蹈矩地将培养人的教育工作演绎为枯燥单调的重复性劳动，而是将其视为挑战他人、挑战自我、追求创新的探索旅程，持之以恒地探寻其中的奥秘，力图寻找出一条有趣、有序、有效且闪烁着智慧之光的育人之路。

在解答如何克服优质教学最突出的障碍时，他们会这样回答：只有先提升自己，然后才能教育好学生。他们的身上洋溢着富有生机与活力的教育主体性。历经了艰辛努力而成功抵达专业顶峰之后，他们非但没有通常成功后的自豪与放达，却反而增加了几分小心与谨慎。无论是言谈举止或思想意识，他们越发感觉到专业发展遥无尽头，还有许多教育现象和教学奥秘自己尚搞不清楚。因此，越是进入创造期的教师，对教育规律、教学事理的思考探索愈是兴趣勃勃。

从某种程度上讲，处于这一时期的教师是一所学校的名片、信誉和一笔无价的教育财富。学校自然会倾其所能给予他各类荣誉称号与待遇，并会提供一切必要的条件为他创设一个良好的工作环境。年轻的同事们也会以一种敬佩的眼神注视他。如何挖掘彰显创造期教师独具魅力、富有成效的优质资源，使其告别个体化、隐秘化，走向公开化、公众化，从而为更多的教师所共享，应当成为学校考虑的头等大事。

7. 稳定期

稳定期是指教师的认知发展、专业水平和人格心理等方面保持在一种相对平稳静止的状态，它出现在教师步入成熟期的 4～6 年以后。

这一时期的教师基本延续着成熟期对教育意义、教育方式的一种理性认识。对学校教育的基本使命、课程体系以及课程目标有着系统熟练的掌握；对学校教育系统与社会各方面的复杂关联有着切身的体验；对学生的学习态度、学习动力、学习风气、学习习惯的功能与作用具有更为深刻的认识，对家庭教育的作用与地位有了更为清晰明确的认识，对教师的教育职责、管理职责、示范职责有了更为全面的了解。

这一时期的教师对学校的教育工作或教学常规了如指掌，对于所教学科的知识体系与内涵结构有了更为全面而深刻的掌握,其教学工作的开展不仅遵循着教育规律与教学原则,而且还呈现出一种特色鲜明的教学风格。在把握教学进度、处理教学重点与难点、掌握课堂教学节奏以及解决学生问题等方面体现出一种独特的教育思维特征。清晰的教学思路加之灵活有效的教育方法,使得他们的教学活动不时闪烁出智慧的光芒。虽然清楚地知道自己的专业发展已经到了尽头或者可能已经担任学校的领导工作,但大多数时候他们仍不想放弃现有的学术地位与专业优势。因此,多数教师仍然努力地工作着,继续着繁忙的课堂教学与学生管理工作,以成熟老练的专业态度和经验丰富的教学实力向学校和学生证明着自己存在的价值。

学校仍将稳定期的教师视为中坚力量,一方面是因为他们为学校发展付出了许多智慧和精力;二是因为学校仍需要他们一如既往地承担教书育人的职责任务,同时希望他们能够将宝贵的经验与能力传授给年轻教师。

8. 退隐期

退隐期教师的界定比较复杂,有些是年龄原因,有些是能力原因,还有些是思想原因。我们在此暂且以年龄为标准来研讨教师的退隐期,一般界定为退休前的若干年。

一生的教育经历使得他们对一些教育本质意义与社会功能有着独到深刻的理解,对于教育途径方式的设计与操作有着清晰简约的认识,他们往往通过对过去时态的追忆来间接表明对当下的课程开设与实施的态度。他们不大喜欢烦琐、复杂和时髦的现代教育学术名词与名目繁多的新潮方法,而是近乎固执地坚持着自己熟悉的思维观念与教育途径。

在熟悉传统教育常规与教学原则的基础上,他们按部就班、平稳随和地履行着自己的本职工作,板眼分明、秩序井然地逐一解决教学重点、难点,并特别擅长将复杂、抽象的问题通过类比途径形象化、简约化地呈现在学生面前。对于学习比较困难的学生,他们能非常耐心地给其以解释与辅导。他们此时已不会再介入教学改革之类的事情,也很少担任繁重的毕业班教学工作,只是平静地、简单地按时站立在讲台上,在恪守职业道德与最后的职责中,缓缓地降下自己教学生涯的帷幕。

对于即将退休的教师,学校一般不会再安排其担任过多过重的教学工作,对于他们的实际困难与复杂心情,也能够尽力地帮忙解决与体谅。条件好的学校,还会利用假期组织他们外出旅游或外出疗养。

(五)教师专业发展四阶段理论

该理论是由我国教育学者钟祖荣和张莉娜提出的,他们通过研究指出,最能反映教师发展变化的是教师的素质和工作成绩,据此他们提出了教师专业发展必须经过4个基本阶段。①

1. 准备期

准备期是指教师从事教育教学工作以前的阶段,也就是在入职之前师范教育阶段接受教育和训练,以及自己学习相关专业知识技能和教育理论知识阶段。

2. 适应期

适应期是指教师走上了教育教学工作岗位,由缺乏实践体验走向初步适应教育教学工

① 钟祖荣,张莉娜.教师专业发展阶段的调查研究及其对职后教师教育的启示[J].教师教育研究,2012(6):20-25,40.

作，具备了最基本的教育教学能力和其他素质。

3. 发展期

发展期是指教师在初步适应教育教学工作后，继续在教育教学实践中锻炼自己的教育教学能力和素质，使之达到熟练程度的时期。该阶段教师的素质特点表现为教学工作日趋熟练、素质发展日趋全面、教育工作重心由“自己做好”转向“关心学生”。

4. 创造期

创造期是指教师开始由固定的常规的自动化的工作，进入到开始探索和创新的时期，这是教师形成自己的独到见解和教学风格的时期。该阶段教师的素质必须作出相应的调整，形成具有强烈的创新意识、科研能力明显提高、理论水平大幅度增长的素质特点。对特级教师的调查表明，从走上工作岗位，到对教育教学问题具有比较系统的见解，取得较多的研究成果和实践成果，这个阶段大约需要16～25年的时间。

（六）教师专业成长三阶段理论

该理论是由我国教育学者彭红琴提出的，她基于教师对教学活动中教师、学生与教材之间张力关系与互动关系的认识和理解，提出教师专业发展之路可划分为3个阶段。①

1. 初始阶段：以教材为本

教师在进入职业生涯的初期，由于指导思想、方法措施抑或教师自身素质的原因，大多数教师都会首先经历“教书”即教教材的阶段。从照本宣科、复述教材到充分理解教材内容、在把握教材有关知识点的基础上条理清晰地诠释教材，教师关注的主要对象是教材，教学也就是简单地等同于教教材。教师专业发展的这个阶段在教育教学实践中也叫“课程的忠实取向”，也就是认为教材是“权威”，是唯一的教育教学资源，是教师教育教学的依据和学生掌握的对象。尽管在教育教学实践中对“课程的忠实取向”的理解大都贬多于褒，但对于教师专业发展而言，却是必需、必要和必然的经历过程。教材是教育教学的基本依据，它规范了教育教学的内容和方法，保证了教育教学水平的最低标准。在更多的时候，我们确实需要扎扎实实地教好教材，站稳讲台。只有走进教材，吃透教材，才能把课上得厚重而实在，教师心中才会踏实而沉稳。只有具备了这样的“底气”，才能不断实现对教材的创新与超越，才能更好地促进自己的专业成长。

2. 发展阶段：以教师为本

随着教师对教材的熟悉和对教材背景认识的拓宽与加深，随着教师在教育教学活动中形成的个性素质，如教育价值观、教育思想观念、知识体系、思维方式等的丰富，教师就会在把握课程标准和课程目标的基础上，根据自己对教材内容的理解，突破教材的框架约束，自主组织和编排教学内容，创造性地选择教学手段和方法。在教师专业发展的这个阶段，教师关注的往往是如何“讲”课即讲教材，很多优秀教师通过生动形象、通俗易懂、绘形绘色的讲，使干瘪的教材逐渐得以丰满，抽象的教材逐渐变得生动，平淡的教材逐渐走向精彩。正如有些优秀教师所说的那样：“教学要追求诗歌般激情、相声般幽默、小说般结构、戏剧般冲突。那时，最得意的事是上课。尤其是公开课……学生们发自肺腑地评价：听您的课，简直是一种艺术享受；一节课，不知不觉就结束了。很长一段时间，陶醉于这种评价。当然，摆摆花架

① 彭红琴. 从“课本”到“生本”：教师的教学专业成长[J]. 中国教师，2012(5)：53-55.

子是无法赢得这真诚赞誉的,我力求把知识讲明、讲透、讲活。”①

3. 成熟阶段:以学生为本

如何以学生为本?以学生的什么为本?教师的主导作用应该如何发挥?对这些问题的深入思考和领悟,一般要经历3个阶段:第一阶段是以学生的知识学习为本,教师的引导在于答疑解惑;第二阶段是以学生的能力为本,教师的引导在于帮助学生总结学习的方式方法、关注认知策略;第三阶段是以学生的人格培养为本,教师的引导在于帮助学生树立积极上进、自我发展的价值观、人生观并养成相应的行为习惯。当具有了以学生为本的意识,大多数教师会首先想到要启发诱导学生如何掌握知识,如对教材中包括的事实、概念、法则、原理等,或不告诉学生问题的答案,就像古希腊教育家苏格拉底那样,善于设障立疑,步步紧紧追问,让学生在积极思维中自己找出答案;或设计一系列由易到难、循序渐进的目标,诱导学生到达最后目标,但这只是授人以鱼,知识上的引导,迁移性是有限的。所以大多数教师往往会自然想到“鱼”后面的“渔”,因而教师引导的第二个层次,就在于帮助学生掌握科学、高效的学习方法和认知策略。很多教师对引导的认识仅仅停留于这个层次,是存在一定的缺陷的,教师应着重培养学生独立自主、积极上进的人格品质。

第二节 教师专业发展的规律

教师专业发展是一种多维互动过程,既离不开专业理念、专业知识、专业能力、专业道德、专业情意等内在品质的涵养和形成,也离不开长期的、复杂的、外在的专业实践。教师是自身专业发展的主人,教师专业发展的核心是建构有效的专业知识,教师专业发展表现为与课程的对话和对自身行为的规约,教师专业发展最终取决于教师自身的学习、实践和反思。

一、教师是专业发展的主体

教师是专业发展的主体意味着教师拥有专业发展上的自主权。自主是专业发展的核心特征之一,教学作为一种专业,必然要求教师享有专业上的自主权。对教师专业自主权的解释,多数学者从单一视角,或单一层面来表述,如有的表述为“教师教育权”,有的表述为“教师教育行为自主”,有的学者则从“学理、法理和实践”3个层面来研究这种自主权。

学理层面的教师专业自主权强调的是教师作为主体对教育教学活动拥有的自由、自主的权利,表现在行为上就是教师利用环境的外在自主和教师对自己内心世界支配的内在自主。即教师能独立于外在的压力,根据自己的实际情况如需求、能力、环境等,选择适合自己的发展领域和学习内容,确定适合自己的发展目标,对专业发展进行自我设计、自我监控,具有自我发展的意愿和动力。

法理层面的教师专业自主权是指教师作为教育法律关系中的主体,既享有宪法规定的基本权利,同时也拥有特殊的教育权利,如教育教学权、开展科学研究和学术活动权、管理学生权、获取报酬待遇权、参与学校民主管理权、进修培训权、改善工作条件和生活条件权,享有与职务聘任、考核奖惩、退休等相应的权利,享有法定节日权、其他特殊权利

① 唐江澎.我的专业发展历程[J].人民教育,2002(6):43-46.

等。法理层面的教师专业自主权具有权利与义务的一致性和权利的公益性特征，是责、权、利的统一体。

实践层面的教师专业自主权是指根据教育活动的性质、教师劳动的特点和教育实践的发展需要等来"深化"和"活化"教师专业自主权的内涵。实践层面的教师专业自主是随着主体性的变化而不断发展变化的活性权利，其理想就是自我超越。

二、教师专业发展是专业知识的建构过程

关于教师专业知识的界定，我国学术界大致存在着以下几种看法：第一，认为教师的专业知识是指学科知识，如于漪认为教师知识由3个部分组成，包括文化基础知识、专业知识与教育科学知识，其中专业知识指的是学科知识。第二，认为教师的专业知识是指学科知识和教育类知识，如叶澜认为教师的知识结构是多层复合的知识结构，具体分为3个层面：有关当代科学和人文两方面的基本知识以及工具性学科的扎实基础和熟练运用的技能、技巧；具备1～2门学科的知识和技能；教育学科类的知识。这3个层面的知识相互支撑、渗透与有机整合。第三，认为教师的专业知识是指实践性知识或情境性知识，如林崇德将教师的知识分为本体性知识、文化知识、实践知识和条件性知识，其中实践知识是指教师在面临实现有目的的行为中所具有的课堂情景知识以及相关的知识，是能够体现教师职业特性的专业知识，也有学者称之为情境性知识。第四，认为教师的专业知识既包括学科知识、教育类知识，又包括能将教师与教育专家、学科专家区分开来，体现教师作为一种专门职业所必须具有的专门知识。对此不同学者用不同的概念加以表述。

国外学者李·舒尔曼称之为学科教学知识(PCK)，他对学科教学知识解释是：教师将自己的学科知识在考虑学生、教学情境和课程后进行重组而形成，是多种知识的一种特殊的混合，这种重组已经加入教师本身的价值观和他们对学科的看法，就像合金的性质实际上已经与原先混合物质的性质不相同。

国内学者季苹将其称为有效的专业知识，即指教师在长期的探索问题和解决问题过程中形成的经过实践检验并获得成功的、真正内化了的专业知识，它包括学科性知识、教育性知识和教师自我发展的知识。其中教师自我发展的知识构建过程就是教师自我发展的过程，即教师以教育教学实践中的成败为直接事实依据，以学生发展需要为内在的根本依据，以新的教育理念为宏观参考依据，对成败进行长时间的思考，通过调研，了解学生的发展需要后，对自身的学科性知识和教育性知识进行自我诊断，并不断为解决问题而嵌入式地学习、理解新的教育理念，提高自己的专业知识水平过程。

顾泠沅则对专家型教师展开研究，结果表明：专家教师的成功教学不仅仅需要良好的学科知识，而且是基于对学科知识的通透理解，具有深、宽和完整的教学知识，良好教学的关键在于找到内容和教学法的结合点，在于能把他所掌握的内容知识转化为教学法上有效并适合学生能力和背景变化的多种形态。教师专业水平的提升主要发生于以学校为本的在职阶段，其核心是获得产生于处理复杂和不确定性情境过程的专门化知识。因此，专业知识是教师专业发展的重要内容，教师专业发展既要关注学科知识、教育教学知识，又要关注专门领域的知识。

三、教师专业发展是与课程对话的过程

教师专业发展离不开与专家之间、同伴之间、学生之间，特别是与课程之间的对话和交流，否则教师专业发展也就根本无从谈起。教师与课程之间的对话主要可以从以下4个方面加以解读。

(一) 教师专业发展是教师解决课程问题的过程

教师开展课程对话的根本原因在于课程问题的存在，课程问题吸引教师开展课程对话，使教师卷入课程对话中。为了回答课程问题，教师开始对课程问题提出问题，如引发课程对话的课程问题是什么？该课程问题有没有价值？解决该课程问题的方法是什么？等等。在课程对话中，教师每提出一个课程问题一般都预设了对课程问题的回答。教师提出的课程问题以及对问题答案的设想都与教师的课程视界相关联，都反映了教师的利益关切。正是课程问题使教师参与的课程对话得以进行下去，在课程对话过程中又产生了新的课程问题，继而引发了进一步的课程对话。课程问题的不断生成使得教师参与课程对话成了教师生活的常态。

(二) 教师专业发展是教师对课程意义的理解过程

教师对课程意义的理解主要是通过与课程的对话来实现的。一方面，教师通过与课程文本的创作者对话增进了课程理解。通过对话，教师更加了解课程文本创作者的真正意图，甚至能够比作者本人更好地理解课程文本。另一方面，课程对话促进了课程文本的整体与部分之间的深度契合，进而促进了教师的课程理解。教师对课程文本的理解从文本的整体到部分和从部分到整体不断循环往复，而且这种循环经常是不断地扩大，直到文本的模糊之处完全被照亮。不仅如此，课程对话也提升了教师的课程视界，进而增进了教师对课程意义的理解。课程对话始终都是伴随着课程视界的融合，使教师自身的课程视界与课程文本的视界产生了部分重叠，通过这种重叠，教师能够理所当然地理解课程文本的意义。

(三) 教师专业发展是教师通过课程语言建构生活世界的过程

教师是通过课程语言来建构生活世界的，课程语言与生活世界的关系绝不是单纯符号和其所指称或代表的事物的关系，而是摹本与原型的关系。摹本绝非原型的单纯符号，它并不是从使用符号的主体那里获得其指示功能，而是从它自身的含义中获得这种功能，正是在摹本中，被描摹的原型才得到表达并获得继续存在的表现。生活世界是课程意义的本源，是课程文本中所说的“事情本身”。教师对课程意义的理解总是通过课程语言来进行。事情本身可以是相对变化的，它总是被我们的立场和我们的问题所制约，在不同的时间与不同的地点历史地表现自身的不同方面。教师对课程意义的理解应该以增进对“事情本身”的理解进而增进教师的实践智慧为依归。

(四) 教师专业发展是教师的课程视界的提升过程

一方面，课程对话促进了课程视界的“量”的增长。教师利用已有课程视界吸纳外来课程信息的过程实际上是一种同化过程。当同化作用发生时，教师的课程视界就获得了量的增长。另一方面，在已有的课程视界不能直接同化外来的课程信息时，教师的心理状态开始由平衡状态转向不平衡状态。不平衡的心理状态驱使教师改变或调适自己已有的课程视界，以便更好地吸纳新的课程信息，从而开始了一种顺应过程，使教师的课程视界获得了质

的变化。这种质变表现为课程视界中不合理的前见被排除，增加一些合理的新见解。

四、教师专业发展是对自身行为的规训过程

作为一种规训过程，教师专业发展过程必须确定教师行为“应该如何”的问题。这一过程是主动和被动的统一，它不仅是教师主动建构自身行为“应该如何”的过程，而且是教师行为规范的内化过程。

（一）教师主动建构自身行为“应该如何”

从认知层面看，教师专业行为的建构始于教师自我身份的定位，也就是教师对自己职业方面的现实与理想的再认识过程。这种再认识主要通过自我的反思、他人的评价、教育组织的定位来实现的。从情感层面看，教师身份定位是教师的理想自我与现实自我之间的矛盾斗争过程。“理想自我”是教师的职业理想，它是社会对教师的期望和教师本人期望的合金，是一个有待实现的梦想；而“现实自我”则是教师的职业现实。理想自我与现实自我总是处于矛盾之中，别人或自己对自己的教学行为的要求与自己现在的教学行为总是存在一定的差距，而缩小这种差距恰恰成了教师奋斗的根本动力。从行为层面看，课程身份定位是个体内在因素与外在环境因素的交互作用过程。课程行为“应该如何”不仅受教师自身的教学经历、教学信念等内在因素的影响，而且受他人的期待和榜样人物以及教育组织的目标等外在因素的影响。这些因素存在某种程度的交互作用，教师的专业行为就是内外各种因素交互作用的结果。

（二）教师行为规范的接受与内化

教师行为规范内化的关键问题是教师行为规范被接受的条件是什么。教师接受教师行为规范的最基本条件是教师行为规范的有效性，它包括“外在的效力来源”和“内在的效力来源”。前者主要包括教师行为规范的强制性，即它可以有效地惩罚违反教师行为规范的任何教师；教师行为规范的正当性，即教师行为规范由正当的程序制定且保证所有的教师都享受平等的教学权利。教师行为规范的内化是通过课程权力的位置化、课程位置的角色化和课程角色的规范化 3 个渠道来实现的。无论教师扮演何种课程角色，其活动程序已经规则化、活动方法已经效率化。活动程序的规则化使教师的课程行为变得有章可循、有规可守。活动方法的效率化有利于教师选择达到课程目的的最佳途径。

五、教师专业发展是“学习一实践一反思”的过程

尽管外部因素特别是专门的教师专业发展机会对教师的专业成长具有重要意义，但教师专业发展最终还是要取决于教师自身的学习、实践、反思，这是教师专业发展的基本方式。

（一）教师专业发展是不断学习的过程

学习对教师来说尤为重要，教师不学习，不思考，教书育人就容易出偏差。教师的学习内容是丰富的，除了本学科知识外，现代教育理论、现代教育技术、广泛的人文和科学知识等都是教师学习的内容。当然，教师学习与学生学习不同，教师作为成人其学习具有如下几个特点。

第一，教师学习是自我导向的学习。教师能够以一个具有独立人格的人参与到学习中，并且一旦学习动机形成，就会自始至终以一种独立的、主动的姿态参与到学习活动中，表现

出我要学、我能学、我会学的一种积极学习的心态。

第二,教师的学习是丰富多样的人格化经验参与的学习。教师具有丰富多样的、人格化的、充满个性化的经验,这些经验是教师参与学习活动的基础,同时也是学习群体可利用的资源。

第三,教师的学习是以问题为中心的学习。教师的学习是以解决实际问题为导向的,因此,他们特别关注学习内容的实用性、应急性,希望一蹴而就地解决问题,力求获得能够履行好教育责任和义务,扮演好教育角色所需的态度、知识和技能。

第四,教师学习是以提高绩效为目的的学习。

第五,教师的学习是保持智力和情感平衡的学习。

(二)教师专业发展是深入实践的过程

实践指的是教师所实施的教育教学活动。教师对教育教学情境敏锐的观察与判断,对问题分析的清晰与透彻,对学生状态和心态的准确把握,对突发事件的恰当处理等教育智慧均来自实践。教师在教育实践中学会教育技能,形成教育机智,体验教育幸福。过去无论是职前教师培养还是职后教师培训,大都以教师学会教学过程即教师学会某些知识并加以综合运用的过程为前提。

职前教师培养的任务就是向准教师提供有关教学的知识,包括教学理论、知识和技能,希冀准教师到中小学后就能够自觉、自发、成功地将其运用到实际教学中。在职教师培训也都是以理论、经验的课程培训为主,希望教师们“听了能懂,懂了会用”。实践证明这一假设前提是错误的,大部分教师在受到以讲授为主的培训后,很难把听来的知识和技能运用到日常课堂上,“听了未必接受,接受了未必会用”。

顾泠沅根据多年的教学改革实验和理论研究认为,教师是在教育行动中成长的,即在“课堂拼搏”中“学会教学”。季苹认为,虽然教师在进修过程中获得了大量的知识,但是教师并不知道怎样才能将学到的知识应用到自己的教学实践中,大部分教师的课堂教学并没有发生实质性的变化,教师经过培训接受的专业知识并不一定就能成为有效的专业知识,在教师专业发展中,真正起作用的是教师在实践中自我建构的有效的专业知识,即教师在长期的探索问题和解决问题的过程中形成的经过实践检验并获得成功的、真正内化了的专业知识。

(三)教师专业发展是经常反思的过程

反思对于教师专业发展有着特殊的意义,起着不可替代的作用。反思就是对自己经历过的思想、心理感受及行为的体验和思考。

反思被广泛地看作教师专业发展的决定因素,主要是因为反思是教师获得专业知识的主要来源。有一项对“教师教学知识发展的研究”表明,教师自身的教学经验和反思与作为学生时的经验、职前培养、在职培训、有组织的专业活动、和同事的日常交流、阅读专业书刊相比,在教师 3 种教学知识(教学的课程知识、内容知识和方法知识)的来源中处于最重要的位置。

反思有助于教师把自己的经验升华为理论。美国心理学家波斯纳指出,没有反思的经验是狭隘的经验,至多只能成为肤浅的知识。如果教师仅仅满足于经验而不对经验进行深入的思考,那么他的教学水平的发展将大受限制,甚至会有所滑坡。为此,波斯纳提出了教师专业发展的公式：成长＝经验＋反思。该公式体现了教师专业发展的过程是一个总结经验、捕捉问题、反思实践的过程。

第三节　教师专业发展的影响因素

教师专业发展不是一个自发的、自然成熟的过程，而是要经过长期的、有意识的教育培养和实践锻炼，因而它必然要受到多种因素的影响与制约。对影响教师专业发展的因素进行综合分析，可以概括为客观因素和主观因素两个方面。

一、影响教师专业发展的客观因素

教师专业发展离不开一定的客观外部环境，它为教师的专业成长提供了重要依托和条件，教师专业发展只有在一定客观外部环境中才能得以有效进行。具体而言，影响教师专业发展的客观外部因素主要表现为下列方面。①

（一）经济发展水平及教育政策法规

经济发展水平影响着教师的受教育层次和物质待遇，这种影响是通过政府所制定的经济制度来实现的。影响职业社会声望的主要因素就是其所具有的经济地位，经济地位的主要标志也就是物质待遇和收入高低。近年来我国采取了一系列措施提高教师待遇，但教师的经济地位相对而言还不是很高。这种状况一方面致使我国师资队伍的数量及质量存在先天不足，另一方面也影响了教师专业发展的积极性和主动性。同时，教师专业发展不仅是一种观念，还是一种制度，推进教师专业发展必须建立健全包括教师教育在内的各种政策法规制度。为此，社会和政府部门就要注意构建完善的预备教师专业实习制度，建立教师教育认可和审查制度，确定教师教育课程的认定制度，完善教师资格证书制度，健全教师进修制度等。

作为学校要合理制定、实施和调整学校发展规划，为教师专业发展提供制度保障，例如不一定强求教师按照固有模式讲课，只要开展的教育教学活动符合教育教学规律，能有利于学生新旧知识的建构，有利于学生学业水平的提高就行。学校还要在满足教师共同需求的基础上，重视教师个性的张扬，促进教师自身教学风格和教学艺术的形成。

（二）校长的领导艺术

教师的专业发展与校长的引导和帮助密不可分，为此校长要加强领导艺术，更好地促进教师的专业发展。

首先，校长要充分信任教师。信任是教师专业发展的助推器，是教师取得成功的坚实基础。如果校长不能充分信任教师，特别是新来的教师，过分担心其不能胜任教育教学工作，而不能为教师提供专业成长的平台，那么教师的专业成长就是不可能的。为此，校长要敢于把教育教学及管理的重任交给教师，给他们以充分的实践锻炼的机会，搭建起宽广的专业成长平台，使教师在实施完成过程中接受考验和锻炼。教师只有经历了这种锻炼和磨砺，才能不断努力，充实提高自己，完善重塑自我，提升教育教学和管理诸方面的能力，使自身专业水

---

① 赵苗苗.教师专业成长影响因素分析[J].晋中学院学报，2008(2)：113-115，121.

平得到不断发展。

其次,校长要善于表扬教师。教师需要表扬,渴望获得他人特别是校长的褒奖。有时学校例会上校长的一句表扬,校务会上的提名表彰,工作中随时随地的夸赞,都会让教师铭记在心,倍受鼓舞。教师群体是一个有思想、有个性的群体,他们的荣誉感和自尊心都很强,其职业特点决定了绝大多数教师追求精神的褒扬,对物质生活并没有过高要求,对物质奖励看得较为淡漠。校长要在工作生活中有意识地发现每一位教师的优点和长处,适时给予真诚的表扬和鼓励,让教师在自信、认可和尊重的氛围下主动张扬个性,发扬优点、克服缺点,实现自身的专业成长。

最后,校长还要注意宽容教师。作为校长,对教师高标准和严要求是极为必需的,但更应该正确对待教师的缺点与不足,要允许他们失败,包容他们的过失,而不是吹毛求疵;要最大限度地给教师理解和宽容,给他们充分的自省机会,给他们留下足够的改正缺点错误的时间和空间,给他们以人文和精神关怀,让他们始终能感受到被理解的熨帖和宽容背后的深深期待,进而以更为积极的姿态走向自身的专业成长。

(三)教师之间的合作

教师之间的合作主要是强调教师专业发展的同伴互动和合作文化的建设,它直接影响着教师的专业成长。当前我国中小学校都成立了学科教研组,在同年级建立了年级备课组,由每门学科不同年级的备课组共同组成该学科的教学教研组,形成了学科教研组和年级备课组相结合的统一的教学研究管理系统。但由于受客观因素的影响,这种合作的宗旨存在着行政化倾向,过分强调统一规格,并不利于教师的专业发展。

因此,必须把这种过于行政式的、重在教学规范的组织,转化为以教师专业发展为核心的、能激发教师教学创新潜能与动力的组织。这也就是说,教师之间要形成具有内在凝聚力和向心力的团队,而并不是单纯依靠外在约束集合在一起的组织,教师在这样的团队中要组织讨论、进行示范教学、自行决定研究内容、相互质疑和评价等。这种团队合作一方面可以推动学校整体教育教学质量的提高,而且更为重要的是能最大限度地满足学校环境中教师专业发展的需要,促进教师专业素养的提高。

(四)学校组织文化的影响

学校组织文化反映了学校组织的整体状况,包含物质文化、精神文化、制度文化、观念文化和行为文化等方面。

物质文化为教师提供了专业活动的基本条件,直接影响教师的生存方式和活动方式,特别是像学校的图书资料、实验实习设备、校园和教室的物理存在状况等,不仅影响着教师对新知识的获取和能力的发展,而且影响着师生之间、教师之间的交往和活动,并最终影响教师的专业成长。

精神文化具体表现为人的伦理道德、对美的事物的感受、对于艺术的品位和自身精神世界的追求。精神文化是教师的精神食粮,孕育教师的精神家园,决定教师的精神状态、精神生活和精神本质,是教师本质属性的体现。制度文化包括各种规章制度、行为规范、习惯风俗、优良传统等,它们也都影响着教师行为方式、精神面貌、职业情感和生活态度,这些都是教师专业发展的重要因素。观念文化主要包括思想意识、价值观念,特别是教育价值观念,共同构成了校风、教风、学风等,影响着教师各种思想观念的形成,并成为影响教师专业发展的重要因素。

行为文化是指教师在教育教学活动中所形成的有价值的，能促进精神文明及人类社会发展的经验与创造性活动，行为文化本身其实也就是教师专业发展的行为表现，它对教师的专业成长具有更为直接的影响作用。

二、影响教师专业发展的主观因素

教师专业发展不仅受外部环境的影响，而且受主观因素的制约，教师对自身专业发展的主观诉求往往是促进其专业发展的最关键因素。具体而言，影响教师专业发展的主观内部因素主要包括下列方面。

（一）教师的知识观

教师的专业发展具有丰富的内涵，而教学观念和教学行为方式则是其中最为核心的内容，教学观念现代化和教学行为科学化决定了教师专业发展的基本方向。教师不同的知识观会导致不同的教学观念与行为：一方面，教师与学生都是带着各自关于知识的看法、假设和信念走进教学与课堂的，教师的知识观对教学观念有着重要的影响，也就是教师的教学观隐含着一定的知识假设，知识观比教学观往往更为基础和根本，它是教学实践活动得以进行的重要前提。另一方面，教师在教学活动中的各种决策总是以其个人对知识的理解为基础的，有什么样的知识观也就会有什么样的教学行为与教学方式，并最终影响课堂教学的效率和质量。由此可见，教师知识观与教学观乃至教学行为方式有着极为密切的内在联系，对知识观的检讨与审视既有助于澄清教师潜意识中的知识观念，为课程与教学改革提供科学的知识基础，也能为教师教学智慧的形成与教学品质的提升提供观念的深层支撑，有助于教师的专业发展。

（二）教师的专业认同

所谓专业认同，是指教师对于所从事职业的目标、社会价值及其他因素的看法，它与社会对该职业的评价及期望相一致，它在很大程度上决定着教师的教育教学方式、成长方式以及对待教育教学的态度，并进而影响到教师的专业发展。教师是人类文化知识的传承者、传播者、促进者以及新文化的创造者，他不仅通过自身的言传身教影响着学生，推动着社会的精神文明建设，也通过教学科研和教书育人工作，影响着学生的成长和发展。不仅如此，教师通过科技开发、人才培养、社会服务还不断促进社会物质生产的发展。教师如果能对自己所从事的职业产生强烈的认同感，并能深刻理解其所从事工作的意义，就能产生责任感和荣誉感，同时也会促使他们思考自己将以什么样的素质来完成好工作，怎样完善自身的专业素质，怎样加快自身的专业发展等问题。

（三）教师的专业理想

所谓专业理想，是指教师在教育教学实践中对社会向教师提出的道德义务的高度自觉意识和情感体验，自觉履行各种教育教学职责的使命感、责任感，以及对自身教育教学行为进行道德调控和评价的能力等。专业理想是教师专业发展的精神支柱。在教育教学活动中，只有具有自身人生志向和人格理想并对这一目标负责的教师，才会把这些体验和义务因素加以内化，怀着崇高的服务社会的理想走进教师职业之中，他坚信学生的成长进步和社会的发展在自己的专业活动中是融为一体的。这时的教师不再把自己仅仅当作知识的传声筒,而是把自己当作有思想、有见解、有独立判断和决策能力的人,把自己看成教育教学活动的反思者和研究者,能认真地思考自己在教育进行中的经验与教训。因此,反思与研究就成为教师的一种生活方式和生存智慧,成为教师专业发展的内在需求,这时教师的专业发展就会呈现出强烈的自主性和自觉性。

(四)教师的知识管理能力

知识管理对教师来说主要是个体知识管理,它是知识管理的最小单元,是知识管理的最低层次。它是以知识转化为核心,以方便教师个人知识利用和知识创新为目的,以个人外显性知识与内隐性知识为处理对象的一种知识管理活动。具体而言,教师的知识管理可分为知识的获取、储存、分享、应用与创新等几个基本环节,如果教师个人能够在这几方面做到有效管理,其知识管理就能帮助他有计划地建立个人专业知识系统,有针对性地吸收和补充所需的专业知识资源,促使教师个人持续性地学习与更新,提高教师个体专业知识和工作能力以提升其价值和竞争力,从而进一步促进教师向更高更好的专业方向和层次发展。

(五)教师的成就动机

成就动机理论是美国哈佛大学的心理学教授麦克利兰提出的一种激励理论。该理论认为,成就动机就是人们追求卓越、力求成功的一种内驱力,并以此来解释人们在教育教学工作中的动机。该理论指出,成就动机具有极大的挑战性,可以引发教师的成就感,增强奋斗和进取精神,对教师教育教学行为具有重要影响。在教育教学实践活动中,教师持续工作的倾向程度,主要取决于其追求成功动机的强度、工作成功的可能性,以及工作所具有诱因的价值。高成就动机的教师一般具有以下一些基本特征:能为解决各种问题而担当起个人的责任;善于在工作进程中调整自己的目标,使自己能够在切实可以达到目标的工作中不断获取成就动机的满足;希望及时了解自己的工作情况和成绩,并得到上级领导的肯定性评价。该理论认为,成就动机强烈的教师往往具有高度的内在工作动机,同样教师如果有很强的成就动机那么他们就会主动寻求自身专业发展。

第八章　教师专业发展的外部驱动

【问题与思考】

1. 中共中央、国务院2018年1月20日颁布的《关于全面深化新时代教师队伍建设改革的意见》指出："建立健全地方教师发展机构和专业培训者队伍，依托现有资源，结合各地实际，逐步推进县级教师发展机构建设与改革，实现培训、教研、电教、科研部门有机整合。"对此，你有何思考和启发？

2. 教育家陈鹤琴的"活教育十七条原则"中有一条是"教师教教师"，这正是对"同伴互助"最浅显、朴素的解释。它包括教师之间共享教育教学资源，分享教育教学经验，共同探讨教育教学疑难，共同学习，相互帮扶等。对同伴互助在教师专业发展中的作用，你是如何理解的？

3. 美国学者帕克·帕尔默在《教学勇气——漫步教师心灵》一书中指出："世界上没有优质教学的公式，而专家的指导也只能是杯水车薪。如果想要在实践中成长，我们有两个去处：一个是达到优质教学的内心世界，一个是由同行所组成的共同体，从同事那里我们可以更多地理解我们自己和我们的教学。"请从同伴互助的视角，谈谈自己的认识和体会。

4. 专业引领就其实质而言，是理论对实践的指导，是理论与实践之间的对话，是理论与实践关系的重建。从教师角度讲，加强理论学习并自觉接受理论的指导，努力提高教育理论素养，增强理论思维能力，这是由"教书匠"走向"教育家"的必经之路。对专业引领在教师专业发展中的作用，你是如何理解的？

5. 专业引领不单纯是专家对教师的指导，而是双方的平等对话与交流。在这一关系中，教师不是被动的，不是对专家人员的理论言听计从、盲从盲信，而是以辩证的眼光对专家的理论进行思辨甚至提出质疑和反驳，生发出自己的意义和价值。专家的专业知识和理论是点亮教师思维灵光的催化剂和助燃器，而不是放之四海而皆准的"真理"。你对此有何评论？

6. 美国教育学者让·莱夫和丁纳·温格认为："教师专业发展共同体作为一种教师组织形式，由于熟手教师和新手教师在建立与维持身份上存在着不同的方式，在教育实践过程中便容易产生竞争性的观点，所以它必定涉及共同体成员支持学习过程和反对学习过程的两股力量间的冲突。"谈谈你对此的认识和理解。

7. 作为教育变革核心和中坚力量的教师，必须以积极的心态面对新知识、新技术和新任务带来的挑战。这种挑战要求教师要成为教育的实践者、研究者、学习者和创新者，通过构建良好的教师专业发展共同体，营造和谐融洽的教师专业发展的团体氛围，从而实现自身的专业发展。你是否赞同这种观点？为什么？

8. 我国学者郑金洲指出："发展性教师评价主张评价是对评价对象和评价者双方活动

所进行价值判断、实现双方达成评价目标的过程;是评价对象自身发展需求和教育组织对评价对象需要的有机结合;是促进评价对象在现实基础上向未来发展的评价。”请谈谈对这句话的认识和理解。

教师专业发展存在着两种不同的路径和推动力量:一是教师专业发展的外部驱动;二是教师专业发展的内部动力。前者是指对教师所进行的有目的、有计划、有组织的培训和提高,它源于社会进步和教育发展对教师角色与行为改善的规范、要求和期望,主要包括专业引领、同伴互助、校本研修和共同体支撑;后者则是指教师个体的专业自我完善和自主发展,它源于教师对自身专业角色的愿望、需要、实践和追求,主要包括专业自主、教学反思、叙事研究和行动研究。教师就是在这两种内外力量的交互作用过程中,不断实现自身专业发展和专业成长的。

第一节 专业引领

教师是学校的“人力资本”,是学校发展的关键和根本。只有教师发展了,学生才能得到发展,学校办学水平才能得以提升。教师的专业发展离不开专业引领,只有不断加强理论学习并自觉接受理论的指导,努力提高自身的教育理论素养,增强理论思辨能力,教师才能实现由“教书匠”到“教育家”的根本转变。

一、专业引领的内涵

“专业引领”这一概念最早是在2002年由上海教育科学研究院顾泠沅提出的,其后受到越来越多学者的关注。按照专业引领中引领者范围的不同,国内研究者的观点大致可分为3种:第一,专业引领就是教研员的引领,它是教研部门研究、指导、服务职能的集中体现,强调教研员要运用专业理论和专业知识,采取专业化的工作方式,去引导和带领教师开展研究,获得专业发展的提升和进步。第二,专业引领就是专业研究者的引领,即具有教育研究专长的人员通过他们的先进理念、思想方法和先进经验,引导和带领一线教育工作者开展教育实践探索和研究,促进教师专业发展和学校内涵发展的活动形态。第三,专业引领除了教育研究专家的引领,还应当涵盖教师自身的引领,即显性的专业引领和隐性的专业引领。显性的专业引领人员指教育研究的专家和行家,既包括教育科研人员、教研人员和大学教师等专业研究人员,还包括资深的专家型教师,如特级教师、学科带头人等;隐性的专业引领指没有专家的直接指导,校长教师运用先进理念、理论指导教育实践。

由此可见,国内研究者对专业引领中引领者范围虽然存在着不同的认识,但他们对教师专业引领也基本上形成了一些共识:都强调引领者的教育理论对被引领者的教育实践的引领,专业引领本质上是用理论指导实践,以此促进教师专业发展,最终使教师获益。当然,专业引领绝非是专家一方的单向信息传输,而是专家与教师双向信息的传递与共振。在专业引领的过程中,专业研究人员与教师双方通过交互作用共享教育教学信息,他们之间是平等的相互交往关系。专业引领的“专业”本质上不是指“人”,而是指“理论”。正如余文森所言:“专业引领就其实质而言,是理论对实践的指导,是理论与实践之间的对话,是理论与实践关系的重建。”①专业引领要解决的关键问题，其实就是先进的理论如何向教师的实践转化的问题。

站在教师的立场上来看，在新课程背景下，教师面临着如何把理论优势转化为实践优势的历史使命，面临着如何转变自己的职业角色和工作方式，以更好地发挥研究、指导、鼓舞等诸多功能的崭新课题。因此，作为专业人员的教师要想发挥自身的专业优势，首先就要在思想上端正态度，不能把自己当作“理论权威”甚至“思想教父”；其次，在行动上要走出“书斋”，走向丰富多彩的学校生活，要主动与学校沟通，与教师交流，与学生互动，在教育教学实践中，升华自己的理论素养。作为专业引领，不单纯是一方对一方的指导而是双方的平等对话与交流，也就是说，在这一关系中，教师不是被动的，不是对专家人员的理论言听计从、盲从盲信，而是以辩证的眼光对专家的理论进行批判性反思，生发出自己的真实意义。专家的专业知识和理论是点亮教师思维灵光的“催化剂”和“助燃器”，而不是放之四海而皆准的绝对“真理”。

二、专业引领的特点

专业引领发生在教育专家与一线教师之间，实质上表现为一种特殊的人际关系，这就决定了专业引领具有以下几个方面的基本特点。

（一）理论性与实践性交融

专业引领的实质是理论对实践的指导，是理论与实践关系的重建。引领内容包括教育理论、先进理念、教改思想的学习和传达，教学实践的持续指导和科研方法的引领。具有规律性和普适性的系统化理论并不直接对实践起指导作用，而要结合实践赋予其实用性和情境性的意义。引领者深入领会理念的核心精神，深入教学一线，帮助教师进行问题诊断，指导教师运用学生行为观察与评价、访谈等方法开展行动研究，促使理论通过教师的体悟融入实践。在这一过程中，专家不断检验、调整和修正自己的理论和设想并汲取教师的实践经验来丰富、完善和发展教育理论，进一步提高理论素养、思想认识和知识结构，以更好地指导教师的教学实践。

（二）平等性和发展性并存

所谓平等性，是指专家与被引领的教师之间建立起民主平等的关系，专家必须深入调研，了解实际的校情、师情及学情，考虑理论和实践的结合点和结合度，在此基础上去思考问题的解决途径。而建立在不平等基础上的专业引领，是违背校本教研的根本宗旨的，它不仅不能解决问题，反而会使问题得以延续。所谓发展性，一是指专业研究人员在引领活动中不断地自我发展着，以持续地发挥引领作用；二是被引领者也在不断地发展着，以获得自我发展的能力。这也就是说，在一个终身学习的社会中不存在永远的专家，专业人员在引领活动中运用自己的理论和经验解决问题，这个过程反过来又会开阔其理论视野，丰富其理论内涵，充实其理论体系，他因之能在下一个问题上发挥引领作用，引领活动促进了专业人员的发展；同时，实施专业引领策略的目的在于培育学校内部的专业指导力量，促进教师的专业发展，使教师具备专业发展的良好能力，能够积极主动地追求自己的专业发展，使学校形成

① 余文森. 论以校为本的教学研究[J]. 教育研究，2003(4)：53-58.

自主研究、自我完善的基础,从而产生持续不断的内源性发展动力。

(三)工具性和人文性并重

专业引领涉及多个主体之间的交往与对话,因此蕴涵着一些操作性很强的程序、步骤、环节、方法和技术,具有比较突出的工具性的实用价值。不仅如此,完整意义上的专业引领,除专家的科研素养外,还包括其职业道德、科学态度和敬业精神等人格魅力的影响。这充分表明专业引领也具有自身的精神气质和人文情怀。对教师而言,不仅要学习理论知识,提高研究能力,更要体察人文精神;对专家而言,则要以身作则,让教师感受到自己的科学、严谨、务实的研究态度和专业精神,体悟到研究和学习对于教学实践乃至其自身专业发展的独特价值。

(四)对话与合作统一

专业引领既不是专家一方对引领对象的单向信息传输,也不是强求引领对象摸索出教育专家尚未弄明白的理论与实践如何衔接的问题,而是基于平等的积极对话,实现专家与教师双向信息的传递与共振。引领者要结合教育教学案例对理论加以充分提炼,并转化成引领对象能够理解的术语,深入引领对象的专业实践并跟进指导。其中,教师的主体性体现在转变"教书工具"的传统角色,将反思和创造力融入实践,深入领会理论意义并探寻问题背后的规律。这种资源互补、平等共享的合作,基于共同价值观、共同利益和共同愿景,旨在打破理论与实践隔离的藩篱,关注合作过程以及个体在其中获得发展的实质。

三、专业引领的价值

教师的专业发展离不开教育教学理论的支持、教育教学观念的转变以及教育教学实践的反思,而这些恰恰可以通过专业引领加以实现。

(一)阐释教育教学理念

教师具有什么样的教育教学理念,决定其在教育教学中产生相应的行为方式。在教师专业发展过程中,让教师掌握并形成新的教育教学思想理念是教师获得专业发展的首要任务。完成这一任务,专家可采用讲座、学术专题报告、专题理论研讨、教学问题诊断、案例评析、教学专题座谈咨询和引导自学等形式,让被引领教师全面掌握新的教育教学理论。在基础教育新课程改革背景下,可以重点考虑从教材内容的理解分析、课程教材教法的分析辅导、课程标准与学科课堂教学问题的评析等方面,加强教育教学思想理念的引领。

(二)共同拟定教育教学方案

在被引领教师掌握了教育教学思想,形成新的教育教学理念的基础上,专家要与被引领教师就某种教育教学内容或现象在共同探讨的基础上,双方共同思考协商,拟定出教育教学方案。在共同拟定教育教学方案的过程中,专家既要发挥引领作用,更要指导被引领教师基于科学的教育教学理论,逐步形成具有自身特点和风格的教育教学设计。共同拟定出来的教育教学方案,既要符合教育教学科学理论的要求,也要有利于教育教学的具体实施。

(三)指导教育教学实践尝试

在教育教学方案拟定好了之后,专家就要与被引领教师一起将共同拟定的教育教学方案付诸实践。以教学为例,专家要引领教师将拟定好的教学方案直接用于课堂教学之中,要让教师在教学实践中尝试实施教学方案，验证教学方案的可行性和有效性。在教师使用共同拟定的教学方案进行教学实践的过程中，专家要深入课堂，关注、考察和记录执教教师的教学行为，并将教师的课堂教学行为与拟定的教学方案进行比较，寻找出与教学科学理论的差距，以备在教师教学尝试之后与他们一起讨论教学方案的修订，以便改进教学方法和教学行为。

（四）引导反思教育教学行为

就教学来说，在教师拟定的教学方案进行教学实践尝试之后，引领人员要安排和组织教师对教学尝试情况进行反思和评议。在这里，专家和被引领教师首先要对自己的教学设计和行为进行自我反思，说明设计思路，找出教学预拟方案与教学行为的不和谐之处，分析原因，寻找解决方案；同时，专家要让其他参与教学实践活动的被引领教师对教学设计和执教教师的教学行为充分发表自己的看法和意见，指出其优点和不足，提出修改建议。在此基础上，专家要总结大家意见，进一步引导被引领教师将教学尝试行为的反思意见落实在新的教学行为之中，改变原来课堂教学中的不足，把思想转化为切实有效的行动。这样经过几次反复，就能创生充满活力的课堂教学环境。

四、专业引领的主要方式

基于专业引领的主体力量、活动开展方式及活动目的实现等多维视角，可以将专业引领划分为以下 4 种不同方式，只有深入分析其差异，探究其实践特点，才能更好地发挥专业引领的价值作用。[①]

（一）理念指导式

理念指导式引领是指由掌握系统理论的专家通过学术专题报告、理论学习讲座、教学现场指导、教学问题咨询和信息提供等活动，向被引领教师传播开展校本教研的正确理念，丰富其理论知识，指引其行为。专家主要包括从事相关研究的大学教师、专业研究机构和教育行政机构的教研员、科研员等。相对于教学现场指导等活动而言，学术专题报告和理论学习讲座是理念的直接呈现和介绍。有关调查显示，有 39.83％的教师认为急需加强理论学习，拓宽知识背景，否则校本教研将会低水平重复。[②] 因此，理念指导式引领仍是专业引领的重要策略之一。

该方式在使用时需要注意以下几个要求：首先，理念传播的内容应随实践情况而异，发挥理论对实践的指导力。例如，针对教师在选题时出现的题目不切实际或边界模糊等情况，专家可以提供“如何确定研究选题”的讲座，来指导其实践。其次，针对现实状况，被引领教师所在学校必须采取有效措施，落实教师学习理念的效果。最后，除了参与专业讲座和报告外，学校还需广辟途径接触新理念，如为教师订购专业学术书刊、整理专业学术网站目录以及指导网络交流工具的使用技能，使之能够通过学习和交流间接感悟理念。

（二）合作探究式

在理念传播之后，学校已基本意识到应如何开展校本教研，即如何明确问题，并对之加

① 吕敏霞.校本教研中的专业引领策略探析[J].现代教育论丛，2007(12)：41-44.

② 龚国胜.中小学校本教研活动开展的现状与思考[J].上海教育科研，2006(4)：59-60.

以规划、实施和解决,但在此过程中又缺乏能够“点拨或引领”自己的人,此时学校就需要与专家开展合作,双方根据学校实际一起探究问题解决方法或课题开展途径,也就是合作探究式引领。这种引领方式一方面可以使专家有机会在实践中运用、检验并丰富自己的理论,寻找理论研究的新方向,而不至于回到理论与实践“两张皮”的过去;另一方面,学校与专家合作探究是教师走向研究、问题走向解决的一条重要路径。

合作探究式引领的主体力量包括专家以及被引领教师等,双方合作开展课题、专题、课例和案例等研究,目的在于引领教师解决具体问题、革新教育理念、掌握课程开发、实施和评价的方法与策略等宏观性问题,以提升教师的教研能力。合作过程中需要注意充分发挥各自优势,专家关注的是问题是否来源于实践,是否有价值,是否目标明确、重点突出,是否是重复他人的印证性研究等;学校和教师关注的重点应该是专业理论和自身实际是否有结合点、是否有利于问题解决、是否能够促进自身专业发展等。

(三)内部生成式

内部生成式引领是指校长、教导主任、教研组长、年级组长、课题组长和优秀教师等“校内专家”以集体听评课、主题或专题研讨、经验交流等方式进行课题或课例等研究,以解决具体问题和提升教师的教研能力,实现校级专业引领。例如,有的学校实施“校长教研工程”,校长亲自参与或主持研究项目,带动教师参与研究的热情。

这种方式的实施一定要注意保证活动的效果和质量,校内引领最忌讳同水平、低层次、形式化的活动,要摆脱自上而下式的、组织管理式的、分配任务式的传统教研风格。当前,随着课程综合化趋势的发展,跨学科教研活动日益增多,如优秀教研组面对全校所做的专题汇报、跨学科的示范观摩课、相近或相关学科联合教研等,这些活动充分发挥了校内专家的引领作用。

(四)校际互带式

为了发挥资源互补和校际互带作用,校际互带式引领已成为一种新的专业引领方式。这种方式注重不同学校之间结成团队,发挥资源差异优势,在校外名师、名校长等的带领下,以校际之间的优秀教研组和薄弱教研组、骨干教师和普通教师结对互助,以及名师支教等方式进行课例、案例等研究,开展专题汇报、示范观摩等活动,发挥中心示范校的引领和辐射作用。

该方式在使用时需要注意:首先,规模过小、资源有限的学校应与他校联合教研,实现校际互带;其次,优势校和薄弱校结对教研时,应该有相应的政策和制度支持,否则二者的联结将面临困难。目前,我国一些地方已开始制定相关政策,如建立城镇教师到农村任教服务期制度,规定晋升高级教师职务要具有全职支教经历,为该方式卓有成效地推行奠定了良好的基础。

五、专业引领的实践策略

作为一种促进教师专业发展的外部力量,专业引领要想达到预期成效,一方面必须加强引领的目的性、针对性和有效性,另一方面必须激发和调动引领者与被引领者双方的积极性与主动性。

（一）明确专业引领的目的性

促进教师专业发展既是基层教研工作的出发点，也是落脚点。如果专业引领脱离了这一宗旨，必将走向虚化、空泛化和形式化。因此，基层专业引领要主动适应教师专业发展需要的特点。调查显示，绝大多数教师特别是中青年教师对课改有强烈的主动参与的需求和成就愿望，他们总是期望能作出最优、最有效、最具有自身特点的创造性探索与尝试，总是希望能取得良好的成绩，从而得到同行的认可。在专业引领时，必须针对教师的这些专业发展的迫切需要，研究拓展自身的运行空间，最大限度地满足他们的需要。只有开展适应教师专业发展需要、为他们真心认可且乐于接受的专业引领，才能对教师的专业发展起到方向引领、营养供给、成长激励等至关重要的作用。

（二）突出专业引领的针对性

教师究竟需要什么样的专业引领？不同的教师所需要的专业引领有着怎样的区别？只有搞清楚这些基本问题，才能确保专业引领的针对性，使教研部门组织的引领与教师专业发展的需求一致，受到他们的欢迎。为提高专业引领的针对性，可以采用问卷、座谈等多种方式，并把不同教师的需求划分为几类，然后制订相应的引领计划：对老教师可以组织专题讲座式引领，如宣讲新课程理念、介绍教科研方法等；对中青年教师可以开展专家（或名师）参与式互动研讨式引领，如集体研讨、座谈会等；对教学力量相对薄弱的学校，则可以进行预约式引领，如教学诊断、名师送课等。

（三）提高专业引领的有效性

什么样的专业引领是有效的，是符合教师专业成长需要的，这对专业引领的成效起着重要作用。水平不在乎有多高，最合适的才是最有效的。实际上，教师最欢迎与本地优秀教师或特约教研员进行的互动式引领。这样的引领好在引领者与被引领者都是来自一线的教师，有着共同的体验和感受，双向交流有话可说，探讨问题切入实际，解决问题直逼关键处，往往使被引领者有茅塞顿开之感，有助于教学水平的提高。在开展引领活动前，把活动的主题、要求与引领人交代清楚，让其做好充分准备。同时，要求教研部门提前几天公布活动的主题和要求，让每一位参加活动的人员按要求进行钻研，准备好问题，写好发言提纲，这样交流时才有话可说，才能获得有益的启示和感悟。

（四）激发引领双方的积极性

专家既可以是教育科研的专门人员，也可以是教研部门的教研人员，还可以是既有一定的教育教学理论，又有丰富实践经验的教育教学第一线的骨干教师。科研专家对教师引领主要是教育教学科学理论的引领，教研人员对教师的引领主要是把教育教学理论与教育教学实践结合在一起的引领，一线骨干教师所进行的专业引领主要是具体实践操作的引领。引领人员必须具有较高的素质水平和引领能力，在对教师的专业引领过程中，既有对教师理论上的指导，又有实际的教育教学示范；既要参与到教师学习、研讨的过程之中，又要对教师具体的教育教学实践进行评析，还要采取切实有效的方法措施，善于指导教师开展教育教学实践活动。在专业引领过程中，作为接受引领的教师，要有积极上进的精神，要确立“我要学习”“我要发展”的思想，在接受引领的过程中要充分发挥自己的主观能动性，积极主动配合专家，向专家虚心学习、认真求教，要深入钻研、努力提高。

第二节 同伴互助

基础教育新课程实施特别倡导教师集体之间的同伴互助,要求加强教师之间的交往、互动、对话、合作、分享与互惠,以期使教师在专业争论中畅谈自己的思想观点,在理念碰撞中发现别人的真知灼见,在深度会谈中找出阻碍教师发展的消极因素,依靠教师集体智慧来加以解决。同伴互助已经成为当代教师的工作方式和生存智慧,成为教师提升自身专业素养、实现自身专业发展和专业成长的重要路径。

一、同伴互助的内涵

"同伴互助"最早是由美国学者乔伊斯和肖尔斯在20世纪80年代初提出来的。他们认为,改变早期教师培训模式的设计和组织方法可能有助于教师将培训内容迁移到教学实践之中,过去将教师培训低效的结果归咎于教师自身可能是错误的。他们假设,教师可能需要一些持续的帮助和反馈才能在教室里应用新的教学策略和方法。他们在随后的研究中验证了这一假设,并证实了同伴互助的效果:教师可以与同事或同伴保持互相信任和依赖的关系,他们共同规划教学活动、互相提供反馈意见和分享经验,拥有同伴互助者的教师比那些独自工作的教师更容易运用新的教学策略和方法。很多研究者在实践中也发现,相对于管理层和学生提供的教师评价而言,来自同伴的评价更有助于教师改善自我的教学行为,因此建议学校应让教师组织和参与同伴互助小组,以使教师之间能够互相帮助、彼此支持和共同成长。时至今日,作为促进教师专业发展的一种有效途径,"同伴互助"已被广泛运用于美国的各类学校之中,并取得了良好的效果。

何谓同伴互助?国内外学者有着不同的见解。著名学者道尔顿与莫伊尔认为,同伴互助是一种专业发展的手段,认为同伴互助是一个为提高技能,学习新知识,解决实践问题而相互帮助的过程,在这一过程之中教师分享知识,相互提供支持,给出反馈意见。它有助于加强教师间的合作与提高教学。罗宾斯认为,同伴互助是指两个或多个教师,共同反思当前的教学实践,改进与建立新的技能,相互教导,共享经验,共同参与教学研究,在工作中共同解决实际问题。我国学者余文森认为,同伴互助是指教师在自我反思的同时开放自己,加强教师之间以及在课程实施等教学活动上的专业切磋、协调和合作,共同分享经验,互相学习,彼此支持,共同成长。同伴互助的实质是教师作为专业人员之间的对话、互动与合作。① 朱宁波和张萍认为,同伴互助是指在两个或两个以上教师间发生的、以专业发展为指向、通过多种手段开展的,旨在实现教师持续主动地自我提升、相互合作并共同进步的教学研究活动。② 吕敏霞则指出,同伴互助指教师结合成由两人或更多人员组成的小组,互相辅助、共享资源,共同反思教学实践和实施课堂研究,解决工作领域中的问题。③

区别于其他的校本研修方式,同伴互助特别强调以下几点:第一,同伴互助的参与主体是教师,人数上可以是两个也可以多个;教师组合上可以是同一类型的教师组合,也可以是

① 余文森.论以校为本的教学研究[J].教育研究,2003(4):53-58.

② 朱宁波,张萍.校本教研中的教师同伴互助[J].教育科学,2005(5):30-32.

③ 吕敏霞.美国教师"同伴互助"与"同伴指导"辨析[J].外国中小学教育,2007(11):34-37,29.

不同类型的教师组合;新教师可以与老教师或辅导教师组成一组,也可以新教师之间相互组合等,教师还可以选择校外成员如教育行政机构的教研员、大学院校的教育专家组成一组等。但无论什么样的组合,其最基本的规则是双方的选择是自愿的,双方地位是平等的,双方的合作关系是互助的,不存在主次之分,不是一方占主导地位,另一方只是陪衬,而是双方互惠互利,共同进步的。第二,同伴互助的方式与手段多种多样,可以是课堂教学观摩,还可以是共同研讨、示范教学、共同参与教育研究等。无论哪种方式,都要注意教师间是相互合作、共同进步的。第三,同伴互助的最终目的是促进教师的专业发展。教师同伴互助的过程是一种"为教师所有"、"为教师所参与"和"为教师所共享"的过程,在这个过程中达到提高教育教学效果与教师专业发展的目的。

二、同伴互助的特点

教育家陈鹤琴的"活教育十七条原则"中有一条是"教师教教师",这正是对"同伴互助"最浅显、朴素的解释。同伴互助包括教师之间共享教育教学资源,分享教育教学经验,共同探讨教育教学疑难,共同学习,相互帮扶等,其特点表现在以下几个方面。

(一)开放性

学校改革的最终目标是促使学校中每位教师的教育理念和教学行为发生积极性转变,而教师的转变又主要反映在课堂教学的变化上。日本课程专家佐藤学认为,学校改革的中心课题应是围绕创造性教学和教研制度,形成教师间相互培养的"合作性同事"关系,这一同事关系只有在所有教师都能做到主动敞开教室大门,相互观摩、相互评议以及相互指导的前提下才能真正形成。在教师同伴互助过程中,同伴教师间互相听课、评课,互相反馈、指导,这就需要教师首先做到开放自己的课堂,当然,这种开放不仅仅是行为上的开放,更重要的是思想上的开放。一旦教师未能在思想层面上真正地开放课堂,那么这样的同伴互助也只会是一种形式上的互助,缺乏实质性。由此可见,坚持开放性原则是实施同伴互助的前提与基础,否则,同伴互助将无法开展。

(二)对话性

同伴互助过程是教师之间交往、对话的过程,是一种为实现资源共享而进行的问题研讨、信息互换与经验交流的过程。同伴互助若要取得理想效果,同伴教师之间必须进行对话和沟通,同时这种对话应是以平等为基础的对话,即当代哲学家哈贝马斯所说的"理想沟通情境"。在这种情境下,所有话语活动的参与者均有同等机会,使用陈述性、表意性和规约性的言谈行动,在公平和非强制的前提下,进行真诚的沟通与交流,排除仅对一方具有约束效力的规范或特权。在对话过程中,同伴双方要彻底消除任何形式的"话语霸权",消除等级和主次方面的偏见,要在平等的基础上表达自己的观点和态度,随时对沟通的内容进行解释、阐述和说明。在研讨过程中,同样要坚持平等的原则,以保证每位教师都能畅所欲言、各抒己见,最终探讨提出解决问题的方法或策略。

(三)合作性

基础教育课程改革理念要求教师应由被动的学习者转变为主动的研究者,由被动的进修研习者转变为主动的专业发展者,由知识的传授者转变为学生学习的引导者。为实现这一系列角色的转变,教师不再只是传统意义上单打独斗的个体,而应在彼此之间建立平等互惠的合作关系,相互协作,共同发展。由于不同教师在教育观念和教学能力等方面存在较大的差异,通过互相合作,能够最大限度地发挥集体智慧,解决实际的教育教学问题,帮助教师在“合作—独立—再合作—再独立”的循环往复中提升与教育教学相关的各项技能。同时,通过与其他同伴的合作,促使教师在相互分享、相互交流与相互切磋中持续不断地获取和整合更多的教学经验和信息资源,取人之长,补己之短,达到更新自我、完善自我和超越自我的目的,最终推动整个教师队伍的共同进步与成长。

(四)互惠性

教师群体历来有所谓“孤立主义”和“山头主义”文化的弊端。新课程的实施对此提出了挑战。教师专业的发展要求我们更应关注、引导和促进教师与教师之间的互动。如果我们把视角缩小,将教师锁定在“个体”这一微观领域,则能看到教师个人被卷入一个巨大的互动过程之中,在这里他们必须对不断变化的行动进行相互的调适,教师在这一互动过程中既要向人表示自己的所作所为,又要对他人的行动进行解释。而在这一独特的社会活动中,教师的发展更是在教师个体之间互动的过程中实现的。教师之间的同伴互助,首要意义就在于以“配对”的形式组建起一个互惠的学习共同体,将教师个体置于群体的背景下进行研究,群体内教师之间的交流互动更有助于丰富教师的认识,改变其行为,因而是促进教师专业发展的一条有效途径。

(五)发展性

教师同伴互助是一个以促进发展为其价值导向的活动形式。第一,从教师发展层面来看,同伴互助为教师创造了一个相互学习、相互沟通、相互研讨的机会。倡导并鼓励同伴教师充分利用合作的优势进行互助互学,并为彼此提供持续的技术支持,如共享专业知识和技能、分享实践经验与智慧、给予及时的意见反馈等。通过互助有利于强化教师对教育问题和教学行为的反思意识,以及不断寻求改进的能力,促进教师专业素质的提升,最终实现教师的专业发展。第二,从学生发展层面来看,教师专业素质的提升必然会影响教师的教育能力和教学水平,一旦教师的教育教学能力和水平得到了发展,最直接的受益者就是学生,其结果必将促进学生的进步与发展。第三,从学校发展的层面来看,教师专业发展的潜在价值是促进学校教学质量的提升,并以此推动学校的长远发展。同时,同伴互助能够引导教师间形成一股强劲的凝聚力,而这股凝聚力正是创设良好教研文化、促进学校健康发展的原动力与内驱力。

三、同伴互助的价值

美国学者帕克·帕尔默曾经指出:世界上没有优质教学的公式,而专家的指导也只能是杯水车薪。如果想要在实践中成长,我们有两个去处:一个是达到优质教学的内心世界,一个是由同行所组成的共同体,从同事那里我们可以更多地理解我们自己和我们的教学。[①]这充分表明了同伴互助对教师专业发展的重要价值作用。

(一)激发教师专业发展自主性

当代人本主义心理学家马斯洛认为,“自我实现的需要”是人类最高层级的需要,这一终

① [美]帕尔默.教学勇气:漫步教师心灵[M].吴国珍,余巍,译.上海:华东师范大学出版社,2005:142.

极目标的达成离不开持续不断的学习。随着社会的进步与发展，学校中的学习者不再仅仅指学生，教师也包含于其中，“教师即学习者”已然成为一个时代趋势。然而，以往的教师学习通常被简单地理解为开展各种形式的培训活动，致使其常常流于表面，教师不得不“被动”地接受教育教学思想或理念，其积极性与主动性未能得到应有的发展。在教师同伴互助过程中，教师个人目标同群体内其他成员的目标相一致，如为解决某一教育教学难题而进行的研讨交流、为开展科研项目研究而进行的协作学习等。这一系列共同目标促使教师彼此间处于一种紧密相连的状态，同伴之间的互帮互助推动教师为实现共同目标而不断努力，其结果必将最大限度地调动教师专业发展的积极性、自觉性与主动性，促使其由“要我学”向“我要学”方向转变，激发教师专业发展的主体生长性，最终推动整个教师队伍的共同成长与进步。

（二）增强教师专业合作意识

由于受传统价值观念的影响，部分教师在工作方式上往往固守陈规，缺乏与时俱进的时代精神，主要体现在缺少与同事之间的沟通、不愿分享自己的教学经验及成果。这些现象极大地影响了教育教学的发展以及教师个人的专业发展。随着基础教育课程改革的不断推进，以及教师教育的深入发展，教师专业发展开始步入了一个全新的阶段，即强调教师角色的转变，促使其由“知识传授者”转变成为“终身学习者”和“学习合作者”。实践表明，教师的专业发展仅凭个人力量难以实现，教师集体才是个人成长与提高的基础性资源。同伴互助正是由群体成员相互帮助而确立的一种学习共同体。在此学习共同体中，教师之间通过沟通与交流，共享资料、材料和计划，相互支持，共同努力，营造轻松愉悦的研讨氛围，及时发现教育教学实践中存在的问题与不足，促使其在对话和研讨中迸发出新观点、新思想，以形成更为合理、更为适宜的教育教学观念和问题解决策略。在同伴互助过程中，互助的双方既是民主的、平等的，同时也是合作的、共赢的，彼此之间不存在任何形式和意义上的等级差异和主次之分，每个人既是“学生”，又是“教师”。从本质上来看，在同伴互助过程中隐藏着一种互利共赢的关系，教师同伴之间共享知识、交流经验、解决难题、分享生命的意义与价值，这必将有助于教师合作意识和合作水平的提升。

（三）丰富教师专业实践智慧

教师的专业知识和专业能力是在教育教学实践中逐步充实和完善的，教师的专业发展必须依托于真实的教育教学情境。教师在实践中对教育教学问题进行主动探求，不仅能够提升教师的理论素养和思维水平，而且能够促使教师加深对自身发展、教师集体发展乃至学校发展的理解。同伴互助作为促进教师专业发展的一种有效途径，是教师同伴间围绕教育教学实践问题而开展的学习与研讨活动。同伴互助的重要价值即在于其能有效促进教师间的经验交流与信息交换，为同伴间开展合作提供了平台。教育教学是一项彰显个性特征的实践活动，不同教师在知识技能、个人经验以及教学风格等方面差异明显，这一系列差异促使不同教师拥有不同的实践经验。在同伴互助过程中，教师间借助对话、协作和帮助等形式，相互分享、相互交流、相互切磋，以凝聚教师集体智慧，促使教师的教育教学行为发生深刻转变，增长实践智慧。不仅如此，在同伴互助中教师可从多元视角出发，将自身及同事的实践经验进行合理整合，获取问题解决的最佳方案，同时经过自身的加工与取舍，形成个人教育教学理论，指导教育教学实践，通过不断尝试，推动自身及教师集体实践智慧的持续提升。

四、同伴互助的实施步骤

作为一种促进教师专业发展的外部力量,同伴互助有着一定的条件和程序性的要求,只有遵循以下几个实施的基本环节,才能更好地发挥其价值作用。

(一)建立同伴互助团队

建立同伴互助团队是教师同伴互助实施的第一个环节。同伴互助团队的建立既可以是学校组织倡导的,也可以是教师自发组织的。学校组织倡导的同伴互助团队应在教师自愿参与的基础上,最终由学校组织确定人员的构成,组建教师同伴互助团队;教师自发组织的同伴互助团队,则通常是根据教育教学活动中存在的问题和需要而组建的。在建立同伴互助团队时,不但要考虑差异性原则,而且要考虑团队的规模,因为同伴互助团队中教师人数过多或过少都会影响教研效果。人数较少时既不利于教师观点的深入交流,也不利于激发教师参与的积极性;人数过多则既不能保证每位教师能够充分表达自己的意见,也不利于教师参与决策和形成融洽的氛围。

(二)确定团队目标任务

同伴互助是以促进学校、学生和教师的共同发展为目标。要实现该目标,就需要团队根据当前学校教育教学活动和教师专业发展中存在的问题为依据,根据轻重缓急的原则,确定团队近期要实现的目标。在制定团队近期目标时,先由团队中每位教师针对自身在教育教学活动及专业发展中存在的问题分别提出,再由团队全体成员共同讨论和协商后确定为团体的共同目标。同伴互助团队的任务是根据共同目标来确定,需要团队全体成员的分工与合作才能完成。在此过程中应注意团队成员之间相互沟通及信息的共享,有利于问题的解决和顺利完成目标。

(三)明确团队教师角色

虽然同伴互助中教师之间是平等、互助的关系,但由于在完成任务的过程中需要教师扮演不同的角色,完成各自不同的任务,因而在同伴互助团队中教师扮演的角色要依据教研活动的任务、性质和教师个人的特点协商而确定。教师在团队中扮演的角色和教师在学校的职位或身份并没有直接的关系,只是为了团队目标的完成而承担的任务。同时,随着教研任务的不同,团队中教师扮演的角色也会发生相应的变化,如在组织讨论时组织能力强的教师扮演领导角色、在示范教学时教学技能强的教师扮演领导角色等。这样在完成团队任务的过程中,团队中每位教师的特长、潜能既能得到发挥,又能保证团队形成良好的合作氛围,使团队中的教师能真诚合作、共同发展。

(四)开展团队研修活动

开展团队研修活动是解决学校教育教学活动和教师专业发展中存在的问题、完成团队任务和实现团队目标的过程,这个过程是同伴互助实施的核心阶段。在该阶段中教师可以根据任务的性质选择相应的研修形式来共同探寻解决存在问题的策略。如针对"教师如何在教学活动中的提问"这一问题,可以由团队中一名教师先进行示范教学,其余教师进行听课观察,并随时记录观察信息。在示范教学结束后,团队教师要共同研讨,示范教师在教学中的提问哪些是合适的,哪些是不合适的,对提问中存在的问题应如何解决,在团队教师共同协商和讨论的基础上,探寻教师在教学活动中"如何提问"才是有效的提问。

(五)实践检验解决策略

该阶段是在依据团队研修活动阶段的基础上将共同协商解决问题的策略付诸实践,并在学校教育教学活动中去予以验证,以此来检验在同伴研究阶段所确定解决问题策略的方式、方法的有效性。例如,在幼儿园中班美术活动中,针对示范课教师将教学活动分为讲解、示范、幼儿绘画、评价等教学环节,同伴互助团队在研修时认为"讲解和示范并不能代替幼儿对所画对象的感受和体验",经过团队教师协商后认为,在美工活动中教师应该细化为"看一看、想一想、说一说、画一画、评一评"5个环节。按照这种研讨结果,示范教学的教师在美工活动课中取得了良好的效果。

(六)重视团队总结反思

该阶段是对同伴互助实施过程的整体总结和反思,它是教师专业发展的关键阶段。在总结反思阶段应关注两个方面:一是同伴互助团队既要总结从团队建立到实践检验策略每个阶段的好的经验及存在的不足,也要总结团队合作中的优点和不足;二是团队中的每位教师也要进行自我反思,以便能够切实促进自身专业发展。在总结反思阶段,同伴互助团队和教师个人反思可以采取多种形式,如开展辩论会、报告会等口头形式,也可以是反思日记、学术论文等书面形式。但不管采取何种形式,都要尽量避免强制性的规定而带来形式化的后果。

五、同伴互助的主要形式

同伴互助的形式很多,除了人们熟知的集体备课、以优带新、课例引领等之外,还可以通过反思互动、案例评析、定向研讨、临床诊断和沙龙会谈等来增强教师之间的同伴互助效果。①

(一)反思互动式

通过反思教学,教师能在教育理论指导下对过去的教学经验进行回忆、思考与评价,制订新的计划,采取有效行动,从而改进教学实践,提高自身素质。但是,教师个体的经验反思无论在深度上还是在广度上都是有限的,而让教师群体共同反思教学实践,就有可能整合智慧,拓宽思维,触及教学中的深层次问题。为此,就需要让教师在反思中互动、在互动中成长。

1. 建立组织,明确分工

可以将全体教师按年级、学科划分成若干小组,每个小组6~8人,明确各小组成员的职责与任务。在每次教研活动中,各小组都设组长1人,负责小组教研、讨论的组织调控;记录员1人,负责记录小组教研情况和讨论结果;发言人1人,负责将本组的教研情况和讨论结果向全体组员作介绍;时间控制员1人,掌握每人发言时间,确保不要超时;问题员1人,将本组成员某个方面的问题向学校提出。在不同教研活动中,角色分工可以调换。

2. 建立规则,明确程序

在教研讨论中,每个组员都有机会发言。为了按照科学程序开展反思互动教研活动,就

① 孙景源.同伴互助:让教师在团队中成长[J].当代教育科学,2006(8):43-44,47.

要制定行为规则和活动规划。在行为规则方面,要求小组成员依次轮流发言,并且做好个人学习笔记,其内容包括本人的观点、本组其他人观点的不同之处、小组间交流的结果等。在活动规则方面,要求各小组在组长组织下开展教研讨论活动,针对每个教研专题向全体组员介绍本组讨论结果,可以相互辩论。问题员在每轮讨论后将本组的问题向学校提出。

3. 专题教研,反思互动

学校要定期确立教学研究专题,要求每个小组进行研究,制订改进措施,完善教学实践,提高教学效率和质量。具体说,要加强教学前反思,重点研究学生的个体差异和课程资源的开发利用。每个成员都要精心设计教案,与其他成员一起研究讨论教案的可行性,共同修订教案。要加强教学中反思,重点研究教学过程与效果,分析学生在学习过程中对知识的掌握情况和出现的问题,对教学问题的调控措施及效果进行分析,总结自己满意的教学技艺和教学机智。每个成员都要做教学行为记录,组员之间可以相互听课、评课。有条件的学校可以给教师拍教学录像,让教师与同事一起观看自己的教学录像,集体反思教学行为。要加强教学后反思,重点对教学得失原因进行分析,制订教学策略改进方案。教师可以写教学后记,小组之间相互交流,共同完善教学策略改进方案。

(二)案例评析式

基础教育新课程改革倡导"教师即研究者",然而从实际情况来看,教师虽然拥有大量生动鲜活的事例,但却并不擅长理论探讨。教师通过教学案例描述教学实践,可以把行动和研究紧密结合起来,有效地探究教学规律。实践表明,案例教学是教师专业成长的阶梯,通过案例学习、研讨、评析和撰写可以促进教师之间加强沟通、分享经验。为此,就需要通过案例评析促进教研活动的开展,加快教师的专业成长。

1. 学习案例,加强剖析

在学习案例过程中,教师可以快速提高分析问题、解决问题的能力和教学研究能力。要精选教学案例,组织教师专门学习,由学科带头人、骨干教师等组织者进行剖析。组织者要结合新课程教学实际提出思考题供教师讨论,最后由组织者作深刻点评;要灵活调控学习进程,通过案例解读、课件演示、角色转换、情景模拟等方法激发教师参与案例学习讨论的积极性;要让优秀教师"现身说法",追述和反思自己的典型教学事件,在讲述中进行自我剖析和自我角色定位,由组织者点评,研究疑难与困惑的解决办法。

2. 撰写案例,加强点评

撰写案例可以促使教师更为深刻地认识自己工作中的重点和难点,反思教学行为,与同事加强沟通。为此,教师要收集和整理实践素材,对实践素材进行研究,从中提炼有价值的东西,撰写教学案例;和同事一起修改、完善教学案例,使之成为具有典型意义的优秀案例、精品案例;在学科带头人的指导下,对教学案例进行具体点评,评析核心问题,总结教学规律,提出应注意的事项等。

3. 评选案例,加强宣传

评选案例可以促使教师学习、研究和撰写教学案例,深入研究教学中的实际问题,积极寻找解决问题的方法和途径,提高专业水平。为此,学校或教研部门应每年组织一次优秀教学案例评选活动,按学段、分学科进行征集。对评选出来的优秀案例,要组织专门力量加工、整理,编辑成案例集,加强优秀案例的宣传和推广,在更大范围内实现教师经验的共享。

（三）定向研讨式

定向研讨是一种教师群体教研活动，它可以促使教师直观体验和感受新理念与教学组织形式，鼓励教师结合自身实际平等讨论，在专家指导下品味、体验课例所蕴含的教育理念与教学技能。为此，就需要通过定向研讨，促进教师共同探索科学的教学策略。

1. 明确步骤，规范操作

定向研讨大致按照集体听课、分组讨论、会议交流、专家分析、总结评估等环节进行。为此，每一次定向研讨活动的开展都要精心设计，严密组织。所谓集体听课，就是要求听课教师明确应思考的重点问题，带着问题听课；所谓分组讨论，就是要求教师围绕课例进行讨论，把自己的收获感悟与困惑提出来，并且不断反思和矫正自己的教学行为；所谓会议交流，就是每个小组都要在会议上交流本组的讨论意见；所谓专家分析，就是通过专家对课例的分析，使教师潜移默化地接受新观念；所谓总结评估，就是要科学评价课例和各小组的讨论情况，总结、提炼本次互动研讨所体现的价值观与方法论。

2. 优化形式，灵活组织

各学校应采取多种形式组织定向研讨活动，提高教师参与教学研究的积极性，同时丰富校本教研的策略和方法。例如，开展实战性研讨，将教学研究的场所设在课堂，边教边研，由专家针对课堂教学中出现的问题进行即席指导；开展对话式研讨，根据主题开展教研活动，让专家和教师进行对话、研讨，教师把教学中的困惑提出来，专家进行针对性的解答，甚至可走上讲台，执讲示范课；开展质疑性研讨，根据预先确定的研讨方向进行质疑性专业辩论、争论，让教师在辩论中进行思想的碰撞、观点的交锋，在争论中辨明真理，认清新课程教学的发展趋向和可行途径。

3. 突出重点，共同研讨

定向研讨的重点是为教师提供“教什么”和“怎么教”的模式，是为了解决问题。为此，就需要明确研讨的重点问题，通过各种手段和措施调动教师主体参与的积极性，深入教学研究，提高教师的教研能力。一方面，要对课例进行深层次剖析，重点研讨课例所体现的新课程理念，存在的缺陷和改进措施；课例的教学设计、教学策略、教学技术运用；学生的学习过程和学习质量等。另一方面，要结合课例反思自己教学中的优点和缺陷，通过各种手段深化研究的层次，挖掘个体潜能和整合群体智慧，从而实现思维共振、经验共享、情感共鸣，提高教师的专业发展水平。

（四）临床诊断式

教学诊断是教师之间相互合作，有目的地对课堂教学进行严谨的、理性的观察和面对面的分析讨论，并提出改进策略的方法。在校本教研中，需要由学科带头人、骨干教师牵头，组织教师一起进行教学临床诊断，指导教师改进教学实践。

1. 临床诊断，科学评议

通过临床诊断，可以使教师及时发现教学实践中存在的问题，在学科带头人、骨干教师的指导下矫治教学行为，提高教学能力。为此，各学校要经常开展公开课、探索课、研究课、尝试课等观摩活动，组织教师进行学习和评议，共同分析执讲人在教学中存在的不足和缺陷，共同研究矫正对策。在临床教学诊断中，学科带头人、骨干教师要对执讲人的教学按照新课程理念和新课程标准进行科学评议，分析教学的科学性和有效性，必须指出存在的问题和不足,提出指导性意见,和教师们一起制订改进措施。

2. 深入研究,正确指导

教学诊断的目的是完善和改进教学实践。在实践中,学校教务处的研究人员要针对教学诊断中发现的问题进行深入研究,制订改进措施,指导教师加强教学研究与改革,促进新课程教学向纵深发展。具体说,要研究教学的前瞻性问题,和广大教师一起分析新课程教学中可能出现的突出问题,共同制订预防措施,正确指导教师开展教学、教研活动;要将研究重心下移,深入课堂,深入学生中间,指导教师解决教学实践中最实际、最迫切和最突出的问题;要既研究教又研究学,指导教师研究学生的个性差异、认知基础和学习方式,提高教学的效率和质量。

3. 及时矫治,不断完善

在校本教研中,我们要加强有效性教学研究,制定教学评价标准,按教学评价标准对教师课堂教学进行诊断,汇总教学中存在的突出问题,分析导致教学存在缺陷的根本原因,研究矫治措施,出台改进教学工作的意见;要加强矫治措施的落实,通过印发文件、召开会议、现场指导等形式,落实矫治措施,学校对教学矫治措施的落实要有计划、有检查、有总结;要加强教学矫治的督导,组织人员检查基层学校教学工作改进情况,把检查结果纳入对基层学校的教学评估中。

(五) 沙龙座谈式

通过组织教学沙龙活动,能够促使教师深度会谈,就教学中存在的问题与同事进行深层次研讨,实现教研经验的共享。为了促进教研活动的深入开展,需要学校设置教学沙龙的固定场所,让教师畅谈自己教学教研的心得、感想和困惑,分享他人的收获、体会和经验。

1. 营造氛围,创设环境

要加强教研组建设,制订教研计划,组织教研活动,营造浓厚的教研氛围,为教学沙龙活动开展创设支持性环境。教师自愿结合,组成教研小组,确定教研任务,合理分工,共同研究,整理成果,以便在教学沙龙活动中进行交流。教师可以撰写教学反思札记,总结教学经验,归纳教学方法,以便在教学沙龙活动中交流。学校要为教师开展教学沙龙活动创设良好的环境,每次教学沙龙活动都要有学校领导干部参与。

2. 精心组织,加强管理

各学校都结合实际对教学沙龙活动的开展作出详细明确的规定。例如,每周组织一次教学沙龙活动,在每周一确定教学沙龙活动主题,让教师精心准备;教师每学期必须参加一定数量教学沙龙活动,每次参与教学沙龙活动都必须提出教学中存在的突出问题,参与改进措施的研讨;学校开展教学沙龙活动要有记录,教师参与教学沙龙活动要有总结,以便于检查评估。

3. 专家引领,科学指导

教师获得专家的专业引领,可以加快自身的专业成长。学校应该注重校际交流,邀请其他学校的骨干教师、学科带头人参加本校的教学沙龙活动,相互交流经验,开阔教研视野;邀请专业教研人员参加本校的教学沙龙活动,就教学研究的主要问题进行研讨,在专业教研人员的指导下修改教研工作管理措施;邀请科研人员参加本校的教学沙龙活动,对新课程教学进行科学研究,提高教师教学的科学性。

第三节　共同体支撑

教师的专业发展从本质上看虽然是教师个体专业道德、专业知识、专业能力和专业情意不断成长和完善的过程，但它一刻也不能离开教师群体所提供的团体氛围和现实境域，只有依托专业发展共同体并通过专业发展共同体，教师才能真正实现自身的专业发展。

一、共同体的内涵

共同体作为一个概念，最早是在社会学研究中提出来的。有学者认为，共同体概念进入学科领域应以1887年斐迪南·滕尼斯发表的《共同体与社会》一书为标志，在于强调人与人之间的紧密关系、共同体的精神意识以及共同体的归属感和认同感。① 德国社会学家马克斯·韦伯认为，在个别场合内、平均状况下或者在纯粹模式里，如果而且只要社会行为取向的基础，是参与者主观感受到的(感情的或传统的)共同属于一个整体的感觉，这时的社会关系，就应当称为"共同体"。美国学者托马斯·萨乔万尼认为，共同体是个体的集合体，这些个体基于自己的意愿而紧密联合起来，共享一些观念与理想。这种联合会使一群个体的"我"转型为集体的"我们"。在成为一个"我们"之后，每一个成员都是紧密编织的有意义关系网的元素之一，这一个"我们"通常处于一个共同的地方，维持一段时间，并分享共同的意义、情感与传统。从学者们的研究来看，他们通常用"某某共同体"来描述一种职业发展的组织实体或组织特征，如实践共同体、专业共同体、学习共同体、对话共同体等。

教师专业发展共同体是指教师在共同的愿景和目标——提升自身专业水平指引下，对教育教学实践活动共同的关注点、同样的问题或者对同一个话题展开共同讨论，进而丰富教师专业领域的知识和提高教师专业技术水平。教师专业发展共同体是基于教师的专业实践活动或问题解决的需要，采取"自下而上"组建团队的方式，自主选择彼此认同的同伴，组建以课题或问题研究为指引的共同体。它不是外部的指令聚集在一起，而是通过教师之间的合作、介入、理解、协商以及对实践活动的积极参与，在持续不断的反思、对话和再实践过程中，完成从"初级学习者"到"专家学习者"、从"初级研究者"到"高级研究者"的身份转变，从而获得专业水平的不断提升。教师专业发展共同体可以分为两种形式：一是作为一种非正式组织而存在，它是教师基于共同目标及兴趣自愿组织的，是一种本意上的教师专业发展共同体；二是作为一种正式组织而存在，如在学校教育改革过程中经由年级组、教研组等形成的教师专业发展共同体，这是一种隐喻意义上的共同体。上述两种教师专业发展共同体，都是旨在通过教师之间的合作、对话与分享性活动，促进教师的专业发展。

二、共同体的特点

(一) 以实践问题为基础

从本质上来看，教师专业发展共同体就是一种基于实践问题解决的学习模式。它强调将学习过程设置到负责的、有意义的实践问题情境之中，通过共同体成员的合作配合共同解

① 周燕.从"外铄"走向"内发"：教师专业发展的范式转换[J].中国教师，2007(2)：54-56.

决真实性问题,从而使教师在教育教学实践中既能形成一定的实践智慧,也能获得问题解决的技能以及自主学习的能力。从教师知识的特性来看,教师知识是一种实践性、情境性、个体性、默会性和整合性知识,它很难通过系统的课堂传授或书本学习来获得。以教师在教育教学实践中遇到的真实的实践问题为基础,通过反思、交流和再实践的方式,能促使教师根据个人的认知方式和所面临的教育教学情境的差异,提高分析和解决问题的实际能力,从而提升教师专业发展的科学性和实效性。

(二)以共同愿景为导向

共同愿景能使教师集聚在一起,心往一处想,劲往一处使,为了共同利益和奋斗目标而努力。教师专业发展共同体中的愿景更多的是一种特定的结果,是一种教师所期望的未来景象或意象,它不是抽象的和虚幻的,而是具体的、持续的和容易描述的。其中包括了教师的个体愿景和团队的共同愿景,它们并不总是一致的,共同愿景的形成正是建立在教师个人愿景的不断协商和协调的基础之上,受到具体情境和条件的影响,参与教师对于这些情境因素拥有各自不同的反应,共同愿景的确立,其实就是这种不同反应共同协商的结果。共同愿景存在的意义,虽然仅存于该教师专业发展共同体本身,但它却是共同体赖以存在的基础,也是教师专业发展的最终旨归。

(三)以共同体为载体

教师专业发展共同体打破了以往教育者与学习者之间的人为界限和区隔,它以共同体的形式把教师聚集和团结在一起,为教师专业发展提出共同愿景,搭建广阔有效的交流平台。在教师专业发展共同体中,教师往往都是基于日常教育教学实践活动或问题解决的实际需要,彻底改变了传统教师专业发展中“专家讲,教师听”的专家教授“一言堂”的消极被动局面,使得每个教师都可以根据自身的学科专业背景和教育教学实际情况,分享自己和他人的鲜活经验。在教师专业发展共同体中,所有教师的地位都是平等的,只是参与的角度有所不同,这十分有助于形成教师之间的平等合作的对话关系,对于教师专业发展的促进也必将是至关重要的。

(四)以实践研究为标志

在教师专业发展共同体中,教师的“合法边缘性参与”是一个重要概念。这种合法边缘性的身份不是由外界所赋予的,而是根据教师专业发展共同体的共同愿景的不同以及具体情境和实践问题所生成的。教师专业发展共同体中教师个体的身份变化,也是随着其在共同体中中心地位的不断获得而得以发展的。这种身份的变化,不仅代表着教师学习水平的提高,而且是对教师学习过程和学习效果评价的一种体现。它表现为教师作为一名专业人员,在面对具体教育教学任务或实践问题时,其他共同体成员与其分享交流的频率等的高低,以及对其所发表意见或建议的听取与采纳程度等,它标志着教师对实践共同体实践活动的充分胜任。整个教师专业发展共同体的实践过程,其实就是教师从“新手教师”到“熟练型教师”再到“专家型教师”的逐步发展和转变的过程。

(五)以意义协商为机制

在教师专业发展共同体中,教师所有的学习行为其实都是在实践、反思、对话、交流的过程中进行的,这就需要建立起一种相互合作、意义协商的文化机制。它不仅意味着教师作为实践共同体成员参与到教育教学活动之中,而且要求实践共同体成员能够分享学习资源,彼此对话沟通，交流情感体验和思想观念，协作完成一定的学习任务，通过共同参与活动，建立彼此间相互影响和相互促进的良好人际联系，最终形成对教师专业发展共同体所确立的愿景的认同感和归属感。这种意义协商的文化是民主的、开放式的，而不是权威的或封闭式的，它是建立在教师专业发展共同体所有成员的共同愿景和发展需求的基础之上的。

三、共同体的动力机制

教师专业发展共同体若要维持运转并发展成为一个成熟的共同体，就需要减少外界的各种干预，在民主协商的基础上形成教师专业发展共同体的基本规范，发展建设实践共同体文化，并逐渐走向自组织形式。教师专业发展共同体的动力机制，其主要功能就是要让共同体在无须外力干预下，由共同体内部本身所具备的自生成性、不稳定性和非平衡性而产生的适度动力，去促进系统内部诸要素之间不断地进行自我调整和发展，以此来保持教师专业发展共同体持续、稳定的发展态势。

（一）成员性质：保持同质与异质间张力

教师专业发展共同体是围绕着共同体成员所感兴趣的问题领域，对他们来说非常重要的事情而形成和发展起来的。在长期参与共同体的实践活动中，新老共同体成员一起分享着对共同事业的理解，协商决定着共同体活动的目标，创造了共同体内一整套共享的智库，发展出共同体内部一种特有的文化实践。正因为如此，教师专业发展共同体中相互介入的成员关系真正成为一种现实，它们构筑了共同体内部的同质性，使共同体内部具有一种强烈的感召力量。

当然，这种相互介入并不单单只是要求参加者具有同质性这一项特征，异质性和同质性一样都是驱动实践的重要因素。新手教师和熟练教师的角色定位本身就说明教师专业发展共同体中成员构成的异质性，如果进入共同体的成员都为新手教师，这将有可能导致实践共同体中缺乏结构性的学习资源，就会导致在解决问题时的手足无措。因而一个特定教师专业发展共同体的成员除了应在性质上具有相异性外，同时在共同体内部领域中专门的知识技能也并非通常那种均等的分配，而是分布在共同体所有成员之中，也就是每个共同体成员都拥有可贡献于共同体目标任务的不同专长，个人所具有的专长成为其他人可资利用的资源。

共同体成员的这种分布式专长可以使其在问题解决过程中互为可资利用的资源，彼此之间取长补短，促进共同体知识及教师个人知识的不断增长。如果实践共同体过于趋于同质，那么成员之间就会无法形成有效的互补关系，必然影响成员参与活动的积极性。而如果过于趋于异质，则成员之间的互动就会很难充分展开，必然导致共同体发展速度的迟缓。教师专业发展共同体中存在一种平衡的张力，既有异质间的参差错落，又有同质间的交叉融合，在相互介入的过程中，教师之间就既能不断产生新的同质性，也能不断产生新的异质性，从而促进教师专业发展共同体的有效运转。

（二）成员构成：保持连续与更替间张力

教师专业发展共同体中的学习即教师合法的边缘性参与，既涉及知识渊博的专家身份的发展，又涉及实践共同体的生产与再生产。教师专业发展共同体是可持续性的，具有连续性的特征。问题领域是共同体成员共享的一个探索性的事业和主题，凡是对这个问题感兴趣的教师,都可以通过合法的边缘性参与这一实践路径,介入到某个特定的教师专业发展共同体之中。新手教师模拟专家教师的教育教学实践,共同体内部的知识结构就在从一代学习者传递给继承的一代的同时,也促使他们发展起对知识和实践发展的责任感。由此可见,教师专业发展共同体实际上是一种开放而非封闭的系统,其连续性的实现需要不断地补充新成员来完成代代相传的使命。

然而,对于通过合法的边缘性参与而逐渐提高参与程度的新手教师和熟练教师来说,随之产生了一个基本矛盾,那就是为了或随着充分参与者的向心性发展,一个实践共同体的成功产生也意味着熟手的更替,意味着新手教师向熟练教师身份的完美转变,因而教师专业发展共同体所固有的再生产能力是十分重要的。在共同体的实践活动中,新加入的成员和专家一起进入实践活动,在解决真实教育教学问题的过程中,通过持续的观察、尝试、交流、反思与实际应用等迅速获得进步,成为独立的、熟练的专家活动者。这些新成员充实到了教师专业发展共同体的共同实践之后,经过自身不断发展,其能力发展到甚至超越或替代老成员的作用。通过这一更替式循环,教师专业发展共同体内也就顺利完成了新老人员之间的过渡与交替,实现了教师专业发展共同体内部文化的更新与传承,共同体也能借此得以维持。

总而言之,教师专业发展共同体中“水平性互动”的连续性和稳定性与“垂直性互动”的对立性和更替性之间形成了鲜明的对照,这种共同体再生产循环之间的张力是共同体再生产和变革的根本动力。

(三) 成员身份:保持边缘与核心间张力

在教师专业发展共同体中,教师的合法的边缘性参与是一个极其重要的概念,合法的边缘性参与其实就是一种学习的进程。由于实践活动的复杂性和丰富性,共同体中教师成员的身份也不是一个固定的范畴,而是一个动态的生成性概念。边缘性是一个授权的起始位置,它使得新手教师在共同体的实践活动中存在着朝更深入参与的可能性。新手教师在参与共同体活动的开始,最初是在部分的、边缘的琐碎活动中吸收各种的认识,作为活动的新加入者,他们不可能完全地参与到所有的共同体活动之中,而只是作为共同体某些活动的参与者,在共同体中仍处于一种边缘性位置。

随着与共同体中专家教师和其他教师的经验交流、对话和分享,新手教师对所需解决的问题的认识不断深入,与其他共同体成员分享交流的频率以及共同体对其所发表意见或建议的听取、采纳程度也就越来越高。伴随着参与性的不断增强,他们在活动中也变得越来越积极,会更多地接触到共同体中的文化,对共同愿景的理解程度也因此不断加深,其边缘性位置会不断向核心位置靠近,直到对整个共同体活动的充分胜任。教师在实践共同体的整个参与过程,其实也就是参与教师从初级学习者到专家学习者、从初级研究者到高级研究者的身份发展和转变过程。

(四) 知识获取:保持共享与创生间张力

随着信息产业的迅速发展,知识经济时代已悄然来临,知识作为与传统生产要素相并列的资源,其重要性已远远超过了其他要素,成为知识经济的根本特征。教师专业发展共同体则是一种具有积累知识、共享知识、创新知识和运用知识的自组织形式,它打破了共同体内部不同知识所有者之间的封闭式壁垒,实现了知识在一定范围内的自由流动和广泛使用,并在实践活动中通过成员之间的互动,创生出共同体中新的知识体系。在教师专业发展共同体中存在着一个清晰而明确的共同愿景，分享着一整套丰富的结构性资源，并共同完成一系列真实的教育教学实践，这些都成为共同体成员在参与共同体内某一具体活动时所遵循的普遍方法和共有标准。

首先，在这套普遍方式和共有标准之下，学习者既与助学者之间进行广泛交流，又与同伴学习者之间进行交流和合作，共同分享彼此之间以及共同体已有的知识结构。其次，这一整套共享的普遍方法和标准继而又会产生持续的行动、交往、问题解决和实践，共同体对实践活动所产生的信息进行主动的选择、加工和处理，新获取的信息经过重新认识和编码后，建构出对知识的新理解，产生出经验的新意义。而共同体原有的知识经验也会因为这些新的知识经验的加入而悄然发生调整和改变，从而创生出新的共同体知识。正是在教师专业发展共同体中，通过有意义的互动的活动将个人知识与他人共享，通过反思和实践活动又不断创生出新知识，从而达成个人学习、团队学习与实践创新的良性循环的局面。

（五）问题解决：保持认同与协商间张力

从具体实践活动来看，教师专业发展共同体一直置身于创造自身未来的生成过程之中，共同体所共享和追求的目标尽管会受到外部情境的影响和制约，但却并不是由外部指定和强加的，而是属于共同体自身的和自愿的。共同体外部的目标和追求，是建立在共同体成员自愿的基础上，在合作氛围中充满着平等与民主的畅谈与探讨，经过成员之间持续不断地互动，才能成为共同体内部所一致认同的共同追求。

然而，美国学者莱夫和温格认为，教师专业发展共同体作为一种教师组织形式，由于熟手教师和新手教师在建立与维持身份上存在着不同的方式，在教育实践过程中便容易产生竞争性的观点，所以它必定涉及共同体成员支持学习过程和反对学习过程的两股力量间的冲突。它所固有的这种矛盾性意味着共同体需要一种合理的动力机制来完成对潜在冲突解决方法的重构，而这种合理的动力机制其实就存在于共同体内部持续的互动之中，也就是对实践活动的情境性认同与协商之间的张力。认同是强调教师专业发展共同体的参与教师因追求共同体内部的同质性而归属于所在群体，它意味着共同体知识向着个体成员的传递；而协商则强调教师成员本身所带来的异质性对该共同体所施加的影响，它意味着共同体原有经验受成员交互作用之后所产生的延续与更替。

教师专业发展共同体作为一种解决实际教育教学问题的学习模式，并非是一种孤立的个人认知行为，而是创造一种民主、和谐与开放的氛围，在鼓励共同体内每个教师对问题提出自己独到见解的同时，也能达成教师个体与共同体内部成员之间的交互责任与期望。

四、共同体的运行策略

作为促进教师专业发展的一种有效形式，教师专业发展共同体必须注意科学设计、精心组织和正确实施，可以从以下几个方面综合加以考虑。

（一）确立明确的学校发展目标

1. 建立学校的共同愿景

学校发展必须有一个共同的愿景，唯其如此才能形成良好的学习型学校的校园文化氛围。学校必须确立能使全校师生员工产生内在动力的长远发展目标和发展战略，它既对学校发展有利，又对每一个教师具有积极作用。学校在建立共同愿景时，要注意充分发挥领导团队的引导作用。领导团队作为学校共同愿景的倡导者和推动者,必须保持思想的先进性、政策的务实性和策略的创新性,成为学校发展的动力基础。其引导作用主要是对优秀教师群体的培育和打造,使他们能够心系学校发展,胜任自身工作,适应变革需要,不断提高素养水平。一方面要注意保证优秀教师的培养和稳定,另一方面要关注并促进管理团队素质的不断提高,如人本管理理念的确立、科学管理能力的提高、良好管理结果的预期等。不仅如此,还要加大对学生潜能的有效挖掘,实现其可持续发展。在建立学校共同愿景时,除了充分发挥领导团队的作用外,教师的意见和看法同样也应该得到应有的尊重。共同愿景应该反映的是学校所有教职员工的意志,学校领导要充分与教师进行沟通与协调,明确学校未来发展的基本思路,采纳更多的有价值的建议和看法,并在综合团队意见的基础上制定出适合学校的发展目标和发展战略。

2. 平衡教师的个人目标

学校发展到任何一个特定阶段,教师都能利用已经形成的共识全面系统地思考自身、学校与外部社会环境之间的发展问题,主动参与对学校发展的深入思考。这种目标与战略使得教师个人价值的实现与学校团队价值的实现达成高度一致,它不仅是一种物质力量,而且是一种精神力量,同时更是一种共同的精神追求。教师经常思考的内容与其自身教育教学工作具有高度的一致性,这种一致主要表现在教育教学的投入上。教师如果能够认同并积极参与教育教学工作,把教育教学工作绩效视为体现自身个体价值的重要标志,教师团体在共同的目标引领下互相学习、互相促进,心往一处想,劲往一处使,就为学校共同愿景的顺利实现提供了强有力保障。

(二)优化完善教师的心智模式

1. 加强特色学校文化建设

学校文化是学校在长期发展过程中逐渐形成的一种价值观念和行为方式,它指对教师的行为具有巨大的指导和约束作用,影响着教师心智模式形成与优化,引领学校发展的正确方向。在学校文化建设中,一方面要注意树立多元化价值体系。作为学校要鼓励多元价值观念,营造积极、民主、开放和大气的思想氛围,学会包容,学会慎思,关注国际国内教育改革和发展动向,有意识地弥合与社会之间的隔阂。学校只有建立多元的价值评价体系,才能以此为导向,更新教师的思维模式,从多方面考虑问题,学会反思,学会变通,更合理地处理日常教育教学事务。另一方面,还要形成具有特色的学校文化。学校文化作为影响教师心智模式的重要外部因素,是学校长期办学理念、办学定位和办学行为的累积沉淀,只有具有特色的学校文化,才会对教师形成深远的影响。不仅如此,在学校文化的建设上,要充分相信教师自身的能力,想方设法调动其主观能动性,为他们创造更多的参与机会,让他们能保持活跃灵动的思维,不断提升自身的教育教学创造力。

2. 重视教师自身素质的提高

教师的心智模式不仅影响教师个体的认知,而且影响教师自身的行为方式。心智模式是在日常生活和教育教学活动中逐渐形成的,它是一个内在的调节系统,对教师的行为起指导和监控作用。构建全新的心智模式,就是要让教师看到自己工作的亮点,把目光从对细节的关注转移到对中心的把握上,采取更加全面系统的思考模式来评价自己的教育教学工作,学会用心体验教育教学工作的乐趣。首先,在教师的心智模式中最重要的是创造性。教育教学是一项充满创造性的事业，教师要面对的教育教学对象是富有生命活力的学生，他们思维活跃，充满朝气，善于接受新事物。教师只有培养自身的创造性才能顺应学生的需求，用创新的思想来影响和带动学生，从而帮助学生构建完善的心智模式。其次，教师的心智模式还具有全面性。教师在评价学生时，除了应关注他们的学科成绩外，也不能忽视其在思想道德品质以及适应未来社会能力等方面的发展水平。教师一定要学会多角度地观察，及时听取学生、其他老师乃至家长等多方面意见，从而给予学生客观公正、实事求是的正确评价。

（三）切实改变教师的思维模式

1. 学会发现自身存在的问题

教师固有的心智模式影响着教师的行为，教师容易把教育教学失败的原因归因于外。教师专业发展共同体则要求教师要向内看，学会反求诸己，以挑战自己的思维为起点，不断反思自己的教育教学观念和行为。要以系统思维代替传统的片面思维方式，对已经积累的支离破碎的知识善于进行加工整理，并力求推陈出新。教师在自身专业发展上要想有所建树，除了一些外部影响因素外，教师个体的主动性更为关键。在教育教学过程中，教师只有充分深刻地反思自己的教育教学过程，才能充分利用教育教学时间，促进良好教育教学效果的达成。教师个体成长是在不断否定自身的前提下进行的，教师要想在专业发展方面有所进步，就必须学会审视和反思自身的教育教学表现，不断总结经验和利弊得失，为以后教育教学活动卓有成效地开展奠定坚实的基础。

2. 掌握处理团队关系的技巧

教育教学活动是人与人之间的双向交流活动，在开展教育教学和其他日常工作过程中，教师要学会系统地加以思考，听取多方意见和建议，做到统筹兼顾和权衡利弊得失。在教师专业发展过程中，教师个体的力量毕竟是极为有限的，作为教师专业发展共同体成员，就要努力使自己融入整个团队，并在团队中充分展示自己，充分利用团队的优势，使自己实现更快更好的专业发展。如教师可以通过上教研公开课，主动邀请同一学科教师参与听课与评课，为自己创造学习提高的机会。教师个体的专业发展是通过教师专业发展共同体来体现的，只有与共同体团队建立起广泛的联系，才能不断汲取团队的养分，为自身的专业发展注入源头活水。系统思考要求教师个体能学会平衡各类关系，把视野扩展到区域性共同体团队的支持之中，把自己的见解纳入整个共同体团队中来，从而达到与团队共同实现成长的最终目标。

（四）积极营造和谐融洽的共同体氛围

1. 创造教师团队学习的机会

教师专业发展主要是通过校内的实践共同体团体智慧而展开的，在学校内部存在着多元结构的组合，大致可分为学科组式、学年式、学年学科组式等。因此可以在这些常见组合的基础上，有意识地构建实践共同体团队，尤其是学科组，教师大都是同一学科出身，由于所教授年级不同，会面临不同的问题，通过实践共同体团队内部的广泛交流，可以为成员提供丰富的学习材料，提升处理教育教学问题的能力。不仅如此，还可以倡导新的实践共同体团队构建方式，如由不同学科组合成年级组，通过异质实践共同体成员之间的交流与沟通，可以起到活跃教师的头脑，激发教师创造性思维的作用。

2. 形成深度汇谈的团队学习法

深度汇谈是实践共同体团队学习的最有效方法。深度汇谈是自由和有创造性地探究复杂和创造性的议题,它要求成员在无拘无束的探索中用心聆听,仔细听取别人的意见,自由交流自己心中的想法,相互支持与启发,从而得到超越个人的认知水平,获得独自一人无法达到的见解或收效。因而可以把教师的专业学习看作是一种过程,是一种人与人之间的情感交流、智慧碰撞和心灵互动过程。实践共同体团体学习开展深度汇谈,能在教师群体中让每个人的想法自由交流和碰撞,在交流和碰撞中发现别人更深刻的见解,以此来发挥团体的智慧。因此团体学习的修炼要求成员能超越自我,克服防备心理,学会如何相互学习和工作,形成共同的思维,真正的实践共同体团体能够使其成员更快地成长。作为教师,应该注意认真聆听实践共同体团队成员的看法,扩展自己的专业思维模式,同时也应该信任实践共同体团队,乐于发表自己的意见和见解,在交流互动中改进自己的心智模式,从而更好地发现问题和解决问题。

3. 及时消解教师间的思想隔阂

在教师专业团队的建设上,要注意消除教师之间的思想隔阂,摆脱习惯性的防卫机制,坦陈己见,用心交流。在这个过程中,作为教师共同体团队的领导,更应该发挥自身的模范带头作用,率先表明自己的真实看法,敢于暴露自身存在的问题,倾诉工作的难处,调动教师的积极性和主动性,大胆发表自己的意见和建议。在教师的表述过程中,无论是积极的还是消极的,无论是正确的还是有待商榷的,作为实践共同体的领导,都应该学会包容,认真听取教师的看法,打消教师的顾虑,使其能够畅所欲言。

第四节　发展性评价

教师评价之于教师专业发展的重要意义和价值,是教育界普遍认可并给予高度关注的。然而,传统教师评价往往更多地采用终结性或结果性评价,比较重视教师评价的奖优罚劣,这种评价如果使用过多,对教师教育教学积极性的发挥和教师专业发展的促进,不仅无益反而会造成伤害。发展性教师评价由于更为强调“以师为本”的价值取向和对教师人格尊严及主体性的尊重,因而受到教师的普遍欢迎。

一、发展性评价的内涵

发展性教师评价是针对传统教师评价过分注重奖惩功能而提出的,它强调教师评价要与奖惩相脱离,在没有外在奖惩的条件下,从根本上促进教师的专业发展,从而实现学校的发展目标。关于发展性教师评价的概念界定,学术界存在着不同的认识和理解。有学者认为发展性教师评价是一种制度,是依据一定的发展目标和发展价值观,主评与被评配对,制定双方认可的发展目标,由主评与被评共同承担事先发展目标的职责,运用面谈和发展性评价技术方法,对被评的素质发展、工作职责和工作绩效进行价值判断,而被评在发展性教育评价活动中,不断认识自我、发展自我和完善自我,不断实现其发展目标的过程。[①] 另外也

---

① 蒋建洲.发展性教育评价制度的理论与实践研究[M].长沙:湖南师范大学出版社,2000:201.

有一些学者更为直接地认为：发展性教师评价其实就是一种为促进教师发展，以教师为核心，以发展教师个体为理念的教师评价形式。发展性教师评价并不仅仅局限于一种模式和方法，其实它还是一种理念。作为一种评价理念，它是对传统教师评价的扬弃，其核心思想是以评价促发展，评价标准、评价过程、评价方式方法以及评价结果的处理等，都要有利于教师的发展与提高；它能够体现一定的社会公正原则，在规范人的同时还能解放人，从而最大限度地开发人的潜能，尊重人、信任人、调动人的积极性与主动性。

基于学者们对发展性教师评价的认识，我们认为，发展性教师评价的内涵可以从以下几个方面加以解读。

第一，发展性教师评价是一种形成性评价，它是针对以分等和奖惩为目的的终结性教师评价的弊端而提出来的，主张要面向评价对象的未来和发展。发展性教师评价是由形成性教师评价发展而来，但它又不是原始意义上的形成性教师评价。原始意义上的形成性教师评价强调对教师工作的改进和完善，而发展性教师评价则更加强调对评价对象人格的尊重，强调以人的发展为本，是一种主体取向的教师评价。这种评价取向认为，教师作为课程与教育教学情景的内部人员，在评价中具有主体性，而不是被动的、供外部人员评价的对象。

第二，发展性教师评价既重视评价结果，更重视评价过程。发展性教师评价是一种以促进评价对象发展为目的、以评价对象为主体、以发挥主体积极性为理念的评价。强调评价对象在评价中的作用，主张评价目标和评价计划由评价者和评价对象协调制订，并达成了一定共识。它认为达到评价目标和实施评价是评价主体和评价对象双方的共同职责，因而重视多渠道交流信息。正如有学者对发展性课堂教学评价所指出的那样："发展性课堂教学评价，主张评价是对评价对象和评价者双方活动所进行价值判断、实现双方达成的评价目标的过程；是评价对象自身发展需求和教育组织对评价对象需要的有机结合；是促进评价对象在现实基础上向未来发展的评价。"①

二、发展性评价的特点

（一）以教师发展为本

不同教师评价制度在处理教师个人目标与学校组织目标的关系上往往都存在着不同的价值取向。奖惩性教师评价制度以学校组织目标为本，并通过监督、激励和约束教师个人行为，从而有利于学校组织目标的达成。而发展性教师评价则以促进教师个人专业发展为本，为了实施发展性教师评价，学校一切工作都坚持以"发展"为基本价值取向，这就意味着学校既不是教育行政的附庸，也不是教育行政指令的简单执行者，而是不断自主学习和自主发展的"学习型组织"。教师是学校的主体力量，教师的专业水平决定学校的办学水平，没有教师的专业发展就不可能有学校的发展。因此，以促进教师发展为本就是教师发展目标要与学校发展目标统一起来，并通过教师专业的不断发展，来获得学校组织目标的实现和学校的又好又快发展。可以说，实施发展性教师评价的学校都有着自主发展的规划，都能把教师专业发展作为学校发展规划的重要内容。

以教师发展为本，首先意味着发展性教师评价不是自上而下的强制性评价，而是一种把

① 郑金洲. 基于新课程的课堂教学改革[M]. 福州：福建教育出版社，2003：216.

唤醒教师内在的发展需求作实施评价的前提条件。学校创设宽松和谐的发展环境,激发教师的内在发展动力,教师参与并接受评价寻求发展不是迫于行政管理的压力,而是源于教师内在的强烈发展需求需要。教师在自我发展需要的驱动之下,主动寻求外在环境的支持和帮助,这样评价也就成了一种为教师专业发展提供的强有力的服务、指导与帮助。其次,发展性教师评价强化其诊断功能和教育功能,改变了教师专业发展长期以来的自然、自发和盲目的状态。发展性教师评价并不是简单地给教师一个评价结论,而是从诊断教师的教育行为入手,引导教师对自身发展的现状进行深刻的反思和分析,清楚地认识自身专业发展的优势、不足及发展潜力,并以此为基础制订出适合其个人的发展规划和发展目标。由此可见,从教师自我反思规划的制订,到教师自我发展途径的选择,再到实施过程的有效调控,都需要进行跟踪评价和及时指导。

(二)重视教师的主体地位

发展性教师评价首先强调教师是平等的参与者,它改变了以往教师在评价中被动接受的状态,通过采取一系列措施来引导教师积极参与评价活动,充分发挥教师在评价中的主体地位。它能使评价活动始终建立在评价者与被评价者之间相互平等、信任、尊重和理解的基础之上,民主参与,没有权威。在评价实施前,评价的目的、内容、标准、方法、程序等都向所有参评教师公开并得到教师的认可,使教师知道评什么和怎么评,消除以往评价活动的神秘感,增强评价活动的透明度。

其次,以往教师评价相当于对教师的"缺席审判",一般不让教师进入评价的现场。虽然评价者力图追求评价结论的精确性、公平性和权威性,但受技术条件的限制往往难以达到理想的效果,导致教师对评价结果的质疑和抵制。只有教师欣然接受的评价才能真正促进教师发展,所以发展性教师评价是以被评价者最大限度地接受评价结果作为评价所追求的最大效益。基于此,在发展性教师评价中,评价双方制订共同认可的评价方案,评价双方共同承担实现发展目标的职责。评价过程是双方互相沟通、交流与协商的过程,评价结论不是由评价者单方面作出,而是通过评价双方的沟通和协商,最终达成的一致意见。

最后,发展性教师评价强调教师的自我评价和反思。所谓教师自我评价与反思,是指教师借助行动研究,不断探讨与解决教育活动和自身的问题,不断提升教育实践的合理性的自我意识,它源于教师自我角色愿望、责任感、事业心和实践,是推动教师专业发展的直接的和现实的力量,也是教师实现自主发展的重要途径。发展性教师评价的最终目的就是促进教师的自主发展,突出教师在评价中的主体地位,强调教师的自我评价与反思,亦即引导教师通过自我反思与分析,制订合理的发展规划,依据一定的评价标准,在主动获取外部评价信息的基础上反思与评价自己的教育教学工作过程与结果。通过教师不断的自我反思、自我评价、自我激励、自我调控和自我完善,从而实现一个又一个的近期发展目标,并逐步接近和实现远期目标。

(三)尊重教师个体差异

教师之间存在较为明显的个性差异,教师评价必须以承认这种客观差异性为前提。传统教师评价更多采取的是常模参照性评价,即通过一个理想的、统一的评价标准来鉴别出教师之间的等级差异性——优、良、中、差。这种重在相对位置的评价往往只关注每个教师在群体中的排序位置,而不关心该教师自身的特点及其所具备的发展潜力。其实,每个教师都有着不同于他人的基本素质，具有不同的发展潜质和发展优势领域，且在学校的教育教学工作中存在着岗位分工，从事着不同的具体工作，承担着不一样的角色，这都客观地决定了每位教师都有着不同于他人的发展需求——朝向不同的发展方向和发展领域。不仅如此，教师还都是成长中的个体，有青年教师、骨干教师、年长教师等，他们处于不同的专业生涯发展阶段，有着各自不同的发展速度与发展特点。

发展性教师评价尊重教师之间的个体差异性，允许教师有差异地独立发展。以教师不同的背景基础、不同的发展方向、发展领域、发展目标及发展阶段任务等为依据，对不同教师实施不同内容和标准的差异性评价。基于此，在评价实施前，要帮助每位教师充分认识和正确判断自身的特点、发展现状和发展潜质，从实际出发，制定出适合自身实际的发展目标。学校根据每位教师合理的发展需求，创设恰切的发展条件，提供充分的发展机会和发展空间。在评价内容和评价标准的制定上，要更多地参照教师个体发展目标。不同教师具有不一样的评价体系，通过纵向比较来评价教师的个人发展。在评价技术上，更多地采用行为诊断、案例分析和个案评价等质性评价方法，这不仅能帮助教师分析教育工作和个人发展过程中遇到的各种问题，而且还能提出中肯的建设性建议。发展性教师评价从根本上打破了传统评价中以统一标准要求所有教师的做法，它更注重以发展的眼光看待每个发展中的个体，追求每个教师在不同的发展基础和发展特点上实现真正意义上的差异性发展。

三、发展性评价的价值

（一）激发教师专业热情

专业态度和情感是教师在对教育教学工作本质理解的基础上，所形成的关于教育的观念和情绪体验。它是教师在长期的专业工作中形成的，是教师专业素养结构的核心部分；它决定了教师想成为一个什么样的教师，决定了教师是否愿意把自己融入专业生活中，并使自己从工作中体会到快乐。发展性教师评价是以教师的成长和发展作为其根本目标，它强调尊重教师的人格和尊严，注重评价与教师成长和发展阶段的适宜性和切合性。发展性教师评价使教师明白发展的终极目标，学生的全面发展就是自己人生价值的真实体现，因此它能激起教师自我发展、自我实现的热情和需要。教师可以通过发展性评价不断地修正自己的教育行为，改进自己的教育教学方式，不断实现专业素养的提升。

（二）坚定教师专业信念

专业信念是教师在教育教学活动中形成的对自己所从事工作的理性信念，它决定了教师能否有信心做好教育教学工作，能否认识到教育的意义并以积极的情感面对教育教学工作，能否以良好的心态解决工作中存在的困难及问题。一个具有坚定专业信念的教师往往更能深刻体会工作的价值，对学生充满期望和热爱，能以满腔的热忱投入到工作之中。发展性教师评价能对教师工作进行及时的诊断，通过评价使教师认识到自己专业发展存在的不足，使教师的能力在原来的基础上得到不断的发展与提高。这样，由于教师可以看到自己的进步，从工作中能体会到自己的价值，自己的专业水平和素养也因此得到不同程度的提高，教师的专业信念也会得到不断的加强。

（三）塑造教师专业服务精神

专业服务精神是教师专业结构中的关键部分，它决定着教师以怎样的心态去教以及教出怎样的成绩和成就。教师的劳动其实是一种精神生产活动,其根本目的是为了学生的全面发展和社会的全面进步。在教育教学活动中,教师应具有为学生、为社会服务的专业精神。发展性教师评价是一种全面的教师评价,它注重考评教师的各个方面,而不是局限于只对学生的考试成绩进行考评。在发展性评价过程中,评价者关注的并不仅仅是被评价者的专业理念和专业职能,而更重视被评价者的专业服务精神,因为专业服务精神能更好地体现出教师的专业伦理和道德水平。

(四)完善教师的专业知能

专业知能包括教师的知识结构和能力结构。知识结构主要包括教师的学科知识和教育专业知识,能力结构主要包括行为能力和人格技能。专业知能是教师专业结构的本质部分,它决定着教师能不能教、会不会教以及和其他专业的根本区别。真正的教师应该是通过自己的言传身教,使学生成为具有系统的知识结构、开阔的思维、健全人格的人。发展性教师评价注重把教师自身发展和学校发展有机统一起来,使教师在为学校作贡献的同时也能够实现自身的人生价值,认识到自身的专业知识结构并不断进行修正、改进和提升,并使之趋于完善。不仅如此,它还可以使教师评价从注重是否符合预先设定的评价标准,转移到教师自身素质全面提高上来,倡导一种民主、平等的评价,强调全员参与,因而能为教育教学改革创造一个宽松的环境,促使教师的科研和教学能力在教育教学中得到全面提高。

四、发展性评价的策略

(一)坚持导向与整体相结合

发展性教师评价与教师的奖惩制度是脱钩的,它旨在达成评价对象的主体取向,改变评价对象的被动地位和“防御”态度,把立足点放在教师的未来发展方面,而不是放在薪金的加减、晋级降级、解聘与否等方面。这样,就可以在评价对象与评价者之间形成一种平等互动的关系,使教师评价制度不再仅仅是奖励和惩罚教师的一种手段,而是作为提高教师专业技能和专业知识的一种策略,成为促进教师专业发展以及学校未来发展的一种重要措施。发展性教师评价要求学校教师全体参与并对之进行全面评价,以实现教师个人和学校的共同进步。发展性教师评价面向全体教师,而不是只面向少数教师或少数不称职的教师,它要求包括领导在内的全体教师都要接受评价。与此同时,发展性教师评价是全面的评价,它要求在评价的过程中,保证信息渠道的畅通,以全面掌握职业道德、学科知识、教学能力、团队意识、终身学习等课堂内外的评价信息。发展性教师评价摈弃了以往评价只重学生考试成绩的做法,把评价结果作为促进教师终身学习和专业发展的一种手段和机制。发展性教师评价要求全体教师都主动参与评价,着力促进每一个教师的专业发展,提高学校教师队伍的整体素质水平,形成教师个人发展与学校发展相互促进的良好态势。

(二)注意发展与反馈相结合

实践证明,以奖惩为目的的教师评价兴师动众往往得不偿失,非但不能改善全体教师的工作表现,往往还会增加教师的怨气和牢骚。而发展性教师评价将立足点放在教师的未来发展方面,评价不是面向过去,而是面向未来,一次评价不仅是对前一段工作的总结与反思,更是下一段工作的起点、向导和动力,其最终目的是促成教师个人发展目标和学校总体发展目标的实现。为此,要破除为奖惩而评价的思想,树立为发展而评价的观念。要反对站在教师对立面的评价，破除把评价看作是一种控制手段的陈旧思想，树立注重发现和发展教师的专业潜能，促进教师积极主动地发展的现代观念。教师评价需要向评价对象及时提供反馈信息，否则就失去了评价的部分意义，这是一个常识问题。但是现行的教师评价未必都能做到这一点。如自上而下的奖惩性教师评价以奖惩为根本目的，在评价者与评价对象之间缺乏双向交流，司空见惯的是评价者不向评价对象或者只向少数评价对象提供反馈信息。而发展性教师评价一般向两个方向及时提供反馈信息：一方面是通过评价者向学校领导提供评价对象是否需要在职培训，学校应该提供哪些帮助等有关信息。另一方面是通过评价者向评价对象提供有关其工作表现方面的信息，从而改善评价对象的行为。

（三）重视单项与综合相结合

为了提高评价结果的可信性和有效性，降低主观性和随意性，发展性教师评价要求把单项评价与综合评价有机地结合起来。单项评价是对教师在某一工作方面的评价，如课堂教学、师生关系等，或者是指对教师在某一时间范围内的评价，如一堂课、一次家长会等。单项评价是教师综合评价的一个重要组成部分。没有单项评价，就会导致综合评价结论的表面化和简单化。综合评价是用动态的、发展的眼光，对教师工作的各个环节进行系统地、全程地、较长时期地、循环反复地评价。教师从事的教育教学活动是一个长期复杂的过程，教师工作的任何成绩都是日积月累的结果，绝不是一朝一夕的产物。因此，仅仅依靠一、二次单项评价，不可能真实反映教师工作的整个发展过程。没有综合评价，就无法全面了解评价对象的工作表现，无法把握教师的发展倾向和发展需要，也无法修正评价过程中晕轮效应、趋同效应等引起的各种偏差。实际上，单项评价与综合评价结合的过程也是静态评价与动态评价相结合的过程，也是专题性评价与概括性评价结合的过程，也是形成性评价与终结性评价相结合的过程。

（四）强调互动与互惠相结合

要使评价最终能够提高教师素质和促进学校发展，关键取决于评价双方积极参与的程度，依赖于他们在评价过程中的积极互动和开诚布公的程度。发展性教师评价非常注重领导与教师、教师与教师、教师与学生、校内与校外之间的沟通，鼓励全体师生员工、学生家长以及校外有关人员积极参与教师评价工作，要求评价过程是一种双向互动过程。这种双向互动过程务必建立在评价者与评价对象积极参与和互相信任的基础之上，和谐的气氛必须贯穿在整个评价过程之中。实践证明，奖惩性教师评价过程是一个单向受动的过程，评价者处于主动地位，评价对象则处于被动受评的地位，毫无互动可言。发展性教师评价强调评价双方的平等性、特别强调变单向评价过程为双向互动过程，对评价者来说，评价过程不仅是一个帮助评价对象成长的过程，也是一个自身学习提高的过程。这样，通过积极互动达到评价双方共同受益、互利互惠、共同提高的目的。

（五）倡导定性与定量相结合

现代评价理论认为，凡是客观存在的现象，都有其数量方面的存在。因此，在教师评价过程中，可以对评价数据、信息、评价结果等进行量化处理，以数据的形式反映评价结论。这有助于认识的精确和深化，也便于对评价结论进行数量的比较。然而，由于教师的教育教学工作是一项极为复杂的劳动，量化不能成为评价过程中绝对的和唯一的途径，还需要适当进行定性评价，把定性评价与定量评价有机地结合起来，从而提高教师评价的科学性、真实性和实效性。

（六）重视保密与透明相结合

发展性教师评价的成败取决于教师的积极参与和开诚布公，因此，确保教师评价报告等有关材料的保密是发展性教师评价的一项重要原则。它是争取教师积极参与评价过程的关键措施。如果教师在评价过程中采取坦诚和直率的配合态度，就必须使他们相信，有关他们的所有评价材料非经本人同意不可能对外泄漏。要做到这一点，必须要求每一位评价者认真履行保密职责，因管理不当而泄密引起的各类失误只会使教师评价计划失败。透明不是一项与保密性相对立的原则，它们是问题的两个不同的方面。保密强调对教师评价材料要严格保密。透明则要求破除评价过程的神秘化，增加评价过程的透明度，把评价目标、评价标准、评价方法、评价程序、评价要求原原本本地告诉所有参与评价的当事人，以便调动广大教师的参与意识和积极性。公开透明是学校管理民主化的具体体现。

第九章　教师专业发展的内部动力

【问题与思考】

1. 习近平总书记在2013年9月9日向全国教师致慰问信时强调："牢固树立终身学习理念，加强学习，拓宽视野，更新知识，不断提高业务能力和教育教学质量，努力成为业务精湛、学生喜爱的高素质教师"①。请谈谈教师学习之于自身专业发展的意义和价值。

2. 孔子说："见贤思齐焉，见不贤而内自省焉。"曾子说："吾日三省吾身，为人谋而不忠乎？与朋友交而不信乎？传不习乎？"孟子说："君子深造之以道，欲其自得之也。自得之，则居之安；居之安，则资之深；资之深，则取之左右逢其源。"从这些中国古代教育家的言说里，你能获得什么样的启示？

3. 我国学者叶澜十分强调自我更新取向的教师专业发展，并把它看成教师专业发展的关键。这种自主发展已经形成教师日常专业生活不可分割的一部分，成为教师的专业生活方式和生存方式，并能经常保持专业发展的自我更新取向。你赞同这种观点吗？为什么？

4. 南京师范大学的冯建军指出："教师的专业发展，要注重教师的专业自主意识及自主发展能力的形成，把增进人的生命主体意识看作现代教师专业发展的重要规定，让教师的专业发展过程成为充满生命活力的过程，成为彰显生命价值意义的过程。"请结合教师专业自主，谈谈自己的认识和体会。

5. 英国课程与教学论专家斯腾豪斯认为："教师是教室的负责人，而教室正好是检验教育理论的理想实验室。不论从哪一种视角来理解教育，都必须承认教师充满了丰富的进行教育教学研究的机会。"对此，你作何感想和评论？

6. 日本学者佐藤学根据不同类型的教师文化坐落的区间不同，可把教师分为"作为公仆的教师"、"作为劳动者的教师"、"作为技术熟练者的教师"和"作为反思性实践家的教师"。"作为反思性实践家的教师"把自己的工作界定为高度专业化的职业，能抵抗官僚性制度化，倡导民主自律性，构筑与学生、其他教师、家长及专家之间的合作关系，创造性地直面唯技术不能解决的复杂问题。你是否清楚其中所蕴含的道理？

7. 叙事研究是对个体生活意义的阐释和理解，而不是对某种事实进行说明。人与人之间的理解是在平等交往的基础上，在对话中展开的。这样，个体可以以自身的体验去理解他人的体验，最终达到视界的相互融合。请你谈谈叙事研究对教师专业自主发展的价值与意义。

8. 美国学者波普尔说："科学研究是通过一系列细致、严谨的手段和方法，对不尽精确的表象进行'证伪'，从而逐步接近客观真实的过程，我们无法通过经验的归纳来证明某种理论和理性的批判，猜想反驳才是获取知识、接近真理的唯一途径。"请结合行动研究，谈谈自

① 《教师节，听听习总书记怎么说》，新华网，2016年9月10日。

己的认识和体会。

教师专业发展的根本推动力量不是来自外部因素的驱动,而是源自教师专业发展的愿望、需要、实践和追求,亦即教师专业自主发展。这种教师专业发展的路径和策略主要包括教师的专业自主、教学反思、叙事研究、行动研究等几个方面,它从内部为教师的专业发展注入源源不断的动力,特别是在教师专业发展的中后期,或者教师在由"熟练型教师"向"教育家型教师"转化的关键时期,往往更能表现出其所具有的积极推动作用。

第一节 专业自主

随着教师专业化运动的持续推进,教师专业自主问题日渐凸显。专业自主是提升教师专业地位的关键,教师能否独立地作出专业判断,自主地采取有效的策略性行为,是判断教师专业发展状况和水平的核心要素。然而,由于受各种内外因素的制约,很多教师并未能通过专业化获得预期的专业自主意识和能力。如何提升教师的专业自主,已经成为当前教师专业发展需要面对的重要议题。

一、专业自主的内涵

"自主"一词最早来源于古希腊语 autonomy,是由自己(auto)与法律(nomos)组合而成的,意即自律、自主性自律等。我国学术界倾向于认为,自主包含"自由"与"自律"的双层内涵:自律能使自我不至于因自由的泛滥而忘却反省,从而演变为随心所欲和为所欲为;而自由则确保了自我的主体性,因而它是建立自律的内发性动力之源。自主不仅代表着个体主体性的弘扬,而且意味着个体在普遍规范之下的自我约束和自我反省。

将"自主"与"专业"联系起来,即为专业自主。有学者认为,专业自主是专业人员能够决定工作方式,主动参与主要决定,工作由专业同事所评价,在科层规则和压力下有相对的自由。① 有学者指出,专业自主是指专业人员或专业团体,在其专业规范下,依其专业知能,对其专业任务或工作,可享有专业判断,即自由执行不受非专业成员的干预。② 基于对专业自主的认识和分析,国内外学者对教师专业自主问题展开了深入研究。

学者们对于"教师自主"的探讨大都是以教师的专业生活——课堂教学、课程开发、学校管理乃至整个社会教育、课程改革等视角为出发点的,因此,这种探讨事实上是对"教师专业自主"的探讨。……即权利与自由、意识与能力、专业特质等。③ 刘春荣指出,教师专业自主是指教师在教学、学校参与或教师组织等专业领域内,能够依其专业知能,执行专业任务,不受外力干预,以维持专业品质的特性。④ 钟启泉认为,教师专业自主是指教师在其专业领域里依其专业智慧,执行专业任务,包括课堂教学、学校或是组织决策,以维持其专业品质,及

① BALDRIDGE J V,CURTIS D V,ECKER G P,et al. The impact of institution size and complexity faculty autonomy[J]. The journal of higher education,1973,44(7):532.

② 王宪平.专业自主视阈中的教师专业发展[J].内蒙古师范大学学报(教育科学版),2008(3):126-129.

③ 慕宝龙.教师专业自主的概念论争及其思考[J].教育学报,2014(5):113-121.

④ 刘春荣.教师专业自主[J].教育资料辑刊,1998(23).

不受非专业的外界干预的状态。[①] 鲍同梅则认为教师专业自主应当分别从内外两个向度进行界定，即在对外的向度中是超越强制的自我解放，在对内的向度中是内部增能的自我超越。[②] 我们认为，由于教育与教师的专业生活具有生态系统性、价值人文性、角色复杂性、范围广泛性等特征，这在一定程度上决定了教师专业自主概念的复杂性和体系性，因此可以从不同学科、不同视角对教师专业自主加以科学界定。

专业自主是保证和提高教师专业地位的关键所在。作为专业人员的教师，能够独立地依据专业判断，自主确定专业行为的范式和策略，这是判断专业标准的核心要素。在当前社会发展状况下，人们对教师工作愈来愈重视，但对教师专业自主的认同感却并不高，因为教师的专业活动必须在统一的课程标准、统一的教材、统一的考试、统一的评价标准之下进行。随着教师专业化进程的不断发展，人们已经日益认识到教师是一个专业要求很高的职业，教师专业活动的内容、情境、模式和方法千变万化、日日常新，由此必须赋予教师更多的专业自主。

二、专业自主的特征

（一）自由性

所谓自由，是指人在认识活动和实践活动中能独立自主地发现问题和解决问题，它是人的主体性的核心，是人的内在本质特性之一。人类认识世界和改造世界的最终目标，就是为了增强人的自由，而不是相反。主体之所以能够发挥其能动性和创造性，就在于它拥有着自由。主体只有在能够支配自己的时候，才能够支配其他事物。不论任何主体，只有切实地感受到自己是活动的主人，只有感受到自己是一个自由的人，他才能产生活动的热情和能量，才能全身心地投入活动之中并关心活动的结果，也才能迸发出丰富的想象力、顽强的意志力和巨大的创造力。如果主体缺乏自由，言行不能自主，那么他只能是一个循规蹈矩的人，在创新的天地里必将缩手缩脚，最终也将一事无成。作为一定社会中的个体，其最主要的生存领域是职业活动，因而人的自由的最主要也是最突出表现就是职业自由。高校教育教学工作是一项创造性极强的活动，要使教师的主体性在这项高创造性活动中得到充分发挥，并取得预期的创造性结果，教师就必须拥有高度的专业自由。教师的专业自由意味着，教师在教育教学实践过程中能独立思考，能作出自己的专业判断，并不受非专业人员、教育行政管理人员乃至远离自己专业实践的同行的干扰和控制。教师的专业自由还意味着相对于其他职业者来说，教师对自己的教育教学情境最为熟悉和了解，因而在自己的教育教学实践中也最有发言权。

（二）自律性

人不仅是一种情感的动物，而且更是一种理性的动物，是理性和非理性兼有的存在物。理性是人冷静、理智地认识和实践的行为方式；非理性则是人的感性认识及非逻辑的认识形式，它不仅包括直觉、灵感、顿悟和潜意识，也包括人的生命欲望、情感和意志。非理性源于人的生命的本能欲望和冲动，它不仅存在积极的一面，也难免存在一定的盲目性和冲动性。理性的人必然是自律的个体，它意味着人对客观存在及其本质规律的认识、尊重和遵循，意

① 钟启泉.“教师专业化”的误区及其批判[J].教育发展研究，2003(Z1)：119-123.

② 鲍同梅.教师自主：一种审视教师发展的视角[D].上海：华东师范大学，2008：26-27.

味着人能够用理性统领非理性。所谓自律，就是人能够用理性引导、说服和控制自己非理性中的消极成分。如果人不能用理性对非理性进行引导、说服、规范和控制，非理性就可能会支配人的行动并可能造成不良的行为后果。教师的教育教学从本质上而言，是一种培养人的社会实践活动，其行动过程必须符合社会发展的要求，必须尊重学生身心发展的特点规律，必须遵循高校教育教学工作的客观规律。由此可见，教师的专业自主一定不能离开教师的自律，它要求教师要时刻注意对自己消极的非理性行为进行有效的调控，始终使自己在理性的指导和支配下进行自由的教育教学实践活动。

（三）伦理性

苏联教育家苏霍姆林斯基把教育工作看作是最具有人道主义意味的职业之一。教师的教育教学实践活动以培养人为最终旨归，教师的根本职责就是根据社会和时代发展的需要，通过自己力所能及的专业劳动，把正在成长中的青少年培养成为德、智、体、美、劳全面发展的有理想、有道德、有文化、有纪律的社会主义事业的建设者和接班人，使他们都能够成为社会主义的有用之才。教师专业与其他专业的最大不同就在于其工作对象是人，是活生生的，有思想、有情感和主观能动性的个体，是正在迅速成长中的未成年人，他们思想单纯、心灵稚嫩，他们渴望知识的获得，需要思想的启迪。正是基于这样的认识，教师的专业自主与其他职业相比更具有无与伦比的伦理价值和道德意义。教师在自己专业实践过程中，必须充分考虑自身专业对象的特殊性，考虑自身专业对象的“人”性，考虑到教育对象的可塑性和可教性，不能因为强调自己的专业自主，就压抑了学生的主体性和创造性，从而损害学生的人格尊严，危及学生自由自主的健康成长。

（四）合法性

随着社会和教育事业的不断发展，教师专业自主在许多国家都形成了法律制度。我国1993年颁布实施的《中华人民共和国教师法》具体规定了教师享有的6项基本权利，其中的5项都直接与教师的专业自主有关。具体表现在：其一，进行教育教学活动，开展教育教学改革和实验；其二，从事科学研究、学术交流，参加专业的学术团体，在学术活动中充分发表意见；其三，指导学生的学习和发展，评定学生的品德和学业成绩；其四，对学校教育教学、管理工作和教育行政部门的工作提出意见和建议，通过教职工大会或者其他形式，参与学校的民主管理；其五，参加进修或者其他方式的培训。不仅如此，《中华人民共和国教师法》所规定的教师具有的6项义务，其中4项对教师的专业自主作出了一定的限制。具体表现在：其一，遵守宪法、法律和职业道德，为人师表；其二，贯彻国家的教育方针，遵守规章制度，执行学校的教学计划，履行教师聘约，完成教育教学工作任务；其三，对学生进行宪法所确定的基本原则的教育和爱国主义、民族团结的教育，法制教育以及思想品德、文化、科学技术教育，组织、带领学生开展有益的社会活动；其四，关心、爱护全体学生，尊重学生人格，促进学生在品德、智力、体质等方面全面发展。由此可见，教师的专业自主已不再是某些人的恩赐，它已经成为教师应该享有的基本法律权利和应该承担的基本法律义务。

三、专业自主的价值

（一）激发教师专业活动的主动性和创造性

在教师的生活世界中，最具特性和价值的就是其专业自主发展。教师的专业自主发展能有效地促进教师的主动性和创造性，提升教师的教育智慧和生存状态。当然，它能够实现的前提条件是让教师的职业真正融入其生活之中，使教师的专业自主发展和自己的生活世界融为一体。为此，首先要注意把课堂教学作为自己职业生活的一个部分。课堂教学是教师和学生共有的人生中最重要的生命经历，是他们个体生命意义的构成部分。有学者认为：对于教师而言，课堂教学是其职业生活最基本的构成，它的质量直接影响教师对职业的感受与态度、专业水平的发展和生命价值的体现。① 课堂教学的创造性，直接影响到教师对生活的创造性。教师可以从作为生活一部分的课堂教学的创造中，获得生活的乐趣。其次教师作为自身专业发展的主人，还要把专业发展融入日常生活之中，在日常的专业生活中实行自我学习、自我教育和自我创造，从而不断促进自身的专业发展。其实，若从本质上来看，教师的教育与生活就是紧密地融为一体的，“教育即生活”“生活即教育”。“由于教育与人的生活世界的重合，由教育者、受教育者和教育影响所构成的环路不再是一个封闭的结构，而是时刻保持对生活世界的开放性，一方面不断接受生活世界对教育可能发生的影响和对教育的需求，另一方面又不断丰富生活世界的内涵，把人引向世界的交流，拓展人的生活世界的空间，引导人积极理解人与世界的关系，在此关系的敞开中敞亮生活的真理，获得生活的智慧。”②由此可见，教师专业自主发展关涉到教师的生活智慧和生命质量的提升。

（二）提升教师职业的幸福感和自豪感

教师的幸福是教育的本真追求。教育活动不仅需要教师认知因素的投入，更需要教师的情感、意志等非理性因素的参与，是充满激情和热爱的活动，是彰显生命价值的活动。正如有学者指出的那样：“没有教师对教育发自内心的热爱，就不会有真正的教育；没有教师在职业生涯中自我实现的成就感满足感和幸福感，也不会有真正的教育……教育要给人以幸福，成为幸福的教育，就必须有教师的幸福。教育是师生共同创造教育幸福的活动。”③幸福不仅是教师的一种教育体验，更是教师专业发展的根本动力。如果教师在教育教学活动中体验不到快乐和幸福，也就不会有从事教育教学活动的内在动力。只有当教师真正地体验到教育的幸福，他才会对教育事业产生强烈的责任心、不懈的追求和发展的愿望。而教师的幸福感来源于教师的积极探索和主动创造，表现为有强烈的求知欲望和探究精神，对新事物与新思路有究根问底的热情；能够独立思考、批判质疑和勇于探索，具备提出新思想新见解的精神。正是基于这样的认识，有学者就指出：“专业化的教学活动是一种富有挑战的创造性活动，而不是一种按照既定程序模式的机械操作。正是这些创造活动，使教师的工作充满幸福，这种幸福来自工作的挑战，也来自对自己创造性成果的欣赏。”④也正是因为这些创造性活动，教师也就找到了职业外在的社会价值与内在的生命价值相统一的尊严、快乐与幸福。

（三）促进学生自主学习和快乐成长

当代教育改革的最突出特征，就是要使学生由被动地接受学习转变为主动地自主学习和探究学习。学生学习方式的转变必然要求教师作出相应的改变，教师要成为学生自主学习的引导者和促进者。自主学习中的学生离不开教师的积极引领，教师只有亲历过自主学

① 叶澜．“新基础教育”论：关于当代中国学校变革的探究与认识［M］．北京：教育科学出版社，2006：247-248．

② 刘铁芳．走向生活的教育哲学［M］．长沙：湖南师范大学出版社，2005：13．

③ 冯建军．教育的人学视野［M］．合肥：安徽教育出版社，2008：325．

④ 冯建军．教育的人学视野［M］．合肥：安徽教育出版社，2008：328．

习,才能在课程教学中真正实现学生的自主学习。教师对学生自主学习的引导和促进作用主要表现在:一是引起学生注意和唤起学习者的学习需要;二是激活学习者学习所必需的先前经验;三是帮助学生确立能够达成的学习目标;四是引导学生创设和谐的学习氛围;五是密切联系学生的生活世界;六是激励学生完成富有挑战性的学习任务;七是帮助学生发现知识的个人价值和意义;八是及时进行反馈和塑造沟通的桥梁;九是教师的教学方式要服务于学生的学习方式。而上述这些引导和促进作用的达成和实现,最根本上要依赖于教师的专业自主。正如有学者指出的那样:"为了培养学生的自主学习能力,教师在教学实践中必须自由地和有能力行使自己的自主权;同时,教师在培养学习者自主的过程中不仅改变了教学方法,也改变了教师的个性。"①

四、专业自主的结构②

教师专业自主的结构主要包括专业自主意识、专业自主规划、专业自主能力、专业自主管理和专业自主更新5个不同维度。

(一)专业自主意识

从事任何一种职业,要想取得成功,首先必须有明确的职业发展目标和价值追求,有对自己专业发展的强烈愿望。美国教育家詹姆斯认为,教师专业发展的可能性就在于教师本身对自我发展的承诺。这表明专业发展的动力之源来自教师内在的主动意愿,即专业自主意识。所谓专业自主意识,就是教师能在日常的教育情境中觉察到真实的问题,认识到问题背后蕴藏的教育契机和资源,意识到自己所担负的职责,具有主动改善教育实践的意愿和能力。教师专业自主意识若按时间维度来划分,主要包括对过去专业自主发展历程的意识、对现在专业自主发展状态和水平的意识以及对未来专业自主发展规划的意识;若按内容维度来划分,则主要包括在专业精神、专业理念、专业知识和专业能力等方面的意识。专业自主意识是教师顺利实现专业自主发展的前提和基础。专业自主意识强的教师,对自己的专业发展能始终保持一种自觉积极的状态,能增强专业发展的使命感和责任感,主动寻找一切可能的学习机会,及时评价和调整自己的专业发展行为方式,从而使自己的专业发展达到较为理想的境界。

(二)专业自主规划

教师的专业自主发展不是一种结果,而是一个不断由量变到质变、不断累积提升的过程,表现出明显的发展阶段性。专业自主规划就是教师对自己专业发展的各个阶段和各个方面进行长远的和总体的规划,它具体包括教师对专业目标和预期成就的设想、对未来学校与教师岗位的选择、对专业素养内容与目标的设计、对专业发展阶段的规划和拟采取的措施等。专业自主规划就像教师为自己的专业发展设计了一个宏伟"蓝图",为教师引领、反思和监控自身专业发展提供了一个重要参照框架。教师在制定专业自主规划时,应注意考虑以下一些因素:首先,要正确认识自我,全面进行自我剖析,清楚知晓自己的知识与能力、兴趣与特长、思想与人格、优势与劣势;其次,重视环境分析,不仅要分析学校发展的小环境,而且

---

① 裴希山.论自主学习中的教师自主[J].湖北社会科学,2010(9):159-162.

② 张典兵.高校教师自主专业发展的内容与策略[J].教育探索,2012(10):96-97.

要分析时代和社会发展的大环境，以把握专业自主发展的大方向，使自己的专业发展与学校、社会的实际和学生的需求结合起来；再次，确立目标并进行目标分析，要形成专业自主发展的愿景，清楚哪些是短期目标，哪些是长远规划，哪些是优先发展领域等；最后，科学拟定专业自主发展的路径与策略，精心设计行动方案。

（三）专业自主能力

从心理学上讲，能力是直接影响活动效率，保证活动任务顺利进行的个性心理特征。能力与活动任务的实现与否与活动效率的高低存在着正相关的关系。教师专业自主能力包括一般能力和特殊能力两个方面：一般能力也就是我们常说的智力，如观察力、注意力、记忆力、思维能力和想象力等；特殊能力则是与教师教育教学实践联系密切的、特殊领域的能力，如语言表达能力、组织管理能力、课程开发能力、教育研究能力和学科教学能力等。专业自主能力是在教师专业活动中逐渐形成并得以发展的，它需要教师专业生活的长期累积，也是教师实现更高程度专业发展的基础。英国课程与教学论专家斯腾豪斯曾指出：教师是教室的负责人，而教室正好是检验教育理论的理想实验室。不论从哪一种视角来理解教育，都必须承认教师充满了丰富的进行教育教学研究的机会。教师的专业自主能力正是在这种特定的学校组织文化背景和课堂教学专业活动中形成的。可见，专业活动既是教师专业自主能力形成的现实土壤，而它一旦形成又反过来成为教师从事专业活动的重要支撑。

（四）专业自主管理

教师专业自主发展既然是一个复杂的、长期的过程，为了使它能朝着预定的美好方向顺利运行，就必须进行科学有效的管理。这种管理既有来自学校管理者和其他老师的外在管理，也有来自教师本人专业发展的自我管理。教师专业自主需要外在的管理，但自我管理却具有更大的价值。所谓自我管理，是指教师在自主规划基础上采取的自我保障措施，也就是为实现专业发展目标所进行的自我监督、自我评价和自我调控。自我监督能使教师的专业自主发展始终保持积极主动的状态；自我评价能使教师清楚自己专业自主发展过程中的经验与教训、优势与不足；自我调控能使教师的专业自主发展始终朝向正确的目标和理想的方向。总之，自我管理能让教师认清自己面临的职业形势，意识到相应的职业危机，有助于提高教师的专业敏感性，增强专业发展的紧迫感和主动性，从而使教师不断挑战自我，并实现自我超越。

（五）专业自主更新

专业自主是教师在其专业领域内不断提升与完善教育观念和教育行为、不断走向专业化的过程。这个过程一刻也离不开教师的专业自主更新。华东师范大学的叶澜就十分强调“自我更新”取向的教师专业发展，并把它看成教师专业发展的关键。专业自主更新是指教师专业发展动力不再受外部评价或职位升迁的牵制，而直接以专业发展为指向。教师完全能够自觉地依照其专业发展的基本路线和自己当前的发展状况，有意识地进行自我谋划，寻求最大程度的自主发展。这种自主发展已经形成教师日常专业生活不可分割的一部分，成为教师的专业生活方式和生存方式，并能经常保持专业发展的“自我更新”取向。这时，教师的专业发展不再单纯指向专业结构的改善和提升，而变成一种自觉的意识，自信与从容已成为教师的突出特征。专业自主更新使教师不再把教学看作传授学生知识的过程，而是帮助学生去理解和建构“意义”的过程，是在师生的对话和互动中体悟生存的价值和生命的意义的过程。

第二节　教学反思

对教师而言,最难的往往不是理论知识的应用问题,而是如何从经验中学习。理论知识之于教师是必需的,但又是远远不够的,教师必须具有从经验中学习和对实践进行反思的能力。日本学者佐藤学根据不同类型的教师文化坐落的区间不同,把教师分为"作为公仆的教师"、"作为劳动者的教师"、"作为技术熟练者的教师"和"作为反思性实践家的教师"。"作为反思性实践家的教师"把自己的工作界定为高度专业化的职业,能抵抗官僚性制度化,倡导民主自律性,构筑与学生、其他教师、家长及专家之间的合作关系,创造性地直面唯技术不能解决的复杂问题。教学反思作为提高教学质量、促进教师专业发展的有效途径,越来越受到研究者的重视和一线教师的认同。

一、教学反思的内涵

所谓反思,是指主体对客体以及对作为客体的能动反映和产物的思想意识的回顾性认识与再认识。若从哲学视角来看,反思是一种认识过程;若从教育学视角来看,反思则是一个认识不断提高的过程,是一个质变性学习的过程,是一个阶段性总结的过程。在反思过程中,主体要对自己的实践和行动进行批判性思考,对行动的过程和结果作出价值判断,对有关现象和原因作出分析和解释,从而不断提高思考的质量和效率。人们通常使用的反思概念,是一种有着先后影响关系的纵向反思。对此,马克思就指出:"对人类生活形式的思索,从而对它的科学分析,总是采取同实际发展相反的道路。这种思索是从事后开始的,就是说,是从发展过程的完成的结果开始的。"①可见,回顾性是反思一个主要和基本的特征。不仅如此,反思还有不为一般人所注意的更广泛的内涵,即横向反思。它不是从后思维,而是作为彼此无影响关系的思想的自我运动对思想本身进行的反复思索,因而反复性是反思的另一个主要和基本的特征。

关于教学反思的内涵,学术界存在着不同的解读。熊川武认为,所谓教学反思,是指教学主体借助行动研究不断探究与解决自身和教学目的以及教学工具等方面的问题,将"学会教学"与"学会学习"结合起来,努力提升教学实践的合理性,使自己成为学者型教师的过程。② 张立昌依据批判理论把教学反思界定为:"一种批判思维活动,一种教师在教学实践中,批判地考察自我的主体行为表现以及学校教育、教学行为背后的更广泛的社会、历史、伦理、道德意义上的思考、审视和分析的过程。"③刘加霞、申继亮把教学反思看作是一种技术,认为教学反思是分析教学技能的一种技术,是对教学活动本身(尤其是教学技能、教学方法)的深入思考。④ 辛涛认为,教学反思是一种教师选择的行为,是教师对于教什么和如何教的问题进行理性的和具有伦理性的选择,并对其选择负责任。⑤ 徐智则认为,教学反思是教师立足于教学实践,以提高教学效果和教学质量为目的,以自己的教学活动过程为思考对象,

① 马克思恩格斯全集(第23卷)[M].北京:人民出版社,1972:92.

② 熊川武.论反思性教学[J].教育研究,2002(7):12-17,27.

③ 张立昌.自我实践反思是教师成长的重要途径[J].教育实践与研究,2001(7):2-5.

④ 刘加霞,申继亮.国外教学反思内涵研究述评[J].比较教育研究,2003(10):30-34.

⑤ 辛涛.教师反思研究述评[J].清华大学教育研究,1998(3):99-102.

对教学过程本身以及教学过程中的行为进行理性的审视和分析，反思教学中存在的问题与不足，进而采取相应的改进策略。[①]

怎样的教学实践才算是合理的？学生需要什么样的教学？作为教师应该怎样教学？自己怎样做才适合当一名好教师？诸如此类的问题都是教师从教之前以及从教之后必须思考的问题。有人提出"教师一定要思考的四个问题"：一是作为教师为什么而"教"，怎样教；二是学生为什么要"学"，怎样学；三是什么样的人有资格做教师，我们有资格做好教师吗，为什么教育的使命落到我们身上；四是"教"与"学"最终的目的是什么，我们究竟要把学生培养成为什么样的人。[②] 这"四个问题"颇耐人寻味，它关涉到教的本质、学的本质、教学的终极目的，这也是教学反思所关注的最根本的问题。教师如果能在教前和教后不断进行这样的反思，就能促使教学更加合理、有效和高效。

二、教学反思的特点

（一）问题性

教学反思的问题性主要表现在两个方面：其一，它源于教学实践中所存在的真实问题。教学反思的基本步骤是：反思、计划、准备、行动、收集资料、分析资料和评价资料。这是一个具有明显的探究取向的循环过程，以"问题"开始，针对问题展开探究与反思，最后解决问题，并将改进计划付诸行动。反思起源于问题情境，问题是反思的动因和原料。正如有学者指出的那样："教师在教育教学过程中遇到的困惑和问题是反思的起点，这些困惑和问题为反思性教学提供了可能。因此，对问题的认识和反思是反思性教学的第一步。只有首先澄清问题、界定困难，才能使反思性教学具有明确的目的。"[③]其二，它是基于教师对教学实践合理性的永无止境的追求。善于反思的教师即反思型教师，不只是本分地"完成"教学任务，而是千方百计地追求"更好地完成"教学任务。仅追求"完成"教学任务的教师，只能算是经验型教师，通常只想了解自己的教学结果，喜欢问"怎么样"。反思型教师不仅想知道自己的教学结果，而且要对教学结果及有关原因进行思考，善于问"为什么"。这种对"为什么"的追问，能够帮助教师增强问题意识，永不停歇地追求教学的更高层次的合理性和有效性，使教学不断达到更高的境界。

（二）批判性

教学反思的反思意识，往往和一个教师是否具有批判意识和批判精神紧密相关。这种批判意识和批判精神是一种自我批判，属于教师的自我教育和自我提高。教师的自我教育既是一种反思精神，也是专业成长和师德水平提升的必要过程。教学反思在本质上是教师的一种批判性的学习思维方式。通过这种反思，教师自觉地对自身已有的教学活动，以及教学活动中所涉及的相关因素进行持续的、批判性的审视、思考、探究和改进，从而调节并改善自身的师德品质，更加熟悉和把握教学内容，不断提高教学能力和教学质量。因此，教学反思也是一种教师的质变学习方式，当一个人透过批判性的自我反思来修正旧有的或发展全新的假设、信念或观看世界的方式时，质变学习便发生了；质变之后，学习者不再是原来的自

---

① 徐智.中小学教师教学反思研究[D].桂林：广西师范大学，2005：6.

② [英]戴维斯，格莱格瑞，麦克基恩.教师一定要思考的四个问题[M].冯怡，译.北京：中国青年出版社，2007：143.

③ 杨明全.反思性教学：步骤与策略[J].当代教育科学，2003(24)：16-17.

我,而是思想意识、角色、气质等多方面显著变化了的学习者,类似于蛹化蝴蝶或丑小鸭变白天鹅的过程。[①] 比较而言,同是执教十年的教师,经验型教师大多是将一年的教学程序重复了十遍,而反思型教师总是在批判前一年的基础上进行新的探索,走完不断进步的十年。[②]

(三) 实践性

一方面,教学反思的实践性表现为问题的真实情境性。教学反思立足于教学实践行动中客观存在着的真实问题,得益于行动研究的实践运用。在目的上,行动研究意在帮助实践者省察自己的教育理论与自己的日常教育实践之间的联系;意在将研究行为整合进教育背景,以使研究能够在改进实践中起到直接而迅捷的作用;并且力图通过帮助实践者成为研究者,克服研究者与实践者之间的距离。[③] 教学过程中的行动研究是实践和反思相结合的研究。它基于教学实践,使教学理论与教学实践联系在一起,直接指导教学实践,使得特定情境中的教学实践者能够对自己的教学情境有真正的理解,并作出明智而谨慎的决定。教学反思通过行动研究的运用,更加重视教学的实践操作性。另一方面,教学反思的实践性表现为反思后新的教学假设和新的教学改进要经过实践检验。教学反思的反思不只是内隐的思维活动,还是外显的实践行为,反思的结果或改进的措施要得到实践的检验,以确保教学反思越来越具有合理性。那种失误性的尝试和不能保证教学实践活动愈加合理的教学反思,不属于真正意义上的教学反思。

(四) 探究性

教学反思的探究性主要表现在:其一,教学反思的主体教师既是专业人员、发展中的个体,又是研究者。教师是持续发展的个体,需要通过持续不断的学习、探究历程来提升其专业水准和专业表现。教师作为研究者,必须时刻关注影响教学的所有要素和行为,包括对学生学习状况的研究和关心,对教学内容与教学方法之间匹配关系的研究,对教学内容、教学方法与学生接受能力之间匹配关系的把握。其二,教师还要以一种开放的视野,关注当今教育思潮的发展动向,审视自己教学过程中所用理念的正确与否,及时调整和修正自己的教学行为,使之跟上时代的步伐和教育发展的需要。其三,从反思的实质来看,反思本身就是一种研究性活动,一种质变性的学习方式。没有教学研究就没有真正的教学反思。其四,从教师的行动研究所蕴涵的"在实践中学习"和"教师成为研究者"两个基本理念,也可以看出教学反思所体现出来的鲜明的探究性特质。

(五) 创造性

教育发生在极具复杂性的社会情境之中,它既有特定的社会历史背景,又指向我们理想的某种未来,它既关乎个人发展的问题,也是一种能够产生社会后果的社会性活动。基于此,有学者就认为,教育的这些特性使得教育实践不可能被简化成简单的技术控制过程,教师也不可能仅仅是一个技术操作工人。由于教学反思的问题是来源于教学实际的"真问题",通常没有现成的答案,无章可循,因此其解决办法往往更需要创造性;善于反思的教师通常是个性鲜明的教师,他们注重"具体的""特定的"教学情境,能够根据学生的身心特点因

① 姚远峰.试论反思与成人学习研究[J].河北师范大学学报(教育科学版),2009(5):119-123.

② 熊川武.论反思性教学[J].教育研究,2002(7):12-17.

③ 饶从满,王春光.反思型教师与教师教育运动初探[J].东北师大学报(哲学社会科学版),2000(5):86-92.

材施教，能够创造性地处理偶发事件，不以“既定的方法”行动；由于教学反思旨在通过研究教学问题，探寻教学改革的思路，使教学过程向合乎教学规律、适应学生接受水平的方向发展。这种不断追求完善的教学品质反映的正是教师的创造性和精益求精的道德风貌。如果教师缺乏这种创造性，就会得过且过、敷衍塞责，就会把教学当成差事来应付，糊弄学生。这样，也就根本不会发现教学过程中存在的问题，更不会对教学的问题精心探究，查原因，找对策。

三、教学反思的分类

（一）按教学反思的性质划分

1. 技术的反思

这类反思主要包含以下两层意思：一是与反思的内容有关，只关注教学技术或技能这一狭小领域；二是与反思质量有关，注重有关教学成果的直接应用。技术性反思经常是受规则支配的，应用这一类型的反思，教师需要接受外在的标准，并利用这一标准对自己的教学执行情况作出判断。教师所思考的主要是具体的教学问题，如教学时间的分配、激励学生学习、评价学生学业成绩等。在技术性反思中，教师所学的有关如何教学的结论已被外在的权威事先确定好了，教师的反思仅是如何使自己的教学行为更好地符合外在研究的相关结论。由于这类反思一般是在较为狭隘的、事先确定好边界的问题范围内进行的，其反思质量通常是由教师对研究成果方面的知识的掌握程度，以及使自己的教学实施与研究相一致的能力两方面来判断的。在这种类型的反思中，外部专家和研究者的意见往往占主导地位。

2. 对行动的反思

这类反思主要包含以下两层意思：一是“对行动的反思”；二是“在行动中反思”。前者指教师在自己的教学完成之后，对已发生过的教学行为进行回溯性的思考；后者则与在教学过程中发生的那些直觉的、即兴的决策有关。在这种类型的反思中，教师的意见而不是局外研究者的意见被视为更专业，它突出的是实践和技能性知识的价值，一般不向教师提出明晰的遵循规则，而是要求教师记录自己的课堂经验，以帮助教师回顾课堂中曾经发生过的事件，并对这些事件进行仔细的思考。同时，也要求教师广泛阅读其他教师相关经验的案例研究。这一类型的反思倡导者坚信，教师面临的教学情境越独特，就越需要教师作出灵活适切而不是规则化、标准化的教学决策，对学会教学来说，重要的是独特的案例，而不是普遍的规则。

3. 深思熟虑的反思

“技术性反思”中研究是最重要的知识资源，“对行动的反思”中技能性知识和个人的经验具有重要的意义，而“深思熟虑的反思”强调的则是以多样化的知识资源作为教师决策的基础，这些资源包括研究、经验、其他教师的建议、个人的信念和价值观等。在这些资源中，并没有哪一种占主导地位，各种意见和观点都可以被加以考虑，教师就是要在各种观点甚至是相互冲突的建议中尽可能地作出最佳的决策。因此，这一类型的反思，其质量高低取决于教师权衡各种观点的能力，取决于教师对所作出的决策给出充分缘由的能力。由于反思的资源在这一类型中是多样化的，教师经常要面对各种相互间具有竞争力的观点，因此对什么是最好的行动选择并不总是没有异议的。

4. 个性化的反思

这类反思在内容上指向个人的发展,与教师个人生活和职业生活有关。在这类反思中,教师要思考自己究竟要成为哪种类型的教师,不仅要对自己的生活进行思考,还要对自己的学生进行思考,不只是局限于学生成绩方面,而是对学生生活的方方面面都予以关注。进行这种类型反思的教师并不仅仅是知识的传授者,还是学生的关照者。教师的关注就是要了解学生的真实情况,尽可能地给予他们最大关爱,其反思的质量取决于教师的“移情”能力。个性化反思取向的教师培训注重帮助教师审视那些促使他们成为教师的因素,关注自己的内在心声。在这种教师培训中,教师将学会对自己所持有的信念、态度和偏见进行质疑,对什么样的经验有助于自己成为好教师,什么样的经验会妨碍专业发展有清醒的认识和判断。

5. 批判的反思

西方学者哈贝马斯认为,“批判”具有消除卑劣并能创造人类自由和幸福所需的功能,是社会条件的潜质,因而他将“批判”作为反思的最高形式。批判性反思的目标不在于理解,而是要努力提高处境不利群体的生活质量,它不仅强调“质疑”和“批判”,而且还强调“社会行动”。这种类型的教师培训强调,教育决策是不可避免地要以一定的善恶标准为基础的,其前提假设是:学校再生产了不公正的阶级、种族和性别关系。为此,反思的内容应集中在如何克服社会的非正义和不平等方面,接受过这种类型反思的教师将被鼓励成为社会的改革者和活动家,以改造那些产生了非正义和不公平的教学实践和学校结构。这类反思的效果取决于教师将一定的道德标准运用于学校教育的目标和过程的能力,学生将被鼓励去检验那些与广泛的社会目标相联系的哪怕是最简单的教学行为。

(二) 按教学反思的时间划分

1. 教学过程前的反思

这种类型的反思主要是在课前的备课阶段,它有助于发展教师的智慧技能。教师智慧技能主要体现在两个方面:一是看能否预测学生在学习某一教学内容时可能会遇到的问题;二是看能否寻找到解决这些问题的策略和方法。从目前教师课前准备现状来看,主要存在着两种不良倾向:一是照搬现成的教案,以“他思”取代“我思”,不考虑自己所教班级学生的实际;二是一些所谓有经验的老教师备课时,过分依赖多年积累起来的教学经验,这种习惯化的思维使他们不注重反思自己的经验,仅凭原有的经验设计教学方案,有的甚至照抄以往的备课笔记。针对这些问题,要求教师在课前准备时,先要对过去的经验进行反思,使新的教学设计建立在对过去经验与教训反思的基础上。可以围绕以下几个方面来进行反思:自己或他人以前在教授这一教学内容时曾遇到过哪些问题?这些问题是采用什么策略和方法加以解决的?学生在学习这一教学内容时可能会遇到哪些新的问题?针对这些新问题,可采取哪些解决策略和方法?在反思过去经验与教训的基础上,再写出教学设计方案。

2. 教学过程中的反思

课前的教学设计方案是否合理,还需要经过课堂教学实践的验证。因此这类反思是指在教学实践活动中,对教学情景、教学过程、教学态度、教学内容、教学方法等进行及时反思并有效调控。教师在反思中必须具备驾驭课堂教学的调控能力,因为这一阶段的反思强调解决发生在课堂教学过程中的问题。这些问题可以从以下几方面的内容加以考虑:教学中师生之间、学生之间出现争议时,你将如何处理?当提问学习能力较弱的学生,该生不能按计划时间回答问题时，你将如何调整原先的教学设计？学生在课堂上讨论某一问题时，思维异常活跃，如果让学生继续讨论下去就不能完成预定的教学任务，针对这种情况，你将如何进行有效的调控？等等。

3. 教学过程后的反思

这类反思是指通过实践结果归因、总结评价、寻找差距、肯定成功，对教学产生新的理解力，解决教学实践中的问题，指导现在及未来的教学活动。这种反思是教师上完课后对整个教学行为过程进行思考、回顾与审视，包括对自己的教学观念和教学行为、学生的表现、教学的成功与失败进行理性的分析。例如，当学生在学习某些教学难点出现课堂气氛沉寂时，你是如何进行有效的调控的？在课堂教学中哪些教学环节没有按计划施行？为什么？在教学过程中是否出现了令你惊喜的“亮点”环节？这个“亮点”环节产生的原因是什么？假如你再教这一教学内容，教学设计方案还可以怎样改进？学生在学习教学的重点和难点时，出现了哪些意想不到的障碍？你是如何机智地处理这些问题的？等等。

（三）按教学反思的主体分类

1. 自我反思

这类反思是指把自我作为意识的对象。教师对教与学的活动进行自我监控和调节，作出判断，自觉地观察自己的教学行为、教学观念、教学水平和教学效果，进行批判的思考，不断调整自己的教学行为。自我反思是实施教学反思的基础和原动力。如果没有教师自我反思意识的激活，就没有反思策略的灵活运用；没有教师的自我学习、自我体验、自我感悟及自我发展，就难以实施教学反思的策略，取得教学反思的成效。

2. 群体反思

这类反思是在同伴或群体中进行的。针对教学中的某些问题或某一个问题(包括同事、学生、学校领导、专家等)，一起针对问题收集信息分析问题，找出解决问题的备选方案。同事之间通过相互批判地观察教学行为的外在表现及所隐含的内在的教育信念，相互交流对教学的理解，相互促进，共同提高。教学实践证明，单纯的个体内省反思难免有一些片面性和局限性，难以深入地开展，而当我们向其他人讲述这些观念时，我们的观念就变得真实和清晰了。因此，在这种合作的环境中进行反思，往往会产生更好的学习效果。

（四）按教学反思的层次划分

1. 基础层次的反思

这类反思主要是反思课堂情境中各种教学技能与技术的有效性。在这个层次上，主要反思教学主体目的的适应性和教学策略使用的合理性。它的反思主体一般是缺少实践经验的新手教师，他们的知识主要是职前教育中所接受的学科知识与教育心理学知识，他们对这些陈述性知识的把握是表面的、抽象的，缺乏具体的实例支撑。对解决“怎么办”的程序性知识的把握，即教学技能，包括导入、语言、板书、讲解提问、课堂组织等具体技能，无论是对教学技能的系统认知，还是对教学技能的有意识调节水平都比较低。以提问技能为例，这个层次的教师设计的大量问题仅停留在记忆水平，问题与问题之间缺少系统性和层次性。随意性较强，反馈主体与方式单一，反馈的时效性与质量较差。

2. 提高层次的反思

这类反思主要是针对课堂实践基础的假说和特定的策略以及课程结果进行的反思。也就是说,在这个层次上,教师开始把教育理论标准运用于教育实践,以便作出关于教学内容方面的独立决策。这个层次上的教师,其知识结构中程序性知识已比较丰富,具体表现在他们已经掌握基本的教学技能,并能熟练地在熟悉的教学环境中运用。但这种运用多为长期练习的结果,条件反射的成分较大,缺乏在新的教学情景中综合各种条件、关注学生的个别差异,灵活运用各种教学策略的条件性知识。从反思能力的教学设计环节看,该教师群体的教学设计无法超越教材,其教学经验也存在一定的闭锁性。

3. 体验层次的反思

这类反思主要针对情感认知中道德的和伦理的以及其他直接或间接的与教育、教学有关的规范性标准。在这个层次上的教师,在实践中积累了丰富的教学经验,对教材的处理有独到的见解,尊重学生差异,不仅能对自身的教学经验,教学策略进行反思,而且能形成自身的教学风格。对教育教学活动的普遍规律进行理性反思,更注重教师伦理道德及人格在教育中的影响,以专家型教师作为自己的追求目标。

(五) 按教学反思的方法划分

1. 实践性反思

实践性反思的主要方法是行动研究。行动研究是对课堂教学的探讨,是教师自己的教学行为。行动研究通常有以下几个常见步骤:发现和确定教学问题,初步思考其产生的原因并获得一些假设;确定行动研究的方法和策略,即确定自己应改善的方面或应对该问题的方法和手段;实施研究并清楚地记录各项结果;写出最后的研究结果,即实施一定的改进措施后有何新问题,进而制订下一轮的行动研究计划。如此不断反复,进行教学的反思与提高。

2. 叙事性反思

叙事性反思包括记教学日志和利用案例两种方法。记教学日志主要是记录课堂教学的点滴经验或困惑。教学日志主要分即时记录和事后记载两种方式。此外,还有一种"合作记载"教学日志的方法,即几个同事可以分别记,亦可共同记,然后一起讨论分析。通过记教学日志,可以记录平时教学中的一些失误及产生原因,使教师能有针对性地对其进行反思研究。利用教学案例是指利用反思教学实践中发生的较为典型的事例与同事进行交流。日常教学实践中的案例形式有原始情况记录、个人自述和案例研究、教学案例材料、汇编、问题与对策等。编写案例时应注意对案例的客观描述与理性解释。

3. 合作性反思

合作性反思主要包括教学观摩、教学辅导和合作教学等 3 种方法。教学观摩是指教师与教师之间为了提高业务而互相听课的行为。听课时,听课者常会反思自己的教学实践,课后再进一步交流教学细节。教学辅导一般是有经验的教师对新教师进行的辅导,有经验的教师之间也适用辅导类似师傅带徒弟式的搭档活动,辅导教师起着示范、指点和评价的作用,而新教师在此过程中不断进行反思,改进自己的教学。合作教学是指两个教师同时教一个班的学生,其组合既可以是以老带新,也可以是资历相同的教师之间的相互合作。

4. 资源性反思

资源性反思主要包括观看教学录像和利用教学档案等方法。观看自己的教学录像可以使教师站在客观的角度考察自己的教学实践,它不仅能反映自己教学的不足,也能把很多自己并未注意到的教学细节加以呈现。为保证效果,教师看录像时最好侧重教学过程中的细节方面，如教师的提问与学生的反应等。教学档案袋是对学生学习和教师教学过程的记录，同时还有教师对教学事件的评论和解释。它为教师的反思提供了情境支撑，可以帮助教师反思自己的教学过程，然后根据适合自己的教学策略，促进自己的专业发展。

四、教学反思的方法

（一）理论思考与教学研究法

常规教学依赖于教师在教学过程中不断积累起来的感性经验，因而不能超越原有的教学传统；而教学反思注重对原有经验的批判性反思，这样才能不断体现出教学的创造性。然而，由于教学是一种复杂的社会实践活动，对教学行为和教学经验的反思需要依据一定的理论来进行。因此，教学反思需要以一定的理论为基础，对有关理论的系统学习和思考是教师进行教学反思的重要内容，也是教学反思的一个基本策略。

对教学理论的学习和思考有助于教师掌握相关的理论知识，奠定教学活动的理论基础。在理论的指导下，教师的教学实践水平才能不断地提高。同时，对理论的思考也有助于教师把外部教学理论转化为现实的教学实践。如根据认知主义心理学的观点，在正式讲解某一概念之前，先呈现一些学生熟悉的、与该概念相关的材料，在学生已有的知识与新知识之间搭建联系的“桥梁”，这样有利于学生以原有的知识结构“同化”新的知识，这就是“先行组织者”的理论。很显然，教师如果能够对该理论进行思考并积极运用到自己的教学实践中去，就会提高教学质量，获得更好的教学效果。

教学反思致力于消解教学理论与教学实践之间二元分离的局面，教师既是教学实践的主体，又要对教学理论的发展作出贡献。进行教学反思是教师理解前沿的教学理论、反思自身的教学实践并提出新的教学理论和观点的重要途径。教师的教学反思依托实际的教学情境，针对原有的教学经验和遇到的问题进行反思和探究，可以说是一种以校为本的教学研究。而且，教学反思体现的是一种反思探究的循环过程，这与行动研究有着诸多的相似之处，因此开展行动研究也可以促进教师的教学反思。从人的思维的反思性本质来看，“反思性思维”从觉察问题到解决问题，既是一个思维的过程，又是一个把思维付诸行动的过程。由此可见，这种“反思性思维”并不是一种单纯的苦思冥想，而是一种活动，一种从人们经验到的活动结果再回到原先尝试的猜测和假设的活动，是对原先假设的再组织，就如同教育家杜威所说的“经验的改造”。行动研究正好体现了这种既思考又行动的“反思性思维”的特点。

教师进行理论思考和教学研究体现了教师新的角色，即研究者的角色。教师作为研究者意味着教师不再只是传统的“教书匠”，而是要为教育科研和理论创新作出贡献的“研究者”和“教育家”。通过理论思考和教学研究，教师得以更有效地进行教学反思，提高批判反思的能力，从依赖经验的“经验型教师”转变为更具有实践智慧、专业上更为成熟的“反思型实践家”。

（二）观摩与讨论法

观摩与讨论的目的在于通过同事之间的相互观察、切磋和批判性对话而提高教学水平。教师在反思自己的教学实践时，有时往往局限于个人的经验而难以发现问题和缺陷，而同事之间的观摩和讨论正好可以为教师反思个人的教学实践提供新的思路并供其借鉴。教师教学行为的转变和改进显然需要同事的帮助,可以说,集体的教学智慧正是教师专业发展的源泉。观摩与讨论有助于推进教师集体的教学反思,有利于为教学反思创造一个良好的整体氛围。

注重教师之间的合作与对话是教学反思的一个重要特征。反思并不仅仅是“闭门思过”,与外界的沟通与交流也是进行教学反思的重要途径,这是由教与学的社会性本质所决定的。教师在学校教育的实践中也发明了一些进行集体反思的活动,如公开课、讲课比赛、相互评课等,这些活动对于促进教师的教学反思是行之有效的。通过观摩别人的教学,分析别人成功和失败的原因,可以为反思自己的教学行为提供新的启示。这样可以拓展思路,吸取他人的经验教训,少走弯路。尤其是观摩一些优秀教师的公开课,可以收到一些意想不到的效果。有的教师善于把握教材、深钻细研;有的教师善于启发诱导、与学生沟通;有的教师善于旁征博引、循循善诱;有的教师善于营造氛围、达到春风化雨之功效;等等。

当然,观摩和讨论是相互的、参与性的。教师可以观摩别人的教学,也可以邀请别人观摩你的教学,并指出不足、提出改进的意见。这对参与者也提出了相应的要求,如在相应的教学领域有着丰富的经验,可以清晰地进行交流并提出质疑性的问题,有帮助教师渡过难关、改进其教学的历史等。总而言之,进行有效的观摩和讨论需要教师做有心人,做负责的人,做善于思考和批判的人。参与观摩和讨论的教师要以批判的眼光审视自己和他人的教学,进行质疑性的讨论和对话,通过集体智慧的分享从整体上提高教师的教学水平。

(三)反思总结法与对话反思法

所谓反思总结法,是指总结反思自己或他人在教育教学实践活动中的经验与教训的方法。反思总结的内容十分广泛,可以总结自己在教育教学过程中各种灵感顿悟和对教材、学生以及教法等要素的理解,可以总结学生和同事的反馈意见,也可以总结他人的宝贵经验或失败的教训,还可以总结教育教学实践中的关键事件。所谓关键事件,是指自己认为对自身专业发展影响较大的事件,它可能是一堂成功或失败的课,也可能是一次师生之间的矛盾冲突,还可能是一次与专家的对话等。教师要对关键事件反思,首先就要对关键事件进行如实的记录,因为任何事件本身一般都无法呈现自身的意义,只有在事后的反思中才能断定它是否真是关键事件。因此,教师平时要善于关注对自己的教育教学观念和教育教学行为触动较大的事件,以便为事后总结反思提供基本的原始素材。

所谓对话反思法,是指通过与其他老师研讨交流来反思自己的教育教学行为,使自己清楚地意识到隐藏在教育教学行为背后的教育教学理念,进而提高自己教育教学监控能力的方法。对话反思法类似于平常采用的专题性的小型研讨会。其基本操作程序是:首先,由一名执教老师围绕研讨专题上课,其余老师则带着问题听课;其次,由执教老师阐述自己教育教学设计的内容以及这样设计的理论依据;再次,由执教老师与其他听课老师展开对话,从而产生思维碰撞;最后,执教老师根据大家讨论的结果重新修改完善教育教学设计方案,并写出反思性总结材料。

(四)体验与撰写反思日记法

为了使教师更清楚地理解自己的教学行为和工作环境,教学反思强调教师的思考与体验。体验意味着作为教学主体的教师对教学行为的自觉体悟和反省,体验使得教学反思超越单纯的技术或方法论层面，成为教师的生存方式和生活方式。专业知识是建立在专业经验基础之上的，但如果不能对自身经验进行积极的体验和反思，经验对专业知识的增长就不会产生作用。积极的体验与思考可以使教师从经验中学到一些个人化的实践性知识，领悟教学的意义并提出新的教学方法。如果教师不善于体验，不能进行反思，就算是他有几十年的教学经验，也只不过是对以往工作的几十次重复，不会增加新的知识，对于教学水平的提高也不会有根本性帮助。

为了进行有效的体验和反思，教师可以通过撰写反思日记的形式帮助自己进行教学反思。反思日记的撰写比较随意，就是把教学过程中的一些感触、思考或困惑记录下来，以帮助自己重新审视和认识自己的教学行为。教师对教学的积极体验和反思日记的撰写体现了叙事学的方法，反思日记的撰写实际上是一种教学叙事，这种教学叙事为探究教师的日常生活和教学故事、积累教师知识提供了极大可能。教学叙事就是教师有意识地叙述发生在日常教学生活中的故事。显然，教师对教学故事的叙述过程同时也是一个反思自身教学活动的过程，对于改变教师的教育观念和教学实践有着积极的意义。教师善于讲述自己的教学故事，教学叙事可以引导教师从多个角度讲述给自己留下很深印象的教学活动的细节，经过书面表达并整理加工后，就是一个生动鲜活的教学案例了。教学叙事来自教师的日常生活，从教学叙事中教师可以审视自己走过的足迹、倾听自己的心声，并通过教学叙事来揭示灵魂深处的感动与对教育的认识和独到理解。通过教学叙事进行的反思是深刻的，由于在叙事中教师是讲故事的主体，又是反思的主体，因此教学叙事对于促成教师的人生观、价值观和教学观的转变是行之有效的。

（五）录像反思法与档案袋法

所谓录像反思法，是指通过录像再现教育教学过程，使教师以旁观者的身份反思自身或他人的教育教学过程的方法。这种反思方法能起到“旁观者清”的效果。这种方法的基本操作程序为：首先，上课和录像；其次，观看录像，比较录像的教育教学过程与预先的教育教学设计有什么不同；再次，反思评价，包括自我评价和听课或观看录像人员的评价，评价主要教育教学环节所应用的教育教学技能、教育教学策略及其理论依据；最后，根据评价内容进一步修改完善原先的教育教学设计，写出反思性总结。

所谓档案袋法，是指以专题的形式促进教师不断反思，进而从方法上提高教师反思能力的方法。教师在运用这种方法时，一方面要根据自己的教育教学实际确定反思的专题，并进行分类，然后在每个专题之下，由教师本人通过回忆自己的教育教学观念与行为，并对其进行深刻反思，从而记录下自己过去的情况、现在的状态、未来的进步以及尚需努力之处。档案袋代表着教师个人在某一领域或某一专题内研究发展的历史、现状与未来趋势。档案袋建立的过程也就是教师对已有经验进行整理和系统化的过程，是对自身专业成长不断积累的过程，也是教师自我评价、自我教育和自我提高的过程。

第三节 叙事研究

叙事研究以其独特的研究视角，体现出对人性的关怀与理解，它强调教育教学情境的整体体验和意义建构，真正把教育教学问题的学术研究回归到丰富多彩的现实之中，使教育教学研究融入实践的滋养。叙事研究以一种新视野下的全新教育教学研究模式，给处于教育教学实践一线的教师提供了契机,教师完全可以寓研究于叙事中,通过教育叙事不断改进教育教学水平,促进自身的专业发展。

一、叙事研究的内涵

关于叙事研究的本质意涵,我国学术界存在着不同的理解和解读,其中代表性观点有以下几种。

有学者认为,叙事研究是研究者以叙事、讲故事的方式表达对教育的理解和解释。它不直接定义教育是什么,也不直接规定教育应该做什么,它只以教育故事的形式,让读者从故事中体验教育是什么或教育应该做什么。①

有学者认为,叙事研究是质的研究的思维方式和写作方式,它面向实事本身或从实事本身中寻找内在的"结构",从形式上说,可以是虚构的叙事,但更加主要的是真实的叙事。叙事研究既可以叙述故事,不对故事作评论或解释,也可以对故事进行再评论和解释。它属于实证研究中的一种类型。②

有学者指出,所谓叙事研究,是指以叙事的方式开展的教育研究。它是研究者(主要是教师)对教育教学实践经验的描述与分析,从而发掘或揭示内隐于经验和行为背后的教育思想、教育理论和教育信念,从而发现教育的本质、规律和价值意义。③

有学者认为,叙事研究是指在教育背景中包含任何类型叙事素材的分析研究。它借由影片、传记、图片、对话等刺激,触发当事人进行故事叙说,并以当事人的叙说内容为文本数据进行分析,以期反映出故事叙说者本身的重要生活经历及生命主题。通过搜集故事来建构田野文本数据,报告个人生活经历,并探讨这些经历之于此一特定个人的意义。研究参与者的故事的重新叙说,是一种为叙事研究所特有的质的分析程序。④

上述这些定义,既包含了研究者对叙事研究的理性思考,也蕴含了研究者不同的价值取向。其共同之处就是它们对教育叙事和叙事研究的理解大致相同,都十分强调在故事中体验教育真谛、学习行动的策略。但也存在着一定的不足,就是如果缺乏足够的理论修养和发现的眼光,抑或研究个案缺少必要的暗示或阐释,叙事研究将无法顺利完成。我们认为,叙事研究与文学和心理学等学科中的叙事研究不同。文学中叙事研究是对故事文本的叙事结构的分析,心理学是对被试叙说言语结构同一性的研究,它们是叙事文本和话语的形式化的研究。而教育叙事研究则更关注叙事的内容,通过细致描写的教育叙事文本,使人们深入、丰富地理解教育生活。

二、叙事研究的特点

(一)反思批判性

叙事研究重视反思批判,叙事研究的过程就是研究者和研究对象不断反思批判的过程。首先,研究对象在叙事过程中,对自己的教育日常实践进行反思,通过回顾经历、总结经验和

① 邱瑜.教育科研方法的新取向:教育叙事研究[J].中小学管理,2003(9):11-13.

② 刘良华.教育叙事研究:是什么与怎么做[J].教育研究,2007(7):84-88.

③ 潘新民.走入网络日志:教育叙事研究的新取向[J].当代教育科学,2006(10):22-24.

④ 张希希.教育叙事研究是什么[J].教育研究,2006(2):54-59.

质疑问题，达到对问题的醒悟、理解和深化。反思奠基于经验，但又超越经验，叙述者通过个性化的叙述，从经验的反思中提炼出个人的实践性知识，凝结成个人的实践智慧。个人实践性知识和教育智慧体现在日常教育教学实践中，就是教育者教育教学行为的改进。其次，研究者可以以研究对象的叙事为载体，从多个视角反思批判教育教学理论与实践，深刻诠释教育教学经验及其意义价值。

（二）平等交往性

传统教育研究方法要求研究者要客观实际，并与研究对象保持适当距离，以保证研究结果不带主观臆断。叙事研究则在不同程度上接近研究对象，并有意融洽研究者和研究对象的现场经验，研究现场不再是“隔岸观火”或“隔靴搔痒”，现场与研究者密切相关，是研究者的考察对象。传统教育研究方法追求客观中立、价值无涉，因而研究中要避免主观因素的干扰。而叙事研究是对个体生活意义的阐释和理解，而不是对某种事实进行说明。人与人之间的理解是在平等交往的基础上，在对话中展开的。这样，个体可以以自身的体验去理解他人的体验，最终达到视界的相互融合。在叙事研究中，研究者与研究对象是一种平等交往关系，也只有在这种关系的基础上，研究者与叙事者才能达到相互的理解，也才能对研究对象的叙事作出客观、深入和合理的阐释。

（三）意义诠释性

叙事研究的目的是研究者通过对研究对象个人经验的深入描绘，挖掘蕴藏于教育事件背后的意义世界。首先，叙事本身就携带着意义，叙事的过程就是意义诠释的过程。研究对象在叙事过程中，自身的想象力决定着叙事的内容、情节以及对个体生活的意义，叙事过程也就是对自身的身份与教育生活意义的诠释过程。其次，研究者要对研究对象的个人经验和意义建构进行再诠释。研究者置身于教育的自然情境中，尽量搁置自己的主观偏见，在倾听研究对象的故事的同时，要不断思考对方是如何看待自身的经历的，并且要将研究对象的故事放在特定的背景下理解。与此同时，研究者要以自身的体验理解研究对象的经验，在双方的交流、互动中达到视界的相互融合。

（四）动态开放性

传统教育研究方法在于寻求普适性的教育规律，目的在于为教育教学活动提供一套固定的和现成的答案。然而，由于其量化研究追求的是精确化和抽象性，从而远离了教育日常生活，不可避免地会产生理论与实践的对立或脱节。叙事研究的目的不在于寻求普适化的教育规律，而注重具体教育教学实际问题的解决，在于教育教学经验的意义重构和教育主体的健康发展，并由此期望激发双方共鸣，使倾听者与阅读者获得基于自身的启示。由此可见，叙事研究具有动态开放性的鲜明特征，这也就决定了叙事研究的结果是一种个体性、情境性、带有价值取向和主观色彩的知识，而不是普适性或客观化的死板教条。

（五）自然探究性

叙事研究要求研究者回归教育生活世界，在教育自然情境中把握复杂多变、丰富多彩的教育现象，通过对教育现象的描述和阐释，揭示教育的本质和意义，所以研究是在教育教学的自然情境中进行的。首先，研究者要置身于教育教学的自然情境之中，深入实地进行研究。研究者通过与研究对象直接地接触和面对面的交往，观察体验他们的生活，从而获得丰富翔实的资料，并由此增进对他们的理解。其次，自然主义的探究风格还表现在研究者要注重教育现象的整体性与相关性,对教育事件要进行整体性考察。不仅要把教育事件放在特定的社会文化背景中,考察事件发生发展的原因,还要了解该事件与其他事件之间的关系。通过对教育现象的整体理解,从而更加深入地了解和把握所要研究的教育事件。

三、叙事研究的种类

(一)教学叙事

教师的最主要的职业生活是课堂教学生活,教师所寻求的对教育实践的改进主要是对教学生活的改进。由此可见,教育叙事内容主要是由教师亲自叙述课堂教学生活中发生的"教学事件"。这种对教学事件的叙述即为"教学叙事"。教学叙事绝不是简单地"镜像式"记录教学生活,而是需要有鲜明的主题或引人入胜的问题;要有解决问题的情境性、冲突性和过程性等的描述;有解决问题的技巧和方法的分析与升华;有解决问题过程中及过程后的批判性反思;有获得的经验或教训的总结和评价。因此,教学叙事通常采用"夹叙夹议"的方法,将自己对"教学"的理解以及对某一节课的反思插入到相关的教学环节中,用"当时我想……""现在想起来……""如果再有机会上这一节课,我会……"等方式,来表达自己对教学改进的深入思考。由于课堂教学是教师的最日常的教育生活,因而教学叙事的实质是反思教学实践过程中有价值和有意义的资源,它对教学能起到剖析、反思、借鉴和启迪的作用,是叙事研究的一种最主要类型。

(二)生活叙事

叙事理论认为,生活中充满了故事,人的每一经历其实也就是一个故事,人生就是故事的持续不断的发展过程,同时每个人都是他自己的故事的叙说者。教师"叙述"自己的教育故事,实质上就是在"反思"自己的教育实践,教师参与教育研究并不单纯是为了发表论文,炫耀某种研究成果,而更重要的是"听教师讲述自己的故事"。除了参与"课堂教学"之外,教师还大量地居留于其他活动之中。由此可见,教师的教育叙事除了"教学叙事"外,还包括教师本人对课堂教学之外所发生的"生活事件"的叙述,它涉及教师的教育管理工作,如"德育叙事""管理叙事"等,它们一起构成了教师的"生活叙事"。这类生活叙事比教学叙事更具有可读性,因为这些生活叙事与教学相关,又没有生活界限,适合于所有学科的老师阅读。

(三)自传叙事

所谓自传叙事,是指教师通过对个人成长或成长的某一方面的梳理,然后去发现这一阶段对教师教育生活的重要性,或梳理某一时间段教师对个人教育的观念性转折,并经由自我反思、自我评价而获得某种自我意识。在这种叙事中,是"我"在讲述自己教育教学中的亲身经历,"我"是故事的组织者与建构者。当教师讲述他们自己的教育故事时,这种谈论教育的方式有些像叙述自己的"自传",因而一般又把它称为"教育自传"。自传叙事从其本质上来看,是一个从"个人生活史"、从"个人生命经历"中透视整个世界的过程,它充满着生命的体验和生命的感动,容易打动人心、产生共鸣。在对自我教育生活的发现和认同的同时,也是对教师人生的丰富性、价值性的发现和认同,更是对作为教师存在的个体内在心灵世界的丰富与充实的发现,自传叙事也因此成为教师改变单调而平庸的教育教学生活最重要的方式。

四、叙事研究的方法

（一）访谈法

叙事研究的目的是获得参与者的故事经验，然而获得故事经验的最直接最快捷的方法莫过于访谈，即从参与者口中直接获得信息。访谈分为结构性访谈与非结构性访谈，前者是指研究者事先拟定好问题，以此为基础展开对话，其目标性、引导性强；后者是指研究者与参与者不拘泥于原有的问题“想说啥就说啥”。做好叙事研究一般主张采用开放式的非结构性访谈，但研究者心中要有问题，而不是漫无边际地聊天，要将问题化有形于无形之中。叙事研究中的访谈具有长期性的特点，不是一次两次能够完成的。研究者与参与者必须以朋友的关系进行访谈，这才能走进参与者的内心世界，参与者才愿意敞开心扉向你倾诉他的故事。

访谈的具体形式可以分为多种，有面对面的访谈，也有采用现代科技进行的电话、网上聊天等访谈。后者对于与参与者存在空间距离的研究者而言，显得尤为重要。如果是面对面的访谈，研究者要考虑到参与者的年龄、地位、知识水平等因素，恰当地把握访谈中的措辞和提问方式。

在叙事研究中，研究者尤其要注意的一点是学会“忍”，不要随意打断参与者的叙说。叙事研究往往会涉及一些往事，一旦参与者记忆的阀门被打开，极有可能滔滔不绝。这个时候研究者要耐心倾听，也要试图从中寻找有价值的信息。如果所叙之事与研究的主题毫不相关，研究者也要耐心倾听，因为此时参与者已经将你作为朋友，来述说自己的故事。粗鲁地打断参与者的叙说，转向你想探寻的问题，只会让参与者看到你的功利性，影响已经形成的朋友关系。

（二）观察法

观察法包括非参与式观察和参与式观察两种，是做好叙事研究常用的研究方法。叙事研究强调的是研究的生活性，其观察不同于实验中的观察，因而要以参与式观察为主。一方面，只有研究者投入到参与者的生活中，才能获得真实的情感体验，才能赋予叙事材料思想情感和生命力；另一方面，研究者参与式观察会拉近与参与者之间的距离，而不是拿着观察记录本，以高高在上的研究者身份拒人于千里之外。

观察不仅仅是用眼睛看世界，用耳朵听声音，研究者同时要积极地思考，思考感官所获得信息的背后故事。研究者对参与者的观察不是漫无目的地观察，观察之前要有初步的计划。因为时间与精力的限制，研究者与参与者不可能天天在一起，因此研究者要计划好观察的对象、范围、时间、地点、频率以及观察的方式与手段。观察的结果要进行整理编码，而不是写在纸上随手一扔。观察记录上要记录观察的时间、地点、人物、场景、事件等，同时还要记下研究者当时的情感体验，所思所想。

（三）实物收集法

实物收集法能够从多个角度来丰富叙事材料，避免了仅靠访谈观察所带来的材料单一性的缺点。叙事研究中实物的收集种类很多，包括日记、传记、自传、书信这些记载着由自己或他人叙说的故事，也包括照片、图片、纪念物等这些能够反映参与者故事的物品。实物收集的意义在于作为特定文化中特定人群所持观点的物化形式的存在，实物收集与分析，可以扩大研究者的视野,增加多种研究手段和分析视角;同时还可以用来与从其他渠道获得的材料相互补充和检验,提高研究可靠性。

日记提供了参与者对每天即时事件的描写、体会,详细而又真实地再现了过去的故事经历,作为叙事研究的材料对研究者而言非常重要。但是,日记属于个人的隐私,想获得参与者的支持较为困难,参与者不会在短时间内将自己的日记交给一个陌生人的。研究者应该争取取得参与者的信任,努力获得对研究有价值的日记,但不可强求,引来参与者的怀疑和戒备。如果不能获得有价值的日记,研究者要尽量让参与者借助日记回顾往事,提高叙事材料的真实性与丰富性。传记与自传是对以往存在故事的描述和再现。传记与自传主要是由他人和自己来叙说的故事,对于研究那些著名的人物来说具有重要价值,但对于普通人而言,并不是所有的参与者都有传记和自传的,因此并不常用。然而,出于研究的需要,研究者可以让参与者周围的关键人物针对参与者某段时期的生活经历写篇“小传记”,也可以让参与者自己给自己围绕某些主题写篇“小自传”,对往事进行再现描述并展开自我反思评价,尤其是对于那些不便用口头语言表达的情感故事。

书信可以是参与者与别人的互相通信,也可以是参与者与研究者之间在研究过程中的互相通信。书信往往能够揭示许多关于个人思想的知识和社会背景,如鲁迅与许广平的《两地书》,这不仅是两人交往的记录,也能够从中反映出当时的社会背景和鲁迅本人的思想。照片、图片等物品主要有两种用途:一种是作为叙事研究材料本身呈现,将这些照片、图片等实物以图片的形式呈现在研究文本之中,读者通过这些图片能够真切地感受到在参与者身上发生的故事;第二种作用是作为线索帮助参与者回忆往事或叙说当下发生的故事,因为每一张照片都是我们岁月里一个特殊记忆。

(四)文献分析

有些研究者认为,文献分析只体现在研究之初对以往相关研究的整理分析上,而忽略了文献分析法在故事叙述中的重要价值,特别是在研究某个特殊历史时期参与者的故事以及有关群体或教育机构的叙事研究中,文献的价值越加突出。例如,研究的对象是一位老教师的专业发展,其专业发展的一个飞跃得益于某一时期国家的课程改革。这个时候研究者不仅仅要听参与者叙说故事,同时要参阅这一历史时期有关课程改革的文献资料,了解当时的教育背景,并借此与观察或访谈获得的材料进行交互检验与分析。文献分析的另一个帮助就是将叙事放在一个广阔的社会背景之中,由此提高了研究的历史感、情境感和厚重感。

第四节 行动研究

行动研究既是一种教育研究的类型、方法或策略,又是教师进行教育教学的方法,具有重要的方法论意义。作为沟通教育理论与教育实践的桥梁和中介,行动研究十分适用于教育研究和教育实践领域。由于教育活动的复杂性,教育理论在其发展过程中不仅流派众多,而且观点往往存在较大差异,这些都会使教师无所适从,致使教育理论远离了鲜活而丰富多彩的教育实践。行动研究的兴起,是教育工作者试图从理论与实践密切关系的新视角,建立一种不同于传统研究与教育的新观念、新理论所作努力的结果。在教育领域,行动研究正越来越受到人们的普遍关注。

一、行动研究的内涵

目前，学术界对行动研究的认识和理解颇不一致。当今行动研究的主要倡导者、英国学者埃利奥特认为：行动研究旨在提供社会具体情景中的行动质量，是对该社会情景的研究。英国课程论学者麦克考南认为：行动研究乃是一个反思性过程。在一个给定的问题领域，人们希望借此过程而改进实践或加深对问题的个人理解。行动研究是由实践者着眼于改进实践而作出的系统的自我反思性的科学探究。美国学者麦克纳认为：行动研究是一种运用科学方法解决课程问题的系统的自我反省探究，参与者是这种判断性反省探究过程和反省探究结果的主人。《国际教育百科全书》则把行动研究定义为：由社会情景（教育情景）参与者，为提高对所从事的社会或教育实践的理性认识，为加深对实践活动及其背景的理解，所进行的反思研究。对行动研究的这些不同的认识，归纳起来，大致有以下 3 种。

第一，行动研究即行动者用科学的方法对自己的行动所进行的研究。持这种观点的人，强调用测量、统计等科学的方法来验证假设。如在柯利尔看来，行动研究者就是实际工作者用科学的方法来解决实践中的问题。有不少人认为，行动研究是一种小规模的实验研究，它用统计的方法来验证假设，用科学的方法来解决教室里的实际问题。

第二，行动研究即行动者为解决自己实践中的问题而进行的研究。持这类观点的代表人物是英国课程与教学论专家斯腾豪斯等人。他们关心的不仅仅是统计数据，而且还重视教师和学生的日记、磁带、照片等所有对以后的回忆和评价有帮助的材料。在他们看来，课程的编制和研究在本质上只是教育实践问题，而不是理论问题；理论的正确性并不依赖于“科学”的测试，而在于是否从实践中产生。他们对行动研究的典型看法是：行动研究就是由教师或其他实际工作者针对实际问题进行研究的一种方法。

第三，行动研究即行动者对自己的实践进行批判性思考，以“理论的批判”“意识的启蒙”来引起和改进行动。持这类观点的代表人物是美国学者凯米斯等人。他们以为行动研究是追求自由、自主和解放的，从而把行动研究看作是教师和其他实际工作者所进行的一种自我反思的研究，倡导教师对自己的实践进行批判性思考。

上述 3 种不同的内涵解读反映了人们对行动研究的不同认识。第一种定义强调行动研究的“科学性”；第二种定义更关注行动研究对教育教学实践的“改进”功能；第三种定义突出了行动研究的“批判性”。所谓行动研究，是指教育工作者，或与研究者结合，在具体教育教学情境中，以解决教育教学实际问题为目的的一种教育科学研究类型。行动研究反映了教师在行动研究中的主体地位和教育教学实践理性化的发展趋势，它强烈主张在行动研究中教师与教育理论工作者之间的相互结合、共同参与教育研究的全过程。

二、行动研究的特点

（一）研究主体是教育一线教师

在传统教育研究中，理论工作者与教师之间存在明显的活动差别，似乎教育研究活动只是专家或教育研究者的事，有些教师也认为这是一种与教育教学实践活动毫不相干的学术游戏。这种情况导致了教师主动认识问题、解决问题的意识和对自己的教育行为反思意识的逐渐减弱、淡化，使得教师的工作成为一种单纯的执行教育教学步骤的行动。但是，教育研究的实践表明，教师在开展教育研究方面有着得天独厚的优势，在教育教学实践活动中，教师对教育工作面临的问题有着深切的感受和认识,教师置身于现实的、开放的、动态的教育教学情景中,能够时刻体验到教育教学活动的背景、过程及有关现象的种种变化,能够在教与学的互动过程中,不断地及时地解决新问题,能够根据自身的经验对假设或方案的可行性、有效性作出准确判断,也就是说教师不仅处于最佳研究位置,而且还拥有最佳的研究机会。如果没有教师的探究、反省,没有他们主动的认识、理解,没有他们根据实际情况把“官方课程”转变为“操作课程”,任何教育改革最终都是难以取得成功的。教师成为研究者,意味着教师不再只是教育专家进行教育研究的一个棋子,也不再把视野仅仅局限在教育教学内容及其传授方法上,而是更加关注教育教学内容的价值和意义,了解教育教学实践活动对学生身心发展产生的实际效果,能够不断地对自己的教育行为进行反思,进而有意识地改造自己的教育教学行为,创设最佳的教育教学活动情境,从而达到预期的目标。

(二) 研究目的是为了行动而研究

行动研究更加注意改进教育教学行为,从而提高了教育教学实践活动的质量。由此可见,行动研究既要使教师获得“是什么”的知识,还要使教师懂得“如何做”和“为什么做”的知识。美国学者波普尔认为,科学研究是通过一系列细致、严谨的手段和方法,对不尽精确的表象进行“证伪”,从而逐步接近客观真实的过程,我们无法通过经验的归纳来证明某种理论和理性的批判,猜想反驳才是获取知识、接近真理的唯一途径。从这个意义上来说,教育研究并不是要为课堂教学提供规则和指令,而是旨在提供对改进教育教学实践活动有用的探究性知识与方法。基于此,英国学者克拉克指出,行动研究是研究与理论相关的实践问题,研究人员、理论工作者和实际工作者都关注研究成果,这种研究既有助于促进对实际问题的解决,改进教育教学工作,又有助于完善与实际问题相关的理论,推动理论的发展。这样就避免了理论工作者和研究者的纯学术、纯理论研究而脱离实际,又能促使教育工作者认识到研究教育教学问题一定要寻求理论的指导,行动研究是完善理论和解决实际问题相结合的方法,因此行动研究又具有方法论的意义和价值。

(三) 研究对象是教育实践中的问题

教育研究问题必须来自教师自己的教育教学实践,它不同于其他的理论研究,是教师自己的直接经历和感受,因此教师首先必须广泛收集信息,发现问题,研究问题,在此基础上提高教育教学的质量和效益,改进教育教学工作。与旨在揭示教育教学规律的理论研究和了解现状、提出参考建议的调查研究不同,行动研究讲求解决教育教学中的实际问题,这既是第一线教师开展教育研究的根本动力。也是教育研究的根本目的和旨归。当然,行动研究把解决实践中的问题放在第一位,并不等于它仅满足于问题的解决,而不对已取得的成功进行理论探讨,行动研究既然是一种研究,必然要对行动的过程和效果进行理论思考。在实践的基础上,在一定的范围作出自己的理论贡献。从哲学的意义上来说,行动研究体现了认识世界和改造世界的统一,由于教育教学过程是一个复杂多变的动态过程,因此教师要经常反思行动研究过程中的问题,专业研究者也必须深入教育教学实际,与教师一起共同研究出现的新问题,教师应根据行动的实际情况,随时调整计划,完善行动,在良性的变革之中达到问题的解决,使教育教学的工作进程成为一个研究过程,使研究过程成为一个理智的工作过程,达到研究和行动的完美结合。

(四) 研究手段是对自身实践的持续反思

如果从行动研究的视角来看,教师作为研究者参与研究是完全可能的,因为教师在教育教学实践活动中有着明确的实践目的和责任,能够体察教育教学实践活动的背景以及有关现象的种种变化,能够通过实践检验理论方案计划的有效性和现实性。他们对实际教育教学问题具有专业研究人员所难以替代的认识作用,并且教育教学活动目的的达成程度、实际工作的效率虽然不完全取决于教师对教育教学计划、环境和行动的理解,但是总也离不开他们对教育教学实践及其所蕴涵问题的理解。教师参与研究,从事研究,以教育教学实践活动中的问题作为研究的出发点,实践者同时也是研究者,研究结论同时也是下一步所要采取的实践措施。在这行动研究过程中,由于研究主体与实践主体紧密联系乃至统一在一起,研究活动与教育教学实践也就达到了高度的有机统一。行动研究使教师的研究比日常教育教学行为具有更严格的程序,它能使教师的行动建立在一个合理的基础之上,从而确保教育教学实践得到有效提高。

三、行动研究的种类

(一) 按照行动研究的水平分类①

1. 技术的行动研究

人类认识的技术兴趣是试图通过工具理性的逻辑占有或支配世界。技术兴趣对手段的选择与运用远远超过对结果的价值追问,其旨趣是寻找更为经济、有效的途径达到预期目的。相应地,技术性行动研究表现为:行动者在掌握由教育理论工作者生产的理论和知识后,在实践中认真地加以实施。行动者扮演操作员的角色,其功能是把专家生产的知识忠实地落实到实践中去,他们希望通过理论知识的运用改善实践。技术性行动研究者相信:知识可以独立于求知者而存在,教育教学中存在普适的理论,而且教育教学实践可以通过外在的推力而强制性地加以改造。在技术的行动研究中,校内教育者需要忠实按照外来专家和理论的意图在自己的实践情境中产生预期的结果。如在大规模的由国家发起的课程改革运动中,教师往往扮演着执行者的角色,要求在有限的时间内忠实地执行课程改革的理念和方案。

2. 慎思的行动研究

理论与实践的关系是包括行动研究在内的教育研究与实践中讨论的核心话题。哲学家麦肯曾经提出理论与实践之间可能存在的4种关系:逻辑的关系,即理论与实践之间的界限是清晰的,实践是理论的运用;操作的关系,即行动决定理论,真理被以实用性的标准加以衡量,知识被仅仅看成活动和过程;问题的关系,即实践被作为一种探究,知识通过问题界定和问题解决从实践中浮现出来,知识是根据实践情境中所遭遇特殊问题而被修正、调整和选择的;辩证的关系,即理论与实践是不可分离的,理论的问题存在于实践中,反之亦然,实践的问题存在于理论中。很显然,技术的行动研究主要秉持“逻辑的”理念,慎思的行动研究则从“问题的”和“辩证的”理念出发,强调教师在行动中的理解与判断。

---

① 赵明仁,王嘉毅.教育行动研究的类型分析[J].高等教育研究,2009(2):49-54.

3. 解放的行动研究

解放的行动研究认为,教育教学实践不仅负载着价值,而且这些价值由于社会、政治、文化和历史的原因而被扭曲,具有压迫性。主张行动研究在检视和解释所依据的价值系统和公平概念基础上,必须批判意识形态,寻求揭示具有压迫性和支配性的事物,并且要把批判性的意识付诸行动,教育目的不能仅仅依赖于外在的权威,实践者具有自我决定性。基若士等人强调,教师是反思的实际工作者,不是在执行官僚或其他人预先决定好的计划,他应该是一个自由人,贡献于知识的价值,并能培养年轻人批判思考的能力。一个具有完全自主性的教师,在反思中能够意识到教育教学情景中政治的、历史的、社会的和意识形态的因素,从而进行自由的和有意识的行动。教师应该有专业自主权,有专业理想与伦理考虑。但教师学习和教师赋权往往以自身为目的,并没有与更广的教育目的、平等和社会公正联系起来。将知识界定为与政治性及社会性之意识形态不可分离的建构,专业必须能对外在的"限制"与"界定"进行批判并加以超越,以获致真正的专业自主能力。

(二) 按照研究者对行动所作的反思分类

1. 行动中认识

这类行动研究强调研究过程中通过观察和反思实践者的日常行为,了解实践者"内隐于身"的知识。它主要受波兰尼的"个人知识"理论的影响。波兰尼认为,我们知道的,永远多于我们所能言说的。相对于已经能够诉诸各种符号形式表达的"知识",即波兰尼所谓的"明言知识",不可"言说"的知识,即"缄默知识"要更早地潜入人心,在量上也远比"明言知识"更多。内隐式"行动中认识"的行动研究,就是倡导实践者在实践中已经实践,通过意识明确的准备,研究者通过观察、比较、分析和反思,了解实践者内隐于身的"知识",促进行动的自觉性和有效性。

2. 行动中反思

这类行动研究不是依靠现存的理论或技巧来处理问题,而是针对一个独立的情形来思考问题。把目标和手段看作一种相互建构的关系,根据彼此之间的需要进行相互调整。思考不脱离实践的事物,所有的决定都一定会转化为行动,在行动中推进自己对事物的探究。

3. 对行动反思

这类行动研究是指参与者明白地用口语建构或形成知识,把自己"抽离出"行动情境,对自己的行动进行反思。虽然这样的研究会减缓研究者自己实践的速度,干扰实践的流畅性,但是,这样做会使研究者对自己行动细致分析,有利于研究者对自身实践的清醒认识,有利于实践者的反思。

(三) 按照研究主体间的关系分类

1. 独立模式的行动研究

行动研究的首要目的就在于改善实践,而不在于理论知识的生产。行动研究的进行不在于有严格的书面研究计划、细致的研究方案和按部就班的实施过程。行动研究是在行动者日常的专业生活中,在"参与""改进""系统""公开"为特征的过程中,所进行的富有理性的和探究品质的实践活动。而独立工作是教师专业生活的一个重要特点。基于此,对教师而言,独立的行动研究在实施上有很大的便利性,在教育教学过程中发现问题便可通过行动研究加以解决。当然，独立的行动研究对行动者能力的要求比较高，需要行动者有较高的进取动机，有较强的批判反思能力，能够在自己习以为常的专业生活中发现问题，并有较强的分析问题和解决问题能力。实际上，具备这种能力的教师总是少见的。对于大多数教师的成长以及专业工作的改进来说，总需要同伴的帮助和专家的引领。这就需要支持模式和协同模式的行动研究。近些年来在美国、英国等兴起的大学与中小学的伙伴协作，可大体称为支持模式和协同模式的行动研究。

2. 支持模式的行动研究

个人的经验、知识和能力对于日益变迁的教育教学环境和提高教育教学质量的诉求来说毕竟是有限的。正如研究者在科研工作中要查阅大量文献资料以获得更多的知识基础一样，当教师想超越个人的经验对自己的教育活动进行多角度、深入的探究时，就必然需要前人或他人的智慧。校外与校内的教育者联手进行行动研究有诸多功能，如创造力的激荡、社会支持、研究品质和知识效度的提升、共同为教学与研究创造有利的学校环境等。在行动研究中，当校内的教师为主要行动者，来自校外的研究者是咨询者和支持者时，我们把这种行动研究称为支持模式的行动研究。在支持模式的行动研究中，需要校内的行动者有较高的成就动机，较强的理论思维水平，对教育实践深入的理解能力，明确的教育理念和行动能力。行动者作为能动的教育教学理念的革新者、教育方案的策划者和活动的实施者与改进者，校外的教育者则作为新理念的分享者、问题的协助发现者和改进策略与方法的研讨者，对校内行动者提供帮助。这种行动研究的好处在于：一是在校内行动者为主体的情况下，能够有效地提高他们的能力；二是由于以校内行动者为主体，使得行动研究更适合于实践情境，具有与实践的亲和性和最大程度的执行力。

3. 协同模式的行动研究

行动研究的最终目的在于教育教学实践的改善和参与者能力的成长。要改善“外控型”行动研究中校外教育者对校内教育者专业自主性的规限，唤醒校内教育者的专业自主意识、培养专业知识和专业行动能力，就需要校外教育者以平等的心态，真诚地重视校内教育者的所思所为，倾听他们、读懂他们、理解他们，把“他们”和“我们”融为一体。虽然校内外教育者各自有擅长的专业背景，但他们彼此依然能够达到“视域融合”，有认同的愿景和行动理念。校内外教育者应该相互尊重、相互启发、批判反思、共同改进。这个过程中的“协同”是一种复杂的动力历程，也代表着真正的民主精神。“协同”包括民主参与、彼此了解、共同作决定以及共同行动等意义。西方20世纪80年代以来有效的大学与中小学伙伴合作所具备的特征和要素是：伙伴合作关注双方的发展，以大家共同关心议题为合作焦点。伙伴合作赋予教师权力，让所有参与者在伙伴合作的过程中，共同发现、解决问题，建立学习社群，为教师提供多元化的专业活动。注重社群内的专业领导和社群自身的反思，并强调给予社群成员彼此认可的重要性。伙伴合作以学校的现况为起点，循序渐进、逐步渗透。容忍合作过程中的混沌，避免“速成”综合征，需要大家共同的耐性和与日俱增的投入感。

四、行动研究的步骤

关于行动研究的实施步骤，存在着各种不同的认识和理解，其表述也各不相同，其中，由凯米斯、埃利奥特和埃巴特提出的实施步骤理论影响最大。他们主要采纳的是行动研究的创始人勒温的有关思想，认为行动研究是一个螺旋式上升的发展过程，每一个螺旋式发展圈又都包括4个相互联系、相互依赖的环节:计划、行动、考察和反思。

(一)计划

计划环节包括3个方面的内容与要求:一是计划始于问题的需要和设想,设想又是行动研究者(行动者和研究者)对问题的认识,以及他们掌握的有助于解决问题的知识、理论、方法、技术和各种条件的综合。计划还应以所发现的大量事实和调查研究为前提。二是计划包括"总体计划"和每一个具体行动步骤的计划方案,尤其是第一、第二步行动方案。三是计划必须要有充分的灵活性和开放性,要允许不断地修正计划,把始料不及的在行动中又显现出来的各种情况和因素纳入计划之中。

(二)行动

行动即实施计划或者按照目的和计划行动,它包括以下内容和要求:一是行动者在获得了关于背景和行为本身的信息,经过思考并有一定程度的理解后,有目的、负责任、按计划采取的步骤。二是行动又是灵活的、能动的,包含行动者的认识和决策在内的。实施计划的行动又是重视实际情况变化、重视实施者对行动及背景的逐步认识,重视其他研究者、参与者的监督观察和评价建议,行动是不断调整的。

(三)考察

在行动研究中,考察的基本含义和要求是:一是考察既可以是行动者本人借助于各种有效手段对本人行动的记录观察,也可以是其他人的观察。多视角地观察更有利于全面而深刻地认识行动的过程。二是考察主要指对行动过程、结果、背景以及行动者特点的考察。由于教育教学受到实际环境中多种因素的影响和制约,而且许多因素又不可能事先确定和预测,更不可能全部控制,因此考察在行动研究中的地位就十分重要了。为了使考察系统、全面而客观,行动研究的倡导者鼓励使用各种有效的技术。

(四)反思

反思是一个螺旋圈的结束,又是过渡到下一个螺旋圈的中介,起着承前启后的桥梁作用。反思主要包括:一是整理和描述,即对观察到的、感受到的与制订计划、实施计划有关的各种现象加以归纳整理,描述出本循环观察和结果。二是评价解释,即对行动的过程和结果作出判断评价,对有关现象和原因作出分析解释,找出计划与结果的不一致性,从而形成基本假设、总体计划和下一步行动计划是否需要修正,需要作出哪些修正的判断和构想。

第十章　教师文化与教师幸福

【问题与思考】

1. 习近平总书记在2016年9月10日教师节讲话指出:"让广大教师安心从教、热心从教、舒心从教、静心从教,让广大教师在岗位上有幸福感、事业上有成就感、社会上有荣誉感,让教师成为让人羡慕的职业"①。请从教师幸福的视角谈谈你对此的认识和理解。

2. 2018年1月20日颁布的《中共中央国务院关于全面深化新时代教师队伍建设改革的意见》指出:"到2035年,教师综合素质、专业化水平和创新能力大幅提升,培养造就数以百万计的骨干教师、数以十万计的卓越教师、数以万计的教育家型教师。……尊师重教蔚然成风,广大教师在岗位上有幸福感、事业上有成就感、社会上有荣誉感,教师成为让人羡慕的职业。"对此,你有何认识和评论?

3. 有学者认为:"教育革新的可能空间和限制因素很大程度上蕴涵于教师文化之中,如果没有教师文化深层次的支持,任何教育革新都将是灵魂匮乏的短视行为。"你同意这种观点吗?为什么?

4. 传统学校组织模式和应试教育思想影响下积淀形成教师"适应"文化,表现为封闭的个人主义、强制的捆绑主义和孤立的派别主义。教师"创生"文化实现了由沉积到创建、由消极到积极、由规约到解放、由自在到自觉的超越。"创生"视野下教师文化的变革与重构需要激发教师的文化自觉,在对话合作中寻求理解,在积极反思中开展批判,在自主自觉中进行学习,在教育研究中开拓创新。你赞同这样的观点吗?为什么?

5. 2018年1月20日颁布的《中共中央国务院关于全面深化新时代教师队伍建设改革的意见》指出:"各地要按照国家有关规定,因地制宜开展多种形式的教师表彰奖励活动,并落实相关优待政策。鼓励社会团体、企事业单位、民间组织对教师出资奖励,开展尊师活动,营造尊师重教良好社会风尚。……维护教师职业尊严和合法权益,关心教师身心健康,克服职业倦怠,激发工作热情。"这样的规定和政策引领,对你有何启示?

6. 鲁洁认为:"教师这一工作的可贵,就在于时时都在与你的教育对象之间进行着一种生命的对流,你以你的生命去教育、引导、照亮他们的时候,他们同样也以他们的生命在滋润你、提升你,使你不断获取和拥有新的更高的生命意义和价值。"请你谈谈对此的认识和体会。

7. 叶澜指出:"教师从事的是育人的事业,作为教师,首先要自己像人一样地活着,他才能对别人产生影响,一种使其成为人的影响。自己活得像个人,并不是说像一个圣人,而是说你很真实、很努力、有信仰,你在为这个信仰践行。"你对此有何评论?

8. 德国著名哲学家费尔巴哈指出:"一切有生命和爱的生物、一切生存着的和希望生存

① 《总书记眼中的"人民教师"》,新华网,2021年9月11日。

的生物之最基本的和最原始的活动就是对幸福的追求。人也同其他一切有感觉的生物一样,他所进行的任何一种意志活动,他的任何一种追求也都是对幸福的追求。"你从中获得的最大的体会是什么?

教师专业发展要获得更为广阔的发展空间,必须要基于文化层面来思考,立足文化来拓展。文化为教师专业发展提供了更广阔的视角,教师专业发展的广度和深度关键在于文化觉醒,只有在具体实践中进行文化思维,把文化渗透到发展过程中,教师专业之路才会走得更远,最终形成质的飞跃。作为在阳光下从事幸福职业的教师来讲,教育既不是牺牲自我,更不是消磨人生,而是享受这美好的生活时代,新时代的教师不是重复的思考,而是心灵的创造;不是谋生的手段,而是生活本身一种崇高的境界。只有深切体验职业幸福,不断追求职业幸福,教师才能充分发挥自身的潜能,激发教育教学工作的创造与激情,也才能最终实现自己崇高的职业理想。

第一节　教师文化

教师专业从其最本质的内容结构上来看,不仅包括专业理念、专业道德、专业知识、专业能力和专业心理,而且还包括专业态度和动机、专业自主发展需要和意识、专业活动价值观和学生观、专业行为和专业习惯等。这表明教师专业发展蕴涵着丰富的文化因素,教师文化对教师专业发展具有深层次的支撑和促进作用。

一、教师文化的内涵

随着新课程改革和素质教育的不断推进,人们愈益深刻地认识到,制约教育教学改革和质量的最根本和核心的问题,其实就是教师文化的问题。如果良好的教师文化尚未形成,再好的教育教学改革设想都不会在实践中生根发芽,开花结果,教育教学活动也就永远停留在浅尝辄止的程度。那么何谓教师文化?这是进行教师文化研究必须首先回答的一个根本性问题,也是教师文化研究的基本逻辑起点,它影响着教师文化其他问题的分析与明晰。

我国学术界对教师文化内涵的界定,见仁见智,不同的研究者从不同的研究视角作出了不同的回答。比较有代表性的观点有以下几种:第一,学校亚文化说。有学者认为教师文化是学校文化中的亚文化,它是教师在教育教学活动中形成与发展起来的价值观念和行为方式。① 第二,内容与形式说。有学者借鉴加拿大著名学者哈格里夫斯的研究成果,主张从内容和形式两方面加以阐释,即教师文化的内容是指在一个特定的教师团体内或在更加广泛的教师社区之间各成员共享的实质性的态度、价值、信念、观点和处事方式;教师文化的形式则是指在该文化范畴内的成员之间具有典型意义相互关系的类型和特定的联系方式。② 第三,群体文化与个体文化说。有学者认为教师文化是一种群体文化,是教师群体在共同的学校教育环境里,在教育教学过程中创造出来的物质成果和精神成果的总和与表现。③ 有学

① 陈永明,朱益明,胡章萍,等.教师教育研究[M].上海:华东师范大学出版社,2003:48.

② 冯生尧,李子建.教师文化的表现、成因与意义[J].教育导刊,2002(7):32-34.

③ 杨宏伟.谈学校教师文化建设[J].基础教育参考,2004(9):15-16.

者则把教师文化看作是一种个体文化,认为它是每个教师在教育世界中表现出来的独特生活样式,是教师应对教育事件、处置教育问题、作用教育环境的具体方式。① 第四,静态与动态说。有学者指出,从静态来看,教师文化就是教师群体在长期的教育教学实践中形成的教育思想、教育信念、教学观念以及教师角色认同等精神因素的总称,其核心是教育教学价值观;从动态来看,教师文化就是教师在教育教学活动中表现出来的习性、习惯、思维与行为方式,其核心则是行为方式。②

从上述对教师文化较为经典的定义可以发现,人们对教师文化的认识和理解虽然研究的视角有别,研究的出发点和侧重点也各有不同,但都只是表现在具体形态上的一些差异,而在本质规定性方面却是较为一致的:都认为教师文化是教师在教育教学活动中形成的价值观念和行为方式,其核心是教师的职业价值观;教师文化是在教师职业生活中形成的,是以教师为主体创造出来的文化;教师文化是体现教师的思想和实践的现象,既有静态的一面,也有动态的一面。具体而言,在对教师文化进行解读时须注意把握以下几点。

（一）教师文化表现为一种教育信念

一般而言,教师的教育信念主要包括教育观念、学生观念和教育活动观念 3 个方面。对此,叶澜认为,教育信念作为教师教育理念现代化的内化环节,是一种文化和习惯,是积淀于教师心智结构中的价值观念,它常作为一种无意识或先验假设支配着教师的教育行为。③ 由此可见,教育信念是教师文化的一种最重要的表现方式。教育信念对教师而言是一种精神导向,它内隐于教师观念之中,虽然有时教师对此并没有明显觉察,但它却在很大程度上影响着教师的教育教学行为。教育信念对教师自身的专业成长发挥着重大作用,因为教师持什么样的教育信念直接影响着他对新的专业理念、学习理念、教师发展理念的接受,而对这些理念的态度又将深刻影响教师的专业成长。教师教育信念的缺失、动摇或瓦解,不仅会导致教师精神家园的失落,而且会导致教育教学实践活动的失误;教师群体有何种教育信念,不仅直接影响教师自身成长和教育质量,而且还会左右学生有什么样的思想信念,影响学生身心发展的范围和程度。

（二）教师文化表现为一种专业自我意识

从心理学上来说,自我是一个极其复杂、多维和动态的表现体系,它是人和环境之间长期相互作用的结果。它不仅影响着人们对具体工作条件和要求的感受方式,而且影响着人们的行动方式。专业自我意识是指教师对自身专业发展的意识,一般由自我意象、自我尊重、工作动机、工作满意感、任务知觉和未来前景 5 个方面组成。对此,叶澜就认为教师专业自我意识是教师看待自己的职业,自己的职业地位以及自身工作价值和工作前景的方式。专业自我意识意味着人不仅能把握自己与外部世界的关系,而且具有把自身的发展当作自己认识的对象和自觉实践的对象,人能建构自己的内部世界。只有达到了这一水平,人才在完全意义上成为自己发展的主体。④ 可以说,教师专业自我意识是直接影响教师专业成长的内在的、深层的、决定性的影响因素。

---

① 龙宝新.教师文化:基于生活世界的概念重构[J].当代教育与文化,2009(5):25-31.

② 李润洲.我们塑造什么样的教师文化[J].教育发展研究,2006(11):31-33.

③ 叶澜.教师角色与教师发展新探[M].北京:教育科学出版社,2001:349.

④ 叶澜.教育概论[M].北京:人民教育出版社,1991:217-219.

(三)教师文化表现为一种专业精神

专业精神既是教师专业道德的一个重要内容,也是教师专业成长的根本支柱。教师的专业精神主要表现为对所从事专业的坚定信念、高度热情和不懈追求的风范与活力。具有较高专业精神的教师,往往会对教师专业生活充满热情,并且能够主动提高自身素质以适应专业发展的要求。可以毫不夸张地说,专业精神是教师专业成长的支柱和动力,是教师专业活动和行为的强大动力支撑系统。

二、教师文化的特点

教师文化是教师在专业实践中,基于专业活动所形成的共同的价值取向和行为规范。由于教师文化生成的基础是教师工作的专业环境,主体是教师,因而在教师不同的专业发展阶段,与其相伴的教师文化也会表现出阶段性特征。在当前教师专业化的大背景下,教师文化所表现出来的基本特征可以从以下7个方面加以认识和理解。

(一)学术性

学校是追求真理、探求知识、发展科学的重要场所,对知识的不懈追求既是学校教育的根本目的,也反映了学校鲜明的精神气质和精神品格。教师是学校教育的主要承担者,拥有自己的信念和价值追求,具有共同的使命感,遵守共同的学术规范,并享有学术职业的自由和限度,由此形成了教师特有的学术文化。这种学术文化具体表现为教师的学术信念、学术自由、学术忠诚和学术责任,它融合在教师的教学和科研等各个方面。正如有学者所说:"对大学教师个人而言,学术活动不是一种单纯的工作而是自我精神世界的建构,学术创新不但与职称、学术威望等密切相关,更是创造和表现自我人生价值的重要途径。"[①]如果缺少了这种学术品质,教师就很难取得较大的成就,充其量只能成为一名"教书匠",而无法成长为"学术大师"和"教学名师"。从一定意义上来说,学术研究已成为教师的一种生活方式和生存智慧。教师文化的这种学术性,使它与大众文化、市井文化和世俗文化区别开来,也是教师文化的精髓和灵魂之所在。

(二)教育性

唐代文学家和思想家韩愈在《师说》中开宗明义:"师者,所以传道授业解惑也。"教师的首要的和根本的任务就是教书育人,这也是新时期教师的专业道德规范之一。不论古代还是现代,东方还是西方,教书育人都是教师文化基本职能的重要表现。但是,教书仅仅是一种手段,其根本目标则在于育人;离开了育人,教师也就不能称为教师。教师的工作领域十分广泛,但培养人才无疑是其最重要和最根本的任务。教师教育工作的育人性,不仅在于要向学生传递人类积累起来的几千年的文化科学知识,而且要承担知识的引导者、推动者和共同思想者的角色。真正意义上的教育不仅是一个知识传授过程,还是教师与学生之间的心灵沟通、情感交流和思想碰撞的过程。它意味着"一棵树摇动另一棵树,一朵云推动另一朵云,一个灵魂唤醒另一个灵魂"。

(三)自律性

一种职业专业化的最显著标志,就是其从业者能够严格地以专业标准自觉地规范自己

① 叶文梓.论大学教师生活方式的特殊性[J].高等教育研究,2006(5):54-58.

的专业实践。进入专业阶段的教师其专业自律性主要表现在：其工作动机为确信通过自己的工作可以为人类的幸福和作为个体的学生的成长作出某种贡献，即笃信教师职业是一种超越个人利益，能够参与社会和文化建设的职业。基于这样一种超越了以获利乃至于单纯谋生为动机的教师，其工作的基底是服务于社会和人类的发展与进步。在这种职业理想的指引下，教师就会把其所从事的工作看成其生命的有机组成部分，进而能够以高度的专业精神和专业标准自觉地规范自己的职业实践。这是进入专业化阶段的教师与传统教师即作为公职人员、公共事业的劳动者、技术熟练者等，在职业动机、理想以及职业意识等方面过多地受制于专业以外而非源于专业自身因素的根本原因。

（四）自主性

教师文化的自主性是与教师的专业性密切联系的。由于教师从事的学术专业的独特性甚至是唯一性，给教师提供了在自己所从事的学术专业领域里自由自主活动的客观条件，使教师在本专业学术范围内的自主性不断增强。在课堂教学中，教师在教什么、怎么教以及如何教等方面，都拥有很大的自主权；在科研活动中，教师研究什么、如何开展研究以及研究成果的学术价值如何等，也表现出相当大的的自主性和主动性。由此可见，外界对教师专业范围内的介入越来越少，对教师的约束更多地是来自教师自身内在的对学生以及对学术专业活动的忠诚和依归。

（五）创新性

文化创新是教育发展与进步的不竭动力和显著特征。在经济社会飞速发展，科学技术突飞猛进、日新月异的时代背景下，追求知识学问、传承与创新知识已经成为教师的重要职责。教师不仅是文化的传递者、体现者、构建者和享用者，而且肩负着文化创造者的神圣历史使命。教师的文化创新主要表现为学术创新和教学创新两个方面。教师如果没有创新理念，也就缺乏学术和教学上的创新，其教育教学也必然会失去生命活力。学校能否培养出具有创造精神和创造能力的社会所需要的人才，从根本上取决于是否拥有一大批有创新意识和创新能力的教师。教师文化创造的意识和能力，是影响教师能否立足于社会、能否具有较高竞争力的重要条件。

（六）民主性

教师文化的民主性主要表现在师生关系上，它要求教师要敢于破除教师中心的藩篱，尊重学生的主体地位。每个学生都有自己的权利和尊严，有自己的思想感情和需要，教育教学活动实质上就是师生双方相互交流、相互沟通、分享彼此的思想、经验和知识的过程。教育教学不仅是一种认识活动，更是一种人与人之间平等的精神交流活动。在教育教学实践活动中，教师要适当改变教育教学实施过程中主体与客体、权威与服从的师生关系，使教师成为学生学习活动的引导者、合作者和参与者；教育教学活动应成为师生互动、共同发展的过程，而不应成为教师的“独角戏”。教师文化的民主性对于教师群体来说，就是要求每个教师都有能力、有机会去不断反思自己教育教学的各个方面，这种探究不是一味地追求使常规教育教学更有效的方法，而是教师对自身专业生活的探究与关注。当每位教师对他人负起责任，真实地关注并表达自我，反思学校教育中的种种弊端，并力求达成各种共识来支持群体行动的时候，其民主性才能得以充分彰显。

(七) 开放性

职业专业化存在与发展的最基本的动因,不仅是社会进步的需要,而且只有将自己融入社会发展的大背景中,在与各有关方面的互动中,不断汲取来自各相关领域的鲜活养料,才能使该职业领域永葆"青春",不断发展。因此,多维度的开放性是专业化阶段教师文化的内在要求与外显特征。教师专业化的最基本动因,就是提高教育教学的质量和水平,为学生的全面和谐发展和社会进步服务。教育工作的直接对象是学生,直接目标是学生的全面发展,而影响学生发展的因素又极为复杂。进入专业化阶段的教师在具体的职业实践活动中,不仅需要及时吸收和借鉴其他领域和学科的新成果,而且需要倾听来自社会各个阶层的不同声音,在与同事、学生、家长、专家和社区的双向互动中,在开放的学校和课堂中,营造更加真实的教育教学情境,以顺利完成专业任务并不断提升自身的专业素质。

三、教师文化的价值

(一) 促进教师专业发展

教师专业从其最本质的内容结构上来看,不仅包括专业道德结构、知识结构、能力结构和心理结构,而且包括专业态度和动机、自我专业发展的需要和意识等。由此可见,教师专业结构中蕴涵着丰富的教师文化因素。教师专业发展离不开教师文化的发展,教师文化对教师专业发展具有深层次的支撑和促进作用。首先,共同的专业信念是教师专业发展的基石。对此,有学者就明确指出,教师文化的一个成熟表现就是教师群体拥有一种共同的教育信念,它不仅在很大程度上影响着教师的教育教学行为,而且对教师自身的成长以及教师专业发展发挥着重大作用。① 其次,专业精神是教师专业发展的重要支柱。专业精神是教师基于自我期许而表现出来的成熟信念、高度热情和不懈追求的风范和活力,它是教师专业发展的支柱和动力。再次,自我专业成长的需要和意识是教师专业发展的重要条件。良好的教师文化为培育教师自我专业成长的需要和意识奠定了基础和条件。最后,教师价值观为教师专业发展树立了明确的目标和方向。只有树立起教师专业内在的价值观,才能在教师群体中形成"专家"取向的教师专业发展目标,从而更好地促进教师的专业成长。

(二) 推动学校文化建设

教师是学校文化建设的生力军,教师文化由此成为学校文化建设的重要根基,其优劣好坏就会直接关系到学校文化的建设状况。正是基于这样的认识,有研究者就指出教师文化对学校文化建设具有以下功能:引导功能——因为教师是学校的代言人,教师文化发展必然引导着校园文化发展的方向;示范功能——教师是榜样,是模范,其一言一行、一举一动都会影响学生的发展,影响到外界对学校的认识和评价;整合功能——现代教育的开放性、学校信息来源的多重性和社会现实生活的复杂性等,都要求教师必须对进入学校文化的社会综合文化进行"过滤"或"加工",取其精华,去其糟粕,重新整合学校文化;预警功能——教师以特有的社会教育责任感和使命感预见着学校文化的未来,预防着不良文化对学校可能带来的各种损害。②

---

① 孟宪乐.教师文化与教师专业化发展[J].教学与管理,2005(30):17-18.

② 金崇芳.教师文化刍议[J].渭南师范学院学报,2004(3):82-83.

（三）提高学校管理效能

实践证明，教师文化的形成有助于学校管理效能的不断提升。有些学校领导其实已经意识到教师的思想观念、专业理念、价值体系等文化层面的东西在学校管理中所具有的重要价值。而教师文化塑造本身就在于关注教师文化和人文层面的发展，突显“以人为本”的现代理念，尊重人的本性。这样的学校管理强调的是一种柔性化的、人文化的和人本化的管理理念和方式。由此可见，重视教师的存在和教师文化的发展，从深层挖掘和调动教师的主动性和积极性，将十分有助于学校管理效能的不断提高。

（四）引领社会文化发展

在文化冲突与整合的全球化背景下，学校的文化功能已经成为对社会进步和人类发展影响极为深远的一种社会性功能，教师所担负的文化创新和社会文化发展引领的使命更加重要而艰巨。教师通过知识传播、知识创造以及与社会的互动而对社会文化产生着巨大影响，教师及其文化表现常常被当作社会道德实践的模范，在社会生活中发挥着强有力的感召力。教师文化的育人性、批判性和学术性特质，必然使其在实现以高尚的精神文化激励人、塑造人和成就人的同时，创造出社会需要的具有引领社会文化风尚的先进文化，进而影响社会的发展和人类的进步，从而实现教师文化的社会辐射和影响功能。

四、教师文化的内容结构

国内外学者在进行教师文化研究时，提出了不同的教师文化类型学说。通过对这些教师文化分类的具体分析，可以看出教师文化的结构和内容。

（一）教师文化四种类型说

这种教师文化分类理论主要是借鉴了加拿大学者哈格里夫斯的教师文化类型理论。哈格里夫斯从性质上把教师文化分为“个人主义文化”和“合作互动文化”两种类型，并进一步从规模和起源上把“合作互动文化”划分为“派别主义文化”、“人为合作文化”和“自然合作文化”3种，从而形成了独具特色的教师文化的四种类型说。教师文化的四种类型说对教师文化内容结构的研究和揭示是较为深入的，自然它也就成为目前学术界普遍赞同和接受的一种观点。

1. 个人主义文化

在传统的教育教学活动中，教室就像是一个个由城墙和护城河孤立出来的城堡，学校被分割为闭锁和隔绝的一个个课堂，教师之间也被人为地彼此分离，教师群体之间的相互沟通与合作难以进行。每个教师进行的都是孤立于他人的教学，相互之间获得反馈和进行沟通的渠道几乎被断绝，这就必然造成了个人主义的教师文化。从一定程度上说，个人主义文化是由以课堂中心这一教师职业最主要、最突出的特点造成的，加之学校缺乏清晰的意识和改进的措施，未能有效地提供教师之间合作的机会，久而久之在这种孤立的课堂中不可避免地滋生并助长了这种个人主义文化。当然，个人主义文化的形成也离不开教师自身的主观意愿，个人主义对于致力于教师个人的进步与完善是必不可少的，它有时更多的是教师个人特质中独创性和原则性的体现，而教师由于自身的生活经历和教育教学环境因素的影响，也总是习惯于把孤立封闭作为最安全的专业选择。

处于个人主义文化中的教师自身和教师整体的专业成长往往都会受到严重的消极影响

和制约:教师之间的孤立、隔绝状况容易造成教师只专注课堂教学和眼前事务,很大程度上消解了教师参与自身专业成长的兴趣和想法,因而对参观和借鉴其他教师的课堂常常会感到迟疑甚至抗拒。个人主义文化在杜绝了教师之间可能存在的指责和挑剔的同时,也人为地阻断了获得他人支持与帮助的渠道。从心理角度分析,教师自身的专业成长是无法离开教师集体环境的支持和协助的,教师自身的课堂教学风格和教学策略往往会受到来自其他教师的直接而强烈的影响,教师专业成长在很大程度上需要从彼此身上汲取和获得,而个人主义文化无法为其提供积极向上的文化环境,无形之中就会阻碍教师的专业成长。

2. 派别主义文化

教师有意或无意地参与学校某个团体,与其中的教师联系密切,从而形成某一派别,而不是大家共同团结于整个学校集体中,这就必然会形成派别主义教师文化。派别主义文化主要表现为:教师从属于相互分离甚至是彼此竞争的团体,如同联系松弛、各自独立的城邦,不同派别在学校中各自利用自己的手段谋求权力、地位和资源,各个团体内部形成了强有力的团体核心、盲目忠诚和牢固堡垒,并伴随着作为结果而发生的冷漠甚至表现出对其他团体的敌意。派别主义文化中的教师多由于工作关系而紧密团结在一起,并对其产生很强的认同感和凝聚力,逐渐形成并体现各自对教育教学工作的不同观点。

派别主义文化形成的客观原因在于学校领导在教育管理上过多强调教师之间的横向分组,忽略了纵向划分的连续性和缺乏宏观的教师管理理念。派别主义文化的存在不仅会造成教师关系紧张和冷漠,而且还会使教师各行其道,很可能会带来不同派别之间的矛盾和斗争,甚至对产生对教育教学资源等的争夺。这种派别主义文化往往很难为教师的专业成长提供良好的前景和动力,因为教师的专业成长是深深扎根于同行群体之中的;而相互间的排斥性则会阻碍教师对外在教育教学变革的自我责任感,使教师对自身课堂教学或派别团体产生盲目的保护主义倾向。

3. 自然合作文化

所谓自然合作文化,是指教师之间形成的一种约定俗成的互助、支持、信任和通达关系。它是在一种自然状态下形成的,不受外来的行政命令强制,也不受学校或团体意志的胁迫,而是源自教师内心深处的个人需要,是一种教师自我的强烈的内在愿望。自然合作文化体现于教师的日常教育教学工作之中,并以教师的教育教学活动为中心。但在教育教学实践中,自然合作文化往往很难形成,即使形成也难以长久保持,主要原因在于这种文化与教师日常工作所面对的压力与限制存在较大的矛盾性,与起主导作用的教师工作场景也不甚协调,其中单就时间和课程方面来说,就严重制约了教师相互间合作的深度和广度。

个人主义文化和派别主义文化的存在,会抑制和损害教师的课堂教学表现,压抑其进行教育教学改革和发展的动机和愿望,而自然合作文化正好可以弥补这种缺憾。在自然合作文化中,教师的失败和不安往往不会受到其他教师的冷落和排斥,而可以通过教师间相互的交流、讨论获取帮助与支持,加以很好地解决,从而消除了教师的孤独感和无助感;教师之间形成了共同的价值观和共同利益,对专业理念产生广泛而深刻的认同,这种和谐的文化气息会强化教师对学校的认同感和责任感,有助于形成教师集体的合力,并成为教师专业成长的根本动力。教师在这种文化关系中往往会具有强烈的归属感、使命感、依恋感和信赖感,从而更能够积极主动地进行专业自我成长。

4. 人为合作文化

在实现自然合作这一理想文化状态的过程中，学校所面临的问题往往是如何从个人主义文化和派别主义文化中引导教师去实现教师间的自然合作的目标。而人为合作文化正好可以起到承上启下的沟通和桥梁作用，它是一种为达到在教师之间形成更为长久的合作关系而暂时存在的、过渡性的和初始阶段的文化状态。在人为合作文化中，教师的时间和空间往往被局限在由上级设定与规划的教学目标与教学计划之上，学校行政部门规定和重建教师间的关系，共同实施既定的教学目标和教学步骤。但由于过于强调教师的服从，有时就会忽略教师专业成长的主动性和自愿性。人为合作文化的根本目的就是通过一系列规定的、具体的步骤，使教师团体重视学校的规划，鼓励教师更多地进行合作，从外部环境融入一个更适合的、支持性的教师文化之中。

当然，也应该看到，人为合作文化也存在某些局限性。一方面，它不能形成一种真正的自然合作文化，这种带有压制性的文化有时会阻止教师把反思和批判作为其日常生活的核心，往往会造成教师发展的被动局面；另一方面，人为合作文化可能起不到发展自然合作文化的作用，从而阻碍已经形成的教师之间良好关系的发展。不仅如此，人为合作文化有时还会造成教师精力的浪费，甚至还会破坏教师间形成自然关系的自发性。虽然人为合作文化存在上述一些局限性，但它还是有其存在的意义和价值的，因为对于教师之间的合作关系而言，这种管理性文化的创设和介入，在教师的专业成长中往往会发挥着积极的支持和巨大的促进作用。

（二）教师文化两种类型说

有学者根据我国现有教师文化的本质及其未来教师文化的发展走向，把教师文化分为“适应型”教师文化和“创生型”教师文化两种类型。① 当前我国的教师文化从本质上来说，是一种与教师的“技术熟练者”身份相适应的“适应型”文化，这种文化的基本价值取向是“效率中心和技术理性”，教师是传授知识的机器，教师在于熟练地执行课程，遵循既有的课程计划和预设的实施程序。“适应型”教师文化具有封闭性、预设性、保守性和技术性等特征。“创生型”教师文化就是教师共同体在教育教学活动中通过主体参与和反思实践，创造和生成符合学生发展、符合自身发展的专业意识、价值理念和行为规范等。“创生型”教师文化具有开放性、创造性、生成性和发展性等特征。

（三）教师专业文化系统说

教师专业文化系统说认为，教师专业文化应包括教师的理念、教师的道德规范、教师的内在修养等内容结构体系和精神文化、制度文化、行为文化、物质文化等形式结构体系，并且其内部具有一定的逻辑性和规律性的对应方式。

1. 物质文化系统

物质文化是指以物质为表现形态的表层教师文化，是教师文化的外显表象，是行为文化、精神文化和制度文化的具体表现。它往往是位于教师文化的最表层，距离教师文化的核心和本质也最远。一方面，它受行为文化、精神文化和制度文化的制约，具有从属性和被动

① 唐美玲.从适应型教师文化走向创生型教师文化：论新课程背景下教师文化的重建[J].新课程研究（基础教育），2006(11)：3-5.

性;另一方面,它又是人们感受教师文化存在的外在形式,具有形象性和直观性。一般情况下,我们认识一所学校的教师,往往是从他们可听、可见甚至是可以触摸到的外在物质形象开始的,透过他们的案头环境、个人服饰、兴趣物件以及所读书籍等,就可大体了解他们的文化品位指向。

2. 精神文化系统

精神文化是指教师在教育服务过程中,受一定意识形态的影响而长期形成的精神成果和文化观念。相对于教师文化系统的其他层次来说,这种精神文化往往居于核心位置。它体现了教师在长期教育服务活动中形成的群体意识和职业价值观,并深深地根植于教师的心里,通过一定的文化网络呈现出来,继而得到传承和发展。这种文化系统能对教师的精神面貌产生巨大作用,并且可以通过行为文化来促进物质文化的增长。

3. 制度文化系统

教师制度文化是指围绕教育核心价值观,要求全体教师共同遵守的按一定程序办事的行为方式及与之相适应的组织机构、规章制度的综合。从发生学的角度来看,价值观是"源",制度是"流"。制度文化存在之重要性就在于:它是价值观之"源"转化为制度之"流"的必要过程。教师制度文化系统是教师文化以及整个教育事业健康发展的重要保障。如教师的培养和选拔制度直接决定着良好的教师文化形成的速度和发展的质量;教师的管理和考核制度直接影响着教师文化稳固持续发展的动力;教师的评价和激励制度则直接影响着教师文化的社会声誉;教师的权利保障和申诉制度则直接影响着教师文化的社会吸引力;等等。

4. 行为文化系统

教师行为文化是指教师在教育教学工作中产生的活动文化,它包括课堂教学、课外辅导、人际关系、文娱体育等活动中产生的特有文化现象。它是教育行业风气、教师精神面貌、师生人际关系的动态体现,也是教师教育精神、职业价值观的折射。得体的言谈举止、启迪智慧的思想交流、准确清晰的语言与文字表达、漂亮的书法等,都与教师的行为文化有关,实际上也就是教育文化精神通过教师行为的外化反映。

虽然教师文化是无形的,但它又无时无刻不表现于教师的教育教学行为之中。教师文化所倡导和凝聚的共同理念和共同目标,在一定的条件下会在教育教学实践中发挥独特而无以替代的重要作用。我国教育事业要想取得质的飞跃,要想真正实现由教育大国向教育强国的迈进,就必须重视教师专业文化的研究和建设,而且这种研究和建设应该是在对教师专业的现状和发展目标准确认识和把握的基础上,提出切实可行的、旨在解决教育教学实际问题的方案和步骤,才能使教师专业文化的发展获得源头活水,从而真正形成符合我国国情和教育教学实际,能够引领教师专业成长的优秀教师专业文化。

五、教师文化的变革与重构①

最具主体价值、生命意义和最具活力的教师文化的建构,不仅是基础教育新课程改革的核心理念和重要任务,而且是顺利走出当前困境、持续有效推进的必由之路。然而,当前我

① 张典兵.教师文化的变革与重构:由"适应"到"创生"[J].教育理论与实践,2019(11):30-32.

国教师文化建设不容乐观,孤立的个人主义文化、强制的捆绑主义文化、畸形的派别主义文化仍大行其道。因此,必须推动教师文化变革,不断激发教师的文化自主与自觉,由“适应”到“创生”,构建具有批判意识、反思品格和创新精神的先进教师文化。

（一）传统教师文化的反思

“适应”一词源自进化生物学,是生物的形态结构和生理机能与其赖以生存的一定环境条件相适合的现象,是一种动态的、交互的、有弹性的历程。所谓教师“适应”文化,是指在我国传统学校组织模式和应试教育思想影响下,教师所形成的教育哲学观与价值观、自身角色定位与行为方式、教师与其他职业相关者的关系等。教师“适应”文化主要基于“文化传递者”这一教师职责定位和教师与文化间的“线性”作用机理,“使教师完全被圈定在现有文化框架内,而且从本体上将教师设定为工具,造成教师自身的文化认知与文化意识的缺失、亏空与虚无,使教师文化承袭着社会文化适应论的工具主义化的逻辑、机制及指导思想。”① “文化传递”着眼于从功能性维度规定教师职业角色,把教师的作用简单化为复制与传递既有“法定文化”,使学生接受和服从社会文化传统与习俗的规约。而“适应文化”则侧重于从目的论维度对教师文化的性质进行界定,主张教师应当成为社会文化的消极“适应者”而非积极“改造者”,必须完全忠实于对社会主流文化的传递、适应与维持。反思和解构教师“适应”文化,可以看出存在着以下几个弊端。

1. 封闭的个人主义文化

在我国,“专业个人主义”长期以来都是教师职业的存在方式和显著特点之一。“教师个体的行为方式总是彰显其个性。这为教师开发自身的创造力提供了必要的、良好的条件。另一方面,教师疏于合作,表现出较强的独立性,不可避免地在价值观念、思维方式、行为习惯等方面呈现封闭性特征。”②为了维护自己建立在专业知识和专业能力基础上的自尊,教师往往把教育教学活动看作一个相对封闭、自我满足的领地,问题的解决更多依靠个体力量来实现。这不可避免地造成教师间合作、交流、理解、互助、分享的缺失,致使“独自探究”成为大部分教师的专业生活状态和工作习惯。教师习惯于在熟悉的学科与课堂屏障里自我保护,不愿意积极主动地学习新知识和接受新事物,缺乏冒险精神和教育教学激情,甚至对其他教师积极进取的表现也消极排斥。

造成封闭的个人主义文化的原因有二:第一,教师的中心工作是学科教学,它往往是以固定的班级为单位,以熟悉的教室为场域,凭借自身扎实的专业素养和丰富的教学经验,独自完成教学任务,达成预设的教学目标。教师在专业活动中并不欢迎其他教师的观摩学习,出现问题也很少寻求其他教师的帮助,教师之间的沟通、合作与交流相对缺乏。第二,教师的工作表现出较强的“不确定性”与“无边界性”特征。“不确定性”是指课堂教学的情境性、偶然性和不可预见性,它在很大程度上加剧了教师之间的“离散”,因为在此教师课堂教学中有效和成功的因素,在彼教师的课堂教学中却未必有效和成功;“无边界性”是指教师工作时空的广延性和工作任务职责的复杂性,如果缺乏及时有效的帮助与引导,有可能导致教师疲于应付、精神倦怠、无力沟通。

① 李纯.论多元文化背景中教师文化的转向[J].教学与管理,2010(1):8-10.

② 郝明君,靳玉乐.教师文化的变革[J].中国教育学刊,2006(3):70-71,74.

2. 强制的捆绑主义文化

在传统科层制组织模式之下,我国学校往往不顾及教师的实际需要和主观意愿,统一设置以学科或年级为单元的组织结构,热衷于把不同教师强制性地组合于一个办公室之中。除非有特殊的工作需要,二年级的教师一般不可能被安排到其他年级的办公室里,而语文学科的教师也决不会跑到其他学科参加相关的教研活动。教师的工作场所和合作对象,完全受制于学校行政组织的统一调度和安排,在与其他教师组合工作方面他们往往缺少自主选择,自身人际交往的内在需求也很难得到满足。教师实际上是被人为地“捆绑”在一起的,看似工作在一块,实则“身在曹营心在汉”,形不成密切合作、互帮互助的“专业发展共同体”,孕育不出“心往一处想,劲往一处使”的教育合力。

强制的捆绑主义文化消极影响有三:第一,教师文化“沙漠化”倾向。教师之间互不了解、彼此孤立、各自为战、自我防御,缺乏组织内部的向心力和凝聚力,他们就好像一个个死气沉沉而又独立的“沙砾”,散乱地分布于教师文化的荒漠之中。第二,教师文化的“表面化”倾向。由于学校强制性地把学科教研组划分为高、中、低等不同年段,教师的个体差异难以得到照顾,各自的独特需要也不能很好地统一,势必造成教研组活动的表面化和形式化,教师只是按照规定机械被动地完成既定的活动任务,生动活泼的批判性反思和深层底蕴的文化厚积也就无暇顾及了。第三,教师文化“偏狭化”倾向。被“捆绑”在一起的教师,合作与交流势必受到阻碍,因而他们往往更加喜欢在自我狭小的空间里独自思索和体验教育教学,教师本应具备的宽阔的文化视野在这样的工作方式下不知不觉地消弭了。

3. 孤立的派别主义文化

派别主义文化最早是由加拿大教育家哈格里夫斯提出的,是与个人主义文化、人为合作文化与自然合作文化相并列的教师文化形态之一。派别主义教师文化主要表现为:“整个学校被分裂为一个个独立的有时甚至是由于利益而导致的相互竞争的团体,生活在这种派别主义文化中的教师分别归属于某一派别,每个教师只忠于自己的团体。”①教师在团体派别内能够紧密联系、密切合作、共同追求、彼此分享。但各个团体派别之间则往往互不关心,彼此缺乏合作与交流,甚至由于竞争还会造成它们之间激烈的利益冲突。由于各团体派别是“静态的、僵化的、封闭的,其弊端不仅在于它们限制了全校教师发展共同使命的可能性,制造了不同教师群体之间的不平衡和不平等,也减少了全校教师之间的相互学习交流的机会。因此,派别主义限制了教师的专业发展,给学校的整体变革带来了困难”②。

造成孤立的派别主义文化的原因有三:第一,教师个人方面。从马斯洛的需要层次理论上来看,每个教师都具有归属需要、尊重需要和自我实现的需要,而这些精神性需要的满足离不开团体和派别。同时,每个教师都有自己的利益诉求,为了使其最大化,他们就会结成相关的团体和派别,大家一起共同捍卫和实现自身利益。第二,学校组织方面。在传统“科层制”学校组织模式之下,教师往往处于被领导和被管理的地位,再加上教师评价机制的不完善,致使他们为了获得更好的专业发展的权利和机会,想方设法结成一定的“利益共同体”,从而催生了派别主义文化。第三,文化传统方面。中国传统文化中的儒家思想,从根本上说乃是一种“心性哲学”,它在倡导“和合”的同时,势必衍生出对个性解放的压抑。儒家思

---

① 王璐.专业化视野下的教师文化重构[J].四川教育学院学报,2009(3):8-11.

② 邓涛,鲍传友.教师文化的重新理解与建构:哈格里夫斯的教师文化观述评[J].外国教育研究,2005(8):6-10.

想崇尚家族主义和宗派主义，说话办事重视以宗族或集体为依托，成为孤立的派别主义教师文化形成的丰厚土壤。

（二）当代教师文化的重建

批判性反思传统“适应型”教师文化，就是要实现“创生型”教师文化的转向与重建。所谓教师“创生”文化，是指教师基于时代和教育变革的要求、自身专业素养优势以及学生的发展水平等，通过反思性实践与主体性参与，创建和生成的“合目的”和“合规律”的教育价值观、教师角色定位、教育思维方式与行为方式。就内容而言，“创生”文化是指作为学生引导者、教育研究者和终身学习者的教师，秉持素质教育、以生为本等现代教育理念，适时转变自己的教育思想，完善自己的教育行为，彰显教师和学生作为人的生命意义，实现师生共同成长；就形式而言，“创生”文化体现了教师之间沟通协调、团结互助、合作共享的一种新型关系；就过程而言，“创生”文化实现了教师文化由“积淀”到“创建”、由“消极”到“积极”、由“规约”到“解放”、由“自在”到“自觉”的动态演进和超越。如果说“适应”文化限制了教师的独立思考与自主选择，压抑了教师的思想自由与生命价值的实现，“创生”文化则反映了教师自觉践行和主动追求的理性精神，体现了教师不断增强的文化传承、文化选择和文化创造的自主能力，他们也因此能够在创生科学先进的教师文化的同时，实现自身教育价值和人生价值。

教师“创生”文化的重构，一方面需要学校层面的外在因素的支持，如组建教师“教育实践共同体”，加强对教师的价值引领，贯彻人文管理和人文评价理念，培育教师之间的自然合作机制等；另一方面，也是更为重要的，就是需要教师层面的内在自觉的激发和调动。“文化自觉”最早是由我国文化学者费孝通提出的。他认为，文化自觉是生活在一定文化中的人，对其文化要有自知之明，明白它的来历、形成过程、所具有的特色和它的发展趋向，自知之明是为了加强对文化转型的自主能力，取得适应新环境、新时代文化选择的自主地位。① 教师“创生”文化的重构，从根本上离不开教师文化自觉的深层支撑，它是教师文化建构与形成的内生动力。

1. 培植教师发展的文化意识

教师专业发展的目的是提高教师教学的能力素质，以教学服务的专业发展为基本特征。教师专业发展的工具性取向，导致“实用”成为传统教师专业发展的目标和评判标准。在实践中具体表现为：偏重有利于教学的知识培训，或者是以教学技能方法、教学技术等对教学有明显成效的内容为教师培训重点等。对实用性的偏重无形中淡化了教师专业发展的文化意识。因此，在教师专业发展深度和广度延伸中，文化性加强的重要任务是强调教师专业发展的文化意识。

(1) 要普及教师专业发展的文化性特点。教师主要职责是传授知识文化，而教师专业发展主要是通过合适的知识、技能、方法等，帮助教师履行职责，为教师教书育人提供便利，教师专业发展具有一定的文化色彩。另外，教师专业发展还牵涉到教育、心理、社会等各方面的知识，其中有很多问题值得研究和深化，这是极其重要的教育研究方向，也表明了教师专业发展的文化特征。但很多教育主体并未清晰理解这个特征，在实践中更多地强调教师专业发展的路径、手段等工具意义，因此要培育教师专业发展的文化意识，需要向各方面普

① 费孝通. 论人类学与文化自觉[M]. 北京：华夏出版社，2004：13-15.

及教师专业发展的文化属性,培育教师专业发展的文化意识。

(2) 要强调教师专业发展的文化目标。教师专业发展的最终目标是促成教师形成正确的具有鲜明特色的教育哲学,形成教师自己的教育观、学生观、知识观和发展观。各种思想观念的本质是文化,文化创造要基于文化来发生,文化目标的实现要以文化路径来依托,教师专业发展的文化目标明确会导向文化意识的生成。

(3) 要突出教师专业发展中的文化意义。各种理论、知识、技能的培养是教师专业发展的具体实践,教育理论或者教育策略方法技巧等是文化的不同表现形式,教师专业发展本身是由各种文化知识来推动的,其具有文化意义,突出这一意义具有强化文化意识的作用。

2. 确立教师发展的文化目标

教师专业发展是以一定目标为导向的。传统把掌握技能、识记知识作为教师专业发展目标,教师专业发展难以触及文化层面,从而制约整个专业发展过程的文化渗透。在强调教师专业发展深度和广度拓展的文化性时,需要设定教师专业发展的文化目标,以目标来导引教师专业发展各方面向文化层面发展。

(1) 塑造教师教育文化。虽然教师专业发展方向内容不同,但实质一致,要通过教师专业发展广度和深度拓展提高教师整体素质,教师思想理念发展对教书育人目标实现有根基意义,但是相对于知识、技能等方面的显性表现,思想意识层面的进展比较缓慢。教师专业发展只强调技能、技巧方面的显性目标,而忽略教师思想层面的发展。为此,在教师专业发展强调文化目标时,需要强调教师自身对教育的系统认知,以此推动教师专业发展目标由教育技能提升、教育知识水平提高等,向个性化教育文化创造迈进。

(2) 提升教师文化素养。具有一定学科知识是教师教学的基础,但是这些学科知识并不是教师文化素养的全部,无论是当下学科融合,还是教师专业知识扩展需要,教师在学科知识之外要掌握更多的文化知识,如传统文化、本土文化、其他学科知识等,只有储备更多的文化知识,教师在教学中才能厚积薄发,使学科教学更有厚度、深度和广度。

(3) 增加教师对教学的文化认知。教学本质是文化实践活动,不同教学活动有不同的文化意义,课堂教学是文化传承的重要途径,也是文化发展的起点。教学具有文化属性,但是很多教师并没有从文化层面来认知教学,只是狭隘化理解教学。因此,教师专业发展的一个重要文化目标,就是增强教师的文化认知,使教师能够更多地从文化层面来审视教学。

3. 规划教师文化发展的思路

基于文化视角的审视有助于教师专业发展摆脱工具层面的影响,突出其文化性特征。所谓基于文化视角规划专业发展,实际上就是把教师专业发展视为一个文化过程,以文化需要对其中的各项要素进行合理规划。

(1) 根据文化创造划分专业发展阶段。教师专业发展是一个长期的过程,教师要形成自己的教育思想理念,并建构起属于自己的教育模式,对教育知识文化进行个性化文化创造,需要经过一定的发展时期,因此,需要根据文化创造发展规律,对教师专业发展进行阶段划分,从而形成教师专业发展的合理规划。

(2) 根据文化联系整合专业发展内容。教师专业发展的内容有一定联系,不同知识技能之间的联系可以取得更好的发展效果,如可以借助心理学知识和特定教学技巧方法的关联,促成教师在两个方面的共同发展,也可以基于信息技术和教学方法的内在联系,提高教学技术水平。在教师专业发展时,可以根据专业发展不同内容之间的文化联系,整合需要发展的具体项目。

（3）根据文化规律设计专业发展流程。教师专业发展内容众多，哪些内容应该在前面，相关内容该如何培训等，都有一定的先后顺序。在整合了教师专业发展需求的知识内容后，还需要合理排序相关内容，按照一定流程来进行培训，这样的培训才更加合乎文化的逻辑。

（4）基于文化目标建构教师专业发展课程体系。教师专业发展内容众多，而教师情况不一，每个教师需要接受的培训内容和需要重点强调的项目都有所不同。为了使所有教师的专业发展培训都能够殊途同归，发展教师自己的教育理念和教育风格，需要基于文化目标合理建构教师专业发展课程体系，使教师能够接受针对性的课程训练。

4. 激发教师文化发展的自觉

（1）在对话合作中寻求理解。教师的文化自觉是教师在专业实践活动中把社会赋予的外部目标转化为自身的内部需要，积极主动地参与专业实践和专业研究，体悟并认同与教师有关的角色价值及行为规范的过程。教师作为专业生活中各种人际关系的"枢纽"，一刻也离不开与其他相关者之间的对话、合作、互动与交流。在后现代主义和主体间性哲学盛行的当下，对话与合作不仅是教师的一种核心素养，而且是一种生存智慧。如果缺乏良好的合作意识和较强的合作能力，教师甚至无法完成教书育人的基本职责。通过对话与合作，教师一方面能够对教育教学活动中发生的问题和出现的困惑进行共同研讨、共同理解和共同回应；另一方面也能够获得来自学校管理者、其他教师乃至学生的支持，有助于互帮互助、超越创新的教师群体智慧和合作文化的形成。在这种"合作文化"中，工作和生活既能促使教师优化实践智慧、提升专业品质，也能增强教师的向心力和凝聚力，而这恰恰也正是教师"创生"文化追求的最终目的。

（2）在积极反思中开展批判。从词源学上来看，"反思"即回头、反过来思考，它首先蕴含着一种"问题意识"。具有反思品质的教师，敢于质疑自己的教育教学实践，能够从习以为常和理所当然的教育教学生活中发现问题，并善于采用适切有效的方法和策略加以解决。教师的积极反思一般包括两个方面：第一，对教学实践的反思。就像医生看病、开处方需要根据患者病情对症下药一样，教师的教学也应是一个不断诊断、反思、调节和校正的过程。通过反思，每一次调节与校正都能对以后的教学产生积极影响。教师在一堂课或一个阶段的课上完之后，对自己的教学情况进行反思，分析教学目标的设定、教学内容的安排、教学进程的调控、教学方法的运用是否恰当，考察教学是否契合学生的知识经验水平和认知能力实际，总结其中的利弊、成败和得失，寻求问题解决的有效对策，使之达到最佳效果。第二，对自我的反思。认识自我、了解自我、反思自我是教师必备的专业核心素养，教师对专业自我的清醒认识和正确评价，能促使其教学效能感、自我成就感和自我满足感的形成，这对教师"创生"文化的形成，无疑起着至关重要的作用。

（3）在自主自觉中进行学习。自主精神与自主能力不仅是教师专业发展的核心和灵魂，也是教师"创生"文化重构的前提和基础。知识经济和学习化社会的到来，则需要教师牢固树立终身持续不断学习的理念。教师职业内在地蕴涵了学习的意义和价值，如果一名教师不能勤于和乐于学习，他就不能及时更新和补充专业活动所必需的知识技能，就不能具备正确的教育价值观和坚定的职业信念，也就不能卓有成效地、创造性地开展自己的专业工作。在自主自觉中进行学习，意味着教师的学习不仅是建立在自主态度和意识发展基础上的"能学"，建立在教师强烈学习需要和学习动机基础上的"想学"；而且是建立在有效学习方法和学习策略掌握基础上的“会学”,建立在坚持不懈、持之以恒意志努力基础上的“恒学”。教师的学习应当是基于专业实践需要的、发自内心的积极主动的探究,表现为学习活动前教师能够确立学习目标和学习计划,学习过程中教师能够自我监控和自我调节,学习结束后教师能够自我反思、自我评价和自我修正。通过自主自觉的学习,教师就能实现专业知识的扩充、专业理念的转变、专业道德的优化、专业能力的提升、专业心理的模塑和专业精神的升华,进而达成专业自我的更新、完善和丰赡。

(4) 在教育研究中开拓创新。自英国课程教学专家斯腾豪斯提出“教师即研究者”的响亮主张以来,作为“研究者”的教师其意义和价值日益凸显。面对日日常新、层出不穷的教育教学新理论,教师需要不断地研究和学习,在吸收和内化的基础上实现向教育教学行为的创造性转化;面对丰富多彩、生动鲜活的教育教学实践,教师需要进行深入的反思和探究,既要总结和提炼有价值的、优秀的教育教学经验,又要对其中存在的问题与不足展开深入剖析,借此不断丰富教师的实践智慧,进而建构教师的心理文化、行为文化和精神文化,而这正是教师走向文化自觉的最佳路径,教师“创生”文化也会因之而具有了坚实基础。一方面,教师的教育研究最重要的是“求善”而非“求真”,要重在做正确的事而非正确地做事,也就是要在诸如备课、上课、课外辅导、作业的布置与批改、学业成绩的检查与评定等日常教学工作中,不断精心地加以设计、实践、思考、优化和提高。另一方面,教师的教育研究也要注意在“求善”基础上“求真”,也就是说教师教育教学行为的优化和完善需要建立在深入分析研究与理性认识的基础上,既要追求实践效果的提高,又要充分剖析和阐明背后的根本原因。

5. 优化教师发展的文化评价

教师专业发展的文化层面思考有利于深度和广度拓展,这种优势在专业发展的后期比较突出。而在实践中,知识技能层面的发展更容易取得实效,这在实际操作中形成了一种眼前发展和长远发展的矛盾。未来发展的不确定性会使得教师专业发展向现实倾斜,更重视现实或眼前的成效。为了使教师专业发展深度和广度向文化层面拓展,需要通过评价来引导这种发展倾向,使教师专业发展从文化层面来布局。为此,就必须以评价强调教师专业发展的文化性。

(1) 形成教师专业发展的文化评价理念。从文化层面来进行发展评价,以文化层面的评价理念引导各种评价要素,强调教师专业发展的文化性,同时以这种评价理念奠定教师专业发展的文化基调。

(2) 更多设置教师专业发展的文化指标。评价是对目标的呼应,有关具体指标的设置可以根据教师专业发展的文化目标来进行。把教师专业发展中的文化内容、教师专业发展的文化形式、教师专业发展的文化发展、教师的教育文化认知等,都纳入教师专业发展的评价指标体系中,以相关指标制定引导教师专业发展重视文化层面的内容。

(3) 制定教师专业发展文化性评价标准。评价标准表明人们重视什么,忽视什么,发挥引导被评价者行为的作用。有什么样的评价标准,被评价者就会向什么方向努力。要推进教师专业发展的各方面主体重视文化性发展,就需要制定相应的文化性评价标准来加以引领。

第二节　教师幸福

对幸福的不懈追求是人生的最高理想，也是所有社会生活价值的最核心体现。对此，德国著名哲学家费尔巴哈就曾明确指出："一切有生命和爱的生物、一切生存着的和希望生存的生物之最基本的和最原始的活动就是对幸福的追求。人也同其他一切有感觉的生物一样，他所进行的任何一种意志活动，他的任何一种追求也都是对幸福的追求。"教育作为一种培养人的社会实践活动，是从根本上关涉人的幸福的最伟大的事业。教师作为教育活动的主要承担者，必须关注并实现自身的专业幸福，唯其如此才能教会学生幸福，才能最终达到教育的根本旨归。

一、教师幸福的内涵

（一）何谓幸福

要想理解教师幸福，首先必须了解和把握幸福的基本内涵。从已有研究来看，不同学者从不同学科视角对幸福进行了界定。有学者从心理学上关注幸福，认为幸福是指人类个体认识到自己需要得到满足以及理想得到实现时的一种情绪状态，是有需要包括动机、欲望、兴趣、认知、情感等心理因素与外部诱因的交互作用形成的一种复杂的、多层次的心理状态。① 有学者从伦理学的视角把幸福界定为：幸福是人的根本需要或总体需要在一定程度上得到满足时所产生的愉悦感。② 也有学者从教育学的角度将幸福阐释为：幸福是人性得到肯定时的主观感受。③ 由此可见，无论人们对幸福的理解如何多元化，几乎都承认这样一点，即幸福是人的一种主观心理体验，是人的一种客观生存状态，是人的主观体验与客观状态的统一。

1．幸福是一种积极愉悦的心理体验

从幸福的主观层面来看，幸福是个体愉悦的心理体验，表现为快乐、满意、满足。一方面，作为一种情感体验，幸福不等同于快乐，二者表现在强度或持久度上的区别，与快乐相比，每一种幸福都是非消费性的。幸福的意义性表明，幸福感仅限于感性经验，人的社会性决定了这种幸福感受需要伦理道德的规约。另一方面，从情感发生的对象来看，幸福感总是基于感受主体内心体验的，与感受主体对事物的认知、评价有关，幸福需要个人亲自去感知和体验，只有当某事物得到个体的真心认同时，他才真实地感受到幸福。

2．幸福是个体和谐自由发展的生存状态

从幸福的客观层面上来看，幸福绝非仅仅是个体的主观感受，这种感受是以他的客观的生存状态为基础的；从全面人性观的视角来看，个体是一个身心健康的人，是一个在各方面的精神要素（知识、道德、审美）协调发展的人。个体作为一种自然的存在，需要有基本稳定的物质生活作保障；作为一种社会性的存在，能与周围各关系主体和谐相处；作为一种精神性的存在，则在与自然、社会和自我相互作用的过程中，超越了动物的本能，自由自主地进行

① 严标宾，郑雪，邱林．主观幸福感研究综述[J]．自然辩证法通讯，2004(2)：96-100，109-112．

② 江畅．幸福之路：伦理学启示录[M]．武汉：湖北人民出版社，1999：14．

③ 刘次林．幸福教育论[M]．南京：南京师范大学出版社，1999：31．

创造。也就是说,幸福是以人的完整生命为基础的一种和谐自由发展的生存状态。

3. 幸福是个体的一种重要能力

从幸福的实现方式上来看,要达到主客的统一,个体在与事物相互作用的过程中就必须经过主体客体化和客体主体化的过程,这就需要一种幸福能力。所谓幸福能力,主要是指个体创造幸福和感受幸福的能力。一方面是幸福的创造能力,幸福是一种客观生活状态,这种客观生活状态是由人的实践活动造就的。人的本质和特点就在于能够通过实践活动改变环境,使环境适应并满足人的需要。从这个意义上说,幸福是由人创造而来的。另一方面是幸福的感受能力,幸福作为主观心理体验,它依赖于人们对客观生存状态的感受性。感受力是主观世界通向外界的第一道关口,外界的一切刺激都要通过它到达我们的心灵。由于人在感受力的指向性、强度、深度、广度上存在差异,导致个体对自我生存状态的体验的不同。感受力强的人较容易获得幸福的体验,感受力差的人就很难获得较为强烈的幸福感。

(二)何谓教师幸福

教师幸福,亦即教师职业幸福感。对于教师幸福的内涵,我国学者从不同视角进行了分析和解读。有学者认为,教师职业幸福感是教师职业价值观、工作动力、发展目标、情感体验、社会关系、人格特征等内部因素与职业特性相互作用而形成的一种持续、稳定的、愉悦的高级情感。① 有学者认为,教师职业幸福感是指教师在从事教育教学工作时感受到这个职业可以满足自己的需要,能够实现自身的价值,并且能够产生愉悦感。② 也有学者认为,教师的职业幸福感就是指在日常的教育教学过程中,教师积极运用教育智慧和教学灵感,积极争取教育对象以及社会对自己的整体评价,感受教育事业和教学工作内在的快乐,在这个过程中自由实现自身理想的一种教育主体的生存状态。③ 还有学者指出,教师职业幸福感是指教师在教育工作中需要获得满足、自由实现自己的职业理想、发挥自己潜能并伴随着力量增长所获得的持续快乐体验。④

基于上述对幸福内涵的分析,我们认为,所谓教师幸福,是指教师在教育教学实践活动中,实现自己的专业理想和追求,体味教育教学以及人生价值,促进自身专业发展的一种精神愉悦状态。教师的专业幸福存在于教师专业理想和追求的实现过程中,教育教学实践活动是其基本的场域和根本的源泉。我国学者王传金认为,虽然教师幸福要以一定的物质基础为条件,但它排除了物质幸福的成分,是一种精神幸福,这种精神幸福是心理体验与专业伦理的统一,是主观努力与客观条件的统一,是享受与发展的统一。⑤

1. 教师幸福是心理体验与专业伦理的融合

人的幸福可分为生理幸福、心理幸福和伦理幸福。生理幸福是教师幸福的基础,但它不被包含在教师幸福之内,教师幸福应是心理幸福和伦理幸福的统一。主观心理体验决定教师是否感受到专业幸福,专业伦理则决定教师感受到的幸福是否正当。幸福首先是一种主观的心理体验,但单纯的主观心理体验是靠不住的,心理学体验加上伦理学的价值限定,才

① 赵斌,张大均.教师职业幸福感与工作投入的关系研究[J].现代中小学教育,2014(4):108-111.

② 苏会佳.中小学教师自我情绪智力与职业幸福感的关系研究[D].信阳:信阳师范学院,2017:9.

③ 翟健.浅析中小学教师职业幸福感影响因素[J].教育现代化,2016(29):116-117.

④ 刘婷婷.中小学教师职业幸福感影响因素及提升策略研究[J].西北成人教育学院学报,2017(1):58-62.

⑤ 王传金.教师职业幸福解读[J].教育理论与实践,2008(34):36-40.

是真正的教师幸福。同时,也只有产生了主观体验的伦理价值才能是幸福的,那些因无意识地使行为符合伦理价值却无内心体验的,或被迫作出合伦理的行为因而没有产生主观体验的,都不是真正的教师幸福。有些行为,教师个人觉得值得,但却违背了专业伦理价值;有些行为虽然高尚,但教师个人并不觉得它值得,都不能产生真正的教师幸福。教师幸福的心理体验要有伦理标准去修饰,伦理标准要有心理体验去证实,因此教师幸福既是心理的,也是伦理的,是教师在教育工作中的主观心理体验与专业伦理规定的统一。

2. 教师幸福是主观努力与客观条件的统一

教师幸福只有在教育教学活动中才能实现,这是教师的主观努力与客观条件相契合的结果。如果教师在客观条件都具备的同时,没有把自己的专业理想付诸实践,这就注定他无法体味教育劳动的乐趣,当然也不会获得专业幸福。只有经过教育教学活动,促进了学生整体素质的提高,为学生的终身发展奠定了基础,使之成为对国家和社会有用之才,教师才可能获得真正的专业幸福。也就是说,在客观条件具备的情况下,教师的专业生活也并不必然是幸福的,教师幸福来源于教师的辛勤劳动和积极创造,依赖于教师的主观努力,表现在教师与教材、与学生、与同事、与自己的融合统一之中。换言之,教师幸福是一种潜在的能力,它的彰显要靠教师的努力,这是因为没有健康的价值需求与追求的人必定是远离幸福的人,提升人的人生追求本身就是提升人的幸福水平的前提,幸福存在于人生的实现过程,一个人的生命力在何种程度上得到健康张扬,其创造力在何种程度上得到发挥,其潜能在何种程度上得到实现,其幸福也就在何种程度上得到实现。①

3. 教师幸福是享受与发展的一致

享受是人存在和发展的前提与动力,过度限制享受和欲望就是限制人的存在和发展。如果教师为了得到所谓的幸福而远离人的生活,那么这种幸福就不是人的幸福。当然,教师幸福不是物质欲望得到满足的自然性、实时性的快感,而是教师实现其专业理想的精神性愉悦,是教师的自我发展与超越。教师幸福存在于教师永无止境的创造性活动之中,存在于教师永恒的发展之中。享受与发展是教师幸福中不可或缺的两个方面,离开享受,发展就毫无意义;离开发展,人就只能处于原始状态,无法超越动物的存在。对于幸福的教师来说,教育不是牺牲,而是享受;不是重复,而是创造;不是谋生的手段,而是生活本身。如果从教师专业的社会性角度来看待这些要求,这是社会对教师专业的规约,有其合理性的一面,但如果将其推向极端,则显得未必合理,这是因为教师不仅要履行社会职责、承担社会义务,也应享受到专业的尊严与幸福,教师在促进学生发展的同时,自身也应得到发展。

二、教师幸福的特点

(一)精神性

人既是一种自然的感性存在,又是一种精神的理性存在,而人之为人在于人的精神存在,人是自然属性和精神属性的统一,二者统一的基础是社会实践。因此,人的存在方式决定了幸福不是纯粹的精神体验,也不是单纯的肉体感官的满足,幸福在本质上是一种物质幸福和精神幸福的统一。就现实而言,教师也是有自然生命的人,他们也要解决包括吃、穿、

---

① 赵汀阳.论可能生活:一种关于幸福和公正的理论[M].北京:中国人民大学出版社,2004:152.

住、行、性等人的生理需要,只有这些需要达到能维持生命机体的最低线时,教师才有可能追求更高层次的精神需要。所以,基本的物质需要和条件是实现教师幸福的必要的物质前提和基础。在一定的物质条件具备时,教师的幸福更在于它的精神性,这种精神性表现在精神性的报酬和教学活动中。教师往往以学生道德养成、学业进步、对社会作出的贡献作为自己生命价值的体现和证实,同时,教师也会把师生间的精神交流和情感交融看作是一种精神享受。

(二)给予性

个人幸福的实现不是孤立的个人活动,它总是在一定的社会关系中才能从事的实践活动。个人幸福只是相对于社会幸福而言,个人幸福在实现过程中促进了社会幸福的发展,同时社会的普遍幸福为个人幸福的成功获得提供支持。由此,幸福具有一定的为我性和为他性,是两者的辩证统一,不存在谁先谁后的逻辑关系。但是,教师幸福的精神性和创造性意味着教师首先是为他、给予、奉献而不是索取。给予就是为学生付出,而教师的幸福是学生给予的。教师只有全身心地将自己的热爱给予学生,才能进行有效的创造性工作;教师也只有把自己的热情和智慧给予学生,才能领略到本身的劳动成果,最终实现精神性幸福。也就是说,教师的专业幸福超越了一己之私,从中凸显了一种精神性的奉献和付出。

(三)教育性

从根本上说,教育就是培养学生感受幸福、追求幸福、创造幸福的能力。教育通过使受教育者人格的提升和完善,通过道德和理智的实践使学生体验到精神上的幸福,但使学生获得幸福的教育也须是幸福的教育。教师幸福的直接结果是学生学习生活的幸福和健康成长。在教育教学过程中,教师不但授业、解惑,充当知识传播者的角色,而且其本身也是教育内容。不管教师意识到与否,教师都有成为学生模仿对象的最大的可能性。教师在专业生活中所表现出的幸福、对生活的乐观态度、对学生的无私关爱,在学生幸福成长中具有举足轻重的作用。

(四)创造性

劳动实践不仅使人成为人,而且使人的本质力量不断体现和发展。在劳动实践中人逐渐认识到自身存在的意义和价值,进而享受到生活的乐趣和美好,并进行各种形式的实践创造出社会财富,体味着多样的幸福。一方面,人的幸福内涵有享受和创造两个基本的方面,创造是享受的前提,享受是创造的结果;另一方面,幸福是一种享受,更是一种创造过程。不可否认的是,现实中的确有些人完全依靠他人创造的丰厚成果来享受幸福。但教师幸福的精神特点和表现决定了幸福感的产生只能建立在艰苦的劳动付出之后,只有看到实在的劳动成效,才实现了精神性幸福。由此可见,教师专业具有巨大的创造性价值,这些价值只能在劳动中得到显现和展示。

三、教师幸福的影响因素

(一)外部因素

影响教师职业幸福感的外部因素大致可分为职业因素、组织因素和社会因素3个方面。职业因素主要包括工作内容、工作量、工作收入等;组织因素是指学校管理模式和领导的态度以及人际关系;社会因素是指社会对教师职业的要求和期待、家长对教师工作的评价等,综合表现为教师的社会地位。

工作有趣且有意义被认为是影响职业幸福感的积极因素，这一点并不难理解。工作量与工作收入对幸福感的影响则相对复杂。稳定的工作环境和工作待遇被认为是职业幸福感增益的原因，而普遍偏低的工资待遇则是影响教师职业幸福感的消极因素。① 一个需要经常为个人和家庭的生活担忧的教师，其体验教育幸福的能力必然是有限的。② 偏低的收入一方面不足以满足教师合理生活发展的需要，另一方面也会加剧过重工作量对幸福感的损害。

学校管理模式对教师职业幸福感的影响主要通过教师评价来实现。科学合理的评价机制被认为是教师职业幸福感的积极因素，与之相对应的，“学校不能正确评价教师的付出则对教师职业幸福感有明显的消极影响”。③ 学校的人际关系也是影响教师职业幸福感的重要因素，主要包括教师与同事之间的关系和师生关系两类。良好的人际关系能够更好地调动教师的工作热情，是教师职业幸福感重要的增益因素。④ 如果教师的人际关系不良，则消极影响亦非常广泛。

教师的社会地位是由“教师的经济收入、政治待遇等方面决定的”。⑤ 虽然，我们有尊师重道的传统，社会一般认知当中对教师职业的评价和判断也是比较高的，但教师群体实际感受到的社会地位却并非如此。一方面表现为收入情况并不乐观；另一方面则表现为社会、家长都可以评价教师的职业生活，导致教师成为“众目睽睽”下的工作，教师的责任被无限放大，将教师置于谁都可以批评的尴尬位置。过高的社会要求和较低的社会地位成为影响教师职业幸福感的消极因素。

（二）内部因素

影响教师职业幸福感的内部因素可以分为态度因素、能力因素和生理因素 3 个方面。态度因素是指教师对于所从事职业的认可程度、择业动机以及自我期待等；能力因素是指教师的教育教学能力；生理因素则指教师的身体健康状况。

对教师职业的热爱是教师职业认同的最积极的表现形式，是教师从业最稳定而持久的动力，也是能够推动教师战胜困难获得职业成就感和幸福感的积极因素。择业动机是指个体选择某一职业的理由和原因。研究发现，具有积极择业动机（对孩子的爱、受到喜欢老师影响等）的教师在工作中经常能体验到幸福感，而具有消极的择业动机（命运的安排、急于找到一份工作等）的教师，在工作中只是能偶尔体验到职业幸福感。

教师的自我期待通过与其所取得的职业成就之间的关系影响其职业幸福感。对教师职业有很明晰的认知，具有面对理想与现实之间差距的准备的教师更容易在工作中收获幸福感。相反，若教师对自身兴趣、能力认识不清，对教师职业缺乏深入理解，并抱有不切实际的幻想，则更容易体验到挫败感，从而影响职业幸福。

教师的业务能力是教师职业成就取得的基本依托。精湛的业务能力是教师职业价值实

① 郑孝玲. 国内教师职业幸福感研究文献综述[J]. 教书育人，2011(36)：67-69.

② 吴钢，须烨琛. 小学教师职业幸福感评价标准探析[J]. 教学与管理，2015(30)：7-10.

③ 崔胜杰. 教师职业幸福感研究综述[J]. 辽宁行政学院学报，2012(7)：117-118，120.

④ 童富勇，金优尤. 影响教师职业幸福感要素的调查与分析：以杭州市中小学为例[J]. 杭州师范大学学报(社会科学版)，2009(6)：105-109.

⑤ 李志，谢朝晖. 国内主观幸福感研究文献述评[J]. 重庆大学学报(社会科学版)，2006(4)：83-88.

现的保障;同时,高超的教育教学水平能够帮助教师更好地完成促进学生全面发展的教育目标。教师的专业发展和业务能力提升是教师优势需要之一,与教师的职业幸福感密切相关。

健康的身体是个体获得职业幸福的最根本的物质保障。但是,研究显示,当前中小学教师身体健康水平并不容乐观。汪莉、王志辉针对天津市中小学教师的调查研究发现,48.6%的教师身体健康状况得分低于平均值,59.7%的教师身体健康指数低于一般标准,说明近半数中小学教师身体健康水平较低,身体健康状况亟待提高。① 在不良的身体状况与高水平的工作压力的交互作用下,教师更容易出现职业倦怠等身心问题,从而影响其感受和获取职业幸福的能力。

四、教师幸福的实践样态

教师的专业幸福是对自身各种需要的认识和把握,每个需要都会成为教师追求的目标。在教育教学实践活动中,教师的需要是多种多样、丰富多彩的,但这些需要一般都会指向一个终极目标,即对教育之真、善、美的追求,从而表现出 3 种不同的实践样态。

(一)追求教育真的幸福

所谓教育真,是指教育事物的本质和规律,反映的是教育中最为根本的东西。教育是求真的,自古以来人们都在苦苦追寻教育事物的本质和规律,这已成为广大教育者的人生追求。在教育活动中,探寻教育的本质和规律是教师的重要使命。如何才能更好地教育学生,如何才能更好地启迪学生,这些都需要教师对教育真进行正确把握。教师对教育真的认识越深刻,就越能按照教育的本质和规律开展教育活动,每一次按照本质和规律实施教育,都会获得一次教育成功。教育成功不仅是对教育本质和规律的正确运用,也会在教师的情感上发生积极的作用,使教师在这一次的教育活动中感到满足和愉悦,这种满足和愉悦反过来又会促使教师积极实施下一次的教育成功。正是在多次的教育成功中,教师才慢慢地感受到专业幸福,体验到专业幸福。

(二)追求教育善的幸福

所谓教育善,是指教育活动遵循人的本性和社会伦理道德规范,即教育活动符合人性并且得到肯定性的道德评价。教育是向善的,教育是从精神和行为上对学生进行的积极的正面的引导和影响,这种引导和影响是向着善的方向努力的,是符合人性和社会伦理道德规范的,因而是善的。教育善表现为善的教育思想和善的教育行为。教师在善的教育思想的指导下,用善的教育行为对学生进行引导和影响,使学生的精神和行为受到改造,向着善的方向迈进。如果学生产生了善的意识和善的行为,并且能够在现实生活中加以运用,教师就获得了教育成功。这种教育成功会使教师的情感发生变化,由热爱到执迷,在这一过程中,教师会感到满足和愉悦。经过多次的教育成功,教师就会不断地感受到幸福,体验到幸福。

(三)追求教育美的幸福

所谓教育美,是指教育活动符合审美要求,给人以美的享受。教育是唯美的,主要体现在教育实践活动中,不仅表现为教育思想上的美,也表现为教育行为上的美,并且这种教育思想和行为上的美是有教育意义的。教师在教育活动中揭示了教育真和教育善,在教育实

---

① 汪莉,王志辉.中小学教师身体健康状况及其影响因素调查[J].教育科学论坛,2015(7):75-77.

践中有效地运用了教育真和教育善，使学生向着求真和向善的方向前进，这本身就是展示教育美的过程，即正确地揭示和运用教育真、教育善就是展示教育美。对教育真和教育善的有效运用是通过教师的教育思想和教育行为展现出来的，我们可以从教师的一言一行上感受教育美，也可以从学生的思想和行为的积极变化中体会教育美。正是由于教师在教育成功中正确地揭示和运用了教育真、教育善，这一过程也就蕴含了美、展示了美、创造了美，因而也就从思想和行为上满足了教师和学生的审美需求，从而使教师和学生感到赏心悦目，拥有美好体验，并从中获得有意义的教育。符合了教师的审美需求，教师在心理上就会产生积极的情感变化，从而产生满足和愉悦的情绪，教师就会逐渐感受和体验专业幸福。

五、教师幸福的实现策略

教师幸福的实现是一个系统工程，不仅需要外部条件，而且需要教师自身的主观努力。教师幸福的实现策略可以从教师自身、学校和社会 3 个方面加以综合考量和设计。

（一）教师策略

1. 恪守职业道德，彰显教育人本

教育是道德的，具有道德性。在内在的规定性上，教育是对人本性的扩展和提升，是向着积极的方面发展的活动；在外在的约束性上，这一过程中必然会遵循社会伦理道德规范。可见，教育本质是一种善的活动，至善是教育的最终目标，也是终极目标。教育的道德性表现为教育善，即在教育活动中要遵循人的本性和社会伦理道德规范。对于教师而言，实现教育善就需要教师的教育道德。教师的教育道德指的是教师按照教育的内在规定性和外在约束性开展教育活动，即在教育活动中体现教育人性、教育人道和教育正义。所谓教育人性，就是对人性的扬弃，即发掘和提升人的善性、惩戒和转化人的恶性，形成人的积极的正面的品质。为此，教师一方面必须拥有正确的教育人性观，正确地看待学生，这是开展教育的基础。另一方面，要正确地分析学生的人性，根据不同情况适时采取不同的措施，发扬学生身上表现出来的善性，惩戒和转化表现出来的恶性，积极地使学生向着善的方面发展。所谓教育人道，是指在教育活动中教师对学生的关爱，即教育爱。教育爱是对学生生命的关照，对学生人格的尊重，对学生权利的维护。所谓教育正义，就是教育活动符合社会道德规范。教育是培养人的活动，是对人心灵和行为进行正面的积极的培育活动，是向着善的方面努力的，本身具有道德性，这就决定了教育是符合社会伦理道德规范的，因而是正义的。教师的教育正义主要表现在教育公平上，让每一个学生在其所处的教育环境中都能够充分享受教育公平，给予他们相对公平的教育，这是教师教育正义的最好体现。

2. 清晰角色定位，提升专业境界

从教师自我主客统一的角度来看，教师幸福的先决条件就在于角色自我和个性自我的统一。处于各种关系场域中的教师，必须在深刻认识教育本质和教师专业价值的基础上，对自己的角色正确地进行定位。只有当教师真正认同教师专业的生命性和精神性本质的时候，教师才可能意识到自己的专业身份、专业权利、专业义务和专业素养，也才能恰如其分地扮演自己的专业角色。在此基础上，教师才能尊重、信任和热爱学生，充分发扬教育教学民主，把更多的情爱注入学生的精神世界，在与学生合作、互动和交流中，自主地、创造性地设计教育教学活动，千方百计、想方设法地调动学生学习的积极性和主动性。这时教师的角色

自我被个性自我情感化、感性化和个性化,从而成为其完整生命的重要部分。教师从师生共度的生命历程中收获尊严和自由,从教育教学实践的硕果中体悟到专业的内在价值和生命升华。只有达到这种专业境界,教师才能从专业者转变为精神关怀者,真正由他律走向自律,教育教学的神圣使命才会内化为教师的坚定信念,从而积极投身教育教学变革的大潮之中,勇于挑战困难,自觉批判反思,不断实现自我的超越。

3. 践行研究理念,提高专业技能

从教师与教学主客统一的角度来看,教师对教材进行创造性加工和精神性享受,也是教师体验和形成专业幸福的重要条件之一。创造和享受的课堂教学必定是动态生成的和成功和谐的,它是建立在教师熟练地驾驭课堂教学基础之上的。首先,教师在动态生成的课堂情境中领悟教材的精神实质,及时捕捉和重组课堂上灵动的课程资源,自主建构教学的过程和方式。其次,教师在与学生分享教材时,能机智地处理课堂教学中出现的意外事件,与学生进行真诚的交往和对话。教师要想达到这种教学境界,需要具备精深的学科专业知识、教育教学条件性知识以及处理具体情境问题的实践性知识。为此,教师一方面要不断学习教育教学理念,深化自身专业技能,这是教师驾驭课堂教学的基本素养;另一方面也要积极开展教育教学研究,这是课堂教学得以成功的根本保证。教师面对着千姿百态的教育教学场域,需要各种各样的教学技艺和教学策略,只有通过积极主动的研究,才能对自己的教育教学行为进行审视和分析,也才能解释惯常行为背后潜藏着的认知图式,形成教育教学的规律性认识和理解,提升教育教学实践能力以及自我超越能力,在获得胜任感和成就感基础上形成强烈的专业幸福体验。

(二)学校策略

1. 坚持以人为本,建立公平评价机制

学校首先应加强人性化和人文化教育,营造良好的文化氛围,创造和谐的人际环境,实施以人为本的管理。其次,作为学校的领导,应及时关心教师成长,关注教育质量,并且为教师的专业发展创建平台,为教师的成长提供机会,从而增强教师的归属感。再次,学校领导及时关注教师的发展,并且及时表扬和给予肯定。最后,学校应建立健全良性的评价机制和绩效激励机制,提高教师工作的热情,增加教师教学的动力,激发教师教育的激情。学校的人本化管理是教师获得职业幸福感的基本保障。

2. 构建新型师生观,实现和谐教育

首先,学校多开展有利于师生和谐关系发展的活动,增加师生之间的交流,为师生关系的改善给予支持。其次,学校要建立健全师生之间的评价机制,给予学生评价教师的机会,增加学校教育的公平性,建立平等的师生观。再次,教师在注重知识教育的同时,也要重视与学生的情感交流,拉近师生之间的心理距离。最后,"教学相长""不耻下问"等应该成为新型的师生观。因此教师在不懂时,可以虚心请教学生,听取学生的建议和意见,从而增强教师在学生心目中的威信。

3. 实现人性化管理,赋予发展自主权

学校的人性化管理有利于教师的专业发展,有利于增强教师的自信心和自尊心,也有利于激发教师的创造力,增强教师的职业成就感。因此,学校应采取措施提高教师的幸福感。首先,学校给教师提供合理的专业发展空间,鼓励教师热爱教学,热爱教育事业。其次,学校应注意倾听教师的建议和心声，提高教师的反思意识及研究意识，让每一位教师为学校的发展贡献自己的绵薄之力。再次，在建立平等的师生关系的同时，学校领导与教师之间也要形成良性关系，相信教师的能力并及时给予肯定。最后，学校应给教师提供更多的发展平台和发展空间，增加教师不断学习的机会，从而提高教师的教学业务水平。

（三）社会策略

1. 增加社会关注度，改善教育大环境

教师作为社会的一个特殊职业，需要被关注、被尊重、被支持。因此，要想提高教师的职业幸福感，就需要提高社会对教师的关注度，形成尊师重教的社会风气。其次，通过《教师法》等法律保护教师的合法权益，保障教师生存权益。再次，政府应加大对教育的投入力度，增加教育资源，提高教育质量，优化教育环境，为教师工作创造优良氛围。最后，进一步深化教育改革，减轻教师工作压力，建立社会支持网络，形成良好的信任氛围。

2. 提高社会经济地位，增强教师信心

虽然教师的幸福并不是由工资报酬决定的，但合理的物质待遇是教师职业幸福的基本保障。我们常常看到新闻报道，部分地区出现拖欠教师工资的现象。因此，政府及有关部门在加大教育投资的同时，也应该时刻关注教师的生存现状，有效提高教师的工资待遇和社会地位，增强教师教育工作中的自信心，消除心里的不平衡感，提高教师的职业满意度。

附　　录

附录一　中华人民共和国教师法(1993年)

第一章　总　　则

第一条　为了保障教师的合法权益,建设具有良好思想品德修养和业务素质的教师队伍,促进社会主义教育事业的发展,制定本法。

第二条　本法适用于在各级各类学校和其他教育机构中专门从事教育教学工作的教师。

第三条　教师是履行教育教学职责的专业人员,承担教书育人,培养社会主义事业建设者和接班人、提高民族素质的使命。教师应当忠诚于人民的教育事业。

第四条　各级人民政府应当采取措施,加强教师的思想政治教育和业务培训,改善教师的工作条件和生活条件,保障教师的合法权益,提高教师的社会地位。全社会都应当尊重教师。

第五条　国务院教育行政部门主管全国的教师工作。

国务院有关部门在各自职权范围内负责有关的教师工作。

学校和其他教育机构根据国家规定,自主进行教师管理工作。

第六条　每年九月十日为教师节。

第二章　权利和义务

第七条　教师享有下列权利:

(一)进行教育教学活动,开展教育教学改革和实验;

(二)从事科学研究、学术交流,参加专业的学术团体,在学术活动中充分发表意见;

(三)指导学生的学习和发展,评定学生的品行和学业成绩;

(四)按时获取工资报酬,享受国家规定的福利待遇以及寒暑假期的带薪休假;

(五)对学校教育教学、管理工作和教育行政部门的工作提出意见和建议,通过教职工代表大会或者其他形式,参与学校的民主管理;

(六)参加进修或者其他方式的培训。

第八条　教师应当履行下列义务:

(一)遵守宪法、法律和职业道德,为人师表;

(二)贯彻国家的教育方针,遵守规章制度,执行学校的教学计划,履行教师聘约,完成教育教学工作任务;

（三）对学生进行宪法所确定的基本原则的教育和爱国主义、民族团结的教育，法制教育以及思想品德、文化、科学技术教育，组织、带领学生开展有益的社会活动；

（四）关心、爱护全体学生，尊重学生人格，促进学生在品德、智力、体质等方面全面发展；

（五）制止有害于学生的行为或者其他侵犯学生合法权益的行为，批评和抵制有害于学生健康成长的现象；

（六）不断提高思想政治觉悟和教育教学业务水平。

第九条　为保障教师完成教育教学任务，各级人民政府、教育行政部门、有关部门、学校和其他教育机构应当履行下列职责：

（一）提供符合国家安全标准的教育教学设施和设备；

（二）提供必需的图书、资料及其他教育教学用品；

（三）对教师在教育教学、科学研究中的创造性工作给以鼓励和帮助；

（四）支持教师制止有害于学生的行为或者其他侵犯学生合法权益的行为。

第三章　资格和任用

第十条　国家实行教师资格制度。

中国公民凡遵守宪法和法律，热爱教育事业，具有良好的思想品德，具备本法规定的学历或者经国家教师资格考试合格，有教育教学能力，经认定合格的，可以取得教师资格。

第十一条　取得教师资格应当具备的相应学历是：

（一）取得幼儿园教师资格，应当具备幼儿师范学校毕业及其以上学历；

（二）取得小学教师资格，应当具备中等师范学校毕业及其以上学历；

（三）取得初级中学教师、初级职业学校文化、专业课教师资格，应当具备高等师范专科学校或者其他大学专科毕业及其以上学历；

（四）取得高级中学教师资格和中等专业学校、技工学校、职业高中文化课、专业课教师资格，应当具备高等师范院校本科或者其他大学本科毕业及其以上学历；取得中等专业学校、技工学校和职业高中学生实习指导教师资格应当具备的学历，由国务院教育行政部门规定；

（五）取得高等学校教师资格，应当具备研究生或者大学本科毕业学历；

（六）取得成人教育教师资格，应当按照成人教育的层次、类别，分别具备高等、中等学校毕业及其以上学历。

不具备本法规定的教师资格学历的公民，申请获取教师资格，必须通过国家教师资格考试。国家教师资格考试制度由国务院规定。

第十二条　本法实施前已经在学校或者其他教育机构中任教的教师，未具备本法规定学历的，由国务院教育行政部门规定教师资格过渡办法。

第十三条　中小学教师资格由县级以上地方人民政府教育行政部门认定。中等专业学校、技工学校的教师资格由县级以上地方人民政府教育行政部门组织有关主管部门认定。普通高等学校的教师资格由国务院或者省、自治区、直辖市教育行政部门或者由其委托的学校认定。

具备本法规定的学历或者经国家教师资格考试合格的公民，要求有关部门认定其教师资格的,有关部门应当依照本法规定的条件予以认定。

取得教师资格的人员首次任教时,应当有试用期。

第十四条　受到剥夺政治权利或者故意犯罪受到有期徒刑以上刑事处罚的,不能取得教师资格;已经取得教师资格的,丧失教师资格。

第十五条　各级师范学校毕业生,应当按照国家有关规定从事教育教学工作。

国家鼓励非师范高等学校毕业生到中小学或者职业学校任教。

第十六条　国家实行教师职务制度,具体办法由国务院规定。

第十七条　学校和其他教育机构应当逐步实行教师聘任制。教师的聘任应当遵循双方地位平等的原则,由学校和教师签订聘任合同,明确规定双方的权利、义务和责任。

实施教师聘任制的步骤、办法由国务院教育行政部门规定。

第四章　培养和培训

第十八条　各级人民政府和有关部门应当办好师范教育,并采取措施,鼓励优秀青年进入各级师范学校学习。各级教师进修学校承担培训中小学教师的任务。

非师范学校应当承担培养和培训中小学教师的任务。

各级师范学校学生享受专业奖学金。

第十九条　各级人民政府教育行政部门、学校主管部门和学校应当制定教师培训规划,对教师进行多种形式的思想政治、业务培训。

第二十条　国家机关、企业事业单位和其他社会组织应当为教师的社会调查和社会实践提供方便,给予协助。

第二十一条　各级人民政府应当采取措施,为少数民族地区和边远贫困地区培养、培训教师。

第五章　考　　核

第二十二条　学校或者其他教育机构应当对教师的政治思想、业务水平、工作态度和工作成绩进行考核。

教育行政部门对教师的考核工作进行指导、监督。

第二十三条　考核应当客观、公正、准确,充分听取教师本人、其他教师以及学生的意见。

第二十四条　教师考核结果是受聘任教、晋升工资、实施奖惩的依据。

第六章　待　　遇

第二十五条　教师的平均工资水平应当不低于或者高于国家公务员的平均工资水平,并逐步提高。建立正常晋级增薪制度,具体办法由国务院规定。

第二十六条　中小学教师和职业学校教师享受教龄津贴和其他津贴,具体办法由国务院教育行政部门会同有关部门制定。

第二十七条　地方各级人民政府对教师以及具有中专以上学历的毕业生到少数民族地区和边远贫困地区从事教育教学工作的,应当予以补贴。

第二十八条　地方各级人民政府和国务院有关部门,对城市教师住房的建设、租赁、出售实行优先、优惠。县、乡两级人民政府应当为农村中小学教师解决住房提供方便。

第二十九条　教师的医疗同当地国家公务员享受同等的待遇；定期对教师进行身体健康检查，并因地制宜安排教师进行休养。医疗机构应当对当地教师的医疗提供方便。

第三十条　教师退休或者退职后，享受国家规定的退休或者退职待遇。县级以上地方人民政府可以适当提高长期从事教育教学工作的中小学退休教师的退休金比例。

第三十一条　各级人民政府应当采取措施，改善国家补助、集体支付工资的中小学教师的待遇，逐步做到在工资收入上与国家支付工资的教师同工同酬，具体办法由地方各级人民政府根据本地区的实际情况规定。

第三十二条　社会力量所办学校的教师的待遇，由举办者自行确定并予以保障。

第七章　奖　　励

第三十三条　教师在教育教学、培养人才、科学研究、教学改革、学校建设、社会服务、勤工俭学等方面成绩优异的，由所在学校予以表彰、奖励。

国务院和地方各级人民政府及其有关部门对有突出贡献的教师，应当予以表彰、奖励。

对有重大贡献的教师，依照国家有关规定授予荣誉称号。

第三十四条　国家支持和鼓励社会组织或者个人向依法成立的奖励教师的基金组织捐助资金，对教师进行奖励。

第八章　法律责任

第三十五条　侮辱、殴打教师的，根据不同情况，分别给予行政处分或者行政处罚；造成损害的，责令赔偿损失；情节严重，构成犯罪的，依法追究刑事责任。

第三十六条　对依法提出申诉、控告、检举的教师进行打击报复的，由其所在单位或者上级机关责令改正；情节严重的，可以根据具体情况给予行政处分。

国家工作人员对教师打击报复构成犯罪的，依照刑法有关规定追究刑事责任。

第三十七条　教师有下列情形之一的，由所在学校、其他教育机构或者教育行政部门给予行政处分或者解聘：

（一）故意不完成教育教学任务给教育教学工作造成损失的；

（二）体罚学生，经教育不改的；

（三）品行不良、侮辱学生，影响恶劣的。

教师有前款第（二）项、第（三）项所列情形之一，情节严重，构成犯罪的，依法追究刑事责任。

第三十八条　地方人民政府对违反本法规定，拖欠教师工资或者侵犯教师其他合法权益的，应当责令其限期改正。

违反国家财政制度、财务制度，挪用国家财政用于教育的经费，严重妨碍教育教学工作，拖欠教师工资，损害教师合法权益的，由上级机关责令限期归还被挪用的经费，并对直接责任人员给予行政处分；情节严重，构成犯罪的，依法追究刑事责任。

第三十九条　教师对学校或者其他教育机构侵犯其合法权益的，或者对学校或者其他教育机构作出的处理不服的，可以向教育行政部门提出申诉，教育行政部门应当在接到申诉的三十日内，作出处理。

教师认为当地人民政府有关行政部门侵犯其根据本法规定享有的权利的,可以向同级人民政府或者上一级人民政府有关部门提出申诉,同级人民政府或者上一级人民政府有关部门应当作出处理。

第九章 附 则

第四十条 本法下列用语的含义是:

(一)各级各类学校,是指实施学前教育、普通初等教育、普通中等教育、职业教育、普通高等教育以及特殊教育、成人教育的学校。

(二)其他教育机构,是指少年宫以及地方教研室、电化教育机构等。

(三)中小学教师,是指幼儿园、特殊教育机构、普通中小学、成人初等中等教育机构、职业中学以及其他教育机构的教师。

第四十一条 学校和其他教育机构中的教育教学辅助人员,其他类型的学校的教师和教育教学辅助人员,可以根据实际情况参照本法的有关规定执行。

军队所属院校的教师和教育教学辅助人员,由中央军事委员会依照本法制定有关规定。

第四十二条 外籍教师的聘任办法由国务院教育行政部门规定。

第四十三条 本法自 1994 年 1 月 1 日起施行。

附录二　教师教育课程标准(试行)(2011 年)

为落实教育规划纲要,深化教师教育改革,规范和引导教师教育课程与教学,培养造就高素质专业化教师队伍,特制定《教师教育课程标准(试行)》。

教师教育课程广义上包括教师教育机构为培养和培训幼儿园、小学和中学教师所开设的公共基础课程、学科专业课程和教育类课程。本课程标准专指教育类课程。

教师教育课程标准体现国家对教师教育机构设置教师教育课程的基本要求,是制定教师教育课程方案、开发教材与课程资源、开展教学与评价,以及认定教师资格的重要依据。

一、基本理念

(一) 育人为本

教师是幼儿、中小学学生发展的促进者,在研究和帮助学生健康成长的过程中实现专业发展。教师教育课程应反映社会主义核心价值观,吸收研究新成果,体现社会进步对幼儿、中小学学生发展的新要求。教师教育课程应引导未来教师树立正确的儿童观、学生观、教师观与教育观,掌握必备的教育知识与能力,参与教育实践,丰富专业体验;引导未来教师因材施教,关心和帮助每个幼儿、中小学学生逐步树立正确的世界观、人生观、价值观,培养社会责任感、创新精神和实践能力。

(二) 实践取向

教师是反思性实践者,在研究自身经验和改进教育教学行为的过程中实现专业发展。教师教育课程应强化实践意识,关注现实问题,体现教育改革与发展对教师的新要求。教师教育课程应引导未来教师参与和研究基础教育改革,主动建构教育知识,发展实践能力;引导未来教师发现和解决实际问题,创新教育教学模式,形成个人的教学风格和实践智慧。

(三) 终身学习

教师是终身学习者,在持续学习和不断完善自身素质的过程中实现专业发展。教师教育课程应实现职前教育与在职教育的一体化,增强适应性和开放性,体现学习型社会对个体的新要求。教师教育课程应引导未来教师树立正确的专业理想,掌握必备的知识与技能,养成独立思考和自主学习的习惯;引导教师加深专业理解,更新知识结构,形成终身学习和应对挑战的能力。

二、教师教育课程目标与课程设置

(一) 幼儿园职前教师教育课程目标与课程设置

幼儿园职前教师教育课程要帮助未来教师充分认识幼儿阶段的特性和价值,理解“保教结合”的重要性,学会按幼儿的成长特点进行科学的保育和教育;理解幼儿的认知特点和学习方式,学会把教育寓于幼儿的生活和游戏中,创设适宜的教育环境,保护与发展幼儿探究、创造的兴趣,让幼儿在愉快的幼儿园生活中健康地成长。

1. 课程目标

目标领域	目标	基本要求
1　教育信念与责任	1.1　具有正确的儿童观和相应的行为	1.1.1　理解幼儿阶段在人生发展中的独特地位和价值，认识健康愉快的幼儿园生活对幼儿发展的意义。 1.1.2　尊重和维护幼儿的人格和权利，保护幼儿的好奇心和自信心。 1.1.3　尊重幼儿的个体差异，相信幼儿具有发展的潜力，乐于为幼儿创造发展的条件和机会。
	1.2　具有正确的教师观和相应的行为	1.2.1　理解教师是幼儿学习的引导者和支持者，相信教师工作的意义在于帮助幼儿健康成长。 1.2.2　了解幼儿园教师的职业特点和专业要求，自觉提高自身的科学与人文素养，形成终身学习的意愿。 1.2.3　了解教师的权利和责任，遵守教师职业道德。
	1.3　具有正确的教育观和相应的行为	1.3.1　理解教育对幼儿成长、教师自身发展和社会进步的重要意义，相信教育充满了创造的乐趣，愿意从事幼儿教育事业。 1.3.2　了解幼儿教育的历史、现状和发展趋势，认同素质教育理念，理解并参与教育改革。 1.3.3　形成正确的教育质量观，对与幼儿教育相关的现象进行专业思考与判断。
2　教育知识与能力	2.1　具有理解幼儿的知识和能力	2.1.1　了解儿童发展的主要理论和儿童研究的最新成果。 2.1.2　了解儿童身心发展的一般规律和影响因素，熟悉幼儿年龄阶段特征和个体发展的差异性。 2.1.3　了解幼儿认知发展、学习方式的特点及影响因素，熟悉幼儿建构知识、获得技能的过程。 2.1.4　了解幼儿情感、社会性发展的特点，熟悉幼儿品德和行为习惯形成的过程和规律。 2.1.5　掌握观察、谈话、倾听、作品分析等基本方法，理解幼儿发展的需要。 2.1.6　了解幼儿期常见疾病、发展障碍、学习障碍的基础知识和应对方法。 2.1.7　了解我国教育的政策法规，熟悉关于儿童权利的内容以及维护儿童合法权益的途径。
	2.2　具有教育幼儿的知识和能力	2.2.1　了解我国幼儿园教育的目标和任务，熟悉健康、语言、社会、科学、艺术等各领域的教育目标，学会以此指导自己的学习和实践。 2.2.2　了解幼儿教育的基本原理，理解整合各领域的内容、综合地实施教育活动的重要性，学会设计和实施幼儿教育活动。 2.2.3　了解幼儿的生活经验，学会利用实践机会，积累引导幼儿在游戏等活动中建构知识、发展创造力的经验。 2.2.4　掌握照顾幼儿健康地、安全地生活的基本方法和技能。 2.2.5　了解教育评价的理论与技术，学会通过评价改进活动与促进幼儿发展。 2.2.6　了解与家庭、社区沟通的重要性，学会利用和开发周围的资源，创设有利于幼儿发展的环境。 2.2.7　掌握幼儿心理健康教育的基本知识，学会处理幼儿常见行为问题。 2.2.8　了解 0～3 岁保育教育的有关知识和婴儿保育教育的一般方法。 2.2.9　了解小学教育的有关知识和幼小衔接的一般方法。
2　教育知识与能力	2.3　具有发展自我的知识与能力	2.3.1　了解教师专业素养的核心内容，明确自身专业发展的重点。 2.3.2　了解教师专业发展的阶段与途径，熟悉教师专业发展规划的一般方法，学会理解与分享优秀教师的成功经验。 2.3.3　了解教师专业发展的影响因素，学会利用以课程学习为主的各种机会，积累发展经验。

续表

目标领域	目标	基本要求
3　教育实践与体验	3.1　具有观摩教育实践的经历与体验	3.1.1　结合相关课程学习，观摩幼儿的生活和教育活动的组织与指导，了解幼儿园教育的规范与过程，感受不同的教育风格。 3.1.2　深入幼儿园和班级，参与幼儿活动，获得与幼儿直接交往的体验。 3.1.3　了解幼儿园保教工作的特点和幼儿园各部门工作的职责和要求，感受幼儿教育实践的丰富性和复杂性。
	3.2　具有参与教育实践的经历与体验	3.2.1　了解实习班级幼儿的实际情况，在指导下设计教育活动方案，组织一日活动，获得对教育过程的真实感受。 3.2.2　参与各种教研活动，获得与幼儿园教师直接对话或交流的机会。 3.2.3　与家庭和社区合作，提高沟通能力，获得共同促进幼儿发展的实践经历与体验。 3.2.4　参与不同类型的幼教机构活动和幼儿教育实践活动。
	3.3　具有研究教育实践的经历与体验	3.3.1　在日常学习和实践过程中积累所学所思所想，形成问题意识和一定的解决问题的能力。 3.3.2　了解研究教育实践的一般方法，经历和体验制订计划、开展活动、完成报告、分享结果的过程。 3.3.3　参与各种类型的科研活动，获得科学地研究幼儿的经历与体验。

2. 课程设置

学习领域	建议模块	学分要求		
		三年制专科	五年制专科	四年制本科
1. 儿童发展与学习 2. 幼儿教育基础 3. 幼儿活动与指导 4. 幼儿园与家庭、社会 5. 职业道德与专业发展	儿童发展；幼儿认知与学习；特殊儿童发展与学习等。 教育发展史略；教育哲学；课程与教学理论；学前教育原理等。 幼儿游戏与指导；教育活动的设计与实施；幼儿健康教育与活动指导；幼儿语言教育与活动指导；幼儿社会教育与活动指导；幼儿科学教育与活动指导；幼儿艺术教育与活动指导；0～3岁婴儿的保育与教育；幼儿园教育环境创设；幼儿园教育评价；教育诊断与幼儿心理健康指导等。 幼儿园组织与管理；幼儿园班级管理；家庭与社区教育；教育资源的开发与利用；幼儿教育政策法规等。 教师职业道德；教育研究方法；师幼互动方法与实践；教师专业发展；教师语言技能；音乐技能；舞蹈技能；美术技能；现代教育技术应用等。	最低必修学分40学分	最低必修学分50学分	最低必修学分44学分
6. 教育实践	教育见习；教育实习等。	18周	18周	18周
教师教育课程最低总学分数(含选修课程)		60学分+18周	72学分+18周	64学分+18周

说明：
(1) 1学分相当于学生在教师指导下进行课程学习18课时，并经考核合格。
(2) 学习领域是每个学习者都必修的；建议模块供教师教育机构或学习者选择或组合，可以是必修也可以是选修；每个学习领域或模块的学分数由教师教育机构按相关规定自主确定。

(二) 小学职前教师教育课程目标与课程设置

小学职前教师教育课程要引导未来教师理解小学生成长的特点与差异,学会创设富有支持性和挑战性的学习环境,满足他们的表现欲和求知欲;理解小学生的生活经验和现场资源的重要意义,学会设计和组织适宜的活动,指导和帮助他们自主、合作与探究学习,形成良好的学习习惯;理解交往对小学生发展的价值和独特性,学会组织各种集体和伙伴活动,让他们在有意义的学校生活中快乐成长。

1. 课程目标

目标领域	目标	基本要求
1 教育信念与责任	1.1 具有正确的学生观和相应的行为	1.1.1 理解小学阶段在人生发展中的独特地位和价值,认识生动活泼的小学生活对小学生发展的意义。 1.1.2 尊重学生学习和发展的权利,保护学生的学习兴趣和自信心。 1.1.3 尊重学生的个体差异,相信学生具有发展的潜力,乐于为学生创造发展的条件和机会。
	1.2 具有正确的教师观和相应的行为	1.2.1 理解教师是学生学习的促进者,相信教师工作的意义在于创造条件帮助学生快乐成长。 1.2.2 了解小学教师的职业特点和专业要求,自觉提高自身的科学和人文素养,形成终身学习的意愿。 1.2.3 了解教师的权利和责任,遵守教师职业道德。
	1.3 具有正确的教育观和相应的行为	1.3.1 理解教育对学生成长、教师专业发展和社会进步的重要意义,相信教育充满了创造的乐趣,愿意从事小学教育事业。 1.3.2 了解学校教育的历史、现状和发展趋势,认同素质教育理念,理解并参与教育改革。 1.3.3 形成正确的教育质量观,对与学校教育相关的现象进行专业思考与判断。
2 教育知识与能力	2.1 具有理解学生的知识与能力	2.1.1 了解儿童发展的主要理论和儿童研究的最新成果。 2.1.2 了解儿童身心发展的一般规律和影响因素,熟悉小学生年龄特征和个体发展的差异性。 2.1.3 了解小学生的认知发展、学习方式的特点及影响因素,熟悉小学生建构知识、获得技能的过程。 2.1.4 了解小学生品德和行为习惯形成的过程,了解小学生的交往特点,理解同伴交往对小学生发展的影响。 2.1.5 掌握观察、谈话、倾听、作品分析等方法,理解小学生学习和发展的需要。 2.1.6 了解我国教育的政策法规,熟悉关于儿童权利的内容以及维护儿童合法权益的途径。

续表

目标领域	目标	基本要求
2　教育知识与能力	2.2　具有教育学生的知识与能力	2.2.1 了解小学教育的培养目标，熟悉至少两门学科的课程标准，学会依据课程标准制定教学目标或活动目标。 2.2.2　熟悉至少两门学科的教学内容与方法，学会联系小学生的生活经验组织教学活动，将教学内容转化为对小学生有意义的学习活动。 2.2.3　了解学科整合在小学教育中的价值，了解与小学生学习内容相关的各种课程资源，学会设计综合性主题活动，创造跨学科的学习机会。 2.2.4　了解课堂组织与管理的知识，学会创设支持性与挑战性的学习环境，激发学生的学习兴趣。 2.2.5　了解课堂评价的理论与技术，学会通过评价改进教学与促进学生学习。 2.2.6　了解课程开发的知识，学会开发校本课程，设计、实施和指导简单的课外、校外活动。 2.2.7　了解班队管理的基本方法，学会引导小学生进行自我管理和形成集体观念。 2.2.8　了解小学生心理健康教育的基本知识，学会诊断和解决小学生常见学习问题和行为问题。 2.2.9　掌握教师所必需的语言技能、沟通与合作技能、运用现代教育技术的技能。
	2.3　具有发展自我的知识与能力	2.3.1　了解教师专业素养的核心内容，明确自身专业发展的重点。 2.3.2　了解教师专业发展的阶段与途径，熟悉教师专业发展规划的一般方法，学会理解与分享优秀教师的成功经验。 2.3.3　了解教师专业发展的影响因素，学会利用以课程学习为主的各种机会积累发展经验。
3　教育实践与体验	3.1　具有观摩教育实践的经历与体验	3.1.1　结合相关课程学习，观摩小学课堂教学，了解课堂教学的规范与过程。 3.1.2　深入班级，了解小学生群体活动的状况以及小学班级管理、班队活动的内容和要求，获得与小学生直接交往的体验。 3.1.3　密切联系小学，了解小学的教育与管理实践，获得对小学工作内容和运作过程的感性认识。
	3.2　具有参与教育实践的经历与体验	3.2.1　在有指导的情况下，根据小学生的特点和教学目标设计与实施教学方案，经历1～2门课程的教学活动。 3.2.2　在有指导的情况下，参与指导学习、管理班级和组织班队活动，获得与家庭、社区联系的经历。 3.2.3　参与各种教研活动，获得与其他教师直接对话或交流的机会。
	3.3　具有研究教育实践的经历与体验	3.3.1　在日常学习和实践过程中积累所学所思所想，形成问题意识和一定的解决问题能力。 3.3.2　了解研究教育实践的一般方法，经历和体验制订计划、开展活动、完成报告、分享结果的过程。 3.3.3　参与各种类型的科研活动，获得科学地研究学生的经历与体验。

2. 课程设置

学习领域	建议模块	学分要求		
		三年制专科	五年制专科	四年制本科
1. 儿童发展与学习	儿童发展;小学生认知与学习等。	最低必修学分20学分	最低必修学分26学分	最低必修学分24学分
2. 小学教育基础	教育哲学;课程设计与评价;有效教学;学校教育发展;班级管理;学校组织与管理;教育政策法规等。			
3. 小学学科教育与活动指导	小学学科课程标准与教材研究;小学学科教学设计;小学跨学科教育;小学综合实践活动等。			
4. 心理健康与道德教育	小学生心理辅导;小学生品德发展与道德教育等。			
5. 职业道德与专业发展	教师职业道德;教育研究方法;教师专业发展;现代教育技术应用;教师语言;书写技能等。			
6. 教育实践	教育见习;教育实习。	18周	18周	18周
教师教育课程最低总学分数(含选修课程)		28学分+18周	35学分+18周	32学分+18周

说明:

(1) 1学分相当于学生在教师指导下进行课程学习18课时,并经考核合格。

(2) 学习领域是每个学习者都必修的;建议模块供教师教育机构或学习者选择或组合,可以是必修也可以是选修;每个学习领域或模块的学分数由教师教育机构按相关规定自主确定。

(三) 中学职前教师教育课程目标与课程设置

中学职前教师教育课程要引导未来教师理解青春期的特点及其对中学生生活的影响,学习指导他们安全度过青春期;理解中学生的认知特点与学习方式,学会创建学习环境,鼓励独立思考,指导他们用多种方式探究学科知识;理解中学生的人格与文化特点,学会尊重他们的自我意识,指导他们规划自己的人生,在多样化的活动中发展社会实践能力。

1. 课程目标

目标领域	目标	基本要求
1 教育信念与责任	1.1 具有正确的学生观和相应的行为	1.1.1 理解中学阶段在人生发展中的独特地位和价值,认识积极主动的中学生活对中学生发展的意义。 1.1.2 尊重学生的学习和发展的权利,保护学生的学习自主性、独立性与选择性。 1.1.3 尊重学生的个体差异,相信学生具有发展的潜力,乐于为学生创造发展的条件和机会。
	1.2 具有正确的教师观和相应的行为	1.2.1 理解教师是学生学习的促进者,相信教师工作的意义在于创造条件帮助学生自主发展。 1.2.2 了解中学教师的职业特点和专业要求,自觉提高自身的科学与人文素养,形成终身学习的意愿。 1.2.3 了解教师的权利与责任,遵守教师职业道德。
	1.3 具有正确的教育观和相应的行为	1.3.1 理解教育对学生成长、教师自身发展和社会进步的重要意义,相信教育充满了创造的乐趣,愿意从事中学教育事业。 1.3.2 了解人类教育的历史、现状和发展趋势,认同素质教育理念,理解并参与教育改革。 1.3.3 形成正确的教育质量观,对与学校教育相关的现象进行专业思考与判断。

续表

目标领域	目标	基本要求
2　教育知识与能力	2.1　具有理解学生的知识与技能	2.1.1　了解儿童发展的主要理论和最新研究成果。 2.1.2　了解儿童身心发展的一般规律和影响因素,熟悉中学生年龄特征和个体发展的差异性。 2.1.3　了解中学生的认知发展、学习方式的特点及影响因素,熟悉中学生建构知识和获得技能的过程。 2.1.4　了解中学生品德和行为习惯形成的过程,了解中学生交往的特点,理解同伴交往对中学生发展的影响。 2.1.5　掌握观察、谈话、倾听、作品分析等方法,理解中学生学习和发展的需要。 2.1.6　了解我国教育的政策法规,熟悉关于儿童权利的内容以及维护儿童合法权益的途径。
	2.2　具有教育学生的知识和能力	2.2.1　了解中学教育的培养目标,熟悉任教学科的课程标准,学会依据课程标准制定教学目标或活动目标。 2.2.2　熟悉任教学科的教学内容和方法,学会联系并运用中学生生活经验和相关课程资源,设计教育活动,创设促进中学生学习的课堂环境。 2.2.3　了解课堂评价的理论与技术,学会通过评价改进教学与促进学生学习。 2.2.4　了解活动课程开发的知识,学会开发校本课程,设计与指导课外、校外活动。 2.2.5　了解班级管理的基本方法,学会引导中学生进行自我管理和形成集体观念。 2.2.6　了解中学生心理健康教育的基本知识,学会处理中学生特别是青春期常见的心理和行为问题。 2.2.7　掌握教师所必需的语言技能、沟通与合作技能、运用现代教育技术的技能。
	2.3　具有发展自我的知识与能力	2.3.1　了解教师专业素养的核心内容,明确自身专业发展的重点。 2.3.2　了解教师专业发展的阶段与途径,熟悉教师专业发展规划的一般方法,学会理解和分享优秀教师的成长经验。 2.3.3　了解教师专业发展的影响因素,学会利用以课程学习为主的各种机会积累发展的经验。
3　教育实践与体验	3.1　具有观摩教育实践的经历与体验	3.1.1　观摩中学课堂教学,了解中学课堂教学的规范与过程,感受不同的教学风格。 3.1.2　深入班级或其他学生组织,了解中学班级管理的内容和要求,获得与学生直接交往的体验。 3.1.3　深入中学,了解中学的组织结构与运作机制。
	3.2　具有参与教育实践的经历与体验	3.2.1　在有指导的情况下,根据学生的特点,设计与实施教学方案,获得对学科教学的真实感受和初步经验。 3.2.2　在有指导的情况下,参与指导学习、管理班级和组织活动,获得与家庭、社区联系的经历。 3.2.3　参与各种教研活动,获得与其他教师直接对话或交流的机会。
	3.3　具有研究教育实践的经历与体验	3.3.1　在日常学习和实践过程中积累所学所思所想,形成问题意识和一定的解决问题的能力。 3.3.2　了解研究教育实践的一般方法,经历和体验制订计划、开展活动、完成报告、分享结果的过程。 3.3.3　参与各种类型的科研活动,获得科学地研究学生的经历与体验。

2. 课程设置

学习领域	建议模块	学分要求	
		三年制专科	四年制本科
1. 儿童发展与学习 2. 中学教育基础 3. 中学学科教育与活动指导 4. 心理健康与道德教育 5. 职业道德与专业发展	儿童发展;中学生认知与学习等。 教育哲学;课程设计与评价;有效教学;学校教育发展;班级管理等。 中学学科课程标准与教材研究;中学学科教学设计;中学综合实践活动等。 中学生心理辅导;中学生品德发展与道德教育等。 教师职业道德;教师专业发展;教育研究方法;教师语言;现代教育技术应用等。	最低必修学分8学分	最低必修学分10学分
6. 教育实践	教育见习;教育实习。	18周	18周
教师教育课程最低总学分数(含选修课程)		12学分+18周	14学分+18周

说明:
(1) 1学分相当于学生在教师指导下进行课程学习18课时,并经考核合格。
(2) 学习领域是每个学习者都必修的;建议模块供教师教育机构或学习者选择或组合,可以是必修也可以是选修;每个学习领域或模块的学分数由教师教育机构按相关规定自主确定。

(四) 在职教师教育课程设置框架建议

在职教师教育课程分为学历教育课程与非学历教育课程。学历教育课程方案的制定要以本标准为依据,考虑教师教育机构自身的培养目标、学习者的性质和特点,并参照在职教师教育课程设置框架;非学历教育课程方案的制定要针对教师在不同发展阶段的特殊需求,参照在职教师教育课程设置框架,提供灵活多样、新颖实用、针对性强的课程,确保教师持续而有效的专业学习。

在职教师教育课程要满足教师专业发展的多样化需求,充分利用教师自身的经验与优势,进一步深化和发展职前教师教育的课程目标,引导教师加深专业理解、解决实际问题、提升自身经验,促进教师专业发展。

课程功能指向	主题/模块举例
加深专业理解	当代教育思潮、教师专业伦理、学科教育新进展、儿童研究新进展、学习科学新进展等;也可以选择哲学、人文、科技等研究领域的一些相关专题。
解决实际问题	学科教学专题研究、特殊儿童教育、青少年发展问题研究、学校课程领导、校(园)本课程开发、综合实践活动设计与指导、档案袋评价、学生综合素质评定、教学诊断、课堂评价、课堂观察、学业成就评价、信息技术与课程的整合、校(园)本教学研究制度建设等。
提升自身经验	教师专业发展专题研究、教育经验研究、反思性教学、教育行动研究、教育案例研究、教育叙事等。

三、实施建议

(1) 各级教育行政部门要根据基础教育改革发展的需要,加强对教师教育课程的领导和管理，提供相应的政策支持和制度保障，充分调动各方面的积极性，做好教师教育课程标准实施工作。依据课程标准，加强教师教育质量的评估和监管，确保中小学和幼儿园教师培养质量。

（2）教师教育机构要依据课程标准，制定幼儿园、小学、中学教师教育课程方案，科学安排公共基础课程、学科专业课程和教师教育课程的结构比例。根据学习领域、建议模块以及学分要求，确立相应的课程结构，提出课程实施办法，制定配套的保障措施。建立课程自我评估制度，及时发现问题，总结经验，不断完善课程方案。

强化教育实践环节，完善教育实践课程管理，确保教育实践课程的时间和质量。大力推进课程改革，创新教师培养模式，探索建立高校、地方政府、中小学合作培养师范生的新机制。

（3）教师教育机构要研究在职教师学习的特殊性，提供有针对性的在职教师教育课程，满足不同学习者的发展需求。在职教师教育课程要反映相关研究领域的新进展，联系教育实际，尊重和吸纳学习者自身的实践经验，解决实际问题，增强在职教师教育课程的针对性和实效性。

附录三　幼儿园教师专业标准(试行)(2012年)

为促进幼儿园教师专业发展,建设高素质幼儿园教师队伍,根据《中华人民共和国教师法》,特制定《幼儿园教师专业标准(试行)》(以下简称《专业标准》)。

幼儿园教师是履行幼儿园教育教学工作职责的专业人员,需要经过严格的培养与培训,具有良好的职业道德,掌握系统的专业知识和专业技能。《专业标准》是国家对合格幼儿园教师专业素质的基本要求,是幼儿园教师实施保教行为的基本规范,是引领幼儿园教师专业发展的基本准则,是幼儿园教师培养、准入、培训、考核等工作的重要依据。

一、基本理念

(一)师德为先

热爱学前教育事业,具有职业理想,践行社会主义核心价值体系,履行教师职业道德规范,依法执教。关爱幼儿,尊重幼儿人格,富有爱心、责任心、耐心和细心;为人师表,教书育人,自尊自律,做幼儿健康成长的启蒙者和引路人。

(二)幼儿为本

尊重幼儿权益,以幼儿为主体,充分调动和发挥幼儿的主动性;遵循幼儿身心发展特点和保教活动规律,提供适合的教育,保障幼儿快乐健康成长。

(三)能力为重

把学前教育理论与保教实践相结合,突出保教实践能力;研究幼儿,遵循幼儿成长规律,提升保教工作专业化水平;坚持实践、反思、再实践、再反思,不断提高专业能力。

(四)终身学习

学习先进学前教育理论,了解国内外学前教育改革与发展的经验和做法;优化知识结构,提高文化素养;具有终身学习与持续发展的意识和能力,做终身学习的典范。

二、基本内容

维度	领域	基本要求
专业理念与师德	(一)职业理解与认识	1. 贯彻党和国家教育方针政策,遵守教育法律法规。 2. 理解幼儿保教工作的意义,热爱学前教育事业,具有职业理想和敬业精神。 3. 认同幼儿园教师的专业性和独特性,注重自身专业发展。 4. 具有良好职业道德修养,为人师表。 5. 具有团队合作精神,积极开展协作与交流。
	(二)对幼儿的态度与行为	6. 关爱幼儿,重视幼儿身心健康,将保护幼儿生命安全放在首位。 7. 尊重幼儿人格,维护幼儿合法权益,平等对待每一位幼儿。不讽刺、挖苦、歧视幼儿,不体罚或变相体罚幼儿。 8. 信任幼儿,尊重个体差异,主动了解和满足有益于幼儿身心发展的不同需求。 9. 重视生活对幼儿健康成长的重要价值,积极创造条件,让幼儿拥有快乐的幼儿园生活。

续表

维度	领域	基本要求
专业理念与师德	（三）幼儿保育和教育的态度与行为	10. 注重保教结合，培育幼儿良好的意志品质，帮助幼儿养成良好的行为习惯。 11. 注重保护幼儿的好奇心，培养幼儿的想象力，发掘幼儿的兴趣爱好。 12. 重视环境和游戏对幼儿发展的独特作用，创设富有教育意义的环境氛围，将游戏作为幼儿的主要活动。 13. 重视丰富幼儿多方面的直接经验，将探索、交往等实践活动作为幼儿最重要的学习方式。 14. 重视自身日常态度言行对幼儿发展的重要影响与作用。 15. 重视幼儿园、家庭和社区的合作，综合利用各种资源。
	（四）个人修养与行为	16. 富有爱心、责任心、耐心和细心。 17. 乐观向上、热情开朗，有亲和力。 18. 善于自我调节情绪，保持平和心态。 19. 勤于学习，不断进取。 20. 衣着整洁得体，语言规范健康，举止文明礼貌。
专业知识	（五）幼儿发展知识	21. 了解关于幼儿生存、发展和保护的有关法律法规及政策规定。 22. 掌握不同年龄幼儿身心发展特点、规律和促进幼儿全面发展的策略与方法。 23. 了解幼儿在发展水平、速度与优势领域等方面的个体差异，掌握对应的策略与方法。 24. 了解幼儿发展中容易出现的问题与适宜的对策。 25. 了解有特殊需要幼儿的身心发展特点及教育策略与方法。
	（六）幼儿保育和教育知识	26. 熟悉幼儿园教育的目标、任务、内容、要求和基本原则。 27. 掌握幼儿园各领域教育的学科特点与基本知识。 28. 掌握幼儿园环境创设、一日生活安排、游戏与教育活动、保育和班级管理的知识与方法。 29. 熟知幼儿园的安全应急预案，掌握意外事故和危险情况下幼儿安全防护与救助的基本方法。 30. 掌握观察、谈话、记录等了解幼儿的基本方法和教育心理学的基本原理和方法。 31. 了解 0～3 岁婴幼儿保教和幼小衔接的有关知识与基本方法。
	（七）通识性知识	32. 具有一定的自然科学和人文社会科学知识。 33. 了解中国教育基本情况。 34. 具有相应的艺术欣赏与表现知识。 35. 具有一定的现代信息技术知识。
专业能力	（八）环境的创设与利用	36. 建立良好的师幼关系，帮助幼儿建立良好的同伴关系，让幼儿感到温暖和愉悦。 37. 建立班级秩序与规则，营造良好的班级氛围，让幼儿感受到安全、舒适。 38. 创设有助于促进幼儿成长、学习、游戏的教育环境。 39. 合理利用资源，为幼儿提供和制作适合的玩教具和学习材料，引发和支持幼儿的主动活动。
	（九）一日生活的组织与保育	40. 合理安排和组织一日生活的各个环节，将教育灵活地渗透到一日生活中。 41. 科学照料幼儿日常生活，指导和协助保育员做好班级常规保育和卫生工作。 42. 充分利用各种教育契机，对幼儿进行随机教育。 43. 有效保护幼儿，及时处理幼儿的常见事故，危险情况优先救护幼儿。
	（十）游戏活动的支持与引导	44. 提供符合幼儿兴趣需要、年龄特点和发展目标的游戏条件。 45. 充分利用与合理设计游戏活动空间，提供丰富、适宜的游戏材料，支持、引发和促进幼儿的游戏。 46. 鼓励幼儿自主选择游戏内容、伙伴和材料，支持幼儿主动地、创造性地开展游戏，充分体验游戏的快乐和满足。 47. 引导幼儿在游戏活动中获得身体、认知、语言和社会性等多方面的发展。
	（十一）教育活动的计划与实施	48. 制定阶段性的教育活动计划和具体活动方案。 49. 在教育活动中观察幼儿，根据幼儿的表现和需要，调整活动，给予适宜的指导。 50. 在教育活动的设计和实施中体现趣味性、综合性和生活化，灵活运用各种组织形式和适宜的教育方式。 51. 提供更多的操作探索、交流合作、表达表现的机会，支持和促进幼儿主动学习。

续表

维度	领域	基本要求
专业能力	(十二)激励与评价	52. 关注幼儿日常表现,及时发现和赏识每个幼儿的点滴进步,注重激发和保护幼儿的积极性、自信心。 53. 有效运用观察、谈话、家园联系、作品分析等多种方法,客观地、全面地了解和评价幼儿。 54. 有效运用评价结果,指导下一步教育活动的开展。
	(十三)沟通与合作	55. 使用符合幼儿年龄特点的语言进行保教工作。 56. 善于倾听,和蔼可亲,与幼儿进行有效沟通。 57. 与同事合作交流,分享经验和资源,共同发展。 58. 与家长进行有效沟通合作,共同促进幼儿发展。 59. 协助幼儿园与社区建立合作互助的良好关系。
	(十四)反思与发展	60. 主动收集分析相关信息,不断进行反思,改进保教工作。 61. 针对保教工作中的现实需要与问题,进行探索和研究。 62. 制定专业发展规划,积极参加专业培训,不断提高自身专业素质。

三、实施建议

(一)各级教育行政部门要将《专业标准》作为幼儿园教师队伍建设的基本依据

根据学前教育改革发展的需要,充分发挥《专业标准》引领和导向作用,深化教师教育改革,建立教师教育质量保障体系,不断提高幼儿园教师培养培训质量。制定幼儿园教师准入标准,严把幼儿园教师入口关;制定幼儿园教师聘任(聘用)、考核、退出等管理制度,保障教师合法权益,形成科学有效的幼儿园教师队伍管理和督导机制。

(二)开展幼儿园教师教育的院校要将《专业标准》作为幼儿园教师培养培训的主要依据

重视幼儿园教师职业特点,加强学前教育学科和专业建设。完善幼儿园教师培养培训方案,科学设置教师教育课程,改革教育教学方式;重视幼儿园教师职业道德教育,重视社会实践和教育实习;加强从事幼儿园教师教育的师资队伍建设,建立科学的质量评价制度。

(三)幼儿园要将《专业标准》作为教师管理的重要依据

制定幼儿园教师专业发展规划,注重教师职业理想与职业道德教育,增强教师育人的责任感与使命感;开展园本研修,促进教师专业发展;完善教师岗位职责和考核评价制度,健全幼儿园教师绩效管理机制。

(四)幼儿园教师要将《专业标准》作为自身专业发展的基本依据

制定自我专业发展规划,爱岗敬业,增强专业发展自觉性;大胆开展保教实践,不断创新;积极进行自我评价,主动参加教师培训和自主研修,逐步提升专业发展水平。

附录四　小学教师专业标准(试行)(2012年)

为促进小学教师专业发展，建设高素质小学教师队伍，根据《中华人民共和国教师法》和《中华人民共和国义务教育法》，特制定《小学教师专业标准（试行）》（以下简称《专业标准》）。

小学教师是履行小学教育教学工作职责的专业人员，需要经过严格的培养与培训，具有良好的职业道德，掌握系统的专业知识和专业技能。《专业标准》是国家对合格小学教师专业素质的基本要求，是小学教师实施教育教学行为的基本规范，是引领小学教师专业发展的基本准则，是小学教师培养、准入、培训、考核等工作的重要依据。

一、基本理念

（一）师德为先

热爱小学教育事业，具有职业理想，践行社会主义核心价值体系，履行教师职业道德规范，依法执教。关爱小学生，尊重小学生人格，富有爱心、责任心、耐心和细心；为人师表，教书育人，自尊自律，做小学生健康成长的指导者和引路人。

（二）学生为本

尊重小学生权益，以小学生为主体，充分调动和发挥小学生的主动性；遵循小学生身心发展特点和教育教学规律，提供适合的教育，促进小学生生动活泼学习、健康快乐成长。

（三）能力为重

把学科知识、教育理论与教育实践有机结合，突出教书育人实践能力；研究小学生，遵循小学生成长规律，提升教育教学专业化水平；坚持实践、反思、再实践、再反思，不断提高专业能力。

（四）终身学习

学习先进小学教育理论，了解国内外小学教育改革与发展的经验和做法；优化知识结构，提高文化素养；具有终身学习与持续发展的意识和能力，做终身学习的典范。

二、基本内容

维度	领域	基本要求
专业理念与师德	（一）职业理解与认识	1. 贯彻党和国家教育方针政策，遵守教育法律法规。 2. 理解小学教育工作的意义，热爱小学教育事业，具有职业理想和敬业精神。 3. 认同小学教师的专业性和独特性，注重自身专业发展。 4. 具有良好职业道德修养，为人师表。 5. 具有团队合作精神，积极开展协作与交流。
	（二）对小学生的态度与行为	6. 关爱小学生，重视小学生身心健康，将保护小学生生命安全放在首位。 7. 尊重小学生独立人格，维护小学生合法权益，平等对待每一位小学生。不讽刺、挖苦、歧视小学生，不体罚或变相体罚小学生。 8. 信任小学生，尊重个体差异，主动了解和满足有益于小学生身心发展的不同需求。 9. 积极创造条件，让小学生拥有快乐的学校生活。

续表

维度	领域	基本要求
专业理念与师德	(三)教育教学的态度与行为	10. 树立育人为本、德育为先的理念,将小学生的知识学习、能力发展与品德养成相结合,重视小学生全面发展。 11. 尊重教育规律和小学生身心发展规律,为每一个小学生提供适合的教育。 12. 引导小学生体验学习乐趣,保护小学生的求知欲和好奇心,培养小学生的广泛兴趣、动手能力和探究精神。 13. 引导小学生学会学习,养成良好学习习惯。 14. 尊重和发挥好少先队组织的教育引导作用。
	(四)个人修养与行为	15. 富有爱心、责任心、耐心和细心。 16. 乐观向上、热情开朗、有亲和力。 17. 善于自我调节情绪,保持平和心态。 18. 勤于学习,不断进取。 19. 衣着整洁得体,语言规范健康,举止文明礼貌。
专业知识	(五)小学生发展知识	20. 了解关于小学生生存、发展和保护的有关法律法规及政策规定。 21. 了解不同年龄及有特殊需要的小学生身心发展特点和规律,掌握保护和促进小学生身心健康发展的策略与方法。 22. 了解不同年龄小学生学习的特点,掌握小学生良好行为习惯养成的知识。 23. 了解幼小和小初衔接阶段小学生的心理特点,掌握帮助小学生顺利过渡的方法。 24. 了解对小学生进行青春期和性健康教育的知识和方法。 25. 了解小学生安全防护的知识,掌握针对小学生可能出现的各种侵犯与伤害行为的预防与应对方法。
	(六)学科知识	26. 适应小学综合性教学的要求,了解多学科知识。 27. 掌握所教学科知识体系、基本思想与方法。 28. 了解所教学科与社会实践、少先队活动的联系,了解与其他学科的联系。
专业知识	(七)教育教学知识	29. 掌握小学教育教学基本理论。 30. 掌握小学生品行养成的特点和规律。 31. 掌握不同年龄小学生的认知规律和教育心理学的基本原理和方法。 32. 掌握所教学科的课程标准和教学知识。
	(八)通识性知识	33. 具有相应的自然科学和人文社会科学知识。 34. 了解中国教育基本情况。 35. 具有相应的艺术欣赏与表现知识。 36. 具有适应教育内容、教学手段和方法现代化的信息技术知识。
专业能力	(九)教育教学设计	37. 合理制定小学生个体与集体的教育教学计划。 38. 合理利用教学资源,科学编写教学方案。 39. 合理设计主题鲜明、丰富多彩的班级和少先队活动。
	(十)组织与实施	40. 建立良好的师生关系,帮助小学生建立良好的同伴关系。 41. 创设适宜的教学情境,根据小学生的反应及时调整教学活动。 42. 调动小学生学习积极性,结合小学生已有的知识和经验激发学习兴趣。 43. 发挥小学生主体性,灵活运用启发式、探究式、讨论式、参与式等教学方式。 44. 发挥好少先队组织生活、集体活动、信息传播等教育功能。 45. 将现代教育技术手段整合应用到教学中。 46. 较好使用口头语言、肢体语言与书面语言,使用普通话教学,规范书写钢笔字、粉笔字、毛笔字。 47. 妥善应对突发事件。 48. 鉴别小学生行为和思想动向,用科学的方法防止和有效矫正不良行为。

续表

维度	领域	基本要求
专业能力	（十一）激励与评价	49. 对小学生日常表现进行观察与判断，发现和赏识每一位小学生的点滴进步。 50. 灵活使用多元评价方式，给予小学生恰当的评价和指导。 51. 引导小学生进行积极的自我评价。 52. 利用评价结果不断改进教育教学工作。
	（十二）沟通与合作	53. 使用符合小学生特点的语言进行教育教学工作。 54. 善于倾听，和蔼可亲，与小学生进行有效沟通。 55. 与同事合作交流，分享经验和资源，共同发展。 56. 与家长进行有效沟通合作，共同促进小学生发展。 57. 协助小学与社区建立合作互助的良好关系。
	（十三）反思与发展	58. 主动收集分析相关信息，不断进行反思，改进教育教学工作。 59. 针对教育教学工作中的现实需要与问题，进行探索和研究。 60. 制定专业发展规划，积极参加专业培训，不断提高自身专业素质。

三、实施建议

（一）各级教育行政部门要将《专业标准》作为小学教师队伍建设的基本依据

根据小学教育改革发展的需要，充分发挥《专业标准》引领和导向作用，深化教师教育改革，建立教师教育质量保障体系，不断提高小学教师培养培训质量。制定小学教师准入标准，严把小学教师入口关；制定小学教师聘任（聘用）、考核、退出等管理制度，保障教师合法权益，形成科学有效的小学教师队伍管理和督导机制。

（二）开展小学教师教育的院校要将《专业标准》作为小学教师培养培训的主要依据

重视小学教师职业特点，加强小学教育学科和专业建设。完善小学教师培养培训方案，科学设置教师教育课程，改革教育教学方式；重视小学教师职业道德教育，重视社会实践和教育实习；加强从事小学教师教育的师资队伍建设，建立科学的质量评价制度。

（三）小学要将《专业标准》作为教师管理的重要依据

制定小学教师专业发展规划，注重教师职业理想与职业道德教育，增强教师育人的责任感与使命感；开展校本研修，促进教师专业发展；完善教师岗位职责和考核评价制度，健全小学教师绩效管理机制。

（四）小学教师要将《专业标准》作为自身专业发展的基本依据

制定自我专业发展规划，爱岗敬业，增强专业发展自觉性；大胆开展教育教学实践，不断创新；积极进行自我评价，主动参加教师培训和自主研修，逐步提升专业发展水平。

附录五　中学教师专业标准(试行)(2012年)

为促进中学教师专业发展,建设高素质中学教师队伍,根据《中华人民共和国教师法》和《中华人民共和国义务教育法》,特制定《中学教师专业标准(试行)》(以下简称《专业标准》)。

中学教师是履行中学教育教学工作职责的专业人员,需要经过严格的培养与培训,具有良好的职业道德,掌握系统的专业知识和专业技能。《专业标准》是国家对合格中学教师的基本专业要求,是中学教师实施教育教学行为的基本规范,是引领中学教师专业发展的基本准则,是中学教师培养、准入、培训、考核等工作的重要依据。

一、基本理念

(一)师德为先

热爱中学教育事业,具有职业理想,践行社会主义核心价值体系,履行教师职业道德规范,依法执教。关爱中学生,尊重中学生人格,富有爱心、责任心、耐心和细心;为人师表,教书育人,自尊自律,以人格魅力和学识魅力教育感染中学生,做中学生健康成长的指导者和引路人。

(二)学生为本

尊重中学生权益,以中学生为主体,充分调动和发挥中学生的主动性;遵循中学生身心发展特点和教育教学规律,提供适合的教育,促进中学生生动活泼学习、健康快乐成长,全面而有个性地发展。

(三)能力为重

把学科知识、教育理论与教育实践有机结合,突出教书育人实践能力;研究中学生,遵循中学生成长规律,提升教育教学专业化水平;坚持实践、反思、再实践、再反思,不断提高专业能力。

(四)终身学习

学习先进中学教育理论,了解国内外中学教育改革与发展的经验和做法;优化知识结构,提高文化素养;具有终身学习与持续发展的意识和能力,做终身学习的典范。

二、基本内容

维度	领域	基本要求
专业理念与师德	(一)职业理解与认识	1. 贯彻党和国家教育方针政策,遵守教育法律法规。 2. 理解中学教育工作的意义,热爱中学教育事业,具有职业理想和敬业精神。 3. 认同中学教师的专业性和独特性,注重自身专业发展。 4. 具有良好职业道德修养,为人师表。 5. 具有团队合作精神,积极开展协作与交流。

续表

维度	领域	基本要求
专业理念与师德	（二）对学生的态度与行为	6. 关爱中学生，重视中学生身心健康发展，保护中学生生命安全。 7. 尊重中学生独立人格，维护中学生合法权益，平等对待每一位中学生。不讽刺、挖苦、歧视中学生，不体罚或变相体罚中学生。 8. 尊重个体差异，主动了解和满足中学生的不同需要。 9. 信任中学生，积极创造条件，促进中学生的自主发展。
	（三）教育教学的态度与行为	10. 树立育人为本、德育为先的理念，将中学生的知识学习、能力发展与品德养成相结合，重视中学生的全面发展。 11. 尊重教育规律和中学生身心发展规律，为每一位中学生提供适合的教育。 12. 激发中学生的求知欲和好奇心，培养中学生学习兴趣和爱好，营造自由探索、勇于创新的氛围。 13. 引导中学生自主学习、自强自立，培养良好的思维习惯和适应社会的能力。 14. 尊重和发挥好共青团、少先队组织的教育引导作用。
	（四）个人修养与行为	15. 富有爱心、责任心、耐心和细心。 16. 乐观向上、热情开朗、有亲和力。 17. 善于自我调节情绪，保持平和心态。 18. 勤于学习，不断进取。 19. 衣着整洁得体，语言规范健康，举止文明礼貌。
专业知识	（五）教育知识	20. 掌握中学教育的基本原理和主要方法。 21. 掌握班级、共青团、少先队建设与管理的原则与方法。 22. 掌握教育心理学的基本原理和方法，了解中学生身心发展的一般规律与特点。 23. 了解中学生世界观、人生观、价值观形成的过程及其教育方法。 24. 了解中学生思维能力、创新能力和实践能力发展的过程与特点。 25. 了解中学生群体文化特点与行为方式。
	（六）学科知识	26. 理解所教学科的知识体系、基本思想与方法。 27. 掌握所教学科内容的基本知识、基本原理与技能。 28. 了解所教学科与其他学科的联系。 29. 了解所教学科与社会实践及共青团、少先队活动的联系。
	（七）学科教学知识	30. 掌握所教学科课程标准。 31. 掌握所教学科课程资源开发与校本课程开发的主要方法与策略。 32. 了解中学生在学习具体学科内容时的认知特点。 33. 掌握针对具体学科内容进行教学和研究性学习的方法与策略。
	（八）通识性知识	34. 具有相应的自然科学和人文社会科学知识。 35. 了解中国教育基本情况。 36. 具有相应的艺术欣赏与表现知识。 37. 具有适应教育内容、教学手段和方法现代化的信息技术知识。
专业能力	（九）教学设计	38. 科学设计教学目标和教学计划。 39. 合理利用教学资源和方法设计教学过程。 40. 引导和帮助中学生设计个性化的学习计划。
	（十）教学实施	41. 营造良好的学习环境与氛围，激发与保护中学生的学习兴趣。 42. 通过启发式、探究式、讨论式、参与式等多种方式，有效实施教学。 43. 有效调控教学过程，合理处理课堂偶发事件。 44. 引发中学生独立思考和主动探究，发展学生创新能力。 45. 发挥好共青团、少先队组织生活、集体活动、信息传播等教育功能。 46. 将现代教育技术手段整合应用到教学中。

续表

维度	领域	基本要求
专业能力	(十一)班级管理与教育活动	47. 建立良好的师生关系，帮助中学生建立良好的同伴关系。 48. 注重结合学科教学进行育人活动。 49. 根据中学生世界观、人生观、价值观形成的特点，有针对性地组织开展德育活动。 50. 针对中学生青春期生理和心理发展特点，有针对性地组织开展有益身心健康发展的教育活动。 51. 指导学生理想、心理、学业等多方面发展。 52. 有效管理和开展班级、共青团、少先队活动。 53. 妥善应对突发事件。
	(十二)教育教学评价	54. 利用评价工具，掌握多元评价方法，多视角、全过程评价学生发展。 55. 引导学生进行自我评价。 56. 自我评价教育教学效果，及时调整和改进教育教学工作。
	(十三)沟通与合作	57. 了解中学生，平等地与中学生进行沟通交流。 58. 与同事合作交流，分享经验和资源，共同发展。 59. 与家长进行有效沟通合作，共同促进中学生发展。 60. 协助中学与社区建立合作互助的良好关系。
	(十四)反思与发展	61. 主动收集分析相关信息，不断进行反思，改进教育教学工作。 62. 针对教育教学工作中的现实需要与问题，进行探索和研究。 63. 制定专业发展规划，积极参加专业培训，不断提高自身专业素质。

三、实施建议

(一)各级教育行政部门要将《专业标准》作为中学教师队伍建设的基本依据

根据中学教育改革发展的需要，充分发挥《专业标准》引领和导向作用，深化教师教育改革，建立教师教育质量保障体系，不断提高中学教师培养培训质量。制定中学教师准入标准，严把中学教师入口关；制定中学教师聘任(聘用)、考核、退出等管理制度，保障教师合法权益，形成科学有效的中学教师队伍管理和督导机制。

(二)开展中学教师教育的院校要将《专业标准》作为中学教师培养培训的主要依据

重视中学教师职业特点，加强中学教育学科和专业建设。完善中学教师培养培训方案，科学设置教师教育课程，改革教育教学方式；重视中学教师职业道德教育，重视社会实践和教育实习；加强从事中学教师教育的师资队伍建设，建立科学的质量评价制度。

(三)中学要将《专业标准》作为教师管理的重要依据

制定中学教师专业发展规划，注重教师职业理想与职业道德教育，增强教师育人的责任感与使命感；开展校本研修，促进教师专业发展；完善教师岗位职责和考核评价制度，健全中学教师绩效管理机制。中等职业学校教师参照执行。

(四)中学教师要将《专业标准》作为自身专业发展的基本依据

制定自我专业发展规划，爱岗敬业，增强专业发展自觉性；大胆开展教育教学实践，不断创新；积极进行自我评价，主动参加教师培训和自主研修，逐步提升专业发展水平。

附录六 中共中央 国务院关于全面深化新时代教师队伍建设改革的意见(2018年)

百年大计,教育为本;教育大计,教师为本。为深入贯彻落实党的十九大精神,造就党和人民满意的高素质专业化创新型教师队伍,落实立德树人根本任务,培养德智体美全面发展的社会主义建设者和接班人,全面提升国民素质和人力资源质量,加快教育现代化,建设教育强国,办好人民满意的教育,为决胜全面建成小康社会、夺取新时代中国特色社会主义伟大胜利、实现中华民族伟大复兴的中国梦奠定坚实基础,现就全面深化新时代教师队伍建设改革提出如下意见。

一、坚持兴国必先强师,深刻认识教师队伍建设的重要意义和总体要求

(一)战略意义

教师承担着传播知识、传播思想、传播真理的历史使命,肩负着塑造灵魂、塑造生命、塑造人的时代重任,是教育发展的第一资源,是国家富强、民族振兴、人民幸福的重要基石。党和国家历来高度重视教师工作。党的十八大以来,以习近平同志为核心的党中央将教师队伍建设摆在突出位置,作出一系列重大决策部署,各地区各部门和各级各类学校采取有力措施认真贯彻落实,教师队伍建设取得显著成就。广大教师牢记使命、不忘初衷,爱岗敬业、教书育人,改革创新、服务社会,作出了重要贡献。

当今世界正处在大发展大变革大调整之中,新一轮科技和工业革命正在孕育,新的增长动能不断积聚。中国特色社会主义进入了新时代,开启了全面建设社会主义现代化国家的新征程。我国社会主要矛盾已经转化为人民日益增长的美好生活需要和不平衡不充分的发展之间的矛盾,人民对公平而有质量的教育的向往更加迫切。面对新方位、新征程、新使命,教师队伍建设还不能完全适应。有的地方对教育和教师工作重视不够,在教育事业发展中重硬件轻软件、重外延轻内涵的现象还比较突出,对教师队伍建设的支持力度亟须加大;师范教育体系有所削弱,对师范院校支持不够;有的教师素质能力难以适应新时代人才培养需要,思想政治素质和师德水平需要提升,专业化水平需要提高;教师特别是中小学教师职业吸引力不足,地位待遇有待提高;教师城乡结构、学科结构分布不尽合理,准入、招聘、交流、退出等机制还不够完善,管理体制机制亟须理顺。时代越是向前,知识和人才的重要性就愈发突出,教育和教师的地位和作用就愈发凸显。各级党委和政府要从战略和全局高度充分认识教师工作的极端重要性,把全面加强教师队伍建设作为一项重大政治任务和根本性民生工程切实抓紧抓好。

(二)指导思想

全面贯彻落实党的十九大精神,以习近平新时代中国特色社会主义思想为指导,紧紧围绕统筹推进"五位一体"总体布局和协调推进"四个全面"战略布局,坚持和加强党的全面领导,坚持以人民为中心的发展思想,坚持全面深化改革,牢固树立新发展理念,全面贯彻党的教育方针,坚持社会主义办学方向,落实立德树人根本任务,遵循教育规律和教师成长发展

规律,加强师德师风建设,培养高素质教师队伍,倡导全社会尊师重教,形成优秀人才争相从教、教师人人尽展其才、好教师不断涌现的良好局面。

(三)基本原则

——确保方向。坚持党管干部、党管人才,坚持依法治教、依法执教,坚持严格管理监督与激励关怀相结合,充分发挥党委(党组)的领导和把关作用,确保党牢牢掌握教师队伍建设的领导权,保证教师队伍建设正确的政治方向。

——强化保障。坚持教育优先发展战略,把教师工作置于教育事业发展的重点支持战略领域,优先谋划教师工作,优先保障教师工作投入,优先满足教师队伍建设需要。

——突出师德。把提高教师思想政治素质和职业道德水平摆在首要位置,把社会主义核心价值观贯穿教书育人全过程,突出全员全方位全过程师德养成,推动教师成为先进思想文化的传播者、党执政的坚定支持者、学生健康成长的指导者。

——深化改革。抓住关键环节,优化顶层设计,推动实践探索,破解发展瓶颈,把管理体制改革与机制创新作为突破口,把提高教师地位待遇作为真招实招,增强教师职业吸引力。

——分类施策。立足我国国情,借鉴国际经验,根据各级各类教师的不同特点和发展实际,考虑区域、城乡、校际差异,采取有针对性的政策举措,定向发力,重视专业发展,培养一批教师;加大资源供给,补充一批教师;创新体制机制,激活一批教师;优化队伍结构,调配一批教师。

(四)目标任务

经过5年左右努力,教师培养培训体系基本健全,职业发展通道比较畅通,事权人权财权相统一的教师管理体制普遍建立,待遇提升保障机制更加完善,教师职业吸引力明显增强。教师队伍规模、结构、素质能力基本满足各级各类教育发展需要。

到2035年,教师综合素质、专业化水平和创新能力大幅提升,培养造就数以百万计的骨干教师、数以十万计的卓越教师、数以万计的教育家型教师。教师管理体制机制科学高效,实现教师队伍治理体系和治理能力现代化。教师主动适应信息化、人工智能等新技术变革,积极有效开展教育教学。尊师重教蔚然成风,广大教师在岗位上有幸福感、事业上有成就感、社会上有荣誉感,教师成为让人羡慕的职业。

二、着力提升思想政治素质,全面加强师德师风建设

(五)加强教师党支部和党员队伍建设

将全面从严治党要求落实到每个教师党支部和教师党员,把党的政治建设摆在首位,用习近平新时代中国特色社会主义思想武装头脑,充分发挥教师党支部教育管理监督党员和宣传引导凝聚师生的战斗堡垒作用,充分发挥党员教师的先锋模范作用。选优配强教师党支部书记,注重选拔党性强、业务精、有威信、肯奉献的优秀党员教师担任教师党支部书记,实施教师党支部书记"双带头人"培育工程,定期开展教师党支部书记轮训。坚持党的组织生活各项制度,创新方式方法,增强党的组织生活活力。健全主题党日活动制度,加强党员教师日常管理监督。推进"两学一做"学习教育常态化制度化,开展"不忘初心、牢记使命"主题教育,引导党员教师增强政治意识、大局意识、核心意识、看齐意识,自觉爱党护党为党,敬业修德,奉献社会,争做"四有"好教师的示范标杆。重视做好在优秀青年教师、海外留学归

国教师中发展党员工作。健全把骨干教师培养成党员，把党员教师培养成教学、科研、管理骨干的“双培养”机制。

配齐建强高等学校思想政治工作队伍和党务工作队伍，完善选拔、培养、激励机制，形成一支专职为主、专兼结合、数量充足、素质优良的工作力量。把从事学生思想政治教育计入高等学校思想政治工作兼职教师的工作量，作为职称评审的重要依据，进一步增强开展思想政治工作的积极性和主动性。

（六）提高思想政治素质

加强理想信念教育，深入学习领会习近平新时代中国特色社会主义思想，引导教师树立正确的历史观、民族观、国家观、文化观，坚定中国特色社会主义道路自信、理论自信、制度自信、文化自信。引导教师准确理解和把握社会主义核心价值观的深刻内涵，增强价值判断、选择、塑造能力，带头践行社会主义核心价值观。引导广大教师充分认识中国教育辉煌成就，扎根中国大地，办好中国教育。

加强中华优秀传统文化和革命文化、社会主义先进文化教育，弘扬爱国主义精神，引导广大教师热爱祖国、奉献祖国。创新教师思想政治工作方式方法，开辟思想政治教育新阵地，利用思想政治教育新载体，强化教师社会实践参与，推动教师充分了解党情、国情、社情、民情，增强思想政治工作的针对性和实效性。要着眼青年教师群体特点，有针对性地加强思想政治教育。落实党的知识分子政策，政治上充分信任，思想上主动引导，工作上创造条件，生活上关心照顾，使思想政治工作接地气、入人心。

（七）弘扬高尚师德

健全师德建设长效机制，推动师德建设常态化长效化，创新师德教育，完善师德规范，引导广大教师以德立身、以德立学、以德施教、以德育德，坚持教书与育人相统一、言传与身教相统一、潜心问道与关注社会相统一、学术自由与学术规范相统一，争做“四有”好教师，全心全意做学生锤炼品格、学习知识、创新思维、奉献祖国的引路人。

实施师德师风建设工程。开展教师宣传国家重大题材作品立项，推出一批让人喜闻乐见、能够产生广泛影响、展现教师时代风貌的影视作品和文学作品，发掘师德典型、讲好师德故事，加强引领，注重感召，弘扬楷模，形成强大正能量。注重加强对教师思想政治素质、师德师风等的监察监督，强化师德考评，体现奖优罚劣，推行师德考核负面清单制度，建立教师个人信用记录，完善诚信承诺和失信惩戒机制，着力解决师德失范、学术不端等问题。

三、大力振兴教师教育，不断提升教师专业素质能力

（八）加大对师范院校支持力度

实施教师教育振兴行动计划，建立以师范院校为主体、高水平非师范院校参与的中国特色师范教育体系，推进地方政府、高等学校、中小学“三位一体”协同育人。研究制定师范院校建设标准和师范类专业办学标准，重点建设一批师范教育基地，整体提升师范院校和师范专业办学水平。鼓励各地结合实际，适时提高师范专业生均拨款标准，提升师范教育保障水平。切实提高生源质量，对符合相关政策规定的，采取到岗退费或公费培养、定向培养等方式，吸引优秀青年踊跃报考师范院校和师范专业。完善教育部直属师范大学师范生公费教育政策，履约任教服务期调整为6年。改革招生制度，鼓励部分办学条件好、教学质量高院

校的师范专业实行提前批次录取或采取入校后二次选拔方式,选拔有志于从教的优秀学生进入师范专业。加强教师教育学科建设。教育硕士、教育博士授予单位及授权点向师范院校倾斜。强化教师教育师资队伍建设,在专业发展、职称晋升和岗位聘用等方面予以倾斜支持。师范院校评估要体现师范教育特色,确保师范院校坚持以师范教育为主业,严控师范院校更名为非师范院校。开展师范类专业认证,确保教师培养质量。

(九) 支持高水平综合大学开展教师教育

创造条件,推动一批有基础的高水平综合大学成立教师教育学院,设立师范专业,积极参与基础教育、职业教育教师培养培训工作。整合优势学科的学术力量,凝聚高水平的教学团队。发挥专业优势,开设厚基础、宽口径、多样化的教师教育课程。创新教师培养形态,突出教师教育特色,重点培养教育硕士,适度培养教育博士,造就学科知识扎实、专业能力突出、教育情怀深厚的高素质复合型教师。

(十) 全面提高中小学教师质量,建设一支高素质专业化的教师队伍

提高教师培养层次,提升教师培养质量。推进教师培养供给侧结构性改革,为义务教育学校侧重培养素质全面、业务见长的本科层次教师,为高中阶段教育学校侧重培养专业突出、底蕴深厚的研究生层次教师。大力推动研究生层次教师培养,增加教育硕士招生计划,向中西部地区和农村地区倾斜。根据基础教育改革发展需要,以实践为导向优化教师教育课程体系,强化"钢笔字、毛笔字、粉笔字和普通话"等教学基本功和教学技能训练,师范生教育实践不少于半年。加强紧缺薄弱学科教师、特殊教育教师和民族地区双语教师培养。开展中小学教师全员培训,促进教师终身学习和专业发展。转变培训方式,推动信息技术与教师培训的有机融合,实行线上线下相结合的混合式研修。改进培训内容,紧密结合教育教学一线实际,组织高质量培训,使教师静心钻研教学,切实提升教学水平。推行培训自主选学,实行培训学分管理,建立培训学分银行,搭建教师培训与学历教育衔接的"立交桥"。建立健全地方教师发展机构和专业培训者队伍,依托现有资源,结合各地实际,逐步推进县级教师发展机构建设与改革,实现培训、教研、电教、科研部门有机整合。继续实施教师国培计划。鼓励教师海外研修访学。

加强中小学校长队伍建设,努力造就一支政治过硬、品德高尚、业务精湛、治校有方的校长队伍。面向全体中小学校长,加大培训力度,提升校长办学治校能力,打造高品质学校。实施校长国培计划,重点开展乡村中小学骨干校长培训和名校长研修。支持教师和校长大胆探索,创新教育思想、教育模式、教育方法,形成教学特色和办学风格,营造教育家脱颖而出的制度环境。

(十一) 全面提高幼儿园教师质量,建设一支高素质善保教的教师队伍

办好一批幼儿师范专科学校和若干所幼儿师范学院,支持师范院校设立学前教育专业,培养热爱学前教育事业,幼儿为本、才艺兼备、擅长保教的高水平幼儿园教师。创新幼儿园教师培养模式,前移培养起点,大力培养初中毕业起点的五年制专科层次幼儿园教师。优化幼儿园教师培养课程体系,突出保教融合,科学开设儿童发展、保育活动、教育活动类课程,强化实践性课程,培养学前教育师范生综合能力。

建立幼儿园教师全员培训制度,切实提升幼儿园教师科学保教能力。加大幼儿园园长、乡村幼儿园教师、普惠性民办幼儿园教师的培训力度。创新幼儿园教师培训模式,依托高等

学校和优质幼儿园，重点采取集中培训与跟岗实践相结合的方式培训幼儿园教师。鼓励师范院校与幼儿园协同建立幼儿园教师培养培训基地。

（十二）全面提高职业院校教师质量，建设一支高素质双师型的教师队伍

继续实施职业院校教师素质提高计划，引领带动各地建立一支技艺精湛、专兼结合的双师型教师队伍。加强职业技术师范院校建设，支持高水平学校和大中型企业共建双师型教师培养培训基地，建立高等学校、行业企业联合培养双师型教师的机制。切实推进职业院校教师定期到企业实践，不断提升实践教学能力。建立企业经营管理者、技术能手与职业院校管理者、骨干教师相互兼职制度。

（十三）全面提高高等学校教师质量，建设一支高素质创新型的教师队伍

着力提高教师专业能力，推进高等教育内涵式发展。搭建校级教师发展平台，组织研修活动，开展教学研究与指导，推进教学改革与创新。加强院系教研室等学习共同体建设，建立完善传帮带机制。全面开展高等学校教师教学能力提升培训，重点面向新入职教师和青年教师，为高等学校培养人才培育生力军。重视各级各类学校辅导员专业发展。结合"一带一路"建设和人文交流机制，有序推动国内外教师双向交流。支持孔子学院教师、援外教师成长发展。

服务创新型国家和人才强国建设、世界一流大学和一流学科建设，实施好千人计划、万人计划、长江学者奖励计划等重大人才项目，着力打造创新团队，培养引进一批具有国际影响力的学科领军人才和青年学术英才。加强高端智库建设，依托人文社会科学重点研究基地等，汇聚培养一大批哲学社会科学名家名师。高等学校高层次人才遴选和培育中要突出教书育人，让科学家同时成为教育家。

四、深化教师管理综合改革，切实理顺体制机制

（十四）创新和规范中小学教师编制配备

适应加快推进教育现代化的紧迫需求和城乡教育一体化发展改革的新形势，充分考虑新型城镇化、全面二孩政策及高考改革等带来的新情况，根据教育发展需要，在现有编制总量内，统筹考虑、合理核定教职工编制，盘活事业编制存量，优化编制结构，向教师队伍倾斜，采取多种形式增加教师总量，优先保障教育发展需要。落实城乡统一的中小学教职工编制标准，有条件的地方出台公办幼儿园人员配备规范、特殊教育学校教职工编制标准。创新编制管理，加大教职工编制统筹配置和跨区域调整力度，省级统筹、市域调剂、以县为主，动态调配。编制向乡村小规模学校倾斜，按照班师比与生师比相结合的方式核定。加强和规范中小学教职工编制管理，严禁挤占、挪用、截留编制和有编不补。实行教师编制配备和购买工勤服务相结合，满足教育快速发展需求。

（十五）优化义务教育教师资源配置

实行义务教育教师"县管校聘"。深入推进县域内义务教育学校教师、校长交流轮岗，实行教师聘期制、校长任期制管理，推动城镇优秀教师、校长向乡村学校、薄弱学校流动。实行学区（乡镇）内走教制度，地方政府可根据实际给予相应补贴。

逐步扩大农村教师特岗计划实施规模，适时提高特岗教师工资性补助标准。鼓励优秀特岗教师攻读教育硕士。鼓励地方政府和相关院校因地制宜采取定向招生、定向培养、定期

服务等方式,为乡村学校及教学点培养“一专多能”教师,优先满足老少边穷地区教师补充需要。实施银龄讲学计划,鼓励支持乐于奉献、身体健康的退休优秀教师到乡村和基层学校支教讲学。

(十六)完善中小学教师准入和招聘制度

完善教师资格考试政策,逐步将修习教师教育课程、参加教育教学实践作为认定教育教学能力、取得教师资格的必备条件。新入职教师必须取得教师资格。严格教师准入,提高入职标准,重视思想政治素质和业务能力,根据教育行业特点,分区域规划,分类别指导,结合实际,逐步将幼儿园教师学历提升至专科,小学教师学历提升至师范专业专科和非师范专业本科,初中教师学历提升至本科,有条件的地方将普通高中教师学历提升至研究生。建立符合教育行业特点的中小学、幼儿园教师招聘办法,遴选乐教适教善教的优秀人才进入教师队伍。按照中小学校领导人员管理暂行办法,明确任职条件和资格,规范选拔任用工作,激发办学治校活力。

(十七)深化中小学教师职称和考核评价制度改革

适当提高中小学中级、高级教师岗位比例,畅通教师职业发展通道。完善符合中小学特点的岗位管理制度,实现职称与教师聘用衔接。将中小学教师到乡村学校、薄弱学校任教1年以上的经历作为申报高级教师职称和特级教师的必要条件。推行中小学校长职级制改革,拓展职业发展空间,促进校长队伍专业化建设。

进一步完善职称评价标准,建立符合中小学教师岗位特点的考核评价指标体系,坚持德才兼备、全面考核,突出教育教学实绩,引导教师潜心教书育人。加强聘后管理,激发教师的工作活力。完善相关政策,防止形式主义的考核检查干扰正常教学。不简单用升学率、学生考试成绩等评价教师。实行定期注册制度,建立完善教师退出机制,提升教师队伍整体活力。加强中小学校长考核评价,督促提高素质能力,完善优胜劣汰机制。

(十八)健全职业院校教师管理制度

根据职业教育特点,有条件的地方研究制定中等职业学校人员配备规范。完善职业院校教师资格标准,探索将行业企业从业经历作为认定教育教学能力、取得专业课教师资格的必要条件。落实职业院校用人自主权,完善教师招聘办法。推动固定岗和流动岗相结合的职业院校教师人事管理制度改革。支持职业院校专设流动岗位,适应产业发展和参与全球产业竞争需求,大力引进行业企业一流人才,吸引具有创新实践经验的企业家、高科技人才、高技能人才等兼职任教。完善职业院校教师考核评价制度,双师型教师考核评价要充分体现技能水平和专业教学能力。

(十九)深化高等学校教师人事制度改革

积极探索实行高等学校人员总量管理。严把高等学校教师选聘入口关,实行思想政治素质和业务能力双重考察。严格教师职业准入,将新入职教师岗前培训和教育实习作为认定教育教学能力、取得高等学校教师资格的必备条件。适应人才培养结构调整需要,优化高等学校教师结构,鼓励高等学校加大聘用具有其他学校学习工作和行业企业工作经历教师的力度。配合外国人永久居留制度改革,健全外籍教师资格认证、服务管理等制度。帮助高等学校青年教师解决住房等困难。

推动高等学校教师职称制度改革,将评审权直接下放至高等学校,由高等学校自主组织职称评审、自主评价、按岗聘任。条件不具备、尚不能独立组织评审的高等学校，可采取联合评审的方式。推行高等学校教师职务聘任制改革，加强聘期考核，准聘与长聘相结合，做到能上能下、能进能出。教育、人力资源社会保障等部门要加强职称评聘事中事后监管。深入推进高等学校教师考核评价制度改革，突出教育教学业绩和师德考核，将教授为本科生上课作为基本制度。坚持正确导向，规范高层次人才合理有序流动。

五、不断提高地位待遇，真正让教师成为令人羡慕的职业

（二十）明确教师的特别重要地位

突显教师职业的公共属性，强化教师承担的国家使命和公共教育服务的职责，确立公办中小学教师作为国家公职人员特殊的法律地位，明确中小学教师的权利和义务，强化保障和管理。各级党委和政府要切实负起中小学教师保障责任，提升教师的政治地位、社会地位、职业地位，吸引和稳定优秀人才从教。公办中小学教师要切实履行作为国家公职人员的义务，强化国家责任、政治责任、社会责任和教育责任。

（二十一）完善中小学教师待遇保障机制

健全中小学教师工资长效联动机制，核定绩效工资总量时统筹考虑当地公务员实际收入水平，确保中小学教师平均工资收入水平不低于或高于当地公务员平均工资收入水平。完善教师收入分配激励机制，有效体现教师工作量和工作绩效，绩效工资分配向班主任和特殊教育教师倾斜。实行中小学校长职级制的地区，根据实际实施相应的校长收入分配办法。

（二十二）大力提升乡村教师待遇

深入实施乡村教师支持计划，关心乡村教师生活。认真落实艰苦边远地区津贴等政策，全面落实集中连片特困地区乡村教师生活补助政策，依据学校艰苦边远程度实行差别化补助，鼓励有条件的地方提高补助标准，努力惠及更多乡村教师。加强乡村教师周转宿舍建设，按规定将符合条件的教师纳入当地住房保障范围，让乡村教师住有所居。拿出务实举措，帮助乡村青年教师解决困难，关心乡村青年教师工作生活，巩固乡村青年教师队伍。在培训、职称评聘、表彰奖励等方面向乡村青年教师倾斜，优化乡村青年教师发展环境，加快乡村青年教师成长步伐。为乡村教师配备相应设施，丰富精神文化生活。

（二十三）维护民办学校教师权益

完善学校、个人、政府合理分担的民办学校教师社会保障机制，民办学校应与教师依法签订合同，按时足额支付工资，保障其福利待遇和其他合法权益，并为教师足额缴纳社会保险费和住房公积金。依法保障和落实民办学校教师在业务培训、职务聘任、教龄和工龄计算、表彰奖励、科研立项等方面享有与公办学校教师同等权利。

（二十四）推进高等学校教师薪酬制度改革

建立体现以增加知识价值为导向的收入分配机制，扩大高等学校收入分配自主权，高等学校在核定的绩效工资总量内自主确定收入分配办法。高等学校教师依法取得的科技成果转化奖励收入，不纳入本单位工资总额基数。完善适应高等学校教学岗位特点的内部激励机制，对专职从事教学的人员，适当提高基础性绩效工资在绩效工资中的比重，加大对教学型名师的岗位激励力度。

(二十五)提升教师社会地位

加大教师表彰力度。大力宣传教师中的“时代楷模”和“最美教师”。开展国家级教学名师、国家级教学成果奖评选表彰,重点奖励贡献突出的教学一线教师。做好特级教师评选,发挥引领作用。做好乡村学校从教30年教师荣誉证书颁发工作。各地要按照国家有关规定,因地制宜开展多种形式的教师表彰奖励活动,并落实相关优待政策。鼓励社会团体、企事业单位、民间组织对教师出资奖励,开展尊师活动,营造尊师重教良好社会风尚。

建设现代学校制度,体现以人为本,突出教师主体地位,落实教师知情权、参与权、表达权、监督权。建立健全教职工代表大会制度,保障教师参与学校决策的民主权利。推行中国特色大学章程,坚持和完善党委领导下的校长负责制,充分发挥教师在高等学校办学治校中的作用。维护教师职业尊严和合法权益,关心教师身心健康,克服职业倦怠,激发工作热情。

六、切实加强党的领导,全力确保政策举措落地见效

(二十六)强化组织保障

各级党委和政府要满腔热情关心教师,充分信任、紧紧依靠广大教师。要切实加强领导,实行一把手负责制,紧扣广大教师最关心、最直接、最现实的重大问题,找准教师队伍建设的突破口和着力点,坚持发展抓公平、改革抓机制、整体抓质量、安全抓责任、保证抓党建,把教师工作记在心里、扛在肩上、抓在手中,摆上重要议事日程,细化分工,确定路线图、任务书、时间表和责任人。主要负责同志和相关责任人要切实做到实事求是、求真务实,善始善终、善作善成,把准方向、敢于担当,亲力亲为、抓实工作。

各省、自治区、直辖市党委常委会每年至少研究一次教师队伍建设工作。建立教师工作联席会议制度,解决教师队伍建设重大问题。相关部门要制定切实提高教师待遇的具体措施。研究修订教师法。统筹现有资源,壮大全国教师工作力量,培育一批专业机构,专门研究教师队伍建设重大问题,为重大决策提供支撑。

(二十七)强化经费保障

各级政府要将教师队伍建设作为教育投入重点予以优先保障,完善支出保障机制,确保党和国家关于教师队伍建设重大决策部署落实到位。优化经费投入结构,优先支持教师队伍建设最薄弱、最紧迫的领域,重点用于按规定提高教师待遇保障、提升教师专业素质能力。加大师范教育投入力度。健全以政府投入为主、多渠道筹集教育经费的体制,充分调动社会力量投入教师队伍建设的积极性。制定严格的经费监管制度,规范经费使用,确保资金使用效益。

各级党委和政府要将教师队伍建设列入督查督导工作重点内容,并将结果作为党政领导班子和有关领导干部综合考核评价、奖惩任免的重要参考,确保各项政策措施全面落实到位,真正取得实效。

附录七　学前教育专业师范生教师职业能力标准(试行)(2021年)

一、师德践行能力

1.1　遵守师德规范

1.1.1　【理想信念】

· 学习贯彻习近平新时代中国特色社会主义思想，深入学习习近平总书记关于教育的重要论述，以及党史、新中国史、改革开放史和社会主义发展史内容，形成对中国特色社会主义的思想认同、政治认同、理论认同和情感认同，能够在教书育人实践中自觉践行社会主义核心价值观。

· 树立职业理想，立志成为有理想信念、有道德情操、有扎实学识、有仁爱之心的好老师。

1.1.2　【立德树人】

· 理解立德树人的内涵，形成立德树人的理念，掌握立德树人途径与方法，能够在教育实践中实施素质教育，依据德智体美劳全面发展的教育方针开展教育教学。

1.1.3　【师德准则】

· 具有依法执教意识，遵守宪法、民法典、教育法、教师法、未成年人保护法等法律法规，在教育实践中能履行应尽义务，自觉维护幼儿与自身的合法权益。

· 理解教师职业道德规范内涵与要求，在教育实践中遵守《新时代幼儿园教师职业行为十项准则》，能分析解决教育教学实践中的相关道德规范问题。

1.2　涵养教育情怀

1.2.1　【职业认同】

· 具有家国情怀，乐于从教，热爱教育事业。认同教师工作的价值在于传播知识、传播思想、传播真理，塑造灵魂、塑造生命、塑造新人；了解幼儿教师的职业特征，理解教师是幼儿学习与发展的支持者、合作者、引导者，创造条件激发幼儿好奇心、求知欲，积极引领幼儿行为，帮助幼儿自主发展。

· 领会学前教育对幼儿发展的价值和意义，认同促进幼儿全面而有个性地发展的理念。

1.2.2　【关爱幼儿】

· 做幼儿健康成长的启蒙者和引路人，公正平等地对待每一名幼儿，关注幼儿成长，保护幼儿安全，促进幼儿身心健康发展。

· 尊重幼儿的人格和权利，保护幼儿游戏的自主性、独立性和选择性，关注个体差异，相信每名幼儿都有发展的潜力，乐于为幼儿创造发展的条件和机会。

1.2.3　【用心从教】

· 树立爱岗敬业精神，在教育实践中能够认真履行工作职责，积极钻研，富有爱心、责任心，工作细心、耐心。

1.2.4 【自身修养】

· 具有健全的人格和积极向上的精神,有较强的情绪调节与自控能力,能积极应变,比较合理地处理问题。

· 掌握一定的自然和人文社会科学知识,传承中华优秀传统文化,具有人文底蕴、科学精神和审美能力。

· 仪表整洁,语言规范健康,举止文明礼貌,符合教师礼仪要求和教育教学场景要求。

二、保育和教育实践能力

2.1 掌握专业知识与技能

2.1.1 【保育教育基础】

· 掌握科学照料幼儿日常生活的基本方法,了解幼儿日常卫生保健、传染病预防和意外伤害事故处理的相关知识,掌握面临特殊事件发生时保护幼儿的基本方法。

· 掌握教育理论的基本知识和3—6岁幼儿身心发展特点、规律,具备观察、分析与评价幼儿行为的能力。熟悉幼儿园教育的目标、任务、内容、要求和基本原则。

· 认识融合教育的意义和作用,了解有特殊需要幼儿的身心发展特点及教育策略,掌握随班就读的基本知识及相关政策,基本具备指导随班就读的教育教学能力。

2.1.2 【领域素养】

· 掌握幼儿健康、语言、社会、科学、艺术等领域教育的基本知识和方法,理解幼儿园各领域教育之间的联系,能在教育实践中综合运用各领域知识,实现各领域教育活动内容相互渗透。

2.1.3 【信息素养】

· 了解信息时代对人才培养的新要求,掌握一定的现代信息技术知识,具有安全、合法与负责任地使用信息与技术的意识。

2.2 开展环境创设

2.2.1 【创设物质环境】

· 能够创设安全、适宜、全面,有助于促进幼儿成长、学习、游戏的物质环境,合理利用资源,为幼儿提供和制作适合的玩教具和学习材料。

2.2.2 【营造心理环境】

· 理解教师的态度、情绪、言行在幼儿园及班级心理环境形成中的重要性。能够构建和谐的师幼关系,帮助幼儿建立良好的同伴关系,营造良好的班级氛围,让幼儿感受到安全、舒适。

2.3 组织一日生活

· 能够安排和组织幼儿园一日生活的主要环节,具有将教育渗透一日生活的意识,能够与保育员协同开展班级常规保育和卫生工作。

2.4 开展游戏活动

2.4.1 【满足游戏需要】

· 了解幼儿游戏的类型和主要功能,根据各年龄阶段幼儿的游戏特点,满足幼儿游戏的需要。

2.4.2 【创设游戏环境】

· 能够合理、有效地规划和利用户内外游戏活动空间，能够根据幼儿的发展和需要创设相应的活动区，提供丰富、适宜的游戏材料，引发和促进幼儿的游戏。

2.4.3 【支持幼儿游戏】

· 能够提供充足的游戏时间，鼓励幼儿自主选择游戏内容、伙伴和材料，支持幼儿主动地、创造性地开展游戏，充分体验游戏的快乐和满足。

· 学会观察分析幼儿的游戏，支持幼儿在游戏活动中获得身体、认知、语言和社会性等多方面的发展。

2.5 实施教育活动

2.5.1 【设计教育活动方案】

· 能够根据《幼儿园教育指导纲要（试行）》《3—6岁儿童学习与发展指南》的要求，以及幼儿的兴趣需要和年龄特点，选择教育内容，确定活动目标，设计教育活动方案。

2.5.2 【组织教育活动】

· 学会运用各种适宜的方式实施教育活动，鼓励幼儿在活动中主动探索、交流合作、积极表达，能够有效观察幼儿在活动中的表现，并根据幼儿的需要给予适宜的指导。

2.5.3 【实施教育评价】

· 了解幼儿园教育评价的目的与方法，运用观察、谈话、家园联系、作品分析等多种方法，了解和评价幼儿。能够基于幼儿身心特点，利用技术工具分析幼儿学习过程、收集幼儿学习反馈。

· 能够运用评价结果，分析、改进教育活动开展，促进幼儿发展。

三、综合育人能力

3.1 育德意识

· 树立幼儿为本、德育为先理念，了解幼儿社会性—情感发展的规律和个性特征，能有针对性地开展育人工作。

· 具有教书育人意识。理解活动育人的功能，能够在保教活动中有机融入社会主义核心价值观、中华优秀传统文化、革命文化和社会主义先进文化教育，为培养幼儿适应终身发展和社会发展所需的正确价值观、必备品格和关键能力奠定基础。

3.2 育人实践

· 掌握活动育人的方法和策略，基于幼儿的身心特点合理设计育人目标、活动主题与内容，能够抓住一日生活中的教育契机，开展随机教育，培养幼儿良好的生活习惯和亲社会行为。

3.3 班级管理

· 熟悉校园安全、应急管理相关规定，基本掌握班级空间规划、班级常规管理等工作要点。熟悉幼儿教育及幼儿成长生活等相关法律制度规定，能够合理分析解决幼儿教育与管理实践相关问题。

3.4 心理健康

· 关注幼儿心理健康，了解幼儿身体、情感发展的特性和差异性，掌握幼儿心理健康教育的基本知识，及时发现和赏识每个幼儿的点滴进步，注重激发和保护幼儿的积极性、自信心，能够参与心理健康教育等活动。

3.5 家园协同

· 掌握人际沟通的基本方法,能够运用信息技术拓宽家园沟通交流的渠道和途径,积极主动与家长进行有效交流。

· 掌握开展幼儿园、家庭和社区各种协同活动的方式方法,能够开展幼儿园与小学教育的衔接工作。

四、自主发展能力

4.1 注重专业成长

4.1.1 【发展规划】

· 了解教师专业发展的要求,具有终身学习与自主发展的意识。根据学前教育课程改革的动态和发展情况,制定教师职业生涯发展规划。

4.1.2 【反思改进】

· 具有反思意识和批判性思维素养,初步掌握教育教学反思的基本方法和策略,能够对教育教学实践活动进行有效的自我诊断,提出改进思路。

4.1.3 【学会研究】

· 初步掌握教育研究的基本方法,能用以分析、研究幼儿教育实践问题,并尝试提出解决问题的思路与方法,具有总结和提升实践经验的能力。

· 掌握专业发展所需的信息技术手段和方法,能在信息技术环境下开展自主学习。

4.2 主动交流合作

4.2.1 【沟通技能】

· 具有阅读理解能力、语言与文字表达能力、交流沟通能力、信息获取和处理能力。

· 掌握基本沟通合作技能与方法,能够在教育实践、社会实践中与同事、同行、专家等进行有效沟通交流。

4.2.2 【共同学习】

· 理解学习共同体的作用,掌握团队协作的基本策略,了解学前教育的团队协作类型和方法,具有小组互助、合作学习能力。

附录八　小学教育专业师范生教师职业能力标准(试行)(2021年)

一、师德践行能力

1.1　遵守师德规范

1.1.1　【理想信念】

· 学习贯彻习近平新时代中国特色社会主义思想，深入学习习近平总书记关于教育的重要论述，以及党史、新中国史、改革开放史和社会主义发展史内容，形成对中国特色社会主义的思想认同、政治认同、理论认同和情感认同，能够在教书育人实践中自觉践行社会主义核心价值观。

· 树立职业理想，立志成为有理想信念、有道德情操、有扎实学识、有仁爱之心的好老师。

1.1.2　【立德树人】

· 理解立德树人的内涵，形成立德树人的理念，掌握立德树人途径与方法，能够在教育实践中实施素质教育，依据德智体美劳全面发展的教育方针开展教育教学，培育发展学生的核心素养。

1.1.3　【师德准则】

· 具有依法执教意识，遵守宪法、民法典、教育法、教师法、未成年人保护法等法律法规，在教育实践中能履行应尽义务，自觉维护学生与自身的合法权益。

· 理解教师职业道德规范内涵与要求，在教育实践中遵守《新时代中小学教师职业行为十项准则》，能分析解决教育教学实践中的相关道德规范问题。

1.2　涵养教育情怀

1.2.1　【职业认同】

· 具有家国情怀，乐于从教，热爱教育事业。认同教师工作的价值在于传播知识、传播思想、传播真理，塑造灵魂、塑造生命、塑造新人；了解小学教师的职业特征，理解教师是学生学习的促进者与学生成长的引路人，创造条件帮助学生自主发展。

· 领会小学教育对学生发展的价值和意义，认同促进学生全面而有个性地发展的理念。

1.2.2　【关爱学生】

· 做学生锤炼品格、学习知识、创新思维、奉献祖国的引路人，公正平等地对待每一名学生，关注学生成长，保护学生安全，促进学生身心健康发展。

· 尊重学生的人格和学习发展的权利，保护学生的学习自主性、独立性和选择性，关注个体差异，相信每名学生都有发展的潜力，乐于为学生创造发展的条件和机会。

1.2.3　【用心从教】

· 树立爱岗敬业精神，在教育实践中能够认真履行教育教学职责与班主任工作职责，积极钻研，富有爱心、责任心，工作细心、耐心。

1.2.4 【自身修养】

· 具有健全的人格和积极向上的精神,有较强的情绪调节与自控能力,能积极应变,比较合理地处理问题。

· 掌握一定的自然和人文社会科学知识,传承中华优秀传统文化,具有人文底蕴、科学精神和审美能力。

· 仪表整洁,语言规范健康,举止文明礼貌,符合教师礼仪要求和教育教学场景要求。

二、教学实践能力

2.1 掌握专业知识

2.1.1 【教育基础】

· 掌握教育理论的基本知识,能够遵循小学教育规律,结合小学生认知发展特点,运用教育原理和方法,分析和解决教育教学实践中的问题。

2.1.2 【学科素养】

· 掌握主教学科的基本知识、基本原理和基本技能,理解学科知识体系的基本思想和方法。了解兼教学科的基本知识、基本原理和基本技能,并具有一定的综合运用学科知识的能力。

· 熟悉常见的儿童科普读物和文学作品,具有一定的阅读理解能力、语言和肢体语言表达能力。

2.1.3 【信息素养】

· 了解信息时代对人才培养的新要求。掌握信息化教学设备、软件、平台及其他新技术的常用操作,了解其对教育教学的支持作用。具有安全、合法与负责任地使用信息与技术,主动适应信息化、人工智能等新技术变革积极有效开展教育教学的意识。

2.1.4 【知识整合】

· 了解学科整合在小学教育中的价值,了解学习科学相关知识,以及所教学科与其他学科、与小学生生活实践的联系。具有一定的跨学科知识,能指导综合性学科教学活动。

· 了解融合教育的意义和作用,掌握随班就读的基本知识及相关政策,基本具备指导随班就读的教育教学能力。

2.2 学会教学设计

2.2.1 【熟悉课标】

· 熟悉拟任教学科的课程标准和教材,理解教材的编写逻辑和体系结构,合理掌握不同学段目标与内容的递进关系,具有依据课标进行教学的意识和习惯。

2.2.2 【掌握技能】

· 具备钢笔字、毛笔字、粉笔字、简笔画、普通话与相关学科实验操作等教学基本功,通过微格训练学习,系统掌握导入、讲解、提问、演示、板书、结束等课堂教学基本技能操作要领与应用策略。能依据单元内容进行整体设计,科学合理地依据教学目标及内容设计作业,并实施教学。

2.2.3 【分析学情】

· 了解分析小学生学习需求的基本方法,能根据小学生已有的知识水平、学习经验和兴趣特点,分析教学内容与学生已学知识的联系,预判学生学习的疑难处。

2.2.4 【设计教案】

· 准确把握教学内容，理解本课(单元)在教材中的地位以及与其他课(单元)的关系，能根据课程标准要求和学情分析确定恰当的学习目标和学习重点，设计学习活动，选择适当的学习资源和教学方法，合理安排教学过程和环节，科学设计评价内容与方式，形成教案与学案。

· 了解小学综合课程和综合实践活动的基本知识，能根据教学要求和学生兴趣进行教学设计。

2.3 实施课程教学

2.3.1 【情境创设】

· 能够创设教学情境，建立学习内容与生活经验之间的联系，激发学习兴趣，引导学生积极参与学习活动。

2.3.2 【教学组织】

· 基本掌握教学组织与课堂管理的形式和策略，能够科学准确地呈现和表达教学内容，根据小学生课堂反应及时调整教学活动，控制教学时间和教学节奏，合理设置提问与讨论，引发小学生的主动学习和探究学习，达成学习目标。

2.3.3 【学习指导】

· 依据小学生认知特点、学习心理发展规律和个体差异，指导学生开展自主、合作、探究性学习，注重差异化教学和个别化指导，引导小学生体验学习的乐趣，保护小学生的求知欲和好奇心，培养小学生的广泛兴趣、动手能力和探究精神。

· 知道不同类型的信息技术资源在为学生提供学习机会和学习体验方面的作用，合理选择与整合信息技术资源，为学生提供丰富的学习机会和个性化学习体验。

· 能够运用课堂结束技能，引导学生对学习内容进行归纳、总结，合理布置作业。

2.3.4 【教学评价】

· 树立促进学生学习的评价理念，理解教育评价原理，掌握试题命制的方法与技术。能够在教学实践中结合作业反馈等实施过程评价，初步运用增值评价，合理选取和运用评价工具，评价学习活动和学习成果。

· 能够利用技术工具收集学生学习反馈，跟踪、分析教学与学生学习过程中存在的问题与不足，形成基于学生学习情况诊断和改进教学的意识。

三、综合育人能力

3.1 开展班级指导

3.1.1 【育德意识】

· 树立德育为先理念，了解小学德育原理与方法，掌握小学生品行养成的特点和规律，能有意识、有针对性地开展德育工作，帮助学生养成良好行为习惯。

3.1.2 【班级管理】

· 基本掌握班集体建设、班级教育活动组织的方法。熟悉教育教学、小学生成长生活等相关法律制度规定，能够合理分析解决教学与管理实践相关问题。

· 基本掌握学生发展指导、综合素质评价的方法。能够利用技术手段收集学生成长过程的关键信息，建立学生成长电子档案。能够初步运用信息技术辅助开展班级指导活动。

· 熟悉校园安全、应急管理相关规定,了解小学生日常卫生保健、传染病预防、意外伤害事故处理等相关知识,掌握面临特殊事件发生时保护学生的基本方法。

3.1.3 【心理辅导】

· 关注学生心理健康,了解小学生身体、情感发展的特性和差异性,基本掌握心理辅导方法,能够参与心理健康教育等活动。

3.1.4 【家校沟通】

· 掌握人际沟通的基本方法,能够运用信息技术拓宽师生、家校沟通交流的渠道和途径,积极主动与学生、家长、社区等进行有效交流。

3.2 实施课程育人

3.2.1 【育人理念】

· 具有教书育人意识。理解拟任教学科课程独特的育人功能,注重课程教学的思想性,有机融入社会主义核心价值观、中华优秀传统文化、革命文化和社会主义先进文化教育,培养学生适应终身发展和社会发展所需的正确价值观、必备品格和关键能力。

3.2.2 【育人实践】

· 理解学科核心素养,掌握课程育人方法和策略。能够在教育实践中,结合课程特点,挖掘课程思想政治教育资源,将知识学习、能力发展与品德养成相结合,合理设计育人目标、主题和内容,有机开展养成教育,进行综合素质评价,体现教书与育人的统一。

3.3 组织活动育人

3.3.1 【课外活动】

· 了解课外活动的组织和管理知识,掌握相关技能与方法,能组织小学生开展丰富多彩的课外活动。

3.3.2 【主题教育】

· 了解学校文化和教育活动的育人内涵和方法,学会组织主题教育、少先队、社团活动,对小学生进行教育和引导。

四、自主发展能力

4.1 注重专业成长

4.1.1 【发展规划】

· 了解教师专业发展的要求,具有终身学习与自主发展的意识。根据基础教育课程改革的动态和发展情况,制定教师职业生涯发展规划。

4.1.2 【反思改进】

· 具有反思意识和批判性思维素养,初步掌握教育教学反思的基本方法和策略,能够对教育教学实践活动进行有效的自我诊断,提出改进思路。

4.1.3 【学会研究】

· 初步掌握教育教学科研的基本方法,能用以分析、研究小学教育教学实践问题,并尝试提出解决问题的思路与方法,具有撰写教育教学研究论文的基本能力。

· 掌握专业发展所需的信息技术手段和方法,能在信息技术环境下开展自主学习。

4.2 主动交流合作

4.2.1 【沟通技能】

· 具有阅读理解能力、语言与文字表达能力、交流沟通能力、信息获取和处理能力。

· 掌握基本沟通合作技能与方法，能够在教育实践、社会实践中与同事、同行、专家等进行有效沟通交流。

4.2.2 【共同学习】

· 理解学习共同体的作用，掌握团队协作的基本策略，了解小学教育的团队协作类型和方法，具有小组互助、合作学习能力。

附录九　中学教育专业师范生教师职业能力标准(试行)(2021年)

一、师德践行能力

1.1　遵守师德规范

1.1.1　【理想信念】

· 学习贯彻习近平新时代中国特色社会主义思想,深入学习习近平总书记关于教育的重要论述,以及党史、新中国史、改革开放史和社会主义发展史内容,形成对中国特色社会主义的思想认同、政治认同、理论认同和情感认同,能够在教书育人实践中自觉践行社会主义核心价值观。

· 树立职业理想,立志成为有理想信念、有道德情操、有扎实学识、有仁爱之心的好老师。

1.1.2　【立德树人】

· 理解立德树人的内涵,形成立德树人的理念,掌握立德树人途径与方法,能够在教育实践中实施素质教育,依据德智体美劳全面发展的教育方针开展教育教学,培育发展学生的核心素养。

1.1.3　【师德准则】

· 具有依法执教意识,遵守宪法、民法典、教育法、教师法、未成年人保护法等法律法规,在教育实践中能履行应尽义务,自觉维护学生与自身的合法权益。

· 理解教师职业道德规范内涵与要求,在教育实践中遵守《新时代中小学教师职业行为十项准则》,能分析解决教育教学实践中的相关道德规范问题。

1.2　涵养教育情怀

1.2.1　【职业认同】

· 具有家国情怀,乐于从教,热爱教育事业。认同教师工作的价值在于传播知识、传播思想、传播真理,塑造灵魂、塑造生命、塑造新人;了解中学教师的职业特征,理解教师是学生学习的促进者与学生成长的引路人,创造条件帮助学生自主发展。

· 领会中学教育对学生发展的价值和意义,认同促进学生全面而有个性地发展的理念。

1.2.2　【关爱学生】

· 做学生锤炼品格、学习知识、创新思维、奉献祖国的引路人,公正平等地对待每一名学生,关注学生成长,保护学生安全,促进学生身心健康发展。

· 尊重学生的人格和学习发展的权利,保护学生的学习自主性、独立性和选择性,关注个体差异,相信每名学生都有发展的潜力,乐于为学生创造发展的条件和机会。

1.2.3　【用心从教】

· 树立爱岗敬业精神,在教育实践中能够认真履行教育教学职责与班主任工作职责,积极钻研,富有爱心、责任心,工作细心、耐心。

1.2.4 【自身修养】

· 具有健全的人格和积极向上的精神，有较强的情绪调节与自控能力，能积极应变，比较合理地处理问题。

· 掌握一定的自然和人文社会科学知识，传承中华优秀传统文化，具有人文底蕴、科学精神和审美能力。

· 仪表整洁，语言规范健康，举止文明礼貌，符合教师礼仪要求和教育教学场景要求。

二、教学实践能力

2.1　掌握专业知识

2.1.1 【教育基础】

· 掌握教育理论的基本知识，能够遵循中学教育规律，结合中学生认知发展特点，运用教育原理和方法，分析和解决教育教学实践中的问题。

2.1.2 【学科素养】

· 了解拟任教学科发展的历史、现状和趋势，掌握学科的基础知识、基本理论、体系结构与思想方法，能分析其对学生素养发展的重要价值，理解拟任教学科的核心素养的内涵。

2.1.3 【信息素养】

· 了解信息时代对人才培养的新要求。掌握信息化教学设备、软件、平台及其他新技术的常用操作，了解其对教育教学的支持作用。具有安全、合法与负责任地使用信息与技术，主动适应信息化、人工智能等新技术变革积极有效开展教育教学的意识。

2.1.4 【知识整合】

· 了解拟任教学科与其他学科的联系，了解学习科学相关知识，掌握学科教学知识与策略，能够结合社会生活实践，有效开展学科教学活动。

· 了解融合教育的意义和作用，掌握随班就读的基本知识及相关政策，基本具备指导随班就读的教育教学能力。

2.2　学会教学设计

2.2.1 【熟悉课标】

· 熟悉拟任教学科的课程标准和教材，理解教材的编写逻辑和体系结构，能够正确处理课标与教材的关系，具有依据课标进行教学的意识和习惯。

2.2.2 【掌握技能】

· 具备钢笔字、毛笔字、粉笔字、普通话与相关学科实验操作等教学基本功，通过微格训练学习，系统掌握导入、讲解、提问、演示、板书、结束等课堂教学基本技能操作要领与应用策略。能依据单元内容进行整体设计，科学合理地依据教学目标及内容设计作业，并实施教学。

2.2.3 【分析学情】

· 了解分析中学生学习需求的基本方法，能根据学生已有的知识水平、学习经验和兴趣特点，分析教学内容与学生已有知识经验的联系，预判学生学习的疑难处。

2.2.4 【设计教案】

· 准确把握教学内容，理解本课(单元)在教材中的地位以及与其他课(单元)的关系，能根据课程标准要求和学情分析确定恰当的学习目标和学习重点，设计学习活动，选择适当的学习资源和教学方法,合理安排教学过程和环节,科学设计评价内容与方式,形成教案与学案。

2.3　实施课程教学

2.3.1　【情境创设】

· 能够创设教学情境,建立学习内容与生活经验之间的联系,激发学习兴趣,引导学生积极参与学习活动。

2.3.2　【教学组织】

· 基本掌握教学组织与课堂管理的形式和策略,能够科学准确地呈现和表达教学内容,控制教学时间和教学节奏,合理设置提问与讨论,引导学生的主动学习和探究学习,达成学习目标。

2.3.3　【学习指导】

· 能够依据学科特点、中学生认知特征和个体差异,指导学生开展自主、合作、探究性学习,注重差异化教学和个别化指导,帮助学生针对学习重点与难点进行有效学习。

· 知道不同类型的信息技术资源在为学生提供学习机会和学习体验方面的作用,合理选择与整合信息技术资源,为学生提供丰富的学习机会和个性化学习体验。

· 能够运用课堂结束技能,引导学生对学习内容进行归纳、总结,合理布置作业。

2.3.4　【教学评价】

· 树立促进学生学习的评价理念,理解教育评价原理,掌握试题命制的方法与技术。能够在教学实践中结合作业反馈等实施过程评价,初步运用增值评价,合理选取和运用评价工具,评价学习活动和学习成果。

· 能够利用技术工具收集学生学习反馈,跟踪、分析教学与学生学习过程中存在的问题与不足,形成基于学生学习情况诊断和改进教学的意识。

三、综合育人能力

3.1　开展班级指导

3.1.1　【育德意识】

· 树立德育为先理念,了解中学德育原理与方法,以及中学生思想品德发展的规律和个性特征,能有意识、有针对性地开展德育工作。

3.1.2　【班级管理】

· 基本掌握班集体建设、班级教育活动组织的方法。熟悉教育教学、中学生成长生活等相关法律制度规定,能够合理分析解决教学与管理实践相关问题。

· 基本掌握学生发展指导、综合素质评价的方法。能够利用技术手段收集学生成长过程的关键信息,建立学生成长电子档案。能够初步运用信息技术辅助开展班级指导活动。

· 熟悉校园安全、应急管理相关规定,了解中学生日常卫生保健、传染病预防、意外伤害事故处理等相关知识,掌握面临特殊事件发生时保护学生的基本方法。

3.1.3　【心理辅导】

· 关注学生心理健康,了解中学生身体、情感发展的特性和差异性,基本掌握心理辅导方法,能够参与心理健康教育等活动。

3.1.4　【家校沟通】